1 MONTH OF
FREE
READING

at
www.ForgottenBooks.com

By purchasing this book you are eligible for one month membership to ForgottenBooks.com, giving you unlimited access to our entire collection of over 1,000,000 titles via our web site and mobile apps.

To claim your free month visit:

www.forgottenbooks.com/free512144

ISBN 978-0-656-67870-9
PIBN 10512144

Gemeinnützige
Naturgeschichte
Deutschlands
nach allen drey Reichen.

Ein Handbuch
zur deutlichern und vollständigern
Selbstbelehrung

besonders

für Forstmänner, Jugendlehrer und Oekonomen

von

Johann Matthäus Bechstein.

Vierter Band
in zwey Abtheilungen,
welche die Sumpf- und Schwimm-Vögel nebst dem Register
über die Vögel Deutschlands enthalten.

Mit Kupfern.
Zweyte vermehrte und verbesserte Auflage.

Leipzig 1809.
Bey Fr. Chr. Wilh. Vogel.

Dem

Fürstlich Ysenburgischen Hofrathe
und mehrerer gelehrten Gesellschaften Mitgliede

H e r r n

D. Bernhard Meyer

zu Offenbach

aus

wahrer Hochschätzung seiner Verdi

um die Deutsche Ornithologie

und

aus inniger Freundschaft

gewidmet

vom

Verfasser.

Vorrede zur ersten Ausgabe.

————

Dieser Band meiner gemeinnützigen Natur=
geschichte Deutschlands enthält die Sumpf=
und Schwimmvögel.

Wer die Schwierigkeiten kennt, mit welchen
man in Bearbeitung der Geschichte der Sumpfvögel
zu kämpfen hat, der wird so billig seyn, nicht mehr
von mir zu verlangen, als was er hier geleistet findet.
Es hat mir viel Zeit und Mühe gekostet, so viel Licht
und Vollständigkeit über diesen Theil der Ornithologie
zu verbreiten, da es theils hier, wie bey allen Wasser=
vögeln, so schwer hält, diesen Vögeln immer nahe
genug zu kommen, um ihre Geschichte in der Natur
selbst zu studiren; theils sich auch viele einander
einerseits so ähnlich, und andererseits dem Geschlecht
und Alter nach so unähnlich sehen, daß bis jetzt noch
Unvollständigkeit und Verwirrung fast unvermeidlich
gewesen ist. Auch hierüber würden wir am sichersten
und leichtesten von den Forstmännern, die ich bey

Aus=

Ausarbeitung dieses Werkes immer vorzüglich i
Augen habe, Belehrung erwarten können, wenn f
auf dem Wege fortgehen wollten, den ich ihnen,
viel ich nur immer konnte, zu ebenen suchte. A
meisten gebricht es uns noch an Licht in Rücksicht d
Schnepfen, Strandläufer und Regenpfeifer, ur
dieß sind gerade solche Vögel, auf welche der Jäg
berufsmäßig sein Augenmerk richten muß, da f
bekanntlich an die herrschaftlichen Wildmeisterey
oder an die Hofjägerey abgeliefert werden müssen
Wenn nur erst der Gedanke mehr Wurzel bey ihn
faßte, und allgemeiner unter ihnen verbreitet würt
daß sie durch Aufmerksamkeit auf das, was v
Gottes schönen Werken unter ihre Hände gethan i
ihren Beruf besser erfüllen und durch Erlernung u
Verbreitung naturhistorischer Kenntnisse etwas n
liches leisten könnten, so würden wir uns bald t
herrlichsten Aussichten über das ganze Gebiet t
Naturgeschichte zu erfreuen haben. Daß wir di
Hoffnung fassen können, dazu berechtigen mich v
schiedene Zeugnisse, die ich von Forstmännern, wel

meine Arbeit zu eben dem Zwecke benutzen, zu wel=
chem ich sie abfaßte, aus verschiedenen Gegenden
erhalten habe.

Diese sind auch die Veranlassung, welche mich
bestimmt hat, die kritische Untersuchung über die
Frischischen Vögel Deutschlands *) beyzu=
fügen.

Da dieses Werk unter den kostbaren, die wir
über die Ornithologie haben, fast das einzige in
Deutschland ist, bey welchem man zu einer leichten
Einsicht und Vergleichung gelangen kann, weil es
sich nicht nur fast auf allen öffentlichen, sondern auch
in vielen Privatbibliotheken befindet, so habe ich
mich um desto eher entschlossen, diesen Wunsch zu
erfüllen, da ich ohnehin Frisch im vorzüglichsten Ver=
stande als meinen Vorgänger in Beschreibung deut=
scher Vögelarten verehren muß, und es gewiß vielen
meiner Leser nicht unangenehm seyn wird, zu sehen,
wie viel auch schon dieser Naturforscher in seinem
Fache geleistet hat. Daß es gerade an dieser Stelle
und nicht hinter dem letzten Theile meiner deutschen
Ornithologie geschieht, hat theils die wiederholten
Bit=

---

*) Sie ist nun zweckmäßiger vor dem ersten Theil der Vögel
Deutschlands in der zweyten Auflage vorangeschickt worden.

Bitten zum Grunde, die man deshalb an mich gethan
hat, theils den Raum, der gerade hier, um nicht die
Ordnung in den verschiedenen Bänden trennen zu
müssen, der schicklichste für diese Abhandlung zu seyn
scheint.

Hätte ich bloß für geübte Leser geschrieben, so
würde ich mich in derselben der Deutlichkeit unbescha=
det viel kürzer haben fassen können; so aber mußte
ich zur hinreichenden Belehrung meines Publikums,
das doch vorzüglich aus Anfängern in dieser Wissen=
schaft besteht, die Sache so genau aus einander setzen,
daß ich ihnen, so gut ich es vermochte, alle nur mög=
lichen Zweifel benahm, und die Frischischen Vögel
so hinstellte, daß sie dieselben ohne Schwierigkeit in
den ihnen bekannten Systemen und Büchern auf=
finden und einreihen könnten. Doch hoffe ich auch
dem gelehrten Naturforscher hie und da eine Bemer=
kung vorgelegt zu haben, die ihm nicht unwillkommen
seyn wird.

Wenn wir alle alten Naturforscher, die wir als
Autores classicos zu citiren pflegen, so einzeln und
sorgfältig mit der Natur und einem der bekanntesten
Systeme vergleichen wollten, so würde bald mehr
Deutlichkeit und Klarheit in die Naturgeschichte kom=
men, anstatt daß wir ohnedieß und durch die immer
mehr

mehr entdeckten neuen Arten, so wie besonders durch die nach und nach sich unübersehbar anhäufenden eigenen systematischen Aufzählungen, in ei... Labyrinth gerathen werden, aus welchem sich nur einzelne Gelehrte werden heraushelfen können; so daß also Naturgeschichte, welche doch ein Studium für alle Menschen seyn sollte, zuletzt nur das Eigenthum einiger wenigen Männer werden wird, wie etwa zu unsern Zeiten die orientalischen Sprachen sind.

Ich wünsche, daß meine Leser es auch an diesem dritten Versuche sehen mögen, daß ich, so viel meine Kräfte vermochten und mein Zweck erheischte, so wohl was den Plan dieses Werkes überhaupt, als auch die besondere Bearbeitung desselben betrifft, geändert und verbessert habe. Sollten einige von ihnen mehr von mir verlangen, so bin ich sie mit nichts zu beruhigen im Stande, als auf der einen Seite mit der Versicherung, daß ich in meiner Lage, wo mir fast nichts als die wohlthätige Natur selbst hülfreiche Hand leistet, bis jetzt nicht mehr zu leisten vermag, und auf der andern Seite mit der Erfahrung, daß meine Arbeit von dem größern Theil meines Publikums, nach welchem ich mich doch immer vorzüglich richten muß, nicht unzweckmäßig gefunden worden ist.

Zum

Zum Beweise, daß ich seit der Herausgabe des zweyten Bandes nicht aufgehört habe, die dort beschriebenen Vögel zu beobachten und ihre Naturgeschichte immer mehr zu vervollkommnen, habe ich im dritten Anhange verschiedene Zusätze beygefügt *).

Gott gebe, daß auch diese Arbeit viel Nutzen schaffen möge.

*) Diese sind in der neuen Auflage am gehörigen Orte eingeschaltet.

Schnepfenthal, den 1sten April, 1793.

Johann Matthäus Bechstein.

Vorrede zur zweyten Auflage.

Dieser letzte Band der neuen Deutschen Ornithologie, welcher die Wasservögel enthält, hat, wie eine kleine Vergleichung zeigen wird, vielerley Zusätze und Verbesserungen enthalten, wodurch er sich vor der alten Ausgabe auszeichnet; denn ich selbst habe nicht nur seit der Zeit eine Menge hierher gehöriger Vögel näher kennen gelernt, sondern meine Freunde haben mich auch mit mehrern schätzbaren Beyträgen unterstützt. Demohngeachtet aber kann und darf ich nicht behaupten, daß dieser Theil eben die Vollständigkeit und Vollkommenheit hätte, wie etwa der, in welchem von den sperlingsartigen, den Sing- und Haus-Vögeln die Rede ist, deren nähere und vielfältigere Beobachtung mir leichter war, und es werden daher noch mehrere Jahre vergehen, ehe wir die Sumpf- und Schwimmvögel ganz genau und vollständig kennen lernen. Leser und Beurtheiler, die die Schwierigkeiten kennen, mit welchen der Naturforscher bey den Untersuchungen der Wasservögel zu kämpfen hat, werden auch hoffentlich jetzt noch nicht die größte Vollkommenheit hierin verlangen. Diese kann und muß erst nach und nach durch Vereinigung mehrerer Männer erfolgen, und ist durch die Bemühungen der geschätzten Deutschen Ornithologen, der Herren Becker, Meyer, Naumann, Otto, Wolf u. a. m. gewiß zu erwarten. Meinen Lesern soll für die Folge das, was Neues in dieser Hinsicht bekannt wird, nicht entgehen; denn ich werde es bey der Fortsetzung dieses Werks allezeit in Nachträgen mittheilen.

Wenn es mir Gesundheit und Muße erlauben, so soll auf diesen Band bald auch der fünfte, welcher die Deutschen Amphibien beschreibt, folgen. Meine Beobachtungen und Erfahrung darzu sind alle aufgezeichnet, und bedürfen nur der ordnungsmäßigen Zusammenstellung und der Vergleichung mit andern Amphibiologien. Sollten mich selbst meine Berufsgeschäfte auch abhalten, die Fortsetzung dieses Werks zu beschleunigen, so wird mir hoffentlich mein Sohn, der Eifer und Lust zur Naturkunde zeigt, in der Folge beystehen, so daß ich denjenigen Lesern, die den für mich so schmeichelhaften Wunsch zur Fortsetzung dieser Schrift mehrmals, auch öffentlich geäußert haben, die Zusage geben kann, daß auch die folgenden versprochenen Theile nicht zurückbleiben werden.

Dreyßigacker, den 20. Jänner 1808.

Dr. Bechstein.

Inhalt.

b   **) Büffons

Zwey und funfzigste Gattung.

Regenpfeifer. S. 386 — 438.

Drey und funfzigste Gattung.

Austernfischer. S. 438 — 445.

Vier und funfzigste Gattung.

Strandreuter. S. 445 — 450.

Fünf und funfzigste Gattung.

Wassersäbler. S. 450 — 455.

Sechs und funfzigste Gattung.

Sandhuhn. S. 456 — 463.

Sieben und funfzigste Gattung.

Ralle. S. 463 — 469.

Ver=

Verzeichniß der Kupfertafeln.

Fünfte

Ein Männchen.

Sechste Tafel.

Der rothbäuchige Brachvogel. S. 135.
Ein Männchen.

Es ist dieser Vogel in Thüringen, da wo vor dem W[...]
große sumpfige Riede und weite Teichufer sind, eben nicht sel[...]

Siebente Tafel.

Die Heerschnepfe. S. 185.

Obgleich dieser Vogel bekannt genug ist, so verwech[...]
ihn doch die Jäger immer, mit den beyden andern ähnlic[...]
deswegen habe ich es für zweckmäßig gehalten, hier eine Ab[...]
dung desselben zu liefern.

Achte Tafel.

Der trillernde Strandläufer. S. 295.
Das Männchen.

Man darf die etwas gesträubten Kopffedern nicht [...]
einen Federbusch ansehen.

Neunte Tafel.

Der Meerstrandläufer. S. 302.
Ein Männchen.

Zehnte Tafel.

Der kleine Strandläufer. S. 308.

Eilfte Tafel.

Der buntschnäblige Regenpfeifer. S. 414.
Ein Männchen.

Zwöl[...]

Inhalt.

Zwölfte Ordnung.
Schwimmvögel.

A. Mit gespaltenen Schwimmfüßen und geradem, ungezähnten und zugespitzten Schnabel.

Ein und sechszigste Gattung.
Steißfuß. Seite 531—573.

B. Mit ganzen Schwimmfüßen.

  a) Mit geradem, ungezähnten und zugespitzten Schnabel.

Drey und sechszigste Gattung.

Taucher. S. 594—627.

Vier und sechszigste Gattung.

Meve. S. 627—673.

Fünf und sechszigste Gattung.

Meerschwalbe. S. 673—703.

Sechs und sechszigste Gattung.

Sturmvogel. S. 704—710.

b) Mit kurzem, breit zusammengedruckten und zuge=
spitzten Schnabel.

Sieben und sechszigste Gattung.

Alk. S. 710—736.

c) Mit einem Schnabel, der mit einer Nervenhaut
überzogen, gerade, an der Spitze nagelförmig und
meist gezähnelt ist . . . — 737

Acht und sechszigste Gattung.

Pelikan. S. 737—774.

Neun und sechszigste Gattung.

Fregattvogel. S. 774—780.

Sieben=

Drey

Inhalt. XXIX

Erster Anhang.

Vögelkalender . . . . .

Zweyter Anhang.

Zwey neue Eintheilungen der Vögel . .

Anmerkung.

Am Ende dieses Bandes ergiebt sich, daß
und überhaupt in Deutschland 380 Vögelarten
unter freylich mehrere noch unbestimmte Arten
aber auch noch manche dem Auge der bisherig
gangen sind.

Verzeichniß der Kupfertafeln.

Vier

Zweyte Abtheilung.

Waſſervögel, Aves aquaticae.

Eilfte Ordnung.

Sumpfvögel. Grallae.

Es ſind in Deutſchland ein und zwanzig Gattungen und fünf und achtzig Arten bekannt *).

Vierzigſte Gattung.

Löffler. Platalea.

Kennzeichen.

Der Schnabel iſt lang, dünn, ziemlich flach und hat
ein erweitertes, kreisförmig abgerundetes, plattes Ende.

Die Naſenlöcher ſind klein und an der Wurzel des
Schnabels.

Die Zunge iſt kurz und zugeſpitzt.

Die Füße haben vier Zehen, und die vordern ſind bis
zur Hälfte mit einer Schwimmhaut verbunden.

Eine Art.

1. Der

---

*) Die Kennzeichen der Ordnungen wiederhole ich nicht, um
den Raum zu ſchonen; der Leſer muß ſie daher in der Ein-
leitung zur Naturgeſchichte der Vögel im 2ten Bande S. 26
u. f. nachleſen.

1. Der weiße Löffler *).
(Taf. XVII.)

Namen, Schriften und Abbildungen.

Weißer und gemeiner Löffelreiher, Löffler, Schaufler Löffelreiher, Löffelgans, Spatelgans; Lepler, Schufler, Pelikan, Pallette.

Ardea Leucorodia. *Gmelin Linné* Syst. nat. Ed. 3
　　I. 2. p. 613. n. 1.

La Spatule. *Buffon* hist. nat. des Ois. VII. p. 448
　　pl. 24. Ed. de Deuxp. XIV. 171. t. 4. f. 2
　　Uebersetzung von Otto. XXVI. S. 104. mit eine
　　Figur.

The white Spoonbill. *Latham* Synops. III. 1. p. 13
　　n. 1. Meine Uebers. V. S. 1.

Frisch Vögel. Taf. 200 Männchen. 201 Weibchen.

Perrault, Charras und Dodart Abhandl. au
　　der Naturgesch. II. 193. Taf. 65. 66.

Donndorfs Zool. Beyträge. II. 1. S. 938. Nr. 1.

Kennzeichen der Art.

Das Gefieder ist durchaus weiß, die nackte Kehle schwarz und der Hinterkopf hat einen kleinen Federbusch.

Gestalt und Farbe des männlichen und weiblichen Geschlechts.

Der weiße Löffler gleicht an Größe dem gemeinen Reiher, doch sind Hals und Füße kürzer, und ersterer ist auch mi kleinen, kurzen Federn besetzt. Seine Länge ist über dre Fuß, und die Breite der ausgespannten Flügel vier und einer
　　　　　　　　　　　　　　　　　　　　halbe

---

*) Der weiße Löffelreiher. Alte Ausgabe. III. S. 2. Nr. 1.

hälben Fuß *). Der Schwanz ist fünf Zoll lang, und die zusammengelegten Flügel reichen bis zu dessen Spitze.

Der Schnabel ist acht Zoll, neun Linien lang, in der Mitte acht Linien breit, gegen die Spitze zwey Zoll breit, oben und unten breit gedruckt, so daß er eigentlich, gegen seinen Namen, mehr die Gestalt eines Tellers oder Spatens, als eines Löffels hat, an der Spitze oben mit einem kleinen Haken versehen, an der Wurzel oben runzlich, unten aber an dieser Stelle mit zwey Reihen rauher Höcker besetzt, der Oberkiefer an beyden Seiten mit einer Furche geziert, die den Löffel als ein Saum umgiebt, die Grundfarbe gelb, auf dem Löffel mit schwarzen Punkten besetzt, hierauf nach der Wurzel zu mit schwarzen Querstrichen bezeichnet, die auf der hintern Seite bräunlich angelaufen sind, und immer die gelbe Grundfarbe durchschimmern lassen. Die Zunge ist dreyeckig; der Augenstern graubraun; die kahlen Zügel und der Augenkreis orangengelb; die nackte, sich erweiternde Kehle schwarz. Die hartschuppigen Füße sind schwarz, oder dunkelbraun, die Nägel schwarz, die vordern Zehen mit einer halben Schwimmhaut verbunden, die an der äußeren bis zum zweyten, und an der mittlern bis zum ersten Gelenke reicht, und auch den übrigen Theil der Zehen franzenartig einfaßt, die Schenkel vier Zoll hoch nackt, die dünnen Beine oder die Fußwurzel sieben Zoll; die Mittelzehe drey und einen halben Zoll, die Hinterzehe einen Zoll zehn Linien lang.

Die weße Farbe ist die herrschende am ganzen Körper, nur am Ende des Halses ist ein röthlichgelber Kreis, der nach der Brust zu blässer und breiter wird, und bey einigen, (welches

*) Pariser Maas: Länge 2 Fuß 9 Zoll, und Breite 4 Fuß.

ches wohl noch Junge seyn mögen) sind die Spitzen der großen Schwungfedern schwarz. Der Hals ist gleich dick, schwanenhälsig gebogen und mit kurzen Federn besetzt; am Nacken entstehen lange schmale Federn, etwa 40 an der Zahl, und von 5 bis 6 Zoll Länge, die einen am Halse anliegenden Federbusch bilden und röthlichgelb sind; der Schwanz ist gerade und weiß.

Das Weibchen ist kleiner als das Männchen, und hat an der Wurzel des Oberkiefers weder Runzeln noch an der des Unterkiefers rauhe Hügel.

Varietäten: Außer den zwey Varietäten, welche nach Sonnerat (Reise nach Neuguinea. S. 33.) auf den Philippinischen Inseln gefunden werden, und wovon 1) die eine schwarz und weiße Flügelfedern, einen orange- braunen Schnabel und orangefarbene Füße, und 2) die andere ganz weiß ist, einen langen Federbusch, einen rothgrauen Schnabel mit rothen Rändern und röthliche Füße hat, giebt es auch 3) noch eine Varietät, besonders in Menagerien, deren Kopf mit einem sehr kurzen, kaum merkli- chen Federbusch geziert ist, welches wahrscheinlich von der Zähmung herrührt.

Zergliederung *).

1) Der Löffel am Schnabel ist inwendig durch kleine Streifen runzlich, und wird dadurch uneben, da er hingegen auf der Außenseite glatt erscheint.

2) Beyde Kinnbacken sind nahe an ihrer Entstehung inwendig an den Rändern mit kleinen Erhöhungen oder Knöpfchen besetzt, welche bestimmt zu seyn scheinen, entweder

die

*) s. Buffon l. c.

die Schaalthiere zu zermalmen, oder schlüpfrige Nahrungs= mittel fest zu halten. Nahe am Kopf ist auch der obere Kinn= backen so breit und dick, daß die Stirn gänzlich darin zu lie= gen scheint.

3) Die Zunge ist dreyeckig und so klein, daß sie nicht drey Linien in allen ihren Ausmessungen hat.

4) Der Schlund erweitert sich unten, und wahr= scheinlich werden hier die Schaalen von den Muscheln und Schnecken abgelöst und wieder ausgespien und das Fleisch davon geht dann in den eigentlichen Magen über *).

5) Dieser hat eine doppelte schwielige Haut, wie bey den Körnerfressenden Vögeln.

6) Statt der Blinddärme, die man bey diesen Vögeln am Magen antrifft, bemerkt man bey ihm nur zwey kleine kurze Erhöhungen am Ende des Krummdarms. Die Därme sind 7 Fuß lang.

7) Die Luftröhre ist wie am Kranich und hat in der Brust eine doppelte Beugung.

8) Das Herz hat einen Herzbeutel, welchen Aldro= vand nicht gefunden haben will.

Verbreitung und Aufenthalt.

Dieser Vogel ist weit verbreitet; man findet ihn nicht nur auf den Feroeinseln, in Lappland und in allen gemäßigten Theilen von Rußland und Europa, sondern auch am Caspischen Meere, in der Gegend des Vorgebirges der guten Hoffnung und auf den Philippinischen Inseln. In Deutschland trifft man ihn an der Donau, am Rhein, Mayn, an der Oder,

jedoch

*) Plinii hist. nat. lib. X. cap. 56.

jedoch nur ſelten an, und nur auf ſeinem Zuge im September
und October.   Die ſumpfigen Meereskůſten des Nordens
ſcheinen wenigſtens in Europa ſein eigentlicher Aufenthalt zu
ſeyn. — Aus den nördlichen Gegenden begiebt er ſich im
Winter nach den ſůdlichen, und gehört alſo in erſtern unter
die Zugvögel. Pallas *) ſagt, wenn ſie fliegen, ſo
ſteigen ſie hoch in die Luft und ziehen in langen, wallenden
Querlinien, die ſie nicht verlaſſen, wenn man auch unter ſie
ſchießt.

Nahrung.

Die Nahrung des Löfflers ſind, Schaalthiere, Fiſche,
Schlangen, Fröſche, und allerhand Waſſerinſekten. Vorzüglich liebt er die Schlammmuſcheln, und Pallas ſagt a. a. O.
daß er ſich an den ausgetretenen Flußſtellen des Jaiks in
Schaaren einfinde, um dieſe Thiere zu verzehren. Die Fiſche
ſoll er den tauchenden Vögeln dadurch abnehmen, daß er ſie
durch Klappern mit dem Schnabel von ihrer Beute wegſchreckt.
Andere behaupten auch, er freſſe Waſſerpflanzen, Riedgras
und Rohrwurzeln.

Fortpflanzung.

Sein Neſt macht er auf die Gipfel hoher Bäume an
den Meeresufern aus Reißern, und legt drey bis vier weiße,
mit einzelnen röthlichen Flecken bezeichnete Eyer, von der
Größe der Hühnereyer hinein. Zur Brütezeit verſammlen
ſich dieſe Vögel alle Abend auf dieſen Bäumen und machen
durch Schreyen einen großen Lärm.

Feinde.

*) Reiſen I. 378.

Feinde.

Hierher gehören die Raubvögel, vorzüglich die an den Ufern der Meere, Seen und Flüsse wohnenden Adler. Man kann auch dahin eine Laus rechnen, welche von ihm den Namen Löfflerlaus hat.

Nutzen und Schaden.

Das Fleisch hat den Geschmack wie Gänsefleisch, vornämlich das von Jungen: und Herr Pallas fand es, ungeachtet sie sich von Fischen nähren, sehr wohlschmeckend. Daß sie auch, da sie hauptsächlich an Meeresufern sich aufhalten, Fische fressen, kann sie wohl nicht zu schädlichen Vögeln machen.

Ein und vierzigste Gattung.

Reiher. Ardea.

Der Schnabel ist gerade, lang, dünn, spitzig, etwas zusammengedrückt; die obere Kinnlade auf dem Rücken meist mit einer Längsfurche.

Die Nasenlöcher sind länglich, oben zur Hälfte bedeckt, in einer Furche liegend.

Die Zunge ist lang, häutig und flach.

Die Füße sind nicht so hoch, als die Füße der Störche und Kraniche; die Zehen dagegen länger, besonders die hintere, welche auch mit der innern an dem nämlichen Kopfe des Fersenbeins und gleichsam unter derselben vergliedert ist. Sie haben eine beträchtliche Hautfalte zwischen der äußern

und

und mittlern Vorderzehe. Die Nägel sind lang und spitzig, und die mittlere Vorderzehe ist am innern Rande gezähnelt.

Vier Wollenbüschel zeichnen diese Gattung noch vorzüglich aus: Zwey zu beyden Seiten der Brustmitte und zwey zu beyden Seiten des Afters.*).

Dreyzehn Arten, wovon noch einige unbestimmt sind.

Man kann sie unter zwey Familien beschreiben.

a. Dünnhälsige Reiher: Der Schnabel ist lang und auf beyden Kinnbacken gerade Die Füße sind sehr lang, und weit über der Ferse federlos. Der Hals ist auf seiner Hinterseite der ganzen Länge nach schmal mit wollenartigen Pflaumenfedern bedeckt. Die Nahrung besteht vorzüglich in Fischen.

(190) 1. Der Fischreiher **).
Ardea cinerea.
(Taf. I. Weibchen.)

Namen, Schriften und Abbildungen.

Großer Reiher, großer Kammreiher, Reiher mit weißer Platte, bläulicher und gehäubter Reiher, und Türkischer Reiher,

*) Die Basis eines jeden Büschels ist ovalrund und zeichnet sich in der abgezogenen Haut durch eine besondere Farbe und Dichtigkeit aus. Kurz nach der Mauser erscheint diese Wolle, welche bey einigen gelb und bey andern weiß ist, in der Gestalt einer Menge drathförmiger Fäden; diese öffnen sich nach und nach von der Spitze an, und nun erscheint auch nach und nach die Wolle, welche einen besondern Geruch hat. Der selige Borkhausen meynt, ob dieser Geruch vielleicht als Köder diene, die Fische und andere kleine Wasserthiere, welche den Reihern zur Nahrung dienen, anzulocken?
**) Der gemeine und große Reiher. Alte Ausg. III. S. 5. Nr. (107) 1. S. 13. Nr. (108) 2.

her, wenn er vier, wenigſtens drey Jahr alt iſt; ſonſt Reiher, Reiger, gemeiner weißbunter, gräuer, blauer, aſchgrauer Reiher, Reiger, Reyer, ungehäubter Reiher, grawer Reigel, Bergs reiher, Schildreiher, Rheinreiher, und Heergans.

Ardea major.   *Gmelin. Linné,* Syst. I. 2. p. 627.
n. 12. a et b.

— cinerea.   —   —   — ed. 12. p. 236.
n. 11. (jung)

Heron hupé.   *Buffon* des Ois. VII. 342. t. 19. Ed. de Deuxp. XIV. 44. t. 3. fig. 1. Ueberſ. von Otto. XXV. 172. mit 2 Fig.

Common Heron.   *Latham* Synops. III. 1. p. 83. Meine Ueberſ. V. 54.

Friſch Vögel. Taf. 199 alt. Taf. 198 jung.

Naumanns Vögel. III. S. 110. Taf. 24. Junges Männchen im Herbſt. S. 120. Taf. 25, altes Männchen.

Meyers Thiere I. Taf. 47. fig. 2.

Mein ornithol. Taſchenb. S. 255.

Donndorfs zool. Beytr. II. 1. S. 969. Nr. 12.

Kennzeichen der Art.

Am Hinterkopfe befindet ſich ein herabhängender ſchwärz- licher Federbuſch; der Rücken iſt aſchblau; der Unterleib weiß, und am Vorderhalſe und auf der Bruſt ſtehen längliche ſchwarze Flecken.

Geſtalt und Färbe der Alten und Jungen.

Nach den Erfahrungen und Beobachtungen, die ich ſo wie auch andere Naturforſcher über dieſen Reiher gemacht
haben,

haben, ist der große Reiher (Ardea major) der alte, und der aschgraue (Ardea cinerea) der junge Vogel und zwar bis zur zweyten oder gar dritten Mauser. Beyde sind daher nicht, wie ich selbst auch sonst glaubte, specifisch unterschieden, sondern bloße Altersabweichungen. Wenn man diese kürzlich angeben will, so haben die Alten einen sehr langen Federbusch, von dem Mittelrücken laufen lange silberfarbene Federn über die Flügel herab, die Schulterfedern sind schwarz und falten sich vor dem Handgelenk des zusammengelegten Flügels in einen Büschel hin, und die Seiten des Leibes sind sammetschwarz. Alles nur bey dem Weibchen weniger. Die jungen Vögel hingegen sind bis zum zweyten Jahre auf dem Rücken bläulichgrau, unten weiß, am Halse schwarz gefleckt, das Männchen mit, das Weibchen ohne Zopf, mit keinem oder einem undeutlichen schwarzen Seitenfleck, die Schulterfedern nur schwarz gestrichelt.

Doch da diese Vögel wirklich nach dem Alter merklich abweichend verschieden sind, so will ich hier eine weitläuftigere Beschreibung derselben mittheilen.

1. Alter Vogel. Ardea major, occipite crista nigra dependente. *Linn.*

Die Länge des Männchens beträgt drey Fuß sieben Zoll und die Breite der ausgespannten Flügel fünf Fuß neun Zoll *). Der Schwanz mißt sechs und drey Viertel Zoll und die gefalteten Flügel endigen sich an seiner Spitze. Die Schwere ist fast vier Pfund.

Der Schnabel ist fünf und einen halben Zoll lang, stark, scharfschneidig, die Ränder der untern Kinnlade genau an die

obere

*) P. Ms.: Länge 3 Fuß 2 Zoll; Breite 5 Fuß 1 Zoll.

obere paſſend, der obere und untere Rücken ſtumpf, die Spitze ſcharf und fein gezähnelt, ſeine Farbe im Sommer, ſo wie die der nackten Zügel dunkel goldgelb, im Winter oben dunkelaſch-grau und unten gelb; die Naſenlöcher liegen etwa einen hal-ben Zoll von der Stirn in den Schnabelfurchen, und man kann durchſehen; die Zunge iſt häutig, dreyeckig und ſpitzig; vom Kinn geht eine weißbefiederte Haut, die ſich erweitern kann, bis zur Mitte des Schnabels hervor; der Augenſtern iſt goldgelb; die Augenlieder ſind olivenfarben; die vorne geſchilderten und hinten netzförmigen Füße ſind ſchwarzgrau oder dunkelbraun, fleiſchroth überlaufen, in den Gelenken grünlich; der nackte Theil der Schenkel grauroth und zwey und drey Viertel Zoll hoch, die Fußwurzel 6½ Zoll hoch, die mittlere Zehe vier und einen halben Zoll lang, und die hin-tere zwey Zoll und zwey Linien, zwiſchen der äußern und mitt-lern Zehe eine kleine Spannhaut bis zum nächſten Gelenke; die hintere Zehe, wie bey allen Reiherarten, ſeitwärts ſte-hend, und an die innere Vorderzehe eingelenkt; die ſchwärz-lichen Nägel rundlich, außer daß der mittlere nach innen breit ausläuft, und fein gezähnelt iſt.

Die Stirn und der Vorderkopf mit ſeinen großen Fe-dern, die gleichſam ſchon einen Federbuſch machen, ſind weiß; über den Augen ein ſchwarzer Streifen, der ſich mit den ſchwarzen Federn des Hinterkopfs vereiniget; die zu-geſpitzten Straußfedern des Hinterkopfs, die am Nacken herab liegen, ſind lang, bey recht alten Männchen werden die zwey längſten oft ſechs Zoll lang angetroffen; der Hinter-hals iſt weiß ins Graue ſchillernd; der Rücken aſchgrau; von dem Mittelrücken und den Schultern laufen lange zu-

                                             geſpitzte

get ebenfalls, doch noch etwas dunkler; der ganze Unterleib weiß, an der Kehle rein weiß, von der Gurgel an aber laufen bis zur Hälfte der Brust herab lange zugespitzte Federn, welche nach der Seite gekehrte, schöne, lanzetförmige schwarze Flecken haben; über dem Flügelwinkel steht ein großer weißer Fleck, neben demselben nach dem Halse zu, ein großer schwarzer, aus breiten gekrümmten Federn bestehend; der Rand der Flügel ist weiß; unter den Achseln fängt ein breiter sammtschwarzer Streifen an, der an den Seiten weg bis zum After läuft, wo er die langen weißen Afterfedern schwarzbunt macht; die Schenkelfedern sind vorn weiß, hinten grau; die vordern Schwungfedern schwarz, blau angelaufen, die hintern dunkelaschgrau; die Deckfedern der Unterflügel grau, weiß verwaschen.

Das Weibchen unterscheidet sich durch nichts, als daß es ein wenig kleiner ist, daß die Straußfedern auf dem Kopfe weit kürzer, ja bey manchen gar unmerklich, der Augenstern grüngelb, die Schulterfedern auf grauem Grunde schwarz gestrichelt, und die Füße olivenbraun sind.

2. Der junge Vogel. Ardea cinerea occipite

acht Zoll, und die Breite der Flügel fünf Fuß sechs Zoll *).

Die Schwere ist nur 3 Pfund.

Der Schnabel ist fünf Zoll lang, oben schwärzlichblau, unten gelb. Vom Schnabel läuft bis zu den Augen ein hellgelber nackter Zügel. Der Augenstern hellgelb; die Augenlieder kahl und silberfarben. Die Füße sind vorn über die Hälfte mit Schildern bedeckt, übrigens netzförmig, zwey Zoll über den Knieen kahl, die Schenkel zehn Zoll, die Fußwurzel sechs Zoll, die Mittelzehe vier und die hintere zwey Zoll lang, die Farbe aschgrau fleischfarben, an den Zehen unten gelb.

Der Scheitel ist dunkelbläulichgrau mit einem drey Zoll langen, den Nacken herabhängenden schwärzlichen Federbusche; der Ober- und Seitenhals hellaschgrau, nach dem Rücken zu ins rein Aschgraue und auf dem Schwanze ins Dunkelaschgraue übergehend; die großen Deckfedern der Flügel aschgrau mit weißen Spitzen an der untern Reihe, die kleinern eben so, aber rothgrau überlaufen; die Schwungfedern, so wie der langbefiederte Afterflügel schwarz ins Bläue glänzend, die vier letztern wie der Rücken; an den Schultern ein weißer Fleck, der in einem gleichfarbigen Streifen auf der ganzen Flügelkante mit Rostbraun oder Schwärzlich gefleckt fortläuft; die Deckfedern der Unterflügel dunkelaschgrau; der Unterleib weiß, am Halse, Brust und Seiten des Bauchs mit schwarzen länglichen Streifen, womit die Brust fast ganz bedeckt ist; die Seiten silberweiß; das Kinn, die Schläfe, der After und die Schenkel rein weiß; die Wangen grau gefleckt. Die Hals- und Brustfedern sind vorzüglich schmal und lang;

die

---

*) Par. Maas: Länge fast 3 und die Breite fast 5 Fuß.

die obern Deckfedern des Schwanzes kurz, die untern aber lang.

Das Weibchen hat einen schwärzlichen Oberkopf, einen kürzern Federbusch, und ist überhaupt am Oberleibe mehr dunkelgrau als aschgrau. Auch

3. der Rhein-Reiher (Ardea rhenana) ist weiter nichts, als der so eben Nr. 2. beschriebene, noch nicht ganz ausgefärbte junge Vogel.

Sander im Naturforscher XIII. S. 195 *).

Sein Rücken ist mehr grünlich, die untern Theile sind weiß, die Brust hat längliche schwarze Flecken, die vordersten Schwungfedern sind indigblau. Die Kehle ist mit 4 und der Vorderhals mit zwey Reihen schwarzer Flecken gezeichnet. Der Kopf hat einen herabhängenden Federbusch, und bey der Einfügung der Flügel befinden sich zwey blaßrothe Flecken. Die 18 bis 20 herabhängenden langen Brustfedern sind büschelartig. Der Schwanz ist oben grau und unten weiß, und die Schenkel sind ganz nackt.

Zergliederung.

Da der Hals dieses Vogels so ungemein biegsam ist und sich sogar über einander legt, so möchte es fast scheinen, als wenn dieß vermittelst eines Charnieres geschähe, und es haben deshalb einige behauptet **), das fünfte Gelenk des Halses liege umgekehrt und in einer den andern entgegengesetzten Lage. Nach Büffon aber hat der gemeine Reiher

18

*) Was vom verstorbenen Professor Sander Ornithologisches im Naturforscher steht, das bedarf allzeit einer genauern Prüfung; denn es ist meist entweder was Gewöhnliches oder was Falsches.

**) Willughby Ornithol. p. 204.

18 Wirbel, wovon die 5 erstern, vom Kopfe an, gleichsam an den Seiten zusammengedruckt und eins über dem andern ohne Fortsätze angebracht sind, so daß das vorhergehende über dem folgenden vorsteht. Erst bey dem sechsten Gelenke bemerkt man die Fortsätze. Durch diese sonderbare Bildung wird der Theil vom Halse, der an die Brust schließt, steif, und der Theil am Kopfe spielt in einem Halbcirkel über dem andern, oder nimmt hier eine solche Form an, daß Hals, Kopf und Schnabel in drey Theilen über einander gelegt sind. Die übereinander gelegte Hälfte macht der Vogel schnell, gleichsam als wenn eine Feder darin angebracht wäre, wieder gerade, und wirft seinen Schnabel als einen Wurfspieß. Streckt er seinen Hals seiner ganzen Länge nach aus, so kann er wenigstens 3 Fuß in der Runde von sich reichen, in der völlkommenen Ruhe verschwindet aber dieser ungewöhnlich lange Hals gleichsam, und verliert sich in den Schultern, die an den Kopf zu gränzen scheinen.

Die Luftröhre ist 16 Zoll lang und hat ohngefähr 14 Ringe auf einem Zoll. Bis zur gabelförmigen Theilung ist sie fast cylinderförmig. Hier bildet sie aber eine beträchtliche Bäuchung und die Aeste haben auf der innern Seite nur eine Haut. Dadurch entsteht ihre starke Stimme.

Der Schlund ist weit und hat unten bey dem Magen einen Zoll im Durchmesser. Von dem Magen, der oben weit, und nach dem Pförtner zu, wie bey dem Menschen, sehr schmal ist, unterscheidet er sich, daß er keine Falten hat. Inwendig ist der Magen immer grün, welches die Galle verursacht.

Die Gallenblase ist groß, ohngefähr 1 Zoll lang und ½ Zoll breit.

Statt daß die Vögel gewöhnlich 2 Blinddärme haben, so hat dieser, wie alle andere Reiherarten, nur einen.

Merkwürdige Eigenschaften.

Der Reiher ist ein sehr trauriger, furchtsamer und scheuer Vogel, der mit seinem überaus scharfen Gesichte den Jäger sehr weit bemerkt, und etliche hundert Schritte weit vor ihm auffliegt. Er fürchtet sich sogar vor dem Blitz und Donner *), und es scheint, als wenn er dabey glaube, daß nach ihm geschossen würde, denn er fliegt bey jedem starken Donnerschlag gerade in die Höhe, setzt sich aber gleich wieder nieder und schreyt erbärmlich dazu, gleichsam als wenn er befürchtete, daß die ganze Gegend mit Schützen besetzt wäre. Wenn er gehet, so schreitet er wie der Storch gravitätisch einher. Um auszuruhen, sitzt er gern auf hohen Bäumen. Sein Flug ist schwer, und er bewegt die großen breiten Flügel nur langsam. Wenn er sich in die Höhe heben will, so fliegt er fast allzeit erst in einem Kreise herum, steigt aber bisweilen bis zu den Wolken hinauf. Er fliegt nicht, wie der Storch, mit ausgestrecktem Halse, sondern legt den Vorderhals nach dem Rücken zu, verdoppelt den Hinterhals also gleichsam, so daß es aussieht, als wenn er einen Kropf hätte, die Füße streckt er dabey hinten aus. Befindet er sich auf dem Zuge mit mehrern seines Gleichen, so bilden sie eine schiefe Linie. Sein Geschrey: Kráik ist kreischend, und klingt sehr unangenehm, besonders wenn eine ganze Heerde des Abends diese Mißtöne in der Luft von sich hören läßt. Er schreyt aber auch auf dem Boden sitzend, wenn er böse oder ängstlich ist, bisweilen

so.

*) Naumann a. a. O. S. 114.

so. Seine Locktöne, die er von sich giebt, wenn er in Ruhe ist, oder seinen Jungen ruft, sind ein tiefes Gaak, gaak! fast wie man es von dem Haus-Gänserich hört.

Verbreitung und Aufenthalt.

Dieser Vogel ist in der alten und neuen Welt zu Hause. In Europa ist er allenthalben gemein, geht bis Drontheim, und findet sich in Rußland und Sibirien, aber nicht sehr weit gegen Norden hinauf. Man will ihn auch im südlichen Grönland gesehen haben.

Schon in der Mitte des Augusts fängt er an, einzeln seine eigentliche Heimath zu verlassen, und von einem Teich, See und Fluß zum andern zu wandern. Je näher aber die kältere Jahrszeit herbeyrückt, zu desto größern Gesellschaften pflegt er sich zu versammeln, so daß man oft zu Anfang des Septembers eine Heerde von zwanzig bis dreyßig Reihern beysammen in einem Teiche antrifft. Sobald im October die Nachtfröste eintreten, verlassen sie uns, ziehen des Abends beym Mondenschein, wie die Kraniche, doch nicht in solcher Ordnung weg, und kommen erst in der letzten Hälfte des Märzes, wenn keine starken Fröste mehr zu befürchten sind, wieder zurück. Doch habe ich, so wie bey den Kranichen, in abwechselnden Wintern, immer einzelne Reiher an ausgetretenen Flüssen und in sumpfigen Gegenden angetroffen, so wie jetzt den 24sten December, da ich dieß schreibe Solche einzelne Reiher werden alsdann wirklich Strichvögel, denn wenn eine Zeitlang Kälte und hoher Schnee einfällt, so verlieren sie sich, kommen aber sogleich wieder, wenn es thaut. Sie sind immer in Gesellschaft der wilden Enten Die Reiher wählen zu ihrem Aufenthalt diejenigen Waldungen, die in wasserrei-

chen

chen Gegenden liegen, oder doch solche Orte, wo um die
Seen, Flüsse und Teiche viele und große Bäume stehen, und
welche wenig von Menschen besucht werden.

Nahrung.

Ihre Nahrung besteht in Fischen, besonders der jungen
Brut von aller Art Teich- und Flußfischen, vorzüglich aber von
Forellen und Karpfen. Sie verschlucken mittelmäßige Aale,
auch Frösche, Froschlarven, Wassersalamander, Krebse, Käfer,
Muscheln, Schnecken u. d. gl. Sie gehen zu diesem Fange
bis über die Knie ins Wasser, treten aber gewöhnlich nicht
weit vom Ufer, und es sind immer Fische genug um sie, um
eine reichliche Mahlzeit halten zu können. Die Jäger und
Fischer sagen daher, die Fische röchen die Reiherbeine, und
kämen, um diesen angenehmen Geruch recht zu genießen, herbey geschwommen, oder der Glanz derselben locke sie herbey.
So unwahrscheinlich dieß ist, so muß doch allerdings ein Köder
da seyn, der die Fische zu ihrem Untergange herbeylockt, denn
die Reiher bleiben entweder ganz stille stehen und fischen (welches ich unzähligemal gesehen habe), oder schreiten nur sehr
langsam fort, und haben immer Fische in Menge um sich.
Am wahrscheinlichsten ist, daß sie ihre Exkremente ins Wasser
fallen lassen, welche die Fische, wie man die Erfahrung leicht
machen kann, außerordentlich gern verschlucken. Sie gehen
auch mehrentheils des Morgens vor Aufgang und des Abends
vor Untergang der Sonne ihrer Nahrung nach, damit ihr
Schatten die Fische nicht erschrecke, wissen dabey die Stellen
sehr genau, wo die Brut steht, und treten, wenn die Sonne
nicht scheint, so an das Ufer, oder hinter das Schilf und
Rohr,

Rohr, daß ihr Schatten hinter sie und nicht nach dem Teiche zu fällt. Im Winter müssen sie oft mit bloßen Schnecken, Regenwürmern, Fröschen, Feldmäusen, Spitzmäusen, Maulwürfen ꝛc. vorlieb nehmen, und sind zuweilen so dürr, daß sie aus nichts als Knochen zu bestehen scheinen.

Herr Naumann hält sie für Verpflanzer der Teichmuscheln in leer gestandene oder neue Teiche, wenn sie nämlich die Muscheln verschluckt haben, damit sie sich öffnen sollen, und sie wieder ausspeyen, so werden sie manchmal gestöhrt und müssen sie liegen oder fallen lassen. Eben so glaubt er, daß sie die Nester der Wasservögel plünderten, weil die Meven und andere Vögel sie mit großem Geschrey verfolgen und nicht zugeben, daß sie sich in die Nähe ihrer Brutörter ins Wasser setzen.

Sie lassen sich auch jung zähmen. Der Graf Matuschka besaß einen Jungen, an welchem er bemerkte, daß er sich im vierten Jahre in den großen Reiher (Ardea major) verwandelte *). Dieser fraß weder Fische noch Frösche, sondern am liebsten Hühnerdärme, und fieng täglich 3 bis 4 Sperlinge auf dem gepflasterten Hofe. Wenn die Hühner gefüttert wurden, so stellte er sich mitten unter sie und zog den Kopf und Hals zwischen die Schultern. Kam dann ein Sperling ihm so nahe, daß er ihn erreichen zu können glaubte, so schnellte er plötzlich den Hals hervor und verfehlte auf diese Art selten seine Beute. Er zerdrückte dem Sperling alsdann entweder den Kopf oder würgte ihn am Halse, trug ihn an sein Trinkgeschirr, befeuchtete ihn

über

---

*) Schriften der Berl. Gesellsch. naturf. Freunde. III. 411.

über und über, drehte ihn so lange, bis der Kopf nach der
Kehle zu stand und verschluckte ihn dann ganz mit Federn
und Knochen.

Fortpflanzung.

Sie nisten in mehreren Gegenden Deutschlands, z. B.
an der Elbe, in Gesellschaft auf hohen Erlen, besonders auf
Eichen, die in sumpfigen und wasserreichen Gegenden stehen,
fliegen auch wohl stundenweit in einen Wald, und bauen ihr
Nest auf Kiefern und Fichten. Das Nest ist groß, breit,
und besteht äußerlich aus Reisern, und inwendig aus Schilf,
Rohr, Federn und Wolle. Das Weibchen legt drey bis vier
grünlichblaue, ungefleckte Eyer, von der Größe länglicher
großer Haushühnereyer, und brütet sie, ohne vom Männchen unterstützt zu werden, allein in drey Wochen aus. Die
Jungen werden mit kleinen Fischen ernährt, welche ihnen die
Eltern, besonders die Weibchen, in ihrem Schlunde, der
sich unter dem Kinn in einen weiten Sack ausdehnt, in
Menge beytragen. So bald sie ausgeflogen sind, vereinzeln
sie sich, und einer fliegt dahin, der andere dorthin nach einem
Teich und Fluß, und bleibt bis zur Wanderung da, wo er
die meisten Fische antrifft. Dieß sind dann auch die gewöhnlichen einzeln Reiher, die man zu Anfang des Augusts allenthalben an den Teichen antrifft. Die Bäume, worauf sie
etliche Jahre hinter einander nisten, verdorren durch den
ätzenden Unrath, den sie in großer Menge darauf fallen
lassen.

Feinde.

Ob sie gleich die Gesellschaft der Rabenkrähen lieben,
so nehmen ihnen doch diese oft ihre Eyer weg. Die Falken,
Wei-

Weihen, Marder und Wiesel aber nehmen ihnen die Jungen aus; doch wenn sie diese beyden letztern erblicken, so verfolgen und verjagen sie sie mit gräßlichem Geschrey.

Aeußerlich werden sie auch oft von einer Art Läuse, die Reiherläuse genannt, geplagt, und innerlich von Kraz̄zerwürmern, und Rundwürmern (Ascaris ardeae et A. parvula).

Jagd und Fang.

Der Jäger, welchem die Fänge (Ständer) von der Obrigkeit ausgelöst werden, erschleicht sie gewöhnlich in Schießhütten oder hinter Gebüsch verborgen, und schießt sie, wenn sie fischen, oder im Fluge, wenn sie sich vom Wasser langsam in die Höhe schwingen.

Man kann sie auch mit einem lebendigen Fisch, den man an einen großen Angelhaken hängt, fangen, oder mit Schleifen, welche man in das flache Wasser an den Ort hinlegt, wo man sie oft herum waten sieht.

Die vorzüglichste Jagd aber ist die bekannte Reiher̄baize, welche große Herren mit Falken und andern abge̊richteten Raubvögeln zuweilen zu ihrem Vergnügen anstel̄len. Es geschieht dieß meist im Frühjahr. Der Falkenier begiebt sich an einem stillen und schönen Tag zu Pferde mit seinem Falken und einem Stöberhunde in diejenige Gegend, wo Reiher sind bemerkt worden. Sobald der Stöberhund einen aufgetrieben hat, läßt er vortheilhaft den Raubvogel los (wirft ihn ab). Der Reiher bemerkt sogleich seinen Feind und speyt, wenn er nicht nüchtern ist, während dem Fluge die Fische aus, die er im Kropfe hat; um sich leichter zu machen, und steigt, so geschwind er kann, bis zu einer außerordentlichen Höhe. Der Falke steigt auch, aber mit besonderer Klugheit, indem er durch Umschweife, aber dennoch mit der unglaublichsten Geschwindigkeit, dem Reiher die Höhe abzugewinnen sucht. Sobald er seinen Zweck erreicht hat, so wagt er mit seinen starken Waffen einen Anfall auf ihn, schwebt über, um und neben ihm herum, bis er seinen Vortheil absieht, ihn ganz und recht zu fassen. Denn geht er nicht vorsichtig zu Werke, so ist er in Gefahr, sich in des Reihers spitzigen Schnabel, welchen dieser mit seinem großen biegsamen Hals auf den Rücken hinbiegt, und gerade in die Höhe stellt, zu spießen. Dieß geschieht denn auch bey jungen unerfahrnen Falken nicht selten, daher man mit einem jungen immer noch einen alten auf ihn loslassen muß. Zuweilen soll sich der Reiher, wenn die Gefahr zu groß wird, in der Luft umkehren und auf dem Rücken liegend mit ausgespannten Flügeln, wie mit Segeln in der Luft schweben, um seinen Feind desto gewisser zu empfangen. Aber auch diese Nothwehr soll ihm mehrentheils mißglücken, und er mit dem Falken gewöhnlich zugleich herunterfallen. Ein so gefangener Reiher wird meist mit einem blechernen Ringe an den Füßen mit der Herrschaft Namen und der Jahrszahl wieder losgelassen, und man hat Beyspiele, daß Reiher gebaizt worden sind, die mehrere solcher Ringe an den Füßen hatten.

N u tz e n.

Wenn sie nur nicht gar zu alt sind, so schmeckt ihr Fleisch gut. Es ist daher in Thüringen ein bloßes Vorurtheil, daß sie uneßbar wären; denn nur die ganz alten

sind

sind zähe, und haben einen unangenehmen thranigen Fisch-
geschmack.

Die Jungen haben einen so guten Geschmack, daß
sie in Pasteten geschlagen auf die Tafeln der großen Herren
kommen. Um sie also und ihre Eyer zu bekommen, wurden die Reiher in Frankreich sonst ordentlich gehegt, und
des großen Vortheils halber gab es sogar Leute, die ihnen
kleine hölzerne Hütten (Heronnières) an die Flüsse bauten.

Wenn man den ganzen Reiher mit Federn und allem
in Stücken hauet, in Wasser kocht, das davon abgeschöpfte
Fett mit Semmelkrumen zu einem Teige knetet und mit
etwas Rinderblut vermengt, so giebt es einen vorzüglichen
Köder an die Angeln zum Fischfang *).

Die langen Kopf- Hals- und Brustfedern benutzen die Federschmücker zu allerhand Federbüschen. Wenn
sie recht lang, gerade, schön und pechschwarz sind, so werden
sie, wie man sagt, in der Türkey von den großen Herren, in
Gold eingefaßt, als ein fürstlicher Zierath auf die Turbane
oder Kopfbünde gesteckt.

Von den großen Flügeln werden sehr dauerhafte We-
her oder Fächer zum Trocknen des gestärkten Garns beym
Leinweben verfertigt.

Fliegen sie sehr hoch, so soll es Sturm, und wenn
sie dazu schreyen, nahen und vielen Regen bedeuten; letzteres sollen sie auch dadurch verkündigen, wenn sie auf den
Aeckern oder Sand ganz traurig und gekröpft sitzen.

Scha-

*) Ob nicht die Semmelkrumen und das Rinderblut bey diesem
Köder die Hauptsachen sind, lasse ich dahin gestellt seyn.

Schaden.

Den Fiſchteichen werden ſie beſonders zur Laichzeit ſehr nachtheilig.

Auch die Bäume, auf welchen ſie niſten, leiden von ihren ätzenden Exkrementen.

Irrthümer und Vorurtheile.

1. Wenn ſonſt und auch noch in neuern Schriften Ardea major und cinerea für beſondere Arten ausgegeben werden, ſo iſt dieß, wie oben weitläuftiger ausgeführt worden, ein Irrthum.

2. Nach einer Fiſcherſage ſollen ſich die Fiſche um deswillen ſo leicht von ihnen mit der Hand fangen laſſen, weil ſie ſie mit Reiheröl einſchmierten.

3. Es iſt eine Jägerſabel, daß ſie die Habichte mit ihren Exkrementen zurücktrieben, weil ſie dieſen Raubvögeln Füße und Federn angriffen und verbrennten.

4. Das Fett ſollte ſonſt das Podagra vertreiben, klare und helle Augen machen, auch in die Ohren getröpfelt das verlorne Gehör wieder geben.

5. Viele Nationen hielten ſonſt dieſen Reiher für einen Glücksvogel, je nachdem er entweder einem gegen Mittag oder Mitternacht flog *).

6. Es iſt auch wahrſcheinlich eine unrichtige Beobachtung, daß er Vegetabilien z. B. Waſſerlinſen verzehren ſoll **). Zuweilen mag er wohl mit einem Fiſch oder Froſch

ſo

---

*) Zorns Petinoth. II. S 619.

**) Salerne Ornith. p. 208.

fo etwas verschlucken, oder man hat dieß von der grünen Farbe der Magenhaut geschlossen.

7. Die Alten glaubten, daß der Reiher bey der Begattung Schmerzen empfinde, daß das Männchen dabey ein Angstgeschrey ausstoße und Blut aus den Augen vergieße *).

(191). 2. Der Purpurreiher **).

(Taf. II.)

Namen, Schriften und Abbildungen.

Gehaubter und glattköpfiger Purpurreiher, graugelber, braunrother und purpurfarbner Reiher, Bergreiher.

Ardea purpurea. *Gmelin Lin.* Syst. I. 2. p. 626. N. 10. Alt.

— purpurata. — — — p. 641. N. 63. Jung.

— rufa. — — — — p. 642. N. 67. Ein älterer Vogel nach der Mauser. *Scopoli* Ann. I. N. 119. Uebes. von Günther. S. 99.

Le Heron pourpré., *Buffon* des Ois. VII. p. 369. Pl. enl. No. 788. Ed. de Deuxp. XIV. p. 90. 4. Uebersetz. v. Otto. XXV. S. 220 mit einer Fig.

The crested purple Heron. *Latham* Syn. III. 1. p. 95 N. 65. Alt.

The

*) Theophrastus in metaphys. Aristoteles ex recens. Scaliger. Lib. IX. c. 2. Plinius Lib. X. c. 79.

**) Alte Ausgabe. III. S. 18. Nr. (109). 8.

Ardea caspia. S. S. Gmelins Reise II. S. 193.
Taf. 24. IV. S. 25.

Borkhausens Deutsche Ornithol. Heft I. Taf. 4.
Weibchen.

Meine Diana II. S. 39. Taf. 4. Weiblicher junger
Vogel. Mein ornithol. Taschenb. S. 257. Nr. 2.

Donndorfs zool. Beytr. II. S. 968. Nr. 10.

Kennzeichen der Art.

Der Scheitel ist schwarz mit einem Federbusche, der (beym
Männchen) zwey herabhängende lange Federn hat; der Oberleib aschgrau mit olivengrünem Anstrich, der Unterleib rothbraun mit purpurfarbnem Anstrich.

Gestalt und Farbe des männlichen und weib-
lichen Geschlechts.

Seit der ersten Ausgabe dieses Werkes ist die Naturgeschichte dieses Vogels sehr vervollkommnet worden, ob man
gleich noch nicht behaupten kann, daß sie gänzlich ins Reine
sey. So viel wissen wir doch, daß mehrere unten näher
beschriebene Vögel nicht als besondere Arten anzusehen, sondern Altersverschiedenheiten sind, und daß er in dieser Hinsicht mit dem gemeinen Reiher Aehnlichkeit hat.

Er ist etwas kleiner als der vorhergehende Reiher, drey
Fuß, zwey Zoll lang, und fünf Fuß und neun Linien breit *).

Der

*) P. Ms.: Länge 2 Fuß 11 Zoll; Breite 4 ½ Fuß.

Der Schwanz mißt fünf Zoll, und die zusammengelegten
Flügel reichen bis an die Spitze desselben.

Der Schnabel ist fünf und einen halben Zoll lang, dünner und spitziger, als am gemeinen Reiher, der Oberkiefer
im Grunde grünlich, aber dunkelbraun überzogen, unten gelb,
an den Spitzen dunkelbraun; der Augenstern goldgelb; die
Füße im Grunde schmutzig grünbraun, fleischbraun überlaufen; die Nägel hornbraun; die Schenkel zwey Zoll hoch nackt,
die Beine fünf und einen halben Zoll hoch, die Zehen dünner als bey andern Reihern, die mittlere mit der äußern mit
einer kleinen Schwimmhaut fast bis zum ersten Gelenke verbunden, und fünf und einen halben Zoll lang, die hintere
aber nur zwey und einen halben Zoll lang.

Der Scheitel ist schwarz mit einem Federbusche, wovon sich zwey Federn besonders durch vier Zoll Länge auszeichnen, und über den Hinterhals herab hängen; dieser ist
bis zur Mitte in einen breiten Streifen schwarz; der übrige
Oberhals mit dem Rücken und Steiße dunkelaschgrau mit
einem olivengrünen Anstriche; die Zügel nackt und gelb;
hinter den Augen bis zum Scheitel ein rostrother Streifen;
von dem untern Schnabelwinkel ein schwarzer Streifen, der
sich mit den schwarzen Scheitelfedern vereinigt; die Seiten
des Halses rostroth, purpurfarben angelaufen mit einem
schwarzen Streifen, der der Länge nach herabläuft; der
Vorderhals röthlichgelb mit schwarzen schönen nach den Seiten zu auslaufenden lanzetförmigen Flecken; der untere
Theil des Vorderhalses und die Oberbrust mit lauter langen
zugespitzten weiß, schwarz und rostpurpurroth verwaschenen,
der Länge nach laufenden Streifen; die Seiten der Brust
und

und ein Klumpen Federn zwischen dem Flügelrand und Hals
schön purpurrothbraun, die Mitte der Oberbrust und des
Bauchs schwarz, mit einzelnen purpurroth braunen Flecken;
der After schwarz, rostroth und weiß gefleckt; die Schenkelfedern rostfarben; die Seiten des Bauchs aschgrau; der
obere Flügelrand purpurröthlich; die Federn an den Seiten
des Rückens und die Schulterfedern schmal, purpurroth, und
über die Deckfedern der Flügel herabhängend; die Deckfedern der Flügel dunkelaschgrau, an manchen Stellen röthlich überlaufen; die vordern Schwungfedern dunkelindig-
blau, weiß bepudert, die mittlern dunkelaschgrau, blau überlaufen, die sechs letztern aschgrau mit einem dunkelbräun-
lichen Anstriche; der Schwanz wie die mittlern Schwungfedern.

Das Weibchen unterscheidet sich fast durch nichts von
dem Männchen, als daß der Federbusch auf dem Kopfe kürzer, der Bauch schwarz, und purpurrothbraun gefleckt ist,
und am Rücken fast gar kein Grün hervorschimmert. Wenn
die Kopffedern aufliegen, so bemerkt man gar nicht, daß es
einen Federbusch hat.

Die Altersverschiedenheiten, die man als Arten
aufgeführt hat, sind folgende:

a. Der glattköpfige Purpurreiher.

Ardea purpurata. *Linn.*

An Größe und Dicke kommt er mit dem gemeinen
Reiher überein, doch ist der Kopf dicker und der Schnabel länger.

Der

Der Schnabel ist oben gelblichgrün, unten gelblich; die Füße sind graubraun.

Der Scheitel ist aschgrauschwärzlich; die Zügel sind nackt und gelblich; der Hals oben aschgrau mit schwärzlichen Strichen; der Rücken, die Deckfedern der Flügel und der Schwanz braunpurpurfarben; der Unterleib ist aschgraulich; der Hals und die Brust mit dunkelgelben Flecken besprengt; die Schwungfedern dunkelbraun.

Man hat ihn an den Ufern der Donau angetroffen.

Es ist der junge Vogel, wie ich aus Ungarn weiß, wo diese Vögel nicht selten nisten.

Wenn sich der junge männliche Vogel zum erstenmal gemausert hat, so erscheint alles was am alten eine Rostfarbe mit purpurrothem Anstrich hat, rostroth, fast röthelsteinfarbig ohne Purpurglanz, und diese lebhafte Farbe macht den Vogel sehr abstechend bunt.

b. Der braunrothe Reiher.
Ardea rufa. *Scopoli.*

Er ist von der Größe des gemeinen Reihers.

Der Schnabel, so wie die Beine, sind sieben Zoll lang und dunkelbraun.

Der Kopf und herabhängende Federbusch sind schwarz; von jedem Auge geht ein schwarzer Strich gegen den Nakken; die Wangen sind rostfarben; der Oberhals, Rücken und Flügel bräunlichaschgrau; der Unterhals weiß mit länglichen graubraunen Flecken; die Brust braunroth; die Schenkel rostfarben; der Bauch, die vordern Schwungfedern und der Schwanz schwarz.

Er

Er. ist in Oesterreich angetroffen worden. Wahrscheinlich ist es ein junges Männchen des Purpurreihers oder es ist gar ein alter Vogel gemeynt, da Scopoli, der die Beschreibung desselben geliefert hat, alle seine Beschreibungen nur oberflächlich macht, wodurch man also nicht im Stande ist, Alter und Geschlecht mit Gewißheit anzugeben. So viel aber ist außer Zweifel, daß hier ein Purpurreiher beschrieben ist.

c. Der Caspische Reiher.

Ardea caspica Gmelin.

African Heron. *Latham.* Suppl. p. 237. et Ind. orn. II. p. 698. N. 73.

Herrn Gmelins Beschreibung ist folgende: Er ist so groß als der gemeine Reiher. Schnabel und Zügel sind gelb; der Kopf ist schwarz, hinten mit einem schwarzen Federbusch; der Rücken dunkelgrau, der Bauch und Hals kastaniengelb, an den Seiten des letztern der ganzen Länge nach ein glänzend schwarzes Band, und ein ähnliches oben auf der Mitte, jedoch erstreckt sich dieses nur auf die Hälfte; auf der Unterfläche hat der Hals längliche schwarze Flecken, der untere Theil des Kopfs ist aber ganz weiß; die vordern Schwungfedern sind schwarz, die hintern dunkelgrau und heller als die Deckfedern, allein so wie diese gelb eingefaßt; Schwanz, Füße und Nägel sind schwarz.

Er wohnt am Caspischen Meere und Gmelin hält ihn selbst für einen einjährigen Purpurreiher.

Eben so ist der von Latham bey dem Caspischen Reiher angeführte Afrikanische Reiher (African Heron) weiter nichts als ein Purpurreiher. Er ist kleiner als der

gemeine

gemeine Reiher und faſt 3 Fuß lang; der Schnabel 7 Zoll
lang und dunkelgelb, das Ende ſchwarz oder dunkelbraun;
der Kopf und der größte Theil des Halſes hellroſtroth; Kinn
und Kehle weiß; der Scheitel ſchwarz und ſeine Federn in
einen faſt 3 Zoll langen Federbuſch verlängert; am Hinterhals iſt ein ſchwarzer Saum oder Streifen, der auf zwey
Drittheile der Länge hinabreicht, zu beyden Seiten ein anderer, der hinter den Augen anhebt, und auf beyden Seiten
bis an die Bruſt fortläuft; die Federn am untern und vordern Theil des Halſes ſind lang, ſchmal und fliegend und
dunkelaſchgrau; die Bruſt roſtbraun; der Rücken dunkelaſchgrau; Schwungfedern und Schwanz ſchwarz; die fliegenden Federn am Unterrücken faſt wie die am Vorderhals mit
einer roſtrothen Miſchung; die Füße hinten mattgelb, vorn
aber ſo wie die Zehen und Nägel ſchwarz.

Es iſt faſt unbegreiflich, wie Latham dieſen Vogel,
der aus Afrika kam, und von welchem er auch ſagt, daß
er in England ſey geſchoſſen worden, von dem Purpurreiher
hat trennen können.

Verbreitung und Aufenthalt.

Dieſer ſchöne Reiher hält ſich eigentlich am ſchwarzen
und Caspiſchen Meere, an den Seen der großen Tatarey, und an dem Fluß Irtiſch auf; er kömmt aber auch
nicht nur auf ſeinem Zug nach Deutſchland, ſondern niſtet
auch da, z. B. am Rhein und Mayn. Auf dem Schwanenſee ohnweit Erfurt iſt er etlichemal geſchoſſen worden; und das
Männchen, das ich ſo eben vor mir habe, und von welchem die
Abbildung gemacht iſt, wurde vor einigen Jahren im Herbſte

auf dem höchsten Berge des Thüringerwaldes, dem Schnee= kopf, erlegt *).

Er wohnt an den Flüssen und Sümpfen, und zwar an solchen, die Schilf und Rohr haben. Man sagt, (ob es gegründet ist, dafür kann ich nicht stehen,) daß er sich gern nach den gebirgigen Sümpfen ziehe; daher nennen ihn einige Jäger in Thüringen den Bergreiher.

Nahrung.

Diese soll er mit dem gemeinen Reiher gemein haben.

Fortpflanzung.

In Ungarn pflanzen sich diese Vögel häufig fort. Sie machen ihr Nest nicht auf die Bäume, wie die gemeinen Rei= her, sondern tief im Rohr verborgen aus Rohrstengeln und Blättern, und legen 3 bis 4 Eyer. Herr D. Becker zu Darmstadt hat mir ein solches am Rhein gefundenes Nest beschrieben, und seine Structur ist merkwürdig. Auf 8 bis 10 Fuß ins Gevierte waren von den Alten alle Rohrstengel an ihren Spitzen nach einem gemeinschaftlichen Mittelpuncte hingebogen, so daß diese zusammengebogenen Rohre eine außerordentlich feste Lage und eine ordentliche Decke bildeten, auf der ein Mensch ohne einzusinken festen Fuß faßen, und unterhalb welcher man wie unter einer Halle stehen konnte. Im Mittelpunkte dieser zusammengebogenen Rohrstengel war das Nest, welches aus einer mäßigen Vertiefung der zusam= mengelegten Stengel selbst bestand, und mit dürren Rohr= blättern ausgefüttert war. An zwey ausgenommenen Jungen,

die

---

*) Jetzt befindet sich dieß Exemplar in der schönen Sammlung des Herrn Adjunctus Gebhardt zu Goldbach bey Gotha.

die eine gräßliche, einigermaßen dem Geschnatter der Haus-
enten ähnliche Stimme hatten, war schon der Hals, wiewohl unvollkommen gestrichelt, und bey einem erblickte man
schon Spuren des Federbusches, während das andere glatt-
köpfig war. *[handschriftliche Notiz]*

?(192).   3. Der weiße Reiher *).

Namen, Schriften und Abbildungen.

Großer weißer Reiher oder Rager, weißer Reigel,
schneeweißer Reiher, weißer Gelbschnabel, großer weißer Reiher ohne Federbusch, Schneereiher.

Ardea alba. *Gmelin Linn.* Syst. I. 2. p. 639. N. 24.

Ardea nivea. *Scopoli* Ann. I. N. 126. Uebers.
    von Günther. S. 104. N. 127.

Le heron blanc. *Buffon* des Ois. VII. p. 365. Pl. enl.
    N. 886. Ed. de Deuxp. XIV. 69. Uebersetzung
    von Otto. XXV. S. 209. mit e. F.

The great white Heron. *Latham* Synops. III. 1.
    p. 91. N. 60. Meine Uebers. V. S. 61. N. 60.

Mein ornithol. Taschenbuch. S. 260. Nr. 3.

Donndorf a. a. O. S. 989. Nr 24.

Frisch Vögel. Taf. 204. Vielleicht ist diese Abbildung
    bloß eine weiße Spielart des gemeinen Reihers.

Kennzeichen der Art.

Er hat einen glatten Kopf, gelben Schnabel, weißen
Körper und schwarze Füße.

C 2   Be-

*). Der große weiße Reiher. Alte Ausg. III. S. 23. Nr.
    (110) 6.

fünf Fuß, fünf Zoll breit. Der Schwanz mißt sieben Zoll, und die Flügel reichen zusammengelegt bis an sein Ende *).

Der Schnabel ist sieben Zoll lang, dünn und gelb; der Augenstern citrongelb; die Füße 7 Zoll hoch und schwarz, die Schenkel fünf Zoll hoch, kahl und grünlich; die Mittelzehe vier und einen halben Zoll lang, und mit der äußern bis zum ersten Gelenke mit einer Haut verbunden; die hintere zwey und drey Viertel Zoll lang.

Das ganze Gefieder ist milchweiß; die Zügel sind nackt und grün. Nach Scopoli ist der Leib ganz weiß, der Schnabel schwarz und die Füße grün, der Augenstern gelb, der Hals unten länger als eine Spanne, die Schwungfedern kürzer als der Schenkel, und wenn er ausgestopft wird, so werden die Füße schwarz.

Dieß letztere bemerkt man an mehrern Sumpfvögeln. Der schwarze Schnabel scheint daher zu kommen, weil vielleicht der Vogel noch jung war, wenigstens sich noch nicht gepaart hatte.

Merkwürdigkeiten.

Dieser Vogel erstreckt sich sehr weit. In Deutschland trifft man ihn in mehreren Gegenden, wiewohl selten, und mehrentheils nur auf seinem Zuge an Seen und Flüssen an. An der Oder, Donau, Saale und am Rhein hat man ihn geschossen. Häufig wohnt er am Kaspischen und

schwar-

*) Par. Maas: Länge: 3 Fuß 2 Zoll; Breite 4 Fuß 11 Zoll.

schwarzen Meere; in Amerika von Jamaika und Mexiko bis Neuengland. So gar in Neuseeland wurde er vom Capitain Cook bemerkt. In Schweden sieht man ihn selten; öfterer im südlichen Europa.

Er nährt sich, wie der gemeine Reiher, fast bloß von Fischen, und ist daher in denjenigen kultivirten Gegenden, wo er häufig angetroffen wird, ein schädlicher Vogel. Scopoli bemerkt, daß er auch die Larven der großen Wassermotten (Phryganea) fresse. Sein Nest soll er mit dem gemeinen Reiher, sogar gesellschaftlich auf Bäumen bauen *).

Sollte er etwa ein junger Federbusch-Reiher oder ein in oder nach der Mauser geschossener Alter dieser Art seyn, dem die langen Rückenfedern noch nicht wieder gewachsen sind?

? 4. Der schwarze Reiher **).

Namen und Schriften.

Schwarzblauer Reiher.

Ardea atra. *Gmelin Linn.* Syst. I. 2. p. 641. N. 62.

Le Heron noir. *Buffon* Ois. VII. p. 368. Ed. de Deuxp. XIV. 73. Ueberf. von Otto. XXV.

The black Heron. *Latham* Syn. III. 1. p. 94. N. 64.

Meine Ueberf. V. 1. S. 65. N. 64.

Ardea nigra. *Schwenckfeld* Aviar. Siles. p. 224.

Mein ornith. Taschenbuch. S. 261. N. 4.

Donndorf a. a. O. S. 991. Nr. 62.

Kenn=

*) Belon des Ois. p. 192.
**) Alte Ausg. III. S. 24. Nr. 7.

Kennzeichen der Art.

Er ist schwarz und hat einen glatten Kopf.

Beschreibung.

In Schlesien ist er angetroffen worden.

An Größe gleicht er dem gemeinen Reiher.

Der Schnabel, die Zügel und Füße sind schwarz, der ganze Körper mit Flügeln und Schwanz ist ebenfalls schwarz, nur die Deckfedern der Flügel sind blau *).

(193.) 5. Der Federbusch-Reiher **).
(Taf. IV.)

Namen, Schriften und Abbildungen.

Großer Silberreiher, Silberreiher, weißer Reiher, Türkischer und Indischer Reiher, große Aigrette.

Ardea Egretta. *Gmelin-Linn.* Syst. I. 2. p. 629. Nr. 34.

La grande Aigrette. *Buffon* des Ois. VII. 377. Pl. enl. N. 925. Ed. de Deuxp XIV. 84. Uebers. von Otto XXV. 138. mit einer Figur.

The

---

*) Vielleicht ist es der schwarze Storch. Denn es trifft die ganze Beschreibung bis auf die schwarzen Beine und Schnabel zu: Im Kabinette aber werden diese Theile bald schwarz. Doch kennt auch Schwenckfeld den schwarzen Storch und führt demohngeachtet diesen schwarzen Reiher besonders auf. Da bey Hirschberg in dem sogenannten Regerwald die gemeinen Reiher häufig nisteten, so ist es vielleicht eine schwarze Spielart desselben, denn die graublaue Farbe des gemeinen Reihers oben auf dem Leibe nennt Schwenckfeld auch blau (caerulea). Dieser hat den Vogel allein gekannt, und er ist seitdem nicht wieder gesehen worden.

**) Der große Silberreiher. Alte Ausg. III. S. 41. Nr. (114.) 15.

The great Egret. *Latham* Syn. III. 1. p. 89. N. 58.

Meine Ueberſ. V. S. 60. Nr. 58.

Pallas nord. Beytr. IV. S. 24.

Mein ornith. Taſchenbuch. S. 261. Nr. 5.

Donndorf a. a. O. S. 974. Nr. 34.

Kennzeichen der Art.

Er hat keinen Federbuſch; die Rücken- und Schulterfedern reichen weit über den Schwanz hinaus, und ſind ſehr
ſchmal, die Farbe iſt weiß.

Geſtalt und Farbe.

Ich bin vielleicht der erſte, der dieſen Reiher als einen
Europäiſchen beſchreibt; denn der, welchen ich vor mir
habe, und von welchem die Abbildung gemacht iſt, wurde an
dem Ufer des Schwanenſees ohnweit Erfurt geſchoſſen.
Vielleicht daß man ihn mehrmalen in Deutſchland antreffen
wird, wenn nur die Jäger ſelbſt erſt anfiengen, beſſer auf
die Natur Acht zu haben. Wie viel iſt noch zu entdecken
übrig! Eigentlich bewohnt er Cayenne, Guiana und andere Theile von Südamerika; auch St. Domingo und
Louiſiana. Zu St. Domingo iſt er noch am häufigſten,
in den andern Gegenden aber einzeln. Er erſtreckt ſich bis
zu den Falklandsinfeln; denn Bougainville *) bemerkte dieſe Reiher daſelbſt, und hielt ſie zuerſt für gemeine
Kraniche. Man trifft ihn auch in Ungarn an.

Seine Länge und Höhe iſt drey Fuß und neun Zoll **),
und die Breite der ausgeſpannten Flügel ſechs Fuß und zwey
Zoll;

*) Voy. p 67.

**) Par. Maas: Länge 3 Fuß 2 Zoll: Breite 5 Fuß 4 Zoll.

Zoll; der Schwanz mißt vier und drey Viertel Zoll, und die Flügel falten sich an der Spitze desselben.

Der Schnabel ist fünf und drey Viertel Zoll lang, so wie der Hals stark, sehr scharf zugespitzt, oben schwärzlich, unten hellbraun, um die länglichen Nasenlöcher herum gelblich. Sonst beschreibt man den Schnabel entweder schwarz, oder schmutziggelb, mit dunkler Rückenkante und Spitze. Vielleicht daß er im Kabinette so wird. Der Augenstern ist goldgelb. Die Füße sind dunkelbraun, fleischfarben überzogen (nach Andern schwarz), der nackte Theil der Schenkel fleischbraun, dieser fünf Zoll, und die Beine neun und drey Viertel Zoll hoch, die mittlere Zehe drey und drey Viertel Zoll lang, die hintere drey und ein Viertel Zoll; die Nägel schwarzbraun

Das ganze Gefieder ist rein silberweiß; die Zügel und der Augenkreis glänzend dunkelgrün; die Kopffedern zugespitzt, und glatt anliegend und bilden keinen Federbusch; am Vorderhals hängen wie bey dem großen Reiher lange schmale Federn herab; die Schulterfedern sind lang, sehr schmal, zerschlissen, und biegen sich sichelförmig über die Flügelfedern hin; an den Seiten des Rückens entspringen ein Fuß acht Zoll lange Federschäfte, welche acht Zoll über den Schwanz hinaus reichen, und ausnehmend schöne, seiden - und pflaumfederartig zerschlissene Fasern zu beyden Seiten wellenförmig fliegen lassen. Diese Federn würden einen sehr guten Handelsartikel ausmachen, da man sie zum Putz sucht.

Ehe dieser Vogel sein vollkommnes Gefieder erhält, so wie nach der Mauserung, hat er die langen Rückenfedern nicht.

nicht Er iſt dann, wie ſchon erwähnt worden, vielleicht der weiße Reiher (Ardea alba).

Merkwürdigkeiten.

Dieſer Reiher kömmt weder an die Küſten noch an andere ſalzige Gewäſſer, ſondern hält ſich an großen Moräſten, in überſtrömten Gegenden und an ſüßen Landſeen zwiſchen dem Schilf, Rohr und anderm Geſträuche auf, brütet auf den durch Ueberſchwemmung gemachten kleinen Inſeln, legt 4 bis 6 grünliche Eyer, und geht des Nachts ſeiner Nahrung nach, die aus Amphibien und anderer gewöhnlichen Reiherſpeiſe beſteht. Er iſt ſehr ſcheu, lebt nicht in Geſellſchaft, ſondern einzeln, und macht einen bellenden Lärm, wie der Wolf.

Die Jäger nennen ihn bey uns, wie faſt alles, was bey uns ſelten und fremd iſt, den Türkiſchen und Indiſchen Reiher.

Die Federn auf den Schultern und des Rückens geben die ſchönſten und ſeltenſten Federbüſche.

Es gehören aller Wahrſcheinlichkeit nach folgende im neueſten Linnéiſchen Syſtem als beſondere Arten, oder unter anderen Arten aufgeführte Vögel hierher:

a. Der Aigrettenähnliche Reiher.

Ardea Egrettoides. S. G. Gmelin's Reiſ. II. S. 193. Taf. 25.

Ardea nivea. *Gmelin Linn.* l. c. p. 640. N. 39.

Ardea alba. — — — p. 639. N. 24. b.

Ueberſetzung von Buffons Vögeln durch Otto. XXV. S. 242. mit einer Figur.

Gme=

Gmelin beschreibet ihn so: Er hat einen grünen Schnabel und grüne Riemen. Die Augenlieder sind bläulich, die Augenhäute saffranfarbig, der Stern aber und der Regenbogen blaßblau. Sonst ist der ganze Vogel schneeweiß, und der ganze Rücken, mit einer Leiste versehen, welche aus ohngefähr 50 biegsamen, sowohl kurzen als ungemein langen Federn bestehet; Schwungfedern hat er 28, wovon sich die größern über den Schwanz hinaus dehnen. Der Schwanz hat 12 ziemlich gleiche Federn und ist gespalten.

Sobald dieser Reiher aus den südlichen Gegenden kommt, sobald paart er sich, und bleibt gemeiniglich in den Gegenden um Astrachan herum. Das Weibchen legt 5 grüne Eyer, so groß als Hühnereyer. Seine Zurückunft nach Persien geschieht Anfangs Decembers. Er zieht heerdenweis und hat alsdann einen gelben Schnabel und schwarze Schienbeine.

b. Der schneeweiße Reiher.

Ardea nivea. S. G. Gmelin's Reis. I. S. 164. Nov. Comm. Petrop. XV. p. 458. t. 17. Gmelin Linn. l. c p. 640. N. 59. α.

Er wird von Gmelin folgendergestalt beschrieben: Der ganze Leib ist schneeweiß; der Kopf ohne Haube, allein vom Halse hängen einige lange Federn herab; weit länger aber sind diejenigen, mit welchen der Rücken geziert ist, und die wie die Pfauenfedern gebildet sind, sich bis auf die Mitte des Schwanzes erstrecken, und etwas ins Gelbliche fallen. Schnabel und Füße sind schwarz.

Das

Dás Weibchen iſt, kleiner, auch ſein Feberbüſchel, welcher wie abgeſtumpft erſcheint. Schnabel und Füße ſind ſchwarz und die Zügel bläulichgelb.

Dieſer Vogel lebt in Geſellſchaft des gemeinen Reihers, hält ſich mit demſelben am Waſſer auf, niſtet wie er auf Bäumen, und zieht mit ihm weg. Im Frühjahr iſt er am Donſtrohm und kömmt vom ſchwarzen Meer her.

c. Der gelbzehige Reiher.

Ardea Xanthedactylos S. G. Gmelin's Reiſ. III. S. 253.

— nivea. *Gmelin Linn.* l. c. p. 640. N. 59. β.

Dieſer wird ſo beſchrieben: Er iſt ohngefähr ſo groß als der Aigrettenähnliche Reiher, alſo 4 Fuß 7 Zoll 3 Linien lang, aber kaum 10 Zoll dick. Der Schnabel iſt 4½ Zoll lang und ſchwarz, die untere Kinnlade etwas fleiſchfarbig; der Zügel blaßgelb, vorne etwas bläulich; der Stern ſaffranfarbig; die Pupille ſchwarzbläulich. Der ganze Leib ſchneeweiß. Der Hals hat eine beträchtliche Länge und keine Haube. Die Füße ſind mit den Nägeln ſchwarz, die Zehen aber ſchön orangegelb.

Dieſer Vogel erſcheint in der Mitte des Octobers bey dem Enzelliſchen Hafen in Gilan heerdenweiſe, überwintert daſelbſt und bey den Mündungen der Gilaniſchen Flüſſe. Daß er aber ſeine Reiſe hierher von Aſtrachan nimmt, ſah Gmelin zu Anfang des Frühlings; wo er in ganzen Heerden Abſchied nahm und nach Norden zurück flog, jedoch ſo, daß auch welche in Perſien blieben und ſich da fortpflanzten.

(194). 6. Der Strauß-Reiher *).

Namen, Schriften und Abbildungen.

Kleiner Silberreiher, weißer Reiher, kleiner weißer Reiher.

Ardea Garzetta. *Gmelin. Linn.* Syst. I. 2. p. 628. N. 13.

L'Aigrette. *Buffon* des Ois. VII. 372. t. 20. Pl. enl. No. 901. Ed. de Deuxp. XIV. 79. t. 2. Fig. 3. Ueberf. von Otto XXV. S. 232. mit einer Figur.

The little Egret. *Latham* Syn. III. 1. 90. No. 59.

Meine Ueberf. V. S. 61. No. 59.

Mein ornith. Taschenbuch. S. 262. Nr. 6.

Donndorf, a. a. O. S. 628. Nr. 13.

Ob es nicht auch etwa Linné's Ardea alba ist? denn er kannte diese Vögel nicht genau genug.

Kennzeichen der Art.

Mit einem langen Federbusche am Hinterkopfe, silberweißer Farbe, und schmalen über den Schwanz hinreichenden Schulterfedern.

Beschreibung.

Er gleicht an Größe einer Henne, ist zwey Fuß einen Zoll lang, und drey Fuß zwey Zoll breit **). Der Schwanz mißt fünf Zoll, und die Flügel reichen bis an dessen Spitze. Sein Gewicht ist ein Pfund.

Der

*) Der kleine Silberreiher. Alte Ausg. III. S. 43. Nr. (115) 16.
**) Par. Ms.: Länge 1 Fuß 11 Zoll; Breite 2 Fuß 10 Zoll.

Der Schnabel ist drey und drey Viertel Zoll lang und schwarz; der Augenstern hellgelb; die Füße schwärzlichgrün, die Nägel schwarz, die Schenkel vier und einen halben Zoll federlos, die Mittelzehe zwey und drey Viertel Zoll lang und mit der äußern bis zum ersten Gelenke mit einer kleinen Haut verbunden, die hintere zwanzig Linien lang.

Das ganze Gefieder ist schön silberfarben weiß; die Zügel sind nackt und grün; der Federbusch besteht aus sehr schmalen biegsamen, theils kurzen, theils langen herabhängenden Federn, wovon zwey fast sechs Zoll lang sind; die Federn an der Brust sind fein, lang und vorzüglich die auf den Schultern lang, zart, locker, mit sehr feinen Seitenfasern, seidenartig, flatternd und hängen über den Steiß.

Nach einer Bemerkung in Büffons Naturgeschichte scheint dieser Vogel, wie die mehrsten weißen Wasservögel, in der Jugend vor seiner ersten Mauserung und vielleicht noch später grau oder braun zu seyn *). Und wenn dieß auch nicht ist, so hat er denn doch weder den Federbusch noch die langen Schulterfedern; denn solche Vögel trifft man auf dem Strich an.

Merk-

*) Wahrscheinlich gehört der schneeweiße Reiher, wie ihn Jacquin und Latham beschreiben, auch hierher:
  Ardea nivea. Jacquin's Beyträge. S. 18. No. 13.
  Ardea candidissima. Latham Ind ornith. II. p. 696.
  Gmelin Linn. l. c. p. 633. No. 14.
  Er ist um ein Dritttheil kleiner als der dickhälsige Reiher (Ardea stellaris). Der Schnabel ist schwarz; der Augenstern gelb; das ganze Gefieder weiß wie Schnee; der Hinterkopf, Hinterhals, die Seiten der Brust und der Rücken sind mit langen, schmalen, haarähnlichen Federn bedeckt,

die

Merkwürdigkeiten.

"Er bewohnt das südliche Europa, ist im Frühjahr und Herbst in Oesterreich, und auch zuweilen, wiewohl selten, in Thüringen. Weiter findet man ihn in Ungarn, England, am Senegal, in Madagaskar, Isle de Bourbon und Siam, in Neuyork und Long-Island, am schwarzen und Caspischen Meere, weiter gegen Norden aber ist er selten.

Er besucht die Ufer der Meere, Flüsse und Seen, und sumpfige, schilfreiche Gegenden, und setzt sich gern auf die Bäume.

Seine Nahrung sind Fische, besonders Aale und Krebse; doch frißt er auch Frösche.

Sein Nest steht in rohrigen Morästen, und enthält 4 — 6 rundliche weiße Eyer.

Man trifft bisweilen Kratzerwürmer in ihm an.

Sein Fleisch ist eßbar.

Seine schönen Kopf- und Schulterfedern geben kostbare Federbüsche für die Ungarischen Husaren-Offiziere. Wenn unter den Federbüschen, die in Paris unter dem Namen Heron fin gemacht werden, solche Federn sind, so kosten sie 1200 bis 6000 Livres *)

(195).

die bey jedem Windstoß artig flattern; die am Hinterkopf aber sind länger als die übrigen, und bilden einen hängenden Federbusch; die Füße sind schwarz, die Zehen gelb.

Man trifft ihn um Carthagena in Südamerika an. Die Indianer essen ihn zuweilen.

*) Encyclop. method. Manuf. et Arts. I p. 249.

(195). 7. Der Rallenreiher *).

Namen, Schriften und Abbildungen.

Sqvacko-Reiher, kleiner Reiher, kühner Reiher, gelb-braunes Reigergen.

Ardea ralloides. *Scopoli* Ann. I. N. 121. Uebers. von Günther. S. 10. No. 121.

Ardea castanea. *Gmelin Linn.* Syst. I. 2. p. 633. N. 46.

— — *Gmelin* in nov. Com. Acad. Petrop. XV. 454. N. 9. t. 15.

Ardea comata. *Gmelin Linn.* l. c. p. 633. No. 41. Pallas Reisen. II. S. 715. Nr. 31.

— audax. *Lapeirouse,* Neue Schwedische Abhandl. III. 106.

Crabier de Mahon. *Buffon* des Ois. VII. p. 393. Pl. enl. N. 348.

Le Guacco. *Buffon* l. c. p. 392. Ed. de Deuxp. XIV. 105. 106. Uebers. von Otto. XXV. 281. etc. mit mehreren Figuren.

Castaneous Heron. *Latham* Syn. III. 1. 75. N. 40. Meine Uebers. V. 48. Nr. 40. VI. 547. Taf. 122. Männchen.

Sqvacco Heron. *Latham* l. c. p. 74. Nr. 39. Uebers. a. a. O. S. 47. Nr. 39.

Mein ornithol. Taschenbuch. S. 268. Nr. 13.

Donndorf a. a. O. S. 979. Nr. 41 und 46.

Kenn=

*) Alte Ausg. III. S. 45. Nr. 17.

Kennzeichen der Art.

Oben rostroth, unten weiß; mit weißem Steiß, Schwanz und Flügeln, am Hinterkopf ein Federbusch und an den Seiten des Rückens lange, schmale, über die Flügel hinausreichende Federn.

Gestalt und Farbe des männlichen und weiblichen Geschlechts.

Dieser schöne Reiher macht der Gestalt nach das Bindeglied zwischen den dünn- und dickhälsigen Reihern, und da er einen sehr schmalen Leib hat, schmäler als die andern Arten, ohngefähr wie die Rallen, so hat er daher seinen Namen erhalten. Er ist weit verbreitet, und deswegen sowohl als weil er wie andere Vögel dieser Gattung im Alter variirt, ist er unter mancherley Namen in die ornithologischen Schriften gekommen. Diejenigen Schriftsteller, die ihn im gehörigen Alter und kenntlich genug beschreiben, sind im Vorhergehenden angegeben worden. Die andern Vögel, die wohl auch zu ihm gesellet werden müssen, sollen ebenfalls als Varietäten aufgeführt werden.

Der Größe nach gleicht er im Körper einer Nebelkrähe, und hält das Mittel zwischen dem kleinen und großen Rohrdommel. Seine Länge ist 1 Fuß 10 Zoll, und die Breite 3 Fuß 6 Zoll *). Der Schwanz ist 4½ Zoll lang und die zusammengelegten Flügel reichen bis an seine Spitze, die seinen, schlanken Rückenfedern krümmen sich aber über denselben hinaus.

Der

---

*) Par. Ms.: 1 Fuß 6 Zoll lang, und 3 Fuß 1½ Zoll breit.

Der Schnabel ist 3 Zoll lang, gerade, pfriemenförmig, scharfspitzig an den Seiten gedruckt, grüngelblich, an der Spitze schwärzlich, mit zwey Rinnen, in welchen die schmalen Nasenlöcher liegen. Die Zügel sind grün; die Augensterne rothgelb; die Füße stark, und gelbgrün, in den Gelenken fleischröthlich, der nackte Theil der Schenkel $\frac{3}{4}$ Zoll, die Füße $3\frac{1}{4}$ Zoll hoch, die Mittelzehe 3 Zoll und die hintere $1\frac{3}{4}$ Zoll lang, die Nägel schwarz, mehr gekrümmt, und der mittlere nach innen sägezähnig.

Der Kopf und Oberhals ist rostgelb, auf dem Scheitel entstehen zugespitzte Federn, wovon im Genick 6 so lang werden, daß sie bey verlängertem Halse fast an die Schultern und bey zusammengedrucktem bis in die Mitte des Rückens reichen, weiß sind und einen schwärzlichen Saum haben. Der Rücken ist kastanienbraun ins Violette schillernd, und eben so die langen flottirenden Federn, die über den Rücken, die Flügel und den Schwanz hängen, sehr fein zerschlissen und gefasert sind, und gegen die Wurzel weiß, gegen das Ende aber roströthlich auslaufen. Die Brust mit ihren verlängerten Federn, so wie die obern Deckfedern der Flügel sind fuchsroth; alle übrigen Theile, Unterhals, Bauch, Flügel, Schwanz, Steiß und Schenkel sind rein weiß, an den Flügeln und Schenkeln mit rostgelben Federsäumen; die Seiten röthlichgrau, und unter der fuchsrothen Brust steht eine hochgelbe Wolle, welche zu gewissen Jahreszeiten einen sehr angenehmen Geruch von sich giebt.

Das Weibchen hat einen kleinen rostgelben und dunkelbraun gesäumten Federbusch, einen rostrothen Rücken und überhaupt eine weniger erhöhte Farbe. Es ist wahrscheinlich

Büs=

Büffons **Krabbenfreſſer von Coromandel** (Crabier de la côte de Coromandel *Buffon* l. c. p. 393. Pl. enl. No. 910. Ueberſ. von Otto. a. a. O. S. 287. Ardea comata. *Gmelin Linn.* l. c. N. 41. Var. β. *Latham* l. c. N. 39. Var. A. vorzüglich das von Herrn Latham ſelbſt beſchriebene Exemplar). Er ſagt: Er iſt auf dem Rücken rothgelblich, eben ſo auf dem Kopf, unten iſt das Gefieder rein weiß; der Kopf iſt ohne Federbuſch, übrigens gleicht er dem vorbeſchriebenen (Männchen). Latham aber beſchreibt ihn ſo: Er ſieht wie der eben beſchriebene Büffonſche aus, hat aber einen Federbuſch, welcher aus verſchiedenen langen, dunkelbraun und weiß geſtreiften Federn beſteht, die bis in die Mitte des Halſes reichen; die Federn am Unterrücken ſind ſchmal und lang und reichen über den Schwanz hinaus.

Ich rechne folgende Vögel als **Varietäten** und wahrſcheinlich bloße Altersverſchiedenheiten hierher:

a) Der Sqvajotta-Reiher.

Ardea Sqvajotta. *Gmelin Linn.* Syst. I. 2. 643. N. 47. *Aldrovandi* Av. III. p. 401. mit einer ſchlechten Figur.

Crabier Cajot. *Buffon* des Ois. VII. p. 389. Ueberſ. von Otto. XXV. S. 273. mit der Aldrov. Fig.

Sqvajotta Heron. *Latham* Syn. III. 1. p. 72. N. 36. Meine Ueberſ. V. S. 45.

Er iſt ohngefähr 18 Zoll lang; der Schnabel gelb mit einer ſchwarzen Spitze; die kahlen Zügel ſind gelb; der Federbuſch auf dem Kopfe hat 30 Federn, wovon die mittleren

weiß

weiß und die äußern schwarz find; außerdem iſt die Hauptfarbe des Gefiedders ſchön kaſtanienbraun; die Schulterfedern
ſind lang und ſchmal, an den Wurzeln weiß; die Füße grün.

Er iſt um B o l o g n a in Italien zu Hauſe.

b) Der rothfüßige Reiher.

Ardea haematopus. *Aldrovandi* Av. III. p. 397. mit
   einer ſchlechten Figur.

— erythropus. *Gmelin Linn.* l. c. p. 634. N. 88.

Crabier marron. *Buffon* l. c. p. 390. Ueberſetzung
   S. 277. mit der Aldrov. Fig.

Redlegged Heron. *Latham* Syn. l. c. p. 73. N. 38.
   Ueberſetz. a. a. O. S. 46.

Er iſt klein; der Hals kurz (wenn er ihn nämlich zu-
ſammenzieht, wie die Aldrovandiſche Figur zeigt); der Schnabel grünbläulich, an der Spitze ſchwarz; der Augenſtern gelb,
roth eingefaßt; die langen Kopffedern gelb und ſchwarz gemiſcht; Kehle, Hals und ganzer Körper ſaffranfarben ins
Kaſtanienbraune ſpielend, am hellſten an den obern Theilen;
der Schwanz kurz; die Füße roth, auch wohl gelblich, ſtatt
roth.

Er hat mit dem vorhergehenden einerley Heimath.

c) Der Poſeganſche Reiher.

Ardea comatae simillima. *Piller* et *Mitterbacher*
   Iter per Poseganam. p. 24.

Latham Syst. ornith. II. p. 687. N. 39. β.

Er gleicht dem Squacko-Reiher an Größe und Geſtalt.

Der Schnabel iſt weiß, an der Spitze ſchwarz; der
Kopf glatt; Stirn und Hals oben und unten ſchmutzig weiß,

ins

ins schwach Ziegelrothe übergehend mit schwarzen Rändern;
die Flügel ziegelfarben; Steiß, Bauch und Schenkel weiß;
der Schwanz weiß, die zwey mittlern Federn an der Spitze
verwaschen ziegelroth.

Er wohnt in Sclavonien.

d) Der Malackische Reiher.

Ardea malaccensis. *Gmelin Linn.* l. c. p. 643. N. 72.
Crabier blanc et brun. *Buffon* l. c. p. 394. Planch.
enl. No. 911. Ueberf. a. a. O. S. 289. mit einer Fig.
Malacca Heron. *Latham* l. c. p. 78. N. 44. Ueberf.
a. a. O. S. 50.

Die Länge ist 19 Zoll (Par. Ms.). Der Schnabel
ist dunkelbraun, an der Wurzel gelb; die Zügel sind grün;
Kopf und Hals gelblich mit langen braunen Streifen; alle
Federn lang, schmal und flatternd; der Rücken braun; Flügel, Schwanz und Unterleib weiß; die Füße gelb.

Er kam aus Malakka.

e) Der Tranquebarische Krabbenreiher.

Otto in Büffons Naturgesch. der Vögel. a. a. O. S. 291.

Kennzeichen der Art.

Mit weißem Leibe und Flügeln, grauem Rücken und
weißgestreiftem Kopf und Hals.

Beschreibung.

Die Länge ist 1 Fuß 7¼ Zoll (Rheinl. Maas). Der
Schnabel ist gerade, an den Seiten zusammengedrückt, spitzig,
unten grünlich, oben schwärzlich, 3 Zoll lang; die Federn
des Kopfs und Halses sind braungrau und hellrostgelb gestreift,
indem jede Feder in der Mitte weißgelblich und an den Seiten
braun-

braungrau iſt; die Kehle ſchmutzig weiß; der Unterhals eben
ſo mit braungrauen Federrändern; nach der Bruſt zu die
Halsfedern ziemlich lang; die Deckfedern der Flügel und
einige hintere Schwungfedern braungrau; übrigens der ganze
Leib blendend weiß; die Schenkel 1 Zoll hoch nackt; die Fußwurzel 3¼ Zoll hoch, die Mittelzehe 2½ Zoll lang, ihr Nagel
gezähnelt; die Farbe der Füße dunkel olivengrün.

Dieſen Vogel beſchreibt Herr Otto aus dem Bloch i-
ſchen Kabinett zu Berlin; und meynt, er ſey eine Varietät
vom Rallenreiher. Ich beſitze auch ein Exemplar von demſelben Vogel, und wenn er hierher gehört, ſo iſt es der junge
Vogel. Es ſcheint mir aber eine eigene Art zu ſeyn, wenigſtens iſt die Geſtalt anders, wenn man nämlich dieſelbe an
ausgeſtopften Exemplaren abnehmen kann.

Merkwürdigkeiten.

Alle Nachrichten von dieſem ſchönen Reiher ſtimmen
darin überein, daß es ein muthiger und kühner Vogel ſey,
der ſich mit heftigen und ſchnellen Schnabelhieben gegen ſeine
Feinde vertheidige. Daher ihn auch Läpeirouſe den Küh-
nen nennt, und da er mehrere lebendig beſeſſen hat, ſo ſagt
er, ſie ſchrien heißer, wie die Affen.

Sie wohnen an den Buchten des ſchwarzen und
Caspiſchen Meeres, an den ſtehenden Waſſern der ſüdlichen
Wüſten, am Donfluß, in Italien um Bologna herum,
in Arabien, am Pontus Euxinus, auf Coromandel,
Malacka, in Deutſchland, wiewohl ſelten; und wahr-
ſcheinlich nur auf dem Strich. in Oeſterreich, an der
Donau, in Schleſien, am Rhein, an den Teichen
in

in Thüringen und Franken. In der Schweiz findet
man ſie auch ſpät im Frühjahr an den Seen und Flüſſen *);
Ihre Nahrung ſtimmt mit der der übrigen Reiher
überein, und beſteht in Fiſchen und Inſecten.

Das Neſt ſollen ſie wie der gemeine Reiher auf Bäume
ſetzen.

b. Dickhälſige Reiher: Der Schnabel iſt kürzer, die
obere Kinnlade krähenartig gebaut und herabgebogen. Die
Füße ſind kürzer, ſtämmiger, und nicht hoch über die Ferſe
(Knie) hinauf nackt. Der Hals iſt dick, mit langen Federn
verſehen; vorzüglich ſeine Hinterſeite ſehr breit, wollenartig
bedeckt. Die Nahrung beſteht mehr aus Inſecten und
Würmern, als aus Fiſchen.

(196). 8. Der Nachtreiher **).
(Taf. III.)

Namen, Schriften und Abbildungen.

Schild- und Quaakreiher, bunter Reiher, Nachtrabe,
grauer und ſchwarzer Reiher, Nachtram, aſchgrauer Reiher
mit drey Nackenfedern, Schildreger, Focke.

Ardea Nycticorax. *Gmelin Linné* Syst. I. 2. p. 624.
N. 9. (alt).

Bihoreau. *Buffon* des Ois. VII. 435. t. 22. Ed. de Deux p.
XVI. 159. Ueberſ. v. Otto XXVI. 40. mit 2 Fig.

Night-Heron. *Latham* Syn. III. 1. p. 51. N. 13.

Meine Ueberſ. V. 29. N. 13. Taf. 79ᵇ Weibchen.

Friſch

*) Meisners ſyſt. Verzeichniß der Schweizer Vögel. S. 45.
No. 167.

**) Alte Ausgabe III. 37. Nr. (113) 8.

Frisch Vögel. Taf. 203.

Naumanns Vögel. III. 123. Taf. 26 Männchen.

v. Wildungens Neujahrsges. 1799. 25. Taf. 4.

Donndorf a. a. O. S. 965.

Ardea grisea. *Linné* Syst. ed. 12. p. 239. N. 22.

(Jung, bis ins zweyte Jahr).

Ardea maculata. *Gmelin Linn.* l. c. p. 645 N. 80.

Ardea Gardeni. ibid. N. 81. (Jung, bis zum
ersten Mausern.

Kennzeichen der Art.

Der Federbusch am Hinterkopfe besteht aus drey horizontalliegenden weißen Federn, der Rücken ist schwarz, der
Bauch beym Männchen gelblich, beym Weibchen weiß.

Gestalt und Farbe des männlichen und weib-
lichen Geschlechts.

Der Nachtreiher hält in Ansehung seiner Gestalt das
Mittel zwischen dem gemeinen und dickhälsigen Reiher (Ardea
major et stellaris), nähert sich aber mehr dem letztern als
erstern; denn er hat einen größern Kopf, kürzern und stärkern Hals, einen dickern Schnabel und kürzere Füße, als der
gemeine Reiher; und ist kaum etwas größer als eine Nebelkrähe. Seine Länge ist ein Fuß, zehn und einen halben Zoll,
und die Breite drey Fuß sieben Zoll *). Der Schwanz ist
vier und ein Viertel Zoll lang, und die zusammengelegten
Flügel reichen bis zur Schwanzspitze.

Der Schnabel ist vier Zoll lang, stark, schwarz, am
Grunde gelblich, und mehr noch als beym dickhälsigen Rei-

her

*) P. Ms.: Länge 1 Fuß 8 Zoll; Breite 3 Fuß 2 Zoll.

her gekrümmt; der Augenstern brennend gelbroth; die vorn
geschilderten und hinten und über den Zehen netzförmigen
Füße ~~fleischroth~~; an den Gelenken röthlichgelb, im Tode
ganz gelb oder grüngelb, die Nägel schwärzlich, und krummer
als gewöhnlich bey den meisten Vögeln dieser Gattung, der
nackte Theil der Schenkel zehn Linien hoch, das Fußgelenk
3½ Zoll hoch, die mittlere Zehe 3½ Zoll lang, und ihr Nägel
inwendig gezähnelt, die hintere einen Zoll und zehn Linien lang.

Die Stirn und ein Strich über den Augen sind strohgelb; die Zügel und der Augenkreis nackt und schwarz; der
Scheitel mit einem bis ins Genick spitzig zulaufenden Winkel
schwarz, blau- und grünglänzend, und die Federn länger als
gewöhnlich; am Hintertheil des Kopfs liegen drey sehr schmale
weiße, an der Spitze schwarz oder braun gezeichnete Federn,
nach dem Rücken hin etwas bogenförmig gekrümmt. Sie
sind 6 — 8 Zoll lang und liegen vermöge der etwas unten
gekrümmten Ränder so unter und in einander, daß sie,
wenn sie der Vogel nicht eigends bewegt und auseinander
spreitet, wie eine einzige Feder erscheinen, und ein besonderes
Ansehen haben; der Nacken und die Seiten des Halses sind
aschgrau; zuweilen ins Violette spielend; der Oberrücken mit
den langen und breiten Schulterfedern tief schwarz, nach dem
verschiedenen Lichte blau- und grünglänzend; der Unterrücken
nebst den mittelmäßigen Steißfedern, den Flügeln und dem
Schwanze schön blaß aschgrau, die Flügelränder weiß; Wangen, Kehle, Unterhals, Brust, Schenkel, Bauch und die
langen Afterfedern sind strohgelb, die Seiten graulich überzogen.

Das Weibchen ist der Regel nach etwas kleiner und
zeigt nicht den Farbenglanz des Männchens; denn die Kopf-

Rücken-

Rücken- und Schulterfedern sind schwarz, ohne Glanz; der Unterleib ist, statt blaßgelb, weiß; die Straußfedern am Genick sind kürzer, 3 bis 4 Zoll lang, und ohne dunkle Spitzen *).

Altersverschiedenheiten.

a) Der graue Reiher

(Ardea grisea, *Linn.*),

den die mehrsten Naturforscher für das Weibchen, einige aber auch wie z. B. Brisson **) für eine besondere Art halten, ist der junge Vogel nach der ersten bis zur zweyten Mauser. Wenn man fast in allen wasserreichen Gegenden Deutschlands diesen Vogel im August und September einzeln antrifft, so sind es gewöhnlich und wie natürlich (da es dann mehr junge als alte geben muß) junge Vögel, und zwar, wie man bey der Oeffnung gewahr wird, männlichen und weiblichen Geschlechts. In Thüringen ist z. B. der alte Vogel eine Seltenheit, allein den jungen oder sogenannten grauen treffen aufmerksame Jäger an großen Teichen alle Jahre an. Ich will hier eine Beschreibung liefern, wie ich diese Vögel im Nachsommer angetroffen habe.

Die

---

*) In Gmelins Reise Th. I. S. 114. wird ebenfalls gesagt, daß sich das Männchen des Nachtreihers bloß durch den gelben Bauch vom Weibchen unterscheide; Lapeirouse sagt aber in den neuen Schwed. Abh. B. 3. S. 105., daß er den Unterschied zwischen Männchen und Weibchen nur durch die Oeffnung erkannt habe. Dieß ist aber bey mehrern Vögeln der Fall, wo das alte Weibchen zuletzt die Farbe des Männchens bekommt, aber das junge Männchen, wie ein altes Weibchen aussieht.

**) Ornith. V. P. 412.

Die Größe ist wie oben angegeben, doch schienen mir Schnabel, Kopf, Hals und Beine etwas stärker; der Schnabel ist drey Zoll lang, hornbraun schwarz, an den Seiten grünlich; die Beine sind fleischbraun mit einem grünen Anstrich; der nackte Theil der Schenkel drey Viertel Zoll und die Beine drey und ein Viertel Zoll hoch; die mittlere Zehe drey Zoll lang und die hintere ein und drey Viertel Zoll. Der Federbusch fehlt, doch erheben sich die dichten Scheitelfedern wulstig; der Kopf ist bis in den Nacken schwarzbraun grünglänzend; über die Augen ein weißer braungefleckter Strich; die Zügel blaß fleischfarben; der Oberleib dunkelaschgrau ins Grünliche schillernd; der Steiß grau; das Kinn weiß; die Seiten des Halses röthlichgrau mit blaß rostgelben Streifen; der Vorderhals und die Brust gelblichweiß mit graubraunen Streifen; der übrige Unterleib grau weiß, an den Seiten mit grauen Strichen; die Deckfedern der Flügel wie der Rücken; die obersten kleinen mit schönen rostgelben dreyeckigen Flecken, die untern großen mit weißen Spitzen; die Schwungfedern aschgrau, die vordern achtzehn bis ein und zwanzig mit weißen Spitzen; die Schwanzfedern aschgrau, die äußern weiß geränder.

b) Der geschäckte Reiher.

(Ardea maculata, *Linn.*)

Frisch, Vögel. II. Taf. 9.

Auch diesen hat man für eine besondere Art ausgegeben; wenn man aber Ardea nycticorax, grisea und maculata beysammen sieht, so giebt die Gestalt gleich, daß sie zu einer Vogelart gehören. Es ist daher so gut als ausgemacht, daß

diefer

dieser gefleckte Vogel oder junge vor der ersten Mauser ist; denn wer sie auch nicht beym Neste angetroffen hat, der findet doch zuweilen im Nachsommer noch einen so gekleideten aus einem späten Gehecke.

Man beschreibt ihn so: Die Größe ist dieselbe; die Hauptfarbe graubraun, auf den Schwungfedern, die weiße Spitzen haben und am Schwanz dunkler, am Unterleibe heller, mehr hellgrau; auf Kopf, Hals, Rücken, Schultern und auf den Deckfedern mit kleinen weißen egal eyrunden Flecken, die sich on den Spitzen der Federn befinden, bezeichnet (ein Merkzeichen aller Vögel, die in der Jugend bunt sind, als Lerchen, Rothkehlchen ꝛc.); der Schnabel braun, unten grüngelb; die Zügel eben so. So kenne ich diesen Vogel ebenfalls nur mit dem Unterschiede, daß der Oberleib dunkelaschgraubraun war mit weißer Spitze an jeder Feder; der Unterleib weiß mit schwärzlichgrauen länglichen Flecken; der Schwanz aschgrau.

c) Der Gardensche Reiher.

(Ardea Gardeni, *Gmelin Linn.*)

Le pouacre de Cayenne. *Buffon des Ois.* VII. p. 427. Pl. enl. N. 939. Uebers. v. Otto. XXVI. S. 17. mit 2 Fig.

Büffon schon hat diesen und den geschäckten Reiher (Ardea maculata) für einerley gehalten, und sie daher zusammengestellt. Er unterscheidet sich bloß dadurch, daß der Grund seines Gefieders am Oberleibe mehr ins Schwärzliche fällt, und die untern Theile mehr weißlich sind mit braunen Strichen.

Merk=

Merkwürdige Eigenschaften.

Der Nachtreiher geht wegen seiner kürzern Beine nicht
so hoch, als ein Reiher, und trägt sich auch fast wie eine
Krähe, im Fluge aber sieht er jenem gänzlich gleich; indem
er auch seinen Hals nicht ausgestreckt, sondern doppelt zusammengelegt trägt. Des Nachts erfüllt er die Luft durch
ein grobes und unangenehmes Geschrey, das dem Tone nicht
unähnlich ist, wenn sich jemand zum Brechen anstrengt, und
wie Koàu oder Krau klingt.

Er fliegt sanft, leicht und niedrig. Am Tage sitzt er
entweder im Rohr und Gebüsch, oder auf Bäumen, und drückt
sich hier an die Aeste und Stämme so fest an, daß man ihn
nicht leicht gewahr wird; auch aus dem Geröhrig muß man
ihn mit Gewalt heraustreiben, wenn er sich in die Luft erheben soll. Er hat diese Eigenschaft mit dem großen Rohrdommel gemein. Wenn er mit seinem Gatten spielt oder
sonst gereizt wird, so sträubt er die schwarzen Kopffedern
wulstig in die Höhe, und breitet dann auch seinen schönen
Federbusch fingerförmig auseinander. Er ist mehr des Nachts,
als am Tage geschäftig, und wenn ihn nicht ein Wasserhund
aufjagt, so sieht man ihn selten fliegen.

Verbreitung und Aufenthalt.

Dieser Vogel, dessen eigentlicher Wohnort die südlichen Theile von Europa und die gemäßigten von Asien
sind, wird in Deutschland allenthalben, wiewohl selten,
wenigstens als Sommervogel angetroffen. Einzeln findet
man ihn auch in Thüringen, doch soviel ich weiß, da der
Schwanensee bey Erfurt ausgetrocknet ist, bloß als Zugvogel
im Spätsommer, seltner im März und April auf dem Wie-
derstrich.

derſtrich. An einigen Schilfufern der nördlichen und ſüdlichen deutſchen Seen ſoll er brüten. In Ungarn iſt er häufig und brütet auch daſelbſt. In Amerika bewohnt er Neuyork, Südcarolina und mehrere Gegenden. Am Donſtrom ſoll er ſehr gemein ſeyn.

Er iſt ein Zugvogel, der aus den nördlichen Gegenden Europens und Aſiens im Herbſt in die ſüdlichern wandert. Sein Aufenthalt ſind Flüſſe, Seen, große Teiche, Sümpfe und Moräſte, die mit Schilf, Rohr und Gebüſch bewachſen ſind, worin er ſich verbergen kann.

Nahrung.

Hier ſucht er Fiſche, Schnecken, Muſcheln, Fröſche und andere Amphibien, und vorzüglich Inſecten, zu ſeiner Nahrung auf.

Fortpflanzung.

Das Neſt ſteht im hohen Graſe, Rohr, Schilf und unter dichtem Gebüſch in ſumpfigen Gegenden an den Ufern der Seen, Teiche und ausgetretenen Flüſſe. Das Weibchen legt 3 — 4 blaßblaue gefleckte Eyer.

Jagd.

Es iſt eigen, daß dieſer Vogel von den alten Waldmännern mit zur hohen Jagd gerechnet wurde *). Ob er gleich den feinen Geruch und das ſcharfe Geſicht des gemeinen Reihers nicht hat, ſo muß ihn doch der Jäger mit Sorgfalt hinterſchleichen, und die alten Jäger ſuchten ihm daher mit Karrenbüchſen und Schießpferden nahe zu kommen.

Nutzen;

*) Döbels Jägerpraktika. I. Kap. 28.

Nutzen.

Die Federn aus dem Federbusche sollen die Türken zum größten Putz brauchen, und sehr theuer bezahlen. Schwenckfeld sagt (Av. Siles. p. 226.): unser junge Adel trägt sie gern in Federbüschen auf dem Huthe.

Sein Fleisch wird gemeiniglich für unschmackhaft ausgegeben, und da man in Deutschland gar keinen Nutzen von ihm zu machen weiß, so ist daher in manchen Gegenden das Sprichwort entstanden: Du bist ein loser Focke (Nachtreiher), von dem nichts mehr als drey gute Federn kommen. Naumann hingegen nennt das Fleisch wohlschmeckend.

Irrthümer und Vorurtheile.

Die Alten gaben vor, daß dieser Vogel keine Augen habe, und sich im Fluge eines kleinen Vögelchens als Wegweisers bediene; allein wer mag dieß jetzt noch glauben? Eben so, daß man mit seinen Eyern die Flecken in den Augen heilen könne.

Merkwürdiger sind folgende Irrthümer, 1). daß man Ardea grisea et maculata, als dem Geschlecht oder gar der Art nach verschieden von ihm ausgegeben hat, 2) daß man allgemein vorgegeben hat, er niste, wie der gemeine Reiher auf Bäumen, auf Erlen u. d. g. *), und 3) daß er nach Lapeirouse Angabe **) nicht weniger als 6 Zopffedern, ja wohl bis 12 derselben habe, da doch die glaubwürdigsten Männer nie mehr als 3 in seinem Federbusch gezählt haben.

(197).

*) Büffon a. a. O. — S. G. Gmelins Reis. I. S. 124.
**) Lapeirouse, Neue Schwed. Abhandl. III. S. 105.

(197) 9. Der dickhälsige Reiher oder große Rohrdommel *).

Namen, Schriften und Abbildungen.

Rohrdommel, gemeiner Rohrdommel, Rohrtrummel,
Iprump, Faule, Rohrdump, Wasser- und Moorochse,
Mooskrähe, Moosreiher, Rohrbrüller, Us-, Meers-, Moos-
und Lohrrind, Rohrpompe, Moosreigel, Erdbull, Ruhr-
dump, Mooskuh, Hortyhel.

Ardea stellaris **). *Gmelin Linn.* Syst. I. 2. p. 635.
n. 21.

Butor. *Buffon* des Ois. VII. 411. t. 21. Ed. de Deuxp.
XIV. 130. 141. t. 3. Fig. 2. Uebers. von Otto
XXV. 344. mit einer Fig.

Bittern. *Latham* Syn. III. 1. p. 56. n. 17. Meine
Uebers. V. 33.

Frisch Vögel. Taf. 206 Männchen.

Naumanns Vögel. III. 126. Taf. 27 Weibchen.

Mein ornithol. Taschenb S. 264. Nr. 8.

Donndorf a. a. O. S. 983. n. 21.

Kenn-

*) Der Rohrdömmel. Alte Ausg. III. 24. Nr. (111) 8.

**) Der Name Stellaris und Asterias, den die Alten diesem
Vogel gegeben haben, soll daher kommen, daß er sich öft in
seinem Fluge gerade in die Höhe und gleichsam bis zu dem ge-
stirnten Himmel schwinge, oder von der gesternten Zeichnung
seines Gefieders, oder von der Gewohnheit, den Kopf und
Schnabel gerade in die Höhe zu richten und gleichsam nach
den Sternen zu gucken.

Kennzeichen der Art.

Mit glattem Kopf; rostgelben, schwarz in die Quere gefleckten Rücken, und blässerm, schwärzlich aeflammten Bauche;
die Halsfedern sind stark, am untern Vorderhalse am stärksten und aufgeschwollen.

Gestalt und Farbe des männlichen und weib-
lichen Geschlechts.

Seine Länge ist zwey Fuß acht und drey Viertel Zoll,
und die Breite vier Fuß fünf Zoll *). Der Schwanz ist fünf
Zoll lang, und die Schwingen berühren seine Spitze.

Der Schnabel ist vier Zoll lang, gerade, sehr spitzig,
scharf, mit einer langen Rinne, in welcher die länglichen
Nasenlöcher liegen, im Herbst und Winter oben dunkelbraun,
unten grünlichgelb, im Sommer oben und unten grün, an
der Wurzel und an den Rändern ins Gelbliche übergehend;
die Zunge schmal, spitzig und dreyeckig; der Stern im Auge
gelbroth, auch rothbraun; die Augenlieder gelbgrün; die Füße
vorn mit Schildern bedeckt, hinten und über den Knieen aber
netzförmig, gelblichgrün, die Nägel dunkelbraun, der nackte
Theil der Schenkel sechszehn Linien, die Füße vier und ein
halben Zoll hoch, die Mittelzehe mit der äußern durch eine
kleine Haut verbunden und fünf Zoll lang, die hintere drey
Zoll lang, wovon der Nagel, welches der größte an allen
Zehen ist, allein einen Zoll zehn Linien hält. Die Nägel
sind hornbraun, lang, dünn, schmal, spitzig, scharf und kaum
gekrümmt, die innere Seite des mittlern sehr fein sägeförmig
gezähnelt.

Die

*) Pariser Maas: Länge 2 Fuß 5 Zoll; Breite 3 Fuß 11 Zoll.

Die Federn sind nicht nur wegen ihrer Weichheit, son‐
dern auch wegen ihrer Farbe den Eulenfedern ähnlich.

Der Oberkopf und das Genick sind dunkel schwarzbraun,
und am Hinterkopfe befinden sich längere Federn, als gewöhn‐
lich, doch bilden sie keinen merklichen Federbusch; die Wan‐
gen, der Nacken und Seitenhals sind rostgelb, zickzackförmig
dunkelbraun fein und unterbrochen in die Quere gestreift; die
großen nackten Zügel gelbgrün; vom Schnabel geht auf bey‐
den Seiten neben der Kehle ein schwarzbrauner oder schwarzer
Streifen herab; die Halsfedern sind stark, lang, am untern
Vorderhalse am längsten, stehen dicht und aufgeschwollen, sind
oben auf blaßgelbem Grunde mit einem Gemisch von Rost‐
braun und Schwarz unordentlich in die Quere gestreift, und
vorne laufen von der weißen Kehle an in der Mitte herab
zwey Reihen dergleichen großer Flecken; der Rücken, die lan‐
gen Schulterfedern, und die Deckfedern der Flügel sind rost‐
gelb und rostroth gemischt mit schwarzbraunen Flecken und
Querstreifen; durch die schwarzen Flecken und Streifen ent‐
stehen bey zusammengelegten Flügeln auf dem Rücken herab
große lange Flecken wie Bänder; die kleinen Deckfedern an
dem Flügelwinkel sind rostfarben und egal dunkelbraun gewellt;
die mittelmäßigen Steißfedern rostgelb, schwärzlich ungleich
und winklich bandirt; die langen Bauchfedern gelblich weiß
mit länglichen, einzelnen dunkelbraunen Flecken; die vordern
Schwungfedern schwärzlich oder dunkelbraun, bläulich ange‐
laufen und mit schönen rostrothen Querbinden; die hintern
wie die großen Deckfedern der Flügel; von den rostgelben
Schwanzfedern sind die beyden mittlern schwärzlich, röthlich

gerändet, die übrigen unordentlich dunkelbraun gefleckt, und
winklich in die Quere gestreift.

Am Weibchen sind weder die Halsfedern so lang und
dick, noch ist der Scheitel so schwarz, der Leib hat nicht die
lebhafte gelbe Farbe, die Kehle ist nicht rein weiß, der dunkle
Streifen an den Seiten der Kehle nicht so lang, breit und
schwarz, und die vordern Schwungfedern sind nicht so dunkel, sondern heller und unregelmäßiger gefleckt.

Man sieht aber, daß der Unterschied im Geschlechte nicht
groß ist, denn man findet junge Männchen, die fast eben so
wie die Weibchen aussehen.

Zergliederung *).

Die starke Stimme, welche dieser Vogel hören läßt,
kann nicht von dem Bau seiner Luftröhre kommen, denn
obgleich diese unten, wo sie sich mit 2 Aesten in die Lunge
fügt, mit häutigen Säcken versehen ist, und nur auf der hintern Seite die Knorpelringe hat, so haben dieß doch mehrere
Vögel. Wahrscheinlich liegt der Grund in dem oben an der
Kehle weiten Schlunde, welcher durch die Oeffnung der
Stimmritze voll Luft gepumpt werden kann. Dieser Schlund
wird nach dem Magen zu enger und fleischiger. Der
Magen selbst ist stark, und hat viele fleischige Häute.

Merkwürdige Eigenschaften.

Dieser Rohrdommel ist ein träger Vogel, der ganze
Tage lang auf einem Flecke stehen bleibt, und nicht eher auf-
fliegt, als bis er aufgejagt wird. Bey Gefahr streckt er den
Hals,

*) Herr Otto bey Büffon a. a. O. S. 362.

Hals, den er sonst sehr einzieht, mit dem Schnabel und dem ganzen Körper gerade in die Höhe, und steht unbeweglich da, lehnt ihn auch wohl an einen Schilfstengel an, und der Jäger geht daher oft vor ihm, als vor einem zugespitzten Pfahl oder alten Strunk vorbey. Er sieht in dieser Stellung wie am Schnabel aufgehangen aus, und gewährt einen sonderbaren Anblick. Er steigt hoch in die Luft, und nimmt besonders gegen Abend seine Wanderungen von einem Sumpfe zum andern vor. Wenn er auffliegen will, so hüpft er erst, wie der Storch, einige Schritte auf der Erde hin, um die Flügel in Bewegung zu setzen, beschreibt alsdenn einige Kreise, und gewinnt so die Höhe. Er fliegt wie der gemeine Reiher, mit zusammengelegtem Halse.

Merkwürdig ist sein Geschrey, das er zur Zeit der Paarung und bey Veränderungen des Wetters oft ganze Nächte durch hören läßt. Es ist sehr stark, und er bläst dabey seine Kehle außerordentlich auf. Da er viel Luft einpumpen muß, so bringt dieß in der Nähe den Schall hervor, als wenn man mit einem Blasebalge bläst. Bey stiller Nacht hört man dieß dumpfe Gebrull: I-prumb hu hu! das er mit kleinen Pausen drey bis sechsmal ausstößt, auf eine halbe Stunde weit, und er hat damit schon manchem Wanderer Schrecken eingejagt. Eine ungegründete alte Sage aber ist es, daß er dabey den Schnabel ins Wasser oder in den Morast stecke *).

E 2

Noch

---

*) Herr Professor Otto (f Uebers. von Büffons N. G. a. g. O. S. 363.) hat dieß auch neuerlich durch einen jungen Vogel widerlegt, den er in der Stube hatte, und der, ohne Wasser zu haben, seine brüllende Stimme hören ließ.

Noch eine andere Stimme läßt er zuweilen besonders des Abends und Nachts im Fluge hören, die fast wie das Geschrey des Kolk-Raben: Kroah! klingt.

Hat man ihn in Furcht oder Zorn gebracht, so stellt er sich in Positur, sträubt die Federn fürchterlich, zieht den Hals ein, legt sich auch wohl, wenn es nöthig ist, z. B. wenn man auf ihn einen Hund anhetzt, auf den Bauch oder gar auf den Rücken, sperrt den Schnabel weit auf, und zwar mit der Mine, als wenn er nach den Augen ziele. Er wehrt sich alsdann, wenn er Widerstand findet, mit seinem Schnabel gegen alles, was ihn angreift, heftig, und macht daher den Falken, die auf ihn abgerichtet werden, viel zu schaffen, indem er ihnen nicht nur mit schneckenlinienmäßigem Fluge aus dem Gesicht zu kommen sucht, sondern sie auch in der Noth mit seinem spitzigen Schnabel stark, ja oft tödtlich verwundet.

Verbreitung und Aufenthalt.

Dieser Sumpfvogel bewohnt mehr die südlichen, als nördlichen Gegenden von Europa, und kömmt in denselben nur bis Schweden hinauf. In Asien geht er in Sibirien bis an die Lena, und in Amerika von Carolina bis zur Hudsonsbay. In Deutschland trifft man ihn allenthalben einzeln an.

Er lebt an großen Flüssen, die ausgetretene, sumpfige und schilfreiche Stellen haben, an rohrigen Seen und großen Teichen. Sobald im Frühjahr das Eis aufbricht, also gewöhnlich zu Anfang und in der Mitte des Märzes, ist er da, im September zieht er aber schon in Gesellschaft seiner Jungen weg. Doch hört man ihn auch noch im October und in der

ersten

erſten Hälfte des Novembers, oft in den dunkelſten Nächten
hoch in der Luft wegſtreichen, und erkennt ihn an ſeinem
Rabengeſchrey. In gelindern Wintern bleibt er auch einzeln
in Deutſchland. So hat ihn Herr Otto mehrmalen in
Pommern, und Herr Dr. Meyer in der Mayngegend zu
dieſer Jahreszeit angetroffen. In England ſoll er gewöhnlich überwintern.

Nahrung.

Seine Nahrung beſteht in kleinen Fiſchen, Fröſchen,
Muſcheln, Waſſermäuſen, Waſſereidechſen, allerhand Waſſer-
inſecten und Blutigeln. Er ſitzt daher beſtändig in Sümpfen
und ſeichten Waſſern mit eingezogenem Halſe, und ſchnellt
dieſen blitzſchnell, wie aus einer Scheide, nach dem Thiere,
das ihm in die Nähe kömmt, tödtet es mit einigen Stichen,
die er ihm mit ſeinem ſpitzigen Schnabel giebt, und verſchluckt
es ganz.

Fortpflanzung.

Wenn mehrere Paare auf einem Teiche im Frühjahr
zuſammentreffen, ſo kämpfen ſie um den Brüteplatz; eben dieß
thun auch mehrere Männchen um ein Weibchen, und die
ſchwächern müſſen dem ſtärkern weichen. Nur das Männchen ſcheint die brüllende Stimme als Geſang für ſein Weibchen und als Hochzeitlied anzuſtimmen, denn man hört an
einem Teiche, wo ein Paar niſtet, nur einen Vogel brummen.
Er legt nicht, wie der gemeine Reiher, ſein Neſt auf Bäumen an, ſondern in ſchilfigen und rohrigen Seen, Sümpfen
und Teichen auf trocknen Raſen und Hügeln, baut es aus
Rohr, Schilf und andern Reiſern zuſammen und legt drey

bis

bis fünf schmutzig blaßgrüne oder schmutzig isabellfarbige Eyer
(wenn sie schon etwas bebrütet sind) in dasselbe. In drey
und zwanzig Tagen kommen die Jungen zum Vorschein, und
laufen sogleich mit den Alten davon. Einige Jäger behaupten sogar, daß sie oft, wenn es nöthig wäre, ein schwimmen-
des Nest machten, welches sie an das Rohr oder Schilf, wie
die Taucher, befestigten. So viel ist richtig, daß sie dasselbe
in der Nähe des Wassers an Schilfhalme knüpfen, damit es
bey erhöhetem Wasser nicht losreißet, sondern schwimmend erhalten wird.

Die Jungen lassen sich nicht lange im Neste nähren,
sondern hüpfen bald heraus, und haben eine große Geschicklichkeit in den Rohrstengeln, wie die Rohrsänger, herum zu
klettern. Sie lassen sich mit Fröschen sehr gut aufziehen, und
reinigen alsdann die Gärten von Kröten, Eydechsen, Schlangen und Insekten.

Feinde.

Die Brut dieser Thiere wird zuweilen den Wieseln,
wilden Katzen, verschiedenen Raubvögeln,
Raben und Rabenkrähen zu Theil. Letztere gehen besonders gern nach den Eyern. Aeußerlich haben sie auch die
Reiherlaus und innerlich Egelwürmer zu Feinden.

Jagd und Fang.

Es ist diesem Vogel im Wasser und in Sümpfen schwer
beyzukommen. Doch fällt er einem aufmerksamen Jäger, der
auf sein Geschrey zu achten weiß, das meistemal durch den
Schuß in die Hände. Wenn er nicht tödtlich verwundet
ist,

iſt, ſo wehrt er ſich mit heftigen Biſſen gegen den Schützen, und die Hunde wollen ihn deßhalb nicht gern aufnehmen.

Wenn man ſeinen Gang weiß, ſo kann man ihn auch in Schlingen und Klebgärnen fangen.

Sonſt baizten ihn große Herren mit Falken.

Nutzen.

Das Fleiſch iſt eßbar.

Die Veränderungen des Wetters zeigt er durch ſein nächtliches Brüllen an.

Wenn man ihm einen Flügel lähmt, kann man ihn lange Zeit in einem eingeſchloſſenen Garten beym Leben erhalten, und er ernährt ſich da auf eine nützliche Art von Amphibien und Inſekten, doch muß man ihn bey ſchlechtem Wetter mit Fiſchen unterhalten. Kleine Kinder dürfen aber in ſolche Gärten nie allein gehen, weil er ſie bey der geringſten Reitzung mit ſeinem ſcharfen Schnabel beſchädigen würde.

Seine langen Hinterkrallen pflegt man zu Zahnſtochern in Silber einzufaſſen.

Schaden.

Als ein Fiſchfreſſer ſchadet er den Teichen, beſonders zur Zeit, wenn die junge Brut nach den ſeichten Ufern geht.

(198) 10. **Der kleine Reiher, oder kleine Rohrdommel *).**

Namen, Schriften und Abbildungen.

Kleiner Rohrdommel, kleine Mooskuh, kleiner brauner Rohrdommel, kleiner Rohrdommel aus der Barbarey, kleiner

ge-

*) Der kleine Rohrdommel. Alte Ausg. III. 30. Nr. (112) 9.

geſtirnter Reiher aus der Barbarey, grüngelber Reiher, Staudenragerle, geſtrichelter und geſchäckter Reiher, Rohr= reiher, Rohrtump, Europäiſcher Krabbenfreſſer.

Ardea minuta. *Gmelin Linn.* Syst. I. 2. p. 646. n. 26.

Blongios de Suisse et Butor tacheté. *Buffon* des Ois. VII. 395. Ed. de Deuxp. XIV. 109. 143 et 148. Ueberſ. von Otto XXV. 301. mit 2 Fig.

Little Bittern. *Latham* Syn. III. 1. p. 65. n. 27. Meine Ueberſ. V. 40. n. 27.

Friſch Vögel. Taf. 207. Alter, Taf. 206. junger Vogel. Naumanns Vögel. III. 132. Taf. 28 Männchen. Nachtrag Heft 2. S. 82. Taf. 12. Fig. 25 Weib= chen. 26 Junges Männchen.

Seeligmanns Vögel. VII. Taf. 65.

Mein ornithol. Taſchenb. S. 265. n. 9.

Donndorff a. a. O. S. 927. Nr. 26.

Kennzeichen der Art.

Mit glattem, ſchwarzen, grünglänzenden Kopfe, Hals, Rücken, vordern Schwungfedern und Schwanz; Vorderhals und Deckfedern der Flügel roſtgelb (am Weibchen mit braunen Längsflecken); die Füße grün.

Geſtalt und Farbe des männlichen und weib= lichen Geſchlechts.

Der kleine Rohrdommel hat ungefähr die Größe des grünfüßigen Meerhuhns, iſt 17 Zoll lang und einen Fuß eilf Zoll breit *). Der Schwanz iſt zwey und ein Viertel Zoll

lang,

*) Pariſer Maas: Länge 14 Zoll; Breite 1 Fuß 9 Zoll.

lang, und die Flügelenden kommen auf der Schwanzspitze zusammen.

Der Schnabel ist bis an die Stirn zwey Zoll, und bis an das Ende der Oeffnung unter den Augen zwey, und drey Viertel Zoll lang, gerade, spitzig, grüngelb, nach der Spitze des Oberkiefers schwärzlich überlaufen; die Füße sind gelb, oder meergrün; die Fußsohlen goldgelb; die Nägel dunkelbraun; oben und unten die Fußwurzel, welche 2 Zoll hoch ist, geschildert, an den Seiten etwas netzförmig, der nackte Theil der Schenkel unmerklich, nur drey Linien hoch, die Mittelzehe zwey Zoll, und die hintere starke $1\frac{1}{2}$ Zoll lang, der Nagel an dieser sehr gekrümmt und groß; der Nagel an der Mittelzehe nach innen zu kammförmig eingeschnitten; die Zehen unten chagrinirt; die Zügel sind nackt, gelblich und häutig, so daß man auf beyden Seiten durchsehen kann; die Augenlieder bläulich und nackt; der Augenstern goldgelb.

Scheitel, Schultern und Rücken sind schwarz und glänzen ins Grüne; der lange Hals ist oben, so wie die Wangen, rostgelb, bald ins Aschgraue, bald ins Kastanienbraune übergehend; die Deckfedern der Flügel lehmgelb; an dem Flügelrande hin so wie nach den Schultern zu etwas ins Rostige oder Gräubraune übergehend; die unterste große Reihe Deckfedern ist weiß, nur an der Wurzel schwarz; die untere Seite des Halses mit ihren langen Federn nach der Brust zu, die Hüften und Schenkel blaßröthlichgelb; die Brust ist röthlichgelb mit großen schwarzen Längsflecken, und erhält dadurch gleichsam ein schwarzes Querband; die Seiten haben bey gleicher Grundfarbe nur mitten auf dem Schaft hin einen langen schwarzen Strich; der Bauch und

der

der After gelblichweiß; die Schwungfedern schwarz, die vordern auf der Außenseite etwas grünlichglänzend; die erste Schwungfeder weißgerändet; die Deckfedern der Unterflügel weiß; der schwache Schwanz etwas zugespitzt und seine zwölf Federn schwarz, und grünglänzend.

Das alte Weibchen ist im Gefieder nicht so lebhaft als das Männchen. Die schwarze Farbe geht in Dunkelbraun über, und die rostgelbe ist mit bräunlichen Längsstrichen untermischt. Es ist auch kleiner, hat, näher beschrieben, oben einen etwas dunklern Schnabel; der Augenstern gelb; der Scheitel schwarz, grünglänzend; die Stirn kastanienbraun umzogen; der Oberleib umbrabraun, die Federn rostfarben oder weißgelb gerändet; der Unterleib bis auf den gelblich weißen Bauch rostgelb, alle Federn in der Mitte mit schwarz oder dunkelbraunen Flecken; die Deckfedern der Flügel rostgelb, aschgrau durchschimmernd; die Schwungfedern schwärzlich; der Steiß und Schwanz schwarzgrün mit rostfarbenen Rändern.

Merkwürdige Eigenschaften.

Der Körper dieses Vogels ist sehr schmal. Er hat sonst alle Eigenschaften mit dem großen Rohrdommel gemein, und richtet den Schnabel und ganzen Leib, wenn er auf einem Baume oder furchtsam im Rohr sitzt, und jemanden bemerkt, so gerade in die Höhe, daß man ihn für einen spitzigen Ast oder ein Stück des Rohrstengels ansieht.

Eine sehr große Geschicklichkeit zeigt Alt und Jung im Klettern an den Schilf und Rohrstengeln, wodurch sie den Wasserhunden entfliehen ohne fliegen zu dürfen. Herr von

Schrank

Schrank *) versuchte einen zu zähmen, allein er fraß nicht und starb nach etlichen Tagen.

Verbreitung und Aufenthalt.

Dieser Vogel verbreitet sich in Europa, Asien und Amerika sehr weit. Er geht bis Jamaika herab, und überwintert vielleicht auch daselbst. In Deutschland kommt er allenthalben an sumpfigen Flüssen, Seen und Teichen, aber nur einzeln vor, und in Thüringen wurde er fast alle Jahre, und zwar nicht einzeln bey dem nun ausgetrockneten Schwanensee ohnweit Erfurt angetroffen. Im Werragrunde ober- und unterhalb Meiningen finde ich ihn in allen rohrigen Teichen. Im September und October zieht er weg und im April kömmt er wieder.

Nahrung.

Seine Nahrung besteht vorzüglich in Wasserinsekten, kleinen Fröschen, Schnecken, Frosch- und Fischlaich, auch wohl in kleinen Fischen; doch schadet er der Fischzucht nicht so sehr, wie seine übrigen Gattungsverwandten.

Fortpflanzung.

Er legt in sumpfigen Gegenden in der Nähe eines Sees, Teichs oder großen Flusses ins Geröhrig, Weidengebüsch **), auf Grashügel ein Nest von Schilf und Wassergräsern an, und brütet 3, höchstens 4 grünliche runde Eyer aus, die noch etwas

---

*) Faun. boica. I. 222.

**) Einer meiner Freunde hat auch ein solches Nest hoch über dem Wasser auf einem großen Weidenbusche gefunden.

etwas kleiner, als Taubeneyer sind. Wenn die Eyer acht
Tage bebrütet sind, so verliert sich die grünliche Farbe nach
und nach, und sie werden weiß. Er macht zur Paarungszeit
ein ähnliches Gebrülle, wie der große Rohrdommel, doch
nicht so tief und laut. Die Jungen sehen im ersten Sommer, auch die männlichen noch gefleckter aus als das Weibchen; sie haben eine blässere rostfarbene Grundfarbe, und der
Ober- und Unterleib ist mit dunkelbraunen oder vielmehr
schwarzbraunen Längsflecken besetzt.

J. a g d.

Wenn man im Frühling und Herbst nach Schnepfen
oder andern Sumpf- und Wasservögeln jagt, so wird der
kleine Rohrdommel auch mit aufgestöbert und mit der Flinte
erlegt.

Nutzen und Schaden.

Das Fleisch wollen Einige schmackhaft finden. Der
Schaden, den er an der Fischbrut thut, ist, wie gesagt, von
keiner Bedeutung.

? 11. Der Schwäbische Reiher *).

Namen, Schriften und Abbildungen.

Kleiner Rohrdommel, Rohrdommlein, kleine Mooskuh,
grüngelber (?) Reiher.

Ardea Marsigli. *Gmelin Linné* Syst. I. 2. p. 637.
n. 52. *Marsigl.* Danub. V. 22. tab. 9. mit
einer schlechten Abbildung.

Le

*) Alte Ausg. III. S. 33. n. 10.

Le petit Butor. *Buffon* des Ois. VII. p. 425. Ed.
de Deuxp. XIV. 143: Uebers. von Otto XXVI.
S. 8. mit der Marsiglischen Figur.
The Swabian Bittern. *Latham* Syn. III. 1. p. 60.
n. 20. Meine Uebers. V. S. 36. n. 20.
Ardea Botaurulus. *von Schrank* Faun. boic. p. 221.
n. 199.
Mein ornithol. Taschenb. S. 166. Nr. 10.
Donndorff a. a. O. S. 987. Nr. 52.

Kennzeichen der Art.

Mit glattem Kopfe, röthlichem Körper, weißer Kehle
und weißlichem Schwanze.

Beschreibung.

Er bewohnt die Ufer der Donau, und ist viel kleiner,
als der große Rohrdommel.

Der Schnabel ist drey Zoll lang, oben dunkelbraun,
unten gelb; der Augenstern weißlich; die Füße sind braun-
gelblich.

Der Leib ist röthlich mit dunkelbraunen Strichen, die
auf dem Rücken am breitesten und häufigsten sind; die Zügel
sind nackt und gelb; die Kehle und der Unterhals weiß; die
Schwingen röthlich mit dunkelbraunen Querbinden; die
Schwanzfedern sehr kurz und weißlich.

So lautet die Beschreibung dieses Vogels von dem Grafen Marsigli, der ihn bekannt gemacht hat. Wenn ihn
nicht auch Herr von Schrank als eine besondere Art an-
gäbe, und ihn im Herzogthum Neuburg um Ingolstadt

ge-

gefunden haben wollte, so würde ich ihn als zu dem kleinen
Reiher gehörig, nur aber unvollkommen beschrieben, angegeben haben. Herr von Schrank entwirft seine Charakteri-
stik so: Rostgelb; oben getrübt; schwärzliche lanzetförmige
Striche oben und unten; die Gurgel weiß; die Füße, schläge-
gelb. Er rechnet auch den folgenden hierher.

In Lathams Uebersicht findet man eine vollkommnere
Beschreibung: Der Größe nach ist er kleiner, als der große
Rohrdommel. Der Augenstern ist weißlich; die kahle Stelle
zwischen Schnabel und Augen gelb; Kopf, Oberhals, Brust,
Bauch, Seiten, Steiß und Deckfedern des Schwanzes gelb-
roth mit braunen Streifen; der Rücken eben so, die Strei-
fen aber breiter und zahlreicher; Kehle und Vorderhals weiß;
Oberschenkel bräunlichweiß; die Schwungfedern hellbraun mit
Streifen von dunkelerm Braun durchzogen; der Schwanz
weißlich; die Füße hellgelb.

Es bleibt immer ein zweifelhafter Vogel. Der weiße
Schwanz scheint ihn schon zu einer Varietät zu machen.
Marsigli ist selbst nicht mit sich eins gewesen, denn er
nennt ihn Ardea viridi-flavescens und beschreibt doch diese
Farbe nicht.

? 12. Der gestrichelte Reiher *).

Namen, Schriften und Abbildungen.

Braungestreifter Rohrdommel, gestrichelter Rohrdommel, Donau-Reiher.

Ardea

*) Alte Ausgabe. III. S. 34. n. 11.

Ardea danubialis. — *Gmelin Linn.* Syſt. I. 2. p. 637.
n. 53.

— fusca. *Marsigli* Danub. V. 24. t. 10.

Le Butor. brun rayé. *Buffon des Ois.* VII. p. 424.
Ed. de Deuxp. XIV. 144. Ueberſ. von Otto XXVI.
S. 10. mit der Marſigliſchen Figur.

The rayed Bittern. *Latham* Syn. III. 1. p. 61. n. 21.
Meine Ueberſ. V. S. 37. n. 21.

Mein ornithol. Taſchenbuch. S. 267. n. 11.

Donndorff a. a. O. S. 987. n. 53.

Kennzeichen der Art.

Der Kopf iſt glatt, Hals und Bruſt ſind weiß, der
übrige Körper dunkelbraun, ſchwarz und röthlich geſtrichelt.

Beſchreibung.

Er iſt an der Donau zu Hauſe, und gleicht dem klei=
nen Reiher an Größe.

Der Schnabel iſt oben dunkelbraun, unten gelb; die
Füße und Nägel ſind grau.

Der Leib iſt dunkelbraun, mit ſchwarzen und röthlichen
Linien geſtrichelt; die Zügel ſind nackt und gelb; der Unter=
hals und die Bruſt weißlich; die Schwung= und Schwanz=
federn dunkelbraun, ſchwarz und röthlich geſtreift.

Wenn man die unvollkommene Beſchreibung und die
noch unvollkommnere Figur betrachtet, ſo wird man veranlaßt
zu glauben, daß dieſer Marſigliſche Vogel weiter wohl
nichts als ein junger kleiner Reiher (Ardea minuta *Linn.*)
ſey. Es wäre doch eigen, daß man dieſen Vogel nach einer
ſo langen Zeit nicht wieder geſehen hätte! Ein gleiches ſcheint
auch

auch von Ardea badia, und von Ardea *Marsigli* zu gelten, wenigstens scheint Ardea badia zu dem Rallenreiher zu gehören, an welchem bloß der Federbusch auf dem Kopfe anzumerken vergessen worden, oder der als bey einem Jungen oder in der Mauser begriffenen Vogel fehlt *).

? 13. Der kastanienbraune Reiher **).

Schriften und Abbildungen.

Ardea badia. *Gmelin Linn.* Syst. I. 2. p. 644. n. 75.

Ardea rubra. *Schwenckfeld.* Av. Siles. p. 225.

Crabier roux. *Buffon* des Ois. VII. p. 590. Ed. de Deuxp. XIV. 102. Ueberf. von Otto XXV. S. 275.

Chesnut Heron. *Latham* Syn. III. 1. p. 73. n. 37. Meine Ueberf. V. 46. Nr. 37.

Mein ornithol. Taschenbuch. S. 268. Nr. 12.

Donndorff a. a. O. S. 995. Nr. 75.

Kennzeichen der Art.

Mit glattem Kopfe, kastanienbraunem oder eigentlich rothgelben Oberleibe und schmutzigweißem Unterleibe, und ein weißes Band von der Gurgel bis zum Bauch.

Beschreibung.

Man hat ihn in Schlesien angetroffen.

Er gleicht an Größe der Nebelkrähe.

Der

*) Herr Hofrath Meyer schreibt mir, daß er ein Nest vom kleinen Reiher gewußt, die abgeflogenen Jungen mit den Alten geschossen, und gefunden habe, daß die Jungen Ardea *Marsigli* und danubibilis wären. *nid. die folg. Ornithol:*

**) Alte Ausgabe. III. 34. Nr. 12.

Der Schnabel iſt vier und einen halben Zoll lang und dunkelbraun, der Kopf ſehr klein, der Hals aber ſehr lang; der Augenſtern gelblich; die Füße roth.

Der Oberleib iſt kaſtanienbraun, oder wie es eigentlich Schwenckfeld nennt, hell rothgelb (rubra); der Unterleib ſchmutzig weiß; ein breiter ſchneeweißer Strich geht von der Gurgel bis zum Bauch; die Deckfedern der Flügel ſind himmelbläulich, die Schwungfedern ſchwarz; die Schwanzfedern kaſtanienbraun.

Er niſtet auf hohen Bäumen, und nährt ſich von kleinen Fiſchen und Waſſerinſekten.

Ich habe es ſchon bey dem vorhergehenden Vogel geſagt, daß dieß eine zweifelhafte Art ſey. Vielleicht iſt es der junge Vogel des Rallenreihers.

Zwey und vierzigſte Gattung.

Storch. Ciconia.

Kennzeichen.

Der Schnabel iſt gerade, zuſammengedrückt, glatt, ungefurcht, ſpitzig, lang, weit größer, als bey den Reihern.

Die Zunge iſt ein kleiner im Schlunde liegender Knorpel.

Der Hals iſt kürzer, gegen die Bruſt allmählig dicker, als an den Reihern.

Die Füße ſind lang; die Zehen kurz und die vordern ſämmtlich auf einerley Weiſe durch eine kleine Hautfalte mit

eins

einander verbunden, die hintere Zehe klein, alle mit ſtumpfen, glattrandigen Nägeln verſehen.

Zwey Arten.

(199). 1. Der weiße Storch *).
Ciconia alba. **).

Namen, Schriften und Abbildungen.

Storch, gemeiner und bunter Sterch, Stork, Adebar, Ebeher, Ebiger, Ebinger, Odeboer, Aehbähr, Honnotter, Langbein, Langbeen, Klapperſtorch, Klapperſtork, Klapper⸗ bein, Stuhrk.

Ardea ciconia. *Gmelin Linn.* I. 2. p. 622. N. 2.

Cicogne blanche. *Buffon des Ois.* VII. 253. t. 12.

Ed. de Deuxp. XIII. 311. t. 5. f. 1. Ueberſ. von Otto. XXV. 31. mit einer Fig.

White Stork. *Latham Syn.* III. 1. p. 47. No. 9. Meine Ueberſ. V. 25.

Perrault, Charras und Dodards Abhandl. aus der N. G. II. S. 215. Taf. 73. 74.

Friſch Vögel. Taf. 196.

Naumanns Vögel. III. S. 101. Taf. 22. Figur 31. Männchen.

Mein ornith. Taſchenbuch. S. 269. N. 1.

Donndorff a. a. O. S. 958. N. 7.

Kenn⸗

---

*) Alte Ausg. III. 48. Nr. (116.) 1.

**) Linné nennt ihn Ardea Ciconia, weil er ihn ſo wie den Kranich (Ardea Grus) noch zu der Gattung Reiher zählt. Doch ſind die Abweichungen zu auffallend, als daß man dieſe Vögel nicht trennen ſollte. Vorzüglich zeigt ihr innerer Körperbau, Luftröhre ꝛc. auffallende Verſchiedenheiten.

Kennzeichen der Art.

Die Augenkreise sind kahl, und so wie die Schwungfedern schwarz; Schnabel, Füße und Haut sind blutroth.

Gestalt und Farbe des männlichen und weib-
lichen Geschlechts.

Die Länge des weißen Storchs beträgt fast vier Fuß,
und die Flügel klaftern über sieben Fuß *). Der Schwanz
ist neun Zoll lang, und die zusammengelegten Flügel reichen
bis auf die Schwanzspitze.

Der Schnabel ist neun Zoll lang, rund, gerade zugespitzt und roth, der Unterkiefer an der Spitze in die Höhe
steigend, wodurch es scheint, als wenn der Schnabel an der
Spitze hinaufwärts stünde; die weite Haut der untern
Kinnlade schwarz; die Nasenlöcher längliche Ritzen, durch
welche man zur Seite durchsehen kann; die Zunge sehr klein,
kaum $\frac{1}{4}$ Zoll lang, dünn, häutig oder knorplig, von pfeil-
förmiger Gestalt und liegt am Schlunde; die Augen sind
braun; um die Augen geht ein kahler schwarzer Flecken; die
dünnen Beine sind einen Fuß hoch; das Kahle der Knie sechs
Zoll, der Mittelzehe drey und drey Viertel Zoll, der Hinterzehe ein und einen halben Zoll lang; die netzförmigen und
nur an den Zehen geschilderten Füße roth, die Klauen
weißgelb.

Der ganze Leib ist weiß, außer daß die Schwung- und
langen Schulterfedern schwarz sind, wodurch, wenn die
Flügel zusammengelegt sind, und den Schwanz bedecken,

F 2   die

*) P. Ms.: Länge $3\frac{1}{2}$ Fuß; Breite $6\frac{1}{4}$ Fuß.

die ganze untere Hälfte des Oberleibes schwarz erscheint.
Die zweyte Ordnung der Schwungfedern ist an der äußern
Fahne aschgrau überpudert. Das Schwarze glänzt ins
Purpurrothe. Die obern Deckfedern des Schwanzes sind
kurz, die untern aber mittelmäßig lang. An dem schönen
langen Halse sind besonders die Federn vorn nach der Brust
zu lang, und sehr beweglich.

Das Weibchen ist in der Farbe gar nicht vom Männchen unterschieden, hat aber einen etwas dünnern Schnabel,
und ist ein wenig kleiner.

Merkwürdige Eigenschaften.

Die Störche bezeigen in ihrem ganzen Betragen einen
gewissen Anstand. Gehen sie, so geschieht es mit Gravität,
und man sieht ihnen gern zu, wenn sie auf einer Wiese
herum spazieren. Ihr Flug ist aber noch weit schöner. Sie
schwimmen gleichsam in der Luft, bewegen die Flügel selten,
und langsam, und besonders machen Männchen und Weibchen zur Begattungszeit sehr artige Schwenkungen, beschreiben bald in der höchsten Luft, bald nahe über der Erde kleine
und große Cirkel gegen einander, lassen sich zuweilen sanft
herabglitschend in schiefer Linie von der größten Höhe herab
auf die Erde, und erheben sich dann schneckenförmig wieder
so hoch, daß sie sich in den Wolken zu verlieren scheinen.
Wenn sie stille sitzen oder schlafen, so ziehen sie mehrentheils
ein Bein an sich, wie die Gänse, und verbergen den Schnabel in den langen Halsfedern, statt daß ihn andere Vögel in
den Rücken- oder Schulterfedern verbergen. Auch wenn es
naß und kalt ist, stecken sie den Schnabel in diese Federn,

um

um ihn hier gleichsam warm zu halten. Sie lieben die Rein-
lichkeit, puzen sich immer, sträuben die Federn oft, und
schütteln sie aus. Durch ein gewisses starkes Zusammen-
schlagen der beyden Kiefern klappern sie, und geben besonders
diese Töne des Nachts, im Zorn, zur Zeit der Begattung
und der Abreise von sich; vielleicht daß das Männchen, von
welchem man es vorzüglich hört, auch hierdurch sein Weibchen
an sich zu locken pflegt. Die Jungen zischen ehe sie flücke sind.

Sie lassen sich leicht zähmen, werden dann sehr alt;
15 — 22 Jahre *), und gehen, wie die Gänse, in den
Höfen und Gärten herum, wenn man ihnen die Flügel ver-
schnitten oder zerknickt hat; auch schadet ihnen alsdann unser
harter Winter nichts, wenn sie nur des Nachts bey starkem
Frost in einen Stall oder einen Schuppen kommen.

Zergliederung.

1) Der Magen ist dicht und festhäutig, und gewöhnlich
inwendig grün gefärbt. Er ist gewöhnlich äußerlich fett, und
sieht einem Raubvogelmagen nicht unähnlich.

2) In der Schlunderweiterung befinden sich
starke und viele Drüsen.

3) Die Lunge liegt tief in der Brust, und da sich die
Luftröhre gleich beym Anfange der Brust theilt, werden
derselben beyde Zweige sehr lang, liegen neben einander
am Rückgrat, und machen am Ende eine Krümmung, um
in die an die Rippen befestigte Lunge zu kommen. Diese
Lungenröhren sehen durch die an denselben befindlichen viereckigen

*) Collection academique, partie étrangere. T. IV, p. 331.

eckigen scharlachrothen Flecken, die man beym schwarzen
Storch nicht bemerkt, sehr schön aus.

4) Die Gedärme sind 5 Fuß lang.

5) Die Leber ist sehr groß, und besteht aus einem Haufen kleiner sechseckiger Drüsen, wie bey den Antilopen.

Verbreitung und Aufenthalt.

Sie sind ohnehin halbe Hausthiere; denn sie halten
sich vorzüglich in Städten, Flecken und Dörfern auf, gehen
daselbst sorglos herum, und werden an vielen Orten, auch in
Thüringen, geheget.

Sie sind fast in der ganzen alten Welt zu Hause. In
Europa findet man sie in den Ländern zwischen Italien und
Schweden; doch nicht in England. In den Nieder-
landen, in Deutschland, wo sumpfige Gegenden und
große Wiesen zwischen Bergen in wasserreichen Gründen liegen, und in andern Gegenden, die an die See gränzen, sind
sie sehr häufig.

In Deutschland ziehen sie in der Mitte des Augusts
fort, und kommen zu Ende des Märzes bis zu Anfang des
Aprils wieder.

In Thüringen kommen die Störche gewöhnlich vom
10ten bis zum 20sten März an und fliegen in der Mitte des
Augusts wieder weg. Die Regel des Wegzugs bey dem
Landmann ist, wenn die Erbsen im Felde gehäufelt werden.
Man sieht zwar auch noch im April und May einzelne Störche herumschwärmen, allein das sind solche, die sich nicht
anpaaren können.

Das

Das Männchen kömmt allzeit zuerst an, fliegt dann wieder fort und bringt das Weibchen mit, welches gewöhnlich schmutzig und kothig aussieht. Wo sie einzeln wohnen, fliegen die einzelnen Familien im August in einer ganzen Gegend zusammen, und rufen sich ab, um die Reise gemeinschaftlich zu machen. Es darf sich aber keiner auf das Haus des andern setzen, auch nicht auf die Nachbarshäuser, wenn er nicht weggebissen werden will *).

Da aber, wo sie häufig sind, versammeln sie sich, wie die Schwalben, in große Heerden, sind eine Zeitlang unter sich in Bewegung, fliegen eine kurze Strecke, als ob sie ihre Flügel probirten, kehren wieder zurück, erheben sich aber bald unversehens in der größten Stille, und steigen so ungemein schnell in die höchsten Luftgegenden, daß man sie in wenigen Augenblicken aus den Augen verliert. Sie scheinen auch ihre große Wanderung mit Einem Fluge, wozu sie auch Kraft genug haben, zu vollenden, denn man sieht höchst selten andere aus nördlichen Gegenden, weder auf der Hernoch Hinreise bey uns ausruhen, oder sich ihrer Nahrung halber niederlassen, als die in unsrer Gegend gezogen und geboren sind **). Sie bringen einen zweyten Sommer in

Aegyp-

*) In dem sehr gelinden Winter 17⅞, wo es nur ein Paarmal einen kleinen Schnee legte, und im Jänner gar nicht fror, sondern Frühjahrs-Wetter war, so daß Kellerhals, Christwurz und Haselnußstauden blühten, kam der Storch in meiner Nachbarschaft schon den 9ten Jänner wieder an. Gewiß eine seltene Erscheinung!

**) Doch sah ich den 5ten August 1797. gegen Abend von Norden einen ganzen Zug unregelmäßig ankommen, die des Nachts

im

Aegypten und in den Morästen der Barbarey zu; sollen sich auch im ersten wiederum paaren, Eyer legen und eine zweyte Brut erziehen *). Auch gezähmte Störche, wenn sie nicht jung aufgezogen sind (wo sich dieser Naturtrieb verliert), werden zur Zeit der Wanderung unruhig, heben sich mit den Schwingen, und versuchen fortzuziehen. Ja wir hatten in Schnepfenthal einen, der den ganzen Sommer da war, und da man ihm die verschnittenen Flügel wachsen ließ, so artige Schwenkungen über dem Hause machte, wenn er des Abends von seiner Frosch- und Mäusejagd zurück kam, daß es ein Vergnügen war, ihm zuzusehen. Im Herbst zog er aber mit andern Störchen davon. Es kam zwar im folgenden Frühjahr wieder ein Storch und machte seine Schwenkungen über dem Hause, ließ sich aber nicht ganz herab. Vielleicht war es der entflohene; denn man sieht selten Störche in jener Gegend des Thüringerwaldes.

Nah-

im Gothaischen über meinem Hause auf dem Dache des Schlosses Lenneberg und auf den höchsten Bäumen des daran stoßenden Burg- und Ziegenbergs schliefen, und des andern Tags früh mit Tages-Anbruch, ohne zu fressen, sich wieder hoch in die Luft schwangen, und weiter nach Süden flogen.

*) Letzteres scheinen doch unsere Deutschen Störche nicht zu thun; denn es geschieht ja sehr oft, daß die Alten mit der nämlichen Anzahl Jungen, die sie das Jahr vorher erzogen hatten, wieder auf demselben Hause, wo das Nest steht, erscheinen. Hätten nun die Alten noch eine Brut erzogen, so müßte sich ja die Anzahl vermehrt haben, und es müßten ihrer mehrere ankommen; auch würden sich die vorjährigen Jungen schon von den Eltern getrennt haben und nicht wieder in ihrer Gesellschaft erscheinen. Daß sie sich, wie noch in vielen naturhistorischen Werken und besonders in den Jagdbüchern behauptet wird, im Winter in Seen und Morästen verbergen, ist ebenfalls ungegründet.

Nahrung.

Ihre vorzüglichste Nahrung sind Wasser- und Hecken-
frösche, Wasser- und Erd-Eydechsen, Blindschleichen und
Ringelnattern. Sie fressen aber auch Wieseln, Maulwürfe,
Feldmäuse, Fische, kleine Aale, Krebse und andere Wasserinsekten, viel Heuschrecken, Regenwürmer, Schnecken,
lesen die Bienen, Hummeln und Fliegen in unzähliger
Menge von den Wiesenkräutern ab, und rauben junge
Wachteln und Lerchen, und die Eyer der Schnepfen und
Enten. Auch das Aas, das ihnen auf den Wiesen und in
den Sümpfen, wo sie ihrer Nahrung halber hin und her
schleichen, aufstößt, ist ihnen eßbar: die Kröten aber verab-
scheuen sie, und spießen sie nur todt, wenn ihnen eine aufstößt. Sie spießen erst alles mit ihrem spitzigen Schnabel
todt, und können den größten Frosch und die längste Schlange
auf einmal verschlucken. Nach den fliegenden Insekten
schnappen sie in der Luft, und hüpfen zuweilen dazu hoch in
die Höhe.

Der selige Goeze (Europäische Fauna. VI. S. 40)
fand in dem Magen eines Storchs Stücken zerbrochener
Glasscheiben, über ein Schock Kirschkerne, Kieselsteine und
eine Federmesserklinge, ohne daß seine Magenfalten nur im
geringsten verletzt waren.

Die Gezähmten bekommen abgestandene Fische, Frösche, das Eingeweide von jungen Hühnern, Tauben und
anderm Geflügel, gekochtes und rohes Fleisch. Man hat
auch bemerkt, daß gezähmte, wenn sie Hunger hatten, die
menschlichen Excremente mit vieler Begierde fraßen, dagegen
sie

sie Därme mit Viehmist nicht berühren, ehe sie ausgewa-
schen sind *).

Sie saufen außerordentlich viel, und sprißen ihren Unrath vor sich hin zwischen den Beinen weg, indem sie den
Hinterleib vorwärts beugen.

Fortpflanzung.

Die weißen Störche leben paarweise und bauen ihre
großen Nester aus dürren Reisern und Dornen auf die Dach-
forste, Schornsteine, und auf die abgestumpften Bäume in
der Nähe der Dörfer, flechten die Materialien, obgleich nicht
künstlich, doch fest in einander; und da sie die einmal gemachten Nester alle Jahr wieder beziehen, so bessern sie sie
immer aus, und vergrößern sie so, daß sie oft vier und mehrere Fuß hoch werden. Ja man zeigt Nester, von welchen
man versichert, daß sie seit hundert Jahren bewohnt wären,
und an welchen an den Seiten herum unzählige Haus-
Schwalben- und Sperlingsnester sich befinden. Diejenigen
abergläubischen Landleute, welche meynen, daß es ein gutes
Zeichen sey, wenn die Störche auf ihren Dächern nisteten,
wenigstens dadurch Feuersgefahr verhüteten, legen ihnen,
um bequem bauen zu können, ein Pflug- oder Kutschenrad
auf dieselben.

Sobald sie im Frühjahr ankommen, fangen sie den
neuen Bau, oder die Ausbesserung des alten an, schlafen
und sitzen beständig in und neben dem Neste, und jagen
allen fremden Besuch und auch ihre eigenen vorjährigen Jungen durch Klappern, Verfolgen und grimmige Bisse weg.

Das

*) Physikal. Belustigungen. Stück 18. Nr. 3. S. 538.

Das Weibchen legt zwey bis fünf ockergelbe länglichte Eyer, und brütet sie mit dem Männchen gemeinschaftlich in drey Wochen und etlichen Tagen aus. Beyde Eltern sorgen treulich für ihre Jungen *), die vierzehn Tage wollig sind, und vertheidigen sie mit ihren scharfen Schnäbeln gegen ihre Feinde. Anfangs legen sie ihnen halb zerrissene Frösche, Eydechsen und Schlangen vor, wenn sie aber stark genug sind, selbst etwas zu zerreißen, so tragen sie ihnen auch die ganzen Thiere lebendig bey. Gewöhnlich haben sie alsdann den Schlund voll Frösche, und im Schnabel eine Maus oder einen Maulwurf. Diesen legen sie ihnen zum Spielen hin, und erstere speyen sie ihnen vor. Auf dem Schlosse Friedrichswerth im Gothaischen, dessen Hof und Garten mit Mauern und einem großen Wasser umgeben ist, steht ein Nest,

---

*) Sonst hielt man die Störche für Muster einer wahren ehelichen Treue, und erzählte, daß sie die Untreue eines Weibes gegen ihren Gatten auf eine feyerliche Art mit dem Tode bestraften. Sie sollen sich in dergleichen Fällen zu Hunderten auf dem Felde versammlen und um die Verbrecherin einen ordentlichen Kreis schließen, auch bisweilen ein Paar Stunden versammlet bleiben und mit den Köpfen und Schnäbeln allerhand Bewegungen machen, gleichsam als wenn sie sich unter einander berathschlagten oder über die Missethäterin Blutgericht hielten, endlich aber über dieselbe haufenweise herfallen, und sie in Stücken zerreißen. Soviel scheint von diesem Blutgerichte gegründet zu seyn, daß sie bey den Versammlungen zum Wegzuge diejenigen tödten, welche unfähig sind die Reise mit zu machen. Man bemerkt auch allzeit an den auf diese Art umgebrachten, Fehler an den Flügeln. Daher auch vermuthlich ihr Verfolgen der gezähmten. Eben dieß bezeugt Goeze (a. a. O.) an einem zahmen Storch im Kloster-Bergischen Garten, und an einem im Flug befindlichen Invaliden beym Dorfe Pegau.

Nest; und man sieht daher, wenn die Störche Junge haben, beständig auf dem Schloßhofe herunter gefallene Maulwürfe, die sich eingraben, und auch im Garten, wenn sie solche eher fallen lassen, als sie beym Neste sind. Die jungen Störche fangen nämlich einen großen Lärm an, ehe die Alten zum Neste kommen; diese denken daher oft, beym Hören des Geschreyes, sie seyen schon beym Neste, sperren den Schnabel auf, und lassen die Mäuse und Maulwürfe fallen. Auch lassen die Jungen zuweilen solche im Neste noch entkommen, wenn sie mit ihnen spielen. Merkwürdig ist, daß gewöhnlich eins von den Eltern so lange auf dem Neste sitzen bleibt, bis das andere wiederkommt.

Silberschlag erzählt eine artige Anekdote vom Nestbau der Störche. Einst kamen sie zurück, da es noch fror, und sie fanden auf der nahen Wiese nichts, womit sie ihr Nest ausfüttern konnten. Sie berupften daher das Scheunendach und zogen so viel mürbes Stroh heraus, als erforderlich war, ihr neues Lager zurecht zu machen. Wie die jungen Störche so weit erwachsen waren, daß sie auf dem Dache herum spazieren konnten, holten die Alten eine Menge abgebrochnes Reißholz zusammen, und steckten es in die Löcher, welche sie durch Ausraufen des Strohs gemacht hatten, so daß das Dach mit lauter Reißig gespickt erschien.

Wenn ihrer vier oder fünf in einem Neste liegen, so wird gewöhnlich der kleinere und ohnmächtige von den übrigen heraus geworfen *).

Einen

---

*) Es ist eine Fabel, daß der Storch jährlich ein Ey oder ein Junges zinsen müsse; so nämlich drückt der abergläubische Landmann das Herauswerfen des Eyes oder eines Jungen aus

Einen jungen aufgezogenen Storch kann man gewöhnen, daß er des Tages über auf die Wiesen nach seinem Futter geht und des Abends wieder nach Hause kommt. Allein er muß von den Wilden sehr viel Verfolgung ausstehen, die allenthalben, wenn sie ihn antreffen, auf ihn beißen. Er sieht vor dem ersten Mausern graulich weiß aus, und hat einen grauen Schnabel und graue Füße; nach diesem aber ändern sich, wenn die Federn ausfallen, Schnabel und Füße, und werden orangengelb, und die Federfarbe wie bey den Alten weiß und schwarz.

Feinde.

Katzen und Weihen verfolgen die Brut im Neste.

Auch werden sie äußerlich von gelben und weißen Milben und von der Storchlaus, und innerlich von Zwirn= und Madenwürmern geplagt.

Jagd und Fang.

Sie sind leicht zu schießen und mit Schlingen und Angelhaken, an denen ein Frosch hängt, auf den Wiesen, wo sie ihrer Nahrung halber oft hinfliegen, zu fangen.

aus. Jenes wird aus Unvorsichtigkeit und dieses aus Mangel der Nahrung von seinen Geschwistern herausgestoßen oder fällt selbst herab, wenn es sich von Hunger getrieben, wann die Alten kommen, zu weit auf den Rand des Nestes wagt, und noch nicht geschickt genug ist, sich zu erhalten. Doch bezeugt Silberschlag (Schriften der Berl. Gesellsch. naturf. Freunde. II. S. 260.) aus eigner Erfahrung, daß die Alten ein Junges ungemein behutsam aus dem Neste auf den Misthaufen der Hausbesitzer brachten, und wenn diese es in Abwesenheit der Alten wieder ins Nest legten, so brachten sie es von neuen herab, und bezeugten mit Flügelschlagen und Klappern ihre Freude.

fangen. Man hegt sie aber ihres Nutzens wegen fast allenthalben.

Nutzen.

Obgleich das Fleisch hin und wieder gegessen wird, so schmeckt es doch unangenehm, schlammig, ist zähe, schwer verdaulich, und giebt eine schlechte Nahrung.

Größern Nutzen stiften sie durch ihre Nahrungsmittel, da sie manche schädliche Unreinigkeiten wegräumen, und Felder und Wiesen von Schlangen und andern schädlichen Thieren (Ungeziefer), z. B. den verheerenden Heuschrecken, die sie sehr gern und in Menge fressen, reinigen. Daher sie auch Schutz an vielen Orten haben, z. B. in Holland. Sie stehen stundenlang vor einem Mäuseloche oder einem Maulwurfshügel und fangen diese schädlichen Thiere, sobald sie hervorkommen. Auch den kleinen Wieseln gehen sie nach, und tödten sie, ob sie sie gleich nur im größten Hunger verschlingen.

Bey den Mahomedanern stehen sie in großer Achtung und wurden in alten Zeiten von den Thessaliern so geehrt, daß, einen dieser Vögel tödten, ein Verbrechen war, das mit dem Leben bezahlt werden mußte *).

In Egypten ist es eben so. Hier verzehren sie die nach der Ueberschwemmung des Nils zurückgebliebenen Aeser und Amphibien.

Schaden.

Dieser ist von wenig Bedeutung und ergiebt sich größtentheils aus ihrer Nahrung.

Ich

---

*) *Plinii* hist. nat. X. c. 31. *Shaw's* travels. II. p. 168.

Ich weiß aber ein Beyspiel, daß ein zahmer Storch, der nicht zu gehöriger Zeit gefüttert wurde, die jungen Hühnerchen im Hofe haschte, tödtbiß und verschluckte.

Irrthümer und Vorurtheile.

Hierher gehört:

1) Daß die Störche in Egypten noch einmal brüteten *). Schon daß sie oft im Jänner und Februar wieder zurück kommen, und zwar entweder allein, oder mit ihrer vorjährigen Brut, widerlegt dieß.

2) Daß sie im Schlamm überwinterten **). Es sind dieß unrichtige Beobachtungen, wie von mehrern Vögeln. Reisende haben sie in Menge nach Egypten ziehen sehen.

3) Daß sie aus kindlicher Liebe die alten, schwachen Eltern fütterten ***).

4) Daß sie die Jungen auf ihren Rücken beym Zuge forttrügen und so wieder brächten.

5) Daß Feuersbrunst oder ein Unglück zu befürchten sey, wenn sie vor der eigentlichen Zeit ihrer Wanderung das Nest verlassen, oder es gar weg und auf ein anderes Haus tragen. Es bedeutet dieß weiter nichts, als daß sie durch Rauch, Katzen ꝛc. gestöhrt worden sind.

6) Daß der Storch die Stelle eines Blitzableiters auf einem Hause vertrete, indem kein Blitz einschlage. Allein das Gegentheil ist bekannt.

7) Daß

*) *Belon* Ois. p. 81.
**) *Klein* de avibus errant. et migr. Bocks N. G. von Preußen. IV. 347.
***) *Aristoteles* hist. anim. l. IX. c. 20. *Plinii* hist. nat. lib. X. c. 31.

7) Daß er mit Adlern, Raben, Krähen, Fledermäus
sen 2c. in Feindschaft lebe.

8) Daß das Fleisch, Fett, die Asche, Galle,
ein aus ihnen gezogenes Oel, die Eyer, der Magen
und Koth, als Arzneymittel die hartnäckigsten Krankheiten
heben. Vielleicht kommen diese Mittel einmal wieder in
Gebrauch!

(200). 2. Der schwarze Storch *).
Ciconia nigra.
(Taf. XVIII. Männchen.)

Namen, Schriften und Abbildungen.

Blauer, kleiner und wilder Storch, schwarzer Reiher
und Aist.

Ardea nigra. *Gmelin Linn.* Syst. I. 2. p. 623. N. 8.

Cicogne noire. *Buffon* des Ois. VII. 271. Ed. de
　　　Deuxp. XIII. 331. Uebers. von Otto XXV. 60.
　　　mit einer schlechten Figur.

Black Stork. *Latham* Synops. III. 1. p. 50. N. 11.
　　　Meine Uebers. V. 28.

Frisch Vögel. Taf. 197.

v. Wildungens Neujahrsgeschenk. 1796. 91. Taf. 6.

Naumanns Vögel III. S. 107. Taf. 23. Fig. 32.
　　　ein junger Herbstvogel.

Mein ornith. Taschenbuch. S. 269. N. 2.

Donndorff a. a. O. S. 962. Nr. 8.

Kenn-

*) Alte Ausg. III. 56. Nr. (117.) 2.

Kennzeichen der Art.

Die Hauptfarbe ist schwärzlich mit grünem und purpurfarbenem Glanze; Unterbrust und Bauch sind weiß.

Gestalt und Farbe des männlichen und weiblichen Geschlechts.

Nur im Gegensatze des weißen Storchs kann man diesen schwarz nennen, denn er ist eigentlich in der Nähe nur schwarzbraun oder schwärzlich, welches in der Ferne schwarz aussieht. Er ist fast so groß, wie der weiße, doch mit schwächern Gliedmaßen, sonst im Körperbau ihm ähnlich. Seine Länge ist drey Fuß und sechs Zoll, und die Breite sechs Fuß und sechs Zoll *). Der Schwanz ist zehn Zoll lang, und die gefalteten Flügel reichen bis zwey Drittel auf demselben.

Der Schnabel ist sechs Zoll lang, vorzüglich stark, an den Seiten gedruckt, scharf zugespitzt, und nach der Spitze zu am Unterkiefer etwas in die Höhe gezogen, und von Farbe hochroth; der Augenstern dunkelbraun; der Zügel, ein nackter Kreis um die Augen, und die ganze Haut hochroth; die netzförmigen Beine zehn Zoll hoch, der nackte Theil der Schenkel vier Zoll, die mittlere Zehe drey und einen halben Zoll, und die Hinterzehe vierzehn Linien lang; die ganzen Füße dunkelroth, die Nägel breit, flach und hornbraun. Doch haben sie diese rothe Farbe am Schnabel und an den Füßen nur im Alter, etwa vom dritten Jahre an; denn in der Jugend ist ihr Schnabel schmutzig olivengrün, an der

Spitze

---

*) Var. Ms.: Länge fast 3 Fuß; Breite fast 6 Fuß.

Spitze weiß, und die rothen Beine sind entweder ebenfalls olivengrün, oder, wenn sie auch roth sind, mit Grün überlaufen.

Der Kopf, Hals, die langen, schmalen Schulterfedern, der Rücken, die Deckfedern der Flügel, die Schwungfedern, die mittelmäßigen obern Deckfedern des Schwanzes, und der zugerundete Schwanz sind schwarz oder braunschwärzlich; die Flügel und der zugerundete Schwanz mit purpurrothem und grünem Glanze; die übrigen Theile aber blauglänzend, die Kehle und der Hals, der nach der Brust zu mit langen, obgleich mehr abgerundeten Federn versehen ist, wie am weißen Storch, zuweilen mit gelblichweißen Flecken; die Brust, der Bauch und die langen untern Deckfedern des Schwanzes und die hintern der Unterflügel weiß; die übrigen Deckfedern der Unterflügel braunschwarz. Vor dem dritten Jahre sind Kopf und Hals oben und unten rußbraun, rostgelb gewölkt, mit und ohne Kupferglanz.

Das Weibchen ist etwas kleiner, nicht so dunkel, als das Männchen, und also schwarzbraun; besonders an Kopf und Hals heller, und an dem Vorderhalse grau gewölkt, übrigens mit olivenfarbenem Schimmer.

Merkwürdige Eigenschaften.

Der schwarze Storch hat mit dem vorhergehenden fast einerley Lebensart. Er klappert eben so mit dem Schnabel, ist aber weit scheuer, denn der Jäger hat Mühe sich ihm im Freyen schußrecht zu nähern, und selbst im Walde, wenn er auf den Bäumen sitzt, kann er ihm nur mit Mühe anschleichen. Er fliegt etwas schneller und mit ausgestrecktem Halse und

und Füßen, und läßt dabey einige lachende, oder kickernde
Töne hören.

Verbreitung und Aufenthalt.

Er bewohnt viele Theile von Europa, und ist in
Polen, Lithauen, Preußen, der Schweiz, Italien, den gemäßigten Theilen von Rußland und Sibirien bis zur Lena, wo nur Seen und Moräste sind, auch
in Deutschland an dergleichen Orten, z. B. im Brandenburgischen nicht selten. Längs dem Don hin soll er sehr
häufig seyn; und auch bey Aleppo will man ihn angetroffen
haben. Im Frühjahr zieht er in großen Heerden über Schweden nach dem äußersten Norden, ruht zuweilen daselbst in den
Mooren aus, es ist aber ein Wunder, wenn er in diesem
Lande sein Nest baut. Eben dieß gilt von Thüringen,
wo man ihn auch gewöhnlich nur auf seinen Wanderungen
sieht,*) ob mir gleich mehrere Jäger versichert haben; daß
sie ihn auch im Sommer angetroffen hätten, und daß er sich
in großen Feldhölzern, die sumpfige Stellen hätten, aufhielte,
z. B. im Gothaischen Amte Volkenrode. Es hat dieß auch
seine Richtigkeit, denn sogar in dem tiefen Gebirge des Thüringerwaldes nisten sie, ohne daß in der Nähe etwa große
Sümpfe wären, nur müssen sumpfige Wiesen da seyn. Auf
dem Thüringer Walde hat man einige Jahre her ein Paar
Horsten sehen.

Er lebt in Deutschland einzeln, und man trifft in einer
weitläuftigen Gegend selten mehr, als ein Paar an.

G 2   Als

*) Die beyden, von denen ich die Beschreibung genommen,
wurden im Frühjahr im Gothaischen geschossen.

Als Zugvogel zieht er zu Ende des Augusts in wärmere Länder, kehrt zu Anfang Aprils wieder zurück, und steigt
dabey so hoch in die Luft, daß er fast so klein, wie ein Sperling erscheint.

Nahrung.

Seine Nahrung sind Frösche, Schlangen, Käfer
und andere, besonders Wasserinsekten, Gewürme und Fische,
nach welchen er nicht nur ins Wasser watet, sondern auch
über demselben herum flattert und plötzlich untertauchen soll.
Auch die Feld-, Wald- und Wassermäuse, und Maulwürfe
haben einen sehr großen Feind an ihm, da er sie sehr geschickt
hinterschleicht, durch seinen spitzigen Schnabel tödtet und
ganz verschluckt. Er nimmt auch die ihm in feuchten Wiesen
und in Sümpfen aufstoßenden Vögelnester aus.

5. Fortpflanzung.

Er baut sein Nest tief in den Wäldern, und zwar gern
in diejenigen, die an sumpfige Gegenden gränzen, oder große
Brüche und wasserreiche Wiesen haben; auf die Bäume und
Felsen. Bäume sind auch diejenigen Oerter, auf welchen er
sich niederläßt und ausruht. Das Nest ist groß und besteht
aus Reisern und inwendig aus Stroh, Heu und Lumpen.
Das Weibchen soll gewöhnlich nur 2 bis 3 schmutzig grünliche,
mehr zugerundete, auch etwas kleinere Eyer legen, als der
weiße Storch. Doch muß es mehrere, bis 7 Eyer legen;
denn im Julius 1805. wurde auf dem Eisenacher Ruhler-
Forste ein Horst auf einer hohen Buche ausgenommen, in
welchem 7 völlig ausgewachsene Junge lagen. Allein im
Sommer 1807. wurden in einem auf einem Felsen stehenden

Neste

Neste auf den Dürrberger Revier im Gothaischen nur
3 Junge gefunden.

Die Jungen lassen sich eben so aufziehen und erhalten, wie die jungen weißen Störche. Man kann ihnen
bloß Mäuse und Frösche zu fressen geben. Nur im Winter
müssen sie in einen Stall, damit sie die Füße und den Schnäbel nicht erfrieren. Sie geben beständig einen hell lachenden
Ton von sich, und klappern auch zuweilen. Sie haben
schmutzig rothgelbe Füße und Schnabel, und sind vor dem
ersten Mausern rußbraun, und je älter sie werden, desto
mehr fällt ihre rußbraune Farbe ins Schwarze. Erst vom
vierten Jahre an erhalten sie ihre schönste, schwarze, glänzende Farbe.

Feinde.

Die Baummarder zerstören ihre Brut.

Jagd.

Die schwarzen Störche sind mehr scheu, als die weißen,
und daher auch schwerer zu schießen.

Nutzen.

Ihr Fleisch wird zwar hin und wieder gegessen, ist
aber unschmackhaft und schwer zu verdauen. Ja man weiß
Beyspiele, daß Uhue davon gestorben sind. Keine Schmeiß-
fliege geht es an *).

Den Römern waren sie heilig; sie glaubten, daß sie
noch mehr als die weißen die Schlangen verfolgten.

Die

*) v. Wildungens Neujahrsgeschenk. 1798. S. 155.

Die rothe Haut ihrer Füße sieht dem Chagrin ähnlich, daher einige Bargusinische Cosaken die Messerscheide mit derselben überziehen.

Anmerk. In Rußland trifft man eine Varietät an, die sich bloß durch die weißen mittlern Schwanzfedern unterscheidet *).

Drey und vierzigste Gattung.
Kranich. Grus.

Kennzeichen.

Der Schnabel hat ohngefähr die Länge des Kopfs, ist also kürzer als bey den beyden vorhergehenden Gattungen, an seinem Ursprunge befindet sich eine schwache Furche, in welcher die eyrunden Nasenlöcher liegen, an den Seiten ist er etwas gedruckt, und an der Spitze ein wenig gewölbt.

Die Zunge ist fleischiger, als an den Reihern, und der Zunge der Hühner gleich.

Der Kopf ist mehr mit Federn bewachsen, als bey den Reihern, und oft mit allerhand Zierrathen versehen.

Die Füße sind lang mit mittelmäßigen Zehen; die Hinterzehe ist kurz, und steht nicht auf der Erde auf; zwischen der äußern und mittlern Vorderzehe ist eine kleine Spannhaut vorhanden, wie bey den Reihern; die Nägel sind mittelmäßig groß und spitzig, die Schenkel nicht so hoch von Federn entblößt.

Die

*) S. G. Gmelins Reisen. I. S. 171.

Die Kraniche machen gleichsam die Mittelgattung zwischen den Reihern und Trappen aus, und unterscheiden sich auch in den innern Theilen von jenen, denen sie sonst zugesellet wurden; denn ihr Magen ist muskulöser, das Gedärme hat zwey Anhängsel (Blinddärme), da es bey den Reihern nur eins hat, und die Luftröhre hat verschiedene Beugungen.

Die Nahrung besteht auch nicht wie bey den vorhergehenden Gattungen bloß aus dem Thierreich, sondern auch aus Vegetabilien, besonders aus Körnern und grüner Saat.

Eine Art.

(201) I. Der graue Kranich *).

Grus cinerea, *mihi.*

(Taf. XIX. Männchen.)

Namen, Schriften und Abbildungen.

Kranich, Krannich, Kranig, Kranch, Kreon, gemeiner, grauer und weißer Kranich, schwarzgrauer gemeiner Kranich, Scherian und Tsurf.

Ardea Grus. *Gmelin Linn.* Syst. I. 2. p. 620. N. 4.

Grue. *Buffon* des Ois. VII. p. 287. t. 14. Ed. de Deuxp. XIII. Uebers. von Otto. XXV. 89. mit einer Figur.

Common Crane. *Latham* Synops. III. 1. p. 40. N. 5. Meine Uebers. V. 18.

Frisch Vögel. Taf. 194.

Meyers Thiere. I. Taf. 64.

v. Wildungens Neujahrsgeschenk. 1797. S. 87. Taf. VI.

Mein

*) Alte Ausgabe III. 60. Nr. (118). I.

Mein ornith. Taſchenbuch. S. 271. Nr. 1.

Donndorff, a. a. O. S. 952. Nr. 4.

Kennzeichen der Art.

Mit nacktem warzigen Hinterkopfe, und rothem Wirbel beym Männchen, mit aſchgrauem Leibe, ſchwarzen Stirn, Nacken, Vorderhals und Schwungfedern, und faſrigen buſchigen Federn hinter den Flügeln.

Geſtalt und Farbe des männlichen und weib- lichen Geſchlechts.

Der Kranich iſt drey Fuß, eilf und ein Viertel Zoll lang, und ſechs Fuß, fünf und einen halben Zoll breit, alſo größer als ein Fiſch-Reiher, aber ſchlanker von Glieder- bau *). Der Schwanz mißt 8 Zoll, und die gefalteten Flügel reichen bis an die Spitze deſſelben. Die Schwere iſt zehn bis zwölf Pfund. Sein Körper hat ziemlich den Um- fang des Puterhahns, iſt aber weit geſtreckter.

Der Schnabel iſt 4 Zoll und 4 Linien lang, gerade, an den Seiten etwas flach, der Oberkiefer vorn etwas über- gehend, herabgebogen und rundlich zugeſpitzt, die Farbe ſchwarzgrün, nach der Spitze zu heller und hornfarbig; die Naſenlöcher faſt in der Mitte des Schnabels, ſind länglich eyrund, durchſichtig, und gränzen vorne an eine in das Horn des Schnabels eingefügte, hinten aber an die mit Haut überſpannte Furche; die Zunge breit, vorne hornig; der Augenſtern rothbraun; die kahlen Ränder der Augenlieder hochroth; die ſchlanken und langen vorne geſchilderten und

hin-

*) P. Ms.: Länge 3½ Fuß; Breite 5⅜ Fuß.

hinten geschuppten Füße sind schwarz, die Schenkel vier Zoll
hoch nackt, die Fußwurzel neun und einen halben Zoll hoch,
die mittlere Zehe vier Zoll und zwey Linien, und die hintere
ein Zoll lang, und die mittlere und äußere Zehe ist bis zum
ersten Gelenke mit einer Haut verbunden, die innere weniger;
die Nägel schwarz, stark und zugerundet.

Der Vorderkopf hat harsche dunkelschwarze einzeln
stehende Haarfedern, die nach dem Scheitel zu immer seltner
werden, und hier und zwischen sich eine kahle, warzige,
rothe Haut durchscheinen lassen, die auf dem Scheitel sicht-
barer wird, und hier als ein rother etwas bogiger Querflecken
erscheinet, der besonders zur Paarungszeit sehr deutlich wird;
die Zügel sind schwarz und dicht haarfedrig; am Hinterkopf
steht ein dunkelaschgraues, fast schwärzliches nach dem Nacken
zu gespitztes Dreyeck; hinter den Augen fängt ein breiter
weißer Streifen an, der die Schläfe einnimmt, sich im Genick vereinigt und fast an dem Hinterhals herabläuft; Wangen, Kehle und halbe Gurgel sind schwärzlich oder schwarz
aschgrau überlaufen; der ganze übrige Körper ist schön hellaschgrau, durch die rothgrauen Federspitzen hie und da etwas
röthlich gewölkt, und die meisten Federn mit schwarzen feinen
Schäften; am dunkelsten auf den mittelmäßigen obern Deckfedern des Schwanzes, am hellsten an den Flügelkanten,
unter den Flügeln und an den Schenkeln; die großen Deckfedern der Flügel sind schwärzlich, die kleinern aber an den
Flügelecken und die Afterflügel schwarz; die Kehle und die
Seiten des Halses sind schwärzlich; die vordern Schwungfedern schwarz, die hintern röthlichgrau; ein großer Büschel
schöner, weicher, breiter, am Ende lanzetförmiger zuge-

spitz-

spitzet, und flatternd abwärts gekrümmter, auch an den
Seiten auf der äußern Fahne zuweilen gekräuselter aschgrauer,
an der Spitze, und auch zuweilen auf der ganzen Innenseite
schwärzer Federn entspringt am Ende der Flügel, verbreitet
sich über dieselben in Ruhe an den Seiten hinaus aus, ist
länger als dieselben und der Schwanz kann nach Belieben
aufgerichtet und niedergelegt werden; in Ruhe hängt er über
die Flügel und den Schwanz her, und bedeckt jene ganz,
und diesen zur Seite; der Schwanz ist zugerundet, schön
aschgrau und nach den Federspitzen zu schwärzlich auslaufend.

　　Das Weibchen ist etwas kleiner, am Vorderkopf nicht
so kahl, heller aschgrau, am Bauch mehr ins Rostfarbene
fallend, der Flügelbüschel nicht so groß, und die schwarzen
Zeichnungen schwächer, und hat besonders das Eigene, daß
es nur mit einer geraden und gewöhnlichen Luftröhre versehen
ist, die bey dem Männchen einen ganz besondern Bau hat.

Merkwürdige Eigenschaften.

　　Nachdem nämlich bey diesem (dem Männchen) die Luftröhre,[*)] der Länge nach über dem Brustknochen weggegan-
gen, macht sie zwey unterschiedene Beugungen, geht wieder
bis zur Hälfte des Brustknochens zurück, und beschreibt einen
halben Bogen; während, daß sie in die Höhe steigt, läuft
sie wieder vorwärts, beugt sich nach der Brusthöhle, und
theilt sich alsdann erst in die zwey gewöhnlichen Aeste. Sie

ist,

---

*) _Volcher Coiter_, Divers. animal. Sceletorum explicat. icon.
　artif. et genuin. illustr. Norimb. fol. 1575. Cap. 8.
　Bloch in den Schr. der Berliner Gesell. naturforsch.
　Freunde. IV. S. 586. Taf. 16.

ift, so weit sie im Bruſtknochen liegt, unbeweglich, weil sie allenthalben an demselben befestigt iſt. Dieser Bruſtknochen hat keine scharfe Kante, wie bey andern Vögeln, sondern iſt rund, um der Luftröhre Platz zu verschaffen. Die untere Fläche hat oben und unten eine Hervorragung, um der Luftröhre Raum zur Umbeugung zu geben. Aus diesem eignen Luftröhren- und Bruſtknochenbau erklärt sich das fürchterlich starke, helle, schnarrende Geschrey, das die Kraniche auf ihren Zügen hoch in der Luft von sich hören laſſen, das wie Irrgorr klingt, und zum Aberglauben vom wüthenden Heere und wilden Jäger Anlaß gegeben hat. Es iſt in der Nähe zum Taubmachen heftig.

Merkwürdig iſt auch ihr Flug. Ihre breiten Flügel und leichten Flügelknochen machen, daß sie nicht nur sehr hoch, z. B. weit über den Brocken, der hoch drey tausend Fuß hoch iſt, ja oft so hoch fliegen, daß man sie wohl hören, aber nicht sehen kann, sondern auch in einem fort sehr lange Reiſen thun können. Ihr Flug geschieht allzeit in zwey Reihen, die vorne in einem spitzigen Winkel zusammen stoßen. Einer muß daher jederzeit die Spitze des Winkels machen, und man will beobachtet haben, daß wenn dieser die Luft zu durchschneiden müde sey, ein anderer, oder der nachfolgende seine Stelle einnehme u. ſ. f. Man bemerkt auch, daß vor dem großen Haufen in einiger Entfernung ein kleiner zur Anführung oder Recognoscirung voran fliegt, und verschiedene an den Seiten und hinten nach, die nur aus wenig Vögeln bestehen, zur Begleitung, und vielleicht zur Wache. Die Letztern können aber auch wohl Kränkliche und Müde seyn, die den regelmäßigen Zug nicht mit zu machen

im

im Stande sind *). Der große Zug besteht oft aus etlichen
Hunderten. Wenn sie vor ein hohes Gebirge kommen, so
fangen sie ein starkes Geschrey an, bezeigen sich ängstlich und
unruhig, fliegen verwirrt unter einander, bis sie sich unregelmäßig nach und nach in einem spiralförmigen Fluge gleichsam
in die Höhe geschraubt haben und so hoch gekommen sind,
daß sie ohne weiter zu steigen, über das Gebirge ziehen können, alsdann formiren sie wieder ihr Dreyeck, und fliegen
langsam vorwärts. Ich habe dieß vor dem Thüringerwalde
mehrmalen mit angesehen.

Man rühmt die Wachsamkeit des Kranichs, weil man
bemerkt, daß einige, wenn der große Haufe auf einer Wiese
oder im Felde weidet, oder schläft, in einiger Entfernung
mit aufgerichtetem Halse und auf einem Beine stehen, und
allemal zuerst und mit einem heisern Geschrey auffliegen,
wenn sie etwas ihnen Verdächtiges oder Gefährliches bemerken. Die Fabel dichtet hinzu, daß diese Schildwachen einen
Stein zwischen die Zehen faßten, damit, wenn sie ja ein-
schliefen, der Stein ihnen entfalle, und sie durch dessen
Schall aufgeweckt und wieder munter würden.

Ihr

---

*) Die Rabenkrähen und Dohlen machen in dieser Ab-
sicht auf ihren Reisen die vielen Schwenkungen, und bringen
dadurch die Letztern und Müden in den Vordertheil und in
die Mitte des Zugs, wie ich sehr oft bemerkt habe, und dieß
Sammeln und Wechseln ist eigentlich die Absicht ihrer wiederholten Schwenkungen. Wenn irgendwo des Nachts ein
Brand entsteht, indem sie reisen, so ziehen sie sich alle nach
der Gegend und fliegen mit dem gräßlichsten Geschrey niedrig über dem Feuer herum. Dieß sah ich selbst im Nov.
1795. in dem Gothaischen Dorfe Ernstroda.

Ihr ganzes Wesen und ihr Gang ist, wie beym Storch, ernsthaft und bedächtig, doch werden im Frühjahr die Alten und im Herbst die Jungen zuweilen so lustig, daß sie tanzend herum springen, Steine und Späne in die Luft werfen, und sich stellen, als ob sie sie mit dem Schnabel auffangen wollten. Auf ihren Reisen sind sie auch gesellig und freundschaftlich, sonst aber streiten sie sich, besonders die Männchen zur Paarungszeit, so heftig, daß sie leicht hinterschlichen und gefangen werden können.

Gegen Adler und Falken vertheidigen sie sich mit aufgerichtetem Schnabel, auf welchen sich jene, wenn sie unvorsichtig stoßen, zu spießen pflegen.

Ohngeachtet ihrer Wildheit lassen sie sich doch zähmen, und so wie der Storch gewöhnen, auf den Höfen und in Gärten herum zu gehen. Man will einen zahmen Kranich vierzig Jahre lang erhalten haben; daher man sie zu den sehr alt werdenden Vögeln rechnet.

Verbreitung und Aufenthalt.

Im Sommer bewohnt der Kranich vorzüglich das nördliche Europa und Asien, und geht selbst bis zum arktischen Kreis hinauf, im Winter aber findet man ihn auch im wärmern Asien und in Afrika. In Deutschland ist er in denjenigen Gegenden gemein, die eben und sumpfig sind, z. B. in einigen Brandenburgischen und Pommerschen; in Thüringen aber sieht man ihn nur auf seinen Zügen und zuweilen im Winter. Auch in den großen Brüchen Schlesiens, z. B. an der Bartsch, nistet er.

Ob-

Obgleich einige von ihnen im Winter in Deutschland und selbst in Thüringen in sumpfigen, offenen Gegenden bleiben; so muß man sie doch unter die Zugvögel rechnen, die im Herbst, vorzüglich in der Mitte und am Ende des Octobers, sich in großen Schaaren versammeln, ihre Anführer wählen, sich mit großem Geschrey hoch in die Luft schwingen, und in wärmere Gegenden, nach Italien, und weiter nach Afrika ziehen. Im letztern sollen sie in einigen Gegenden die Felder in unermeßlichen Schaaren so verwüsten, daß die Einwohner mit ihren Kindern beständig gegen sie zu Felde liegen müssen. Dieß hat auch wahrscheinlich zum Ursprunge der alten Fabel von dem Kriege der Pygmäen gegen die Kraniche Anlaß gegeben *). Im März oder höchstens zu Anfange des Aprils kommen sie wieder zurück. In Thüringen sieht man sie alle Jahre südwestlich ziehen, und es scheint mir daher wahrscheinlich, daß diejenigen, die hier durchfliegen, etwa in Holland oder Frankreich überwintern. Sie kommen auch im Frühjahr von Südwest wieder zurück. Sie reisen gern des Nachts, und zwar oft in der größten Dunkelheit. Zuweilen machen sie einen ganzen Tag in einem einsamen Sumpfe Halt, und spazieren und quackeln in demselben herum, als wenn sie sich über etwas berathschlagten.

Ihren Aufenthalt wählen sie in großen sumpfigen, brüchigen Gegenden, und lieben besonders diejenigen, die mit einzelnen Erlenbüschen bewachsen sind.

Nah-

*) Hessisches Magazin. 1784. 1s Stck. 1785. 3s Stck.

Nahrung.

Ihre Nahrungsmittel sind ausgestreute und grüne Saat, allerhand Sämereyen, Insekten, Eydechsen, Frösche, Schnecken, verschiedene Würmer, Muscheln, verschiedene Kräuter, als Löwenzahn, Klee und ihre Wurzeln. Auf den Saatfeldern, die sie oft unvermuthet und des Nachts überfallen, thun sie im Herbst und Frühjahr dem Landmann großen Schaden, auch im Sommer in den Erbsen und Bohnen. Kleine Kieseln verschlucken sie in Menge, um das Reißen der Nahrungsmittel zu befördern. Sie trinken sehr oft und viel.

Fortpflanzung.

Das Weibchen legt zwischen große Binsenbüsche, auch in die Erlenbüsche auf einige Kräuter und Stengel, im May zwey länglichte, schmutziggrünlich-aschfarbene mit hellbraunen Flecken gewölkte Eyer, von der Größe der Schwaneneyer, also von fast 10 Zoll Länge und 5 Zoll Dicke. Die Jungen kommen in vier Wochen aus, und die Alten verlassen sie, so bald sie allein ihre Nahrung suchen. Dieß geschieht bald; denn ihr Flüggeseyn trifft gerade in die Zeit, wenn sie überflüssige Nahrung finden, und sie weisen ihnen auch, ehe sie sich von ihnen trennen, erst solche Stellen an, wo sie leicht und überflüssig sich nähren können. Wenn gleich die Jungen noch keine Schwingen haben, so laufen sie doch so schnell, daß ein Mensch sie kaum einholen kann.

Man pflegte sonst junge Kraniche zur Falkenbaize aufzuziehen, weil sie gelehrig und leicht zu zähmen sind.

Feinde.

Feinde.

Der See- und Fischadler verfolgen diese Vögel im
Winter; auch plagen sie zuweilen äußerlich die Kranich-
läuse, und innerlich die Egelwürmer, Ascariden,
und andere Würmer *).

Jagd und Fang.

Die Kraniche gehören in manchen Gegenden zur hohen
und in manchen zur niedern Jagd, und der rechte Fang
geht zu Ende des Julius an, und währt bis sie wegziehen.
Wo sie sich häufig auf besäeten Feldern einfinden und Schaden thun, ist es jedem erlaubt, sie zu fangen und zu schießen.

An denjenigen Orten, wo sie gewöhnlich ausruhen, macht
man tiefe, aber enge Gruben hin, wirft Getraide oder
andere Körnung hinein, legt eine starke Schlinge von
Pferdehaaren über dieselbe, und bindet solche an einem Stocke
fest an. Wenn dann der Kranich mit seinem langen Halse
hinunter reicht, so zieht er sich denselben mit der Schlinge zu.
Andere stecken lange papierne Duten in die Grube, legen
Erbsen hinein und bestreichen sie oben mit Vogelleim. Will
der Kranich die Erbsen heraus holen, so bleibt ihm die Dute
am Kopfe kleben, er wird geblendet, und kann alsdenn leicht
mit den Händen ergriffen werden.

Ferner kann man die Kraniche lebendig fangen, wenn
man an einem solchen Orte, wo sie sich täglich aufhalten,
einen Kreis von starken pferdehaarnen Schlingen an Pflöcken befestigt, diese Pflöcke mit Erde bedeckt,
damit

*) Schneiders Abhandl. zur Zool. S. 138.

damit sie nicht zu sehen sind, und in die Mitte derselben Getraide hinstreut; wenn sie alsdann in den Kreis gehen, um das Getraide aufzulesen, so bleiben sie mit den Beinen in den Schlingen hängen.

Man läßt sie auch durch abgerichtete Falken aus der Luft herabstoßen; und die Jäger pflegen ihrer mehrere auf einen loszulassen. Um diesen auszuweichen, steigt der Kranich senkrecht in die Höhe, bis die Luft zu leicht wird, ihn zu tragen. Die Falken setzen ihm nach, und wiewohl sie nicht so gut in dieser dünnen Luft fliegen können, so steigen sie doch etwas über ihn, fallen alsdann blitzschnell auf ihn los, wodurch dieser mit fürchterlichem Geschrey sich zu senken und, endlich aufs äußerste gebracht, auf den Rücken zu legen und so gut er kann, mit den Füßen und Schnabel zu vertheidigen genöthigt wird. Hat der Jäger einen gezähmten Kranich in diese Noth gebracht, so ruft er die Falken zurück, und macht auf diese Art dem Kampfe ein Ende *).

Wer sie mit der Flinte erlegen will, der muß sich dem Winde entgegen an sie zu schleichen suchen; sonst wittern sie ihn vermöge ihres scharfen Geruchs vom weiten.

Außerdem werden sie auf eben die verschiedenen Arten, wie die Trappen, vermittelst der Karrenbüchsen, Schießpferde, Weiberkleider u. d. gl. geschossen.

Nutzen.

*) In Persien gehörte sonst die Kranichbaize auch zu den Vergnügungen des Königs. Voyages d'Olearius. Paris. 1656. T. I. p. 509.

Nutzen.

Bey den Römern wurde ihr Fleisch für wohl=
schmeckend gehalten; sie müssen ihm aber, wie die deutschen
Köche, durch Zubereitung und Würze einen guten Geschmack
zu geben gewußt haben, denn sonst ist es hart, faserig und
unschmackhaft, und erfordert einen guten Magen. Sonder=
bar ist es, daß es durch Einwässern noch zäher wird. Der
Kranich darf daher gar nicht ins Wasser kommen, wenn er am
Spieße oder in der Pastete mürbe und genießbar werden soll.
Auch das ist diesem Wildpret eigenthümlich, daß wenn es
klein gehauen und gekocht wird, eine Brühe daraus entsteht,
welche alle Brühen übertreffen soll. Eine Kranichsuppe soll
daher für solche Patienten, welchen der Arzt eine schleunige
Wiederherstellung der verlornen Kräfte anräth, oder bey wel=
chen einer tödtlichen Abmattung zuvorgekommen werden muß,
die allerbeste seyn. Auch vom Kranichbraten kann noch eine
sehr schmackhafte und kräftige Suppe erhalten werden, wenn
der Kranich etwa zu alt wäre, und durch das Braten nicht
mürbe gemacht werden könnte.

In Polen und der Tatarey werden die jungen
Kraniche (Vipiones) zahm gemacht, gemästet und gegessen,
und sie sollen alsdann den Geschmack der jungen Gänse und
Enten haben. Erstere machen sie auch zahm und richten sie
zum Tanzen ab.

Aus den Federn macht man Federbüsche, und die
starken Flügelfedern werden zum Schreiben gebraucht.

Die Federn werden auch von den Tatarn in Gold oder
Silber eingefaßt und als ein vorzüglicher Putz auf ihre
Mützen gesteckt.

Der

Der Kranich wird auch noch dadurch nützlich, daß er viel sogenanntes Ungeziefer, als Schnecken rc. ausrottet.

Schaden und Vorurtheile.

Er fällt in großen Schaaren des Nachts auf die Getraidefelder, frißt grüne Saat, Körner, Erbsen, Buchwaizen u. s. w. und zertritt die Felder so, daß man glauben sollte, es hätte ein Regiment Soldaten daselbst campirt.

Einiger Fabeln und Irrthümer ist im Vorhergehenden schon erwähnt worden. Ich erwähne hier noch, daß man zwar in der Medicin nichts mehr von diesem Vogel braucht, allein daß doch die Jäger und Landleute noch jetzt mit Augen und Magen Krebs- und Fistelschäden, mit der gedörrten Leber die Nierenschmerzen und mit der Galle, die mit Holunderblüthen gemischt und in die Nase geschnupft wird, den Schlagfluß heilen wollen.

Der gemeine Mann hegt sogar in manchen Gegenden eine Art Ehrfurcht gegen ihn, so daß derjenige für gottlos angesehen wird, der einen tödtet; denn er betrachtet ihn als den besten Wetterpropheten und richtet nach seiner frühern oder spätern Ankunft seine Feldarbeiten ein. Kömmt er bald, so verspricht er sich ein gesegnetes Jahr; bleibt er aber länger aus, so wird ihm bange wegen des Frühlings und der Erndte. Wie viel Nachtheil fließt nicht oft aus dergleichen Aberglauben für den armen einfältigen Landmann!

Bey den Kalmücken ist er einer der heiligsten Vögel, dessen Tödtung für ein großes Verbrechen gehalten wird, weil

H 2 sein

sein Kopf den beschornen Schädel eines Priesters vor-
stellt *).

Vier und vierzigste Gattung.

Nimmersatt., Tantalus.

Kennzeichen.

Der **Schnabel** ist lang, pfriemenförmig und etwas
unterwärts gekrümmt.

Das **Gesicht** ist von der Vorderstirn bis hinter die
Augen kahl.

Am **Unterschnabel** ist bis hinter die Spitze eine
nackte Haut, die sich sackförmig ausdehnen läßt.

Die **Zunge** ist kurz und breit.

Die **Nasenlöcher** sind länglich eyrund, mit einer
Haut bedeckt.

An den vierzehigen **Füßen** sind die vorderen an dem
ersten Gelenke durch eine Haut verbunden, und der Nagel
der Mittelzehe ist etwas breit und sägezähnig ausgeschnitten.

Die Vögel dieser Gattung, welche meist ausländisch sind,
haben viel Aehnlichkeit mit den Schnepfen und den Namen
von ihrer Gefräßigkeit.

Eine Art.

1. Der

---

*) Bergmanns nomädische Streifereyen unter den Kalmücken.
II. 189.

1. Der ſichelſchnäblige Nimmerſatt *).
(Taf. XXVI. Männchen.)

Namen, Schriften und Abbildungen.

Sichelſchnabel, Sichelſchnäbler, Nimmerſatt, gemeiner
Nimmerſatt, ſichelſchnäbliger Ibis, grüner, braungrüner,
dunkelbrauner, braunrother, kaſtanienbrauner und kleiner
Brachvögel, grüner und bräunrother Bracher, Welſcher
Vogel, Sägyſer, Türkiſcher Goiſer und Türkiſcher Schnepf,
ſchwarzer Louis.

Tantalus Falcinellus. *Gmelin Linn.* Syſt. I. 2. p. 648.
n. 2. Scolopax rufa. *Scopoli* Ann. I. n. 131.
Ueberſ. von Günther S. 106. Nr. 131.
Courlis verd. *Buffon* des Ois. VIII. 29. Pl. enl.
No. 819. Männchen. Ed. de Deuxp. XV. 38.
Ueberſ. von Otto. XXVII. 170. mit einer Fig.
Bay Ibis. *Latham* Synops. III. 1. p. 113. n. 12.
Suppl. 67. Meine Ueberſ. V. S. 87. Taf. 81ᵇ
ein junger Vogel.
Borkhauſens deutſche Fauna. I. S. 478. Nr. 227.
Mein ornithol. Taſchenbuch. S. 272. mit einer Kupfer-
tafel. Männchen.
Dönndorff a. a. O. S. 1003. Nr. 2.

Kennzeichen der Art.

Mit ſchwarzem, grünſchillernden Geſichte, kaſtanienbraunem Hals und Körper, und ſtahlgrün und violett ſchillernden
Flügeln.

Geſtalt

*), Der Sichelſchnäbler. Alte Ausgabe. III. 70. Nr. 1.

Gestalt und Farbe des männlichen und weib-
lichen Geschlechts.

Dieser Sumpfvogel gehört unter die seltenen Deutschen
Vögel. Seine Länge beträgt 2 Fuß, 3 Zoll und die Breite
3 Fuß 2 Zoll. Der Schwanz ist 5 Zoll lang und die Flügel
reichen bis auf sein Ende, das gerade, etwas abgerundet, nur
wenn die Federn ausgebreitet sind, kaum merklich gabelförmig ist.

Der Schnabel ist 4 Zoll lang und allmählig unterwärts
gebogen, olivenbraun, an der Spitze horngrau; der Augenstern hoch rothgelb; die Füße sind blauschwarz, an den Gelenken fleischbraun, die Nägel schwarz, die Schenkel fast 2 Zoll
hoch von Federn entblößt, das Fußgelenk 4 Zoll hoch, die
mittlere Zehe 3 Zoll und die hintere $1\frac{1}{2}$ Zoll lang, also groß
und mit einer langen geraden Kralle versehen.

Das Gesicht ist kahl und schwarzgrün, manchmal hell-
grün getüpfelt und an der Stirn und hinter den Augen eingefaßt; der Scheitel und die Kehle sind dunkelkastanienbraun,
schwarzgrün überlaufen und violett glänzend; Hals, Oberrücken und ganzer Unterleib kastanienbraun, auf dem Hals
und Rücken am dunkelsten, am Unterbauch und an den
Schenkeln am hellsten, und an der Brust und am Bauche
bald an der ganzen bald an der halben Feder dunkelgrün überzogen; die obersten kleinen Deckfedern der Flügel dunkelkastanienbraun, die übrigen Deckfedern, so wie die Schwung- und
Schwanzfedern, der übrige Rücken und der After dunkelgrün,
entenhalsig glänzend, so daß auf der Mitte der Flügel und
an der Schwanzspitze der violette Glanz, und auf den Schwungfedern, dem Rücken und Oberschwanz der stahl- oder blau-

grüne

grüne Glanz die Oberhand hat; an den Seiten des Leibes
ſtehen lange ſtarke dunkelbraune Federn, die nur einen un-
merklichen olivengrünen Glanz zeigen.

Das Weibchen iſt etwas kleiner, und hat faſt dieſelbe Farbe; zuweilen iſt der Kopf und Hals weißlich geſtrichelt, und der Bauch graubraun.

Sonſt variirt dieſer Vogel vielleicht bloß nach dem
Alter und gehen alſo vielleicht auf folgende Art in die eigentliche Farbe über: 1) Stirn, Scheitel, Wangen, Kehle und
Oberhals ſind braungrau mit weißlichen Längsſtrichen; der
Unterhals, die Bruſt und der Schnabel einfarbig braungrau;
der Bauch und After, ſo wie die Seiten des Leibes ſchwarzbraun mit etwas grünem Schiller; der übrige Leib grünglänzend ſchwarz. 2) Hals, Oberrücken, Flügel, Bauch und
Schenkel ſind kaſtanienbraun, ohne Glanz. 3) Oben und
an den Flügeln und dem Schwanze glänzend kaſtanienbraun,
und an der Bruſt grün *).

Merkwürdigkeiten.

Dieſer Vogel wohnt einzeln an den ſüdlich deutſchen
Flüſſen in Oeſterreich, an der Donau u. a. a. O.,
ſonſt kommt er auf ſeinem Zuge auch nach Schleſien, an
den Rhein, am Bodenſee und in andere Gegenden
Deutſchlands; im ſüdlichen Europa, in Italien, in
der Schweitz, in Ungarn iſt er häufiger und am Ufer
des ſchwarzen und Caspiſchen Meers wird er in
Menge angetroffen. Er geht höchſtens bis Dänemark
hinauf. An den Seen hält er ſich in ſeinem Vaterlande
schaaren-

*) Le Courlis marron. *Brisson* Orn. V. p. 329. n. 5.

schaarenweise auf. Auf dem Zuge besucht er aber nur einzeln die Ufer und Inseln der Seen und Flüsse Deutschlands.

Seine Nahrung besteht in Insecten, Würmern und Pflanzenstoffen.

___

Fünf und vierzigste Gattung.
Brachvogel. Numenius.

Kennzeichen.

Der Schnabel ist lang, schmal, rundlich, etwas stumpf, und herunterwärts gekrümmt.

Die Nasenlöcher sind ritzenförmig, und an der Wurzel des Schnabels.

Die Zunge klein und am Schlunde liegend.

Das Gesicht ist befiedert.

Die Augen liegen in der Mitte des Kopfs.

Die Füße sind vierzehig, die Vorderzehen an der Wurzel verbunden, der Nagel der mittleren ohne sägezähnige Einschnitte, und die hintere aus mehrern Gelenken bestehend.

Es ist eine Mittelgattung, welche die vorhergehende mit der folgenden verbindet. Ob sich gleich die Arten derselben auch gern und vorzüglich in wasserreichen Gegenden und an den Ufern der Gewässer aufhalten, so gehen sie doch auch, von den Schnepfen, wenigstens von den meisten, abweichend, gern auf die Aecker, und suchen hier in Würmern und Insecten ihre Nahrung. Da sie dieß nun vorzüglich auf ihren Wanderungen thun, wo sie Jäger und Naturforscher am öftersten und leichtesten bemerkten, so haben sie auch daher

den

ben Namen Brachvögel (von der Brache) oder Bracher
erhalten. Ich rechne dahin sechs Arten, wovon auch einige,
wenigstens in der Lebensart diese Gattung mit den Strandläufern verbinden. Diese und die sechs folgenden Gattungen laufen überhaupt in Gestalt und Lebensart so in einander, daß es schwer hält, scharf abschneidende Charaktere aufzustellen, und daher denn auch mit die Schwierigkeiten, welche
bey Auf- und Zusammenstellung dieser Sumpfvögel eintreten.

(202) 1. Der große Brachvogel *).

Numenius Arquata, *Latham.*

(Taf. V.)

Namen, Schriften und Abbildungen.
Doppelschnepfe, Bracher, Deutscher Bracher, Brach-
vogel, gemeiner Brachvogel, Keilhaken, großer Feldmäher,
Brachhuhn, Wetter-, Gewitter-, Wind-, Güt-, Güth-,
Jut-, Jüt- und Geisvogel, Giloch, Krumnschnabel, Fasten-
schlier, braunschnäblige und krummschnäblige Schnepfe, große
Wasserschnepfe, Brach- und Kornschnepfe, Himmelsgeis,
Goiser, Regenvogel, Regenworp, Regenwulp, Regenwölp,
Gruel.

Scolopax Arquata. *Gmelin Linn.* Syst. I. 2. p. 655.
n. 3.

Courlis. *Buffon* des Ois. VIII. 19. Ed. de Deuxp.
XV. 26. t. 1. fig. 2. Uebers. von Otto XXVII.
145. mit einer Fig.

Common

*) Die Doppelschnepfe. Alte Ausgabe; III. 73. Nr. (119) 1.

Common Curlew. Latham Syn. III. 1. p. 119. n. 1.

Meine Uebers. V. 94. n. 1.

Frisch Vögel. Taf. 223. Weibchen.

Naumanns Vögel. III. S. 26. Taf. 5. Fig. 5. Männchen.

Mein ornithol. Taschenb. S. 274. n. 1.

Donndorff a. a. O. S. 1017. n. 3.

Kennzeichen der Art.

Der Oberrücken, die Schultern und Deckfedern der Flügel sind dunkelbraun, mit rostgelben zackigen Federeinfassungen; Hals und Brust rothgelblichweiß mit dunkelbraunen Längsschmitzen; der Schwanz mit dunkelbraunen und röthlichweißen, an den Kielen abgesetzten Binden; die Füße graublau.

Gestalt und Farbe des männlichen und weiblichen Geschlechts.

Dieser Vogel, der bey den Jägern unter dem Namen des großen Brachvogels und Keilhakens bekannt ist, ist ohngefähr so stark, obgleich länger, als eine kleine Henne; zwey Fuß, vier Zoll lang, drey Fuß, zehn Zoll breit *), und 22 bis 37 Unzen schwer, je nachdem er mager oder fett ist. Der Schwanz mißt 5 Zoll, und die zusammengelegten Flügel reichen bis über das Ende desselben. Das Gewicht ist $1\frac{1}{4}$ Pfund.

Der Schnabel ist fast 6 Zoll lang, und also einer der längsten nach Verhältniß der Größe des Vogels, rund, dünne,

an

*) Pariser Maas: Länge über 2 Fuß und Breite fast $3\frac{1}{2}$ Fuß.

an den Seiten oben und unten mit einer Riefe bis kurz vor
die etwas breitere ſtumpfe Spitze, von der Mitte nach der
Spitze zu abwärts gebogen, an der Wurzel unten blaß fleiſchfarben, an der Spitze oben und unten ſchwarz, übrigens olivenbraun, jedoch auch oben auf der Mitte grau und blutroth
marmorirt; die Zunge ſehr klein, dreyeckig und am Schlunde
liegend; daher alle Nahrungsmittel eingeſchleudert werden
müſſen; der Augenſtern iſt nußbraun; die Fußwurzel netzförmig, etwas unter der Mitte vorne über den Zehen geſchildert,
drey und drey Viertel Zoll hoch, über den Knieen ein und ein
Viertel Zoll hoch nackend, die Zehen, beſonders die äußere,
bis zum erſten Gelenke mit einer Haut verbunden, alle Zehen
mit einer Haut gerändet, die mittlere zwey und die hintere
drey Viertel Zoll lang, die ganzen Füße grünlich bleyfarben,
auch wohl bey jüngern dunkelolivengrün, die Nägel dunkelbraun.

Die Farbe überhaupt iſt weiß und dunkelbraun gefleckt,
alſo hell lerchenfarbig. Der kleine Kopf und der Obertheil
des langen Halſes ſind gelblichweiß und dunkelbraun der
Länge nach gefleckt, der Kopf am ſtärkſten, der lange Hals in der
Mitte am ſchwächſten; um die Augen zuweilen ein merklicher
weißer Kreis; der Oberrücken, die langen Schulterfedern und
die Deckfedern der Flügel dunkelbraun, die Federn an den
Seiten rothgrau oder roſtgelb eingefaßt, einige auch weiß gefleckt; der Mittelrücken und die nächſten Steißfedern ſchneeweiß, letztere nur mit einigen dunkelbraunen Längsſtreifen;
der Unterleib weiß, am Halſe und der Bruſt mit ſehr regulären, einen halben Zoll langen, pinſelförmig auslaufenden dunkelbraunen Strichen, die an den Seiten des Leibes ſich ſehr

ver-

verstärkern, an dem Bauch aber nur einzelne Spuren zeigen;
die Kehle, Schenkel und die mittelmäßigen Afterfedern sind
rein weiß; die erste Ordnung Schwungfedern, sehr dunkelbraun mit weißen Schäften, die zweyte Ordnung dunkelbraun
mit weißen Binden, die aber auf den Schäften nicht durchlaufen, und die dritte Ordnung, die aus langen Federn besteht, dunkelbraun mit rothgrauen oder rostgelben Querbändern,
die in der Mitte nicht durchlaufen. Die Deckfedern der Unterflügel sind weiß, am oberen Rande dunkelbraun gefleckt, die
langen an der Wurzel grau bandirt. Der Schwanz egal
dunkelbraun und röthlichweiß bandirt, doch sind die Binden
an den Kielen abgesetzt und laufen abwechselnd fort, seine
obern ziemlich langen Deckfedern sehen eben so aus, nur sind
sie einzelner dunkelbraun gestreift.

Das Weibchen ist am Kopf, Hals und Brust blaßgrau, zuweilen etwas ins Grüne glänzend, voller dunkelbraunen, länglichen Striche, die zuweilen röthlichweiß eingefaßt
sind; der Rücken dunkelbraun mit grauen und grauröthlichen
Flecken besprengt. Ueberhaupt ist das Weibchen, so wie die
Jungen beyderley Geschlechts im ersten Jahre weit dunkler,
als das alte Männchen.

Abänderungen.

Man trifft zuweilen im Herbst auf dem Strich

1) Eine Abart, die auf dem Leibe rosenroth bandirte
Federn hat, etwas kleiner ist und ungefähr die Größe der
Waldschnepfe hat Man könnte sie den rosenrothpunk-
tirten großen Brachvogel nennen.

2) Den

2) Den weißen großen Brachvogel (Le Courlis
blanc). Er ist ganz weiß; der Schnabel grau; die Füße
gelblichweiß.

Besondere Eigenheiten.

Es sind, so wie fast alle Schnepfenarten, scheue Vögel;
doch in Vergleichung mit andern noch am leichtesten zu berücken;
denn wenn man sich nur auf die Art nahe zu schleichen weiß,
daß sie einen nicht von Ferne bemerken, so bleiben sie furchtsam sitzen, bücken (kauern, drücken, hucken) sich nieder, glauben sich dadurch verborgen genug, und können geschossen werden. Ja sie fürchten auch die Schüsse nicht, wie andere
Vögel; und man kann daher wieder laden und schießen, wenn
sie einen nur nicht sehen. Herr Naumann glaubt, sie
hielten die ungesehenen Schüsse für Donnerschläge; denn bey
Gewittern sind sie sogar lustig.

Man kann sie verschiedene Jahre lebendig unterhalten,
wenn man ihnen nur grüne Kräuter unter Gerstenschrot und
Brod mengt, oder das bekannte Universalfutter von Semmeln
und Gerstenschrot mit Milch angemacht reicht.

Sie fliegen nicht so schnell, wie andere Schnepfen, und
sind in der Luft leicht an ihrem langen gekrümmten Schnabel,
noch leichter an ihrem starken, hellen, dem menschlichen
Pfeifen ähnlichen zweytönigen Geschrey zu erkennen, das ohngefähr wie Hoi-Hoi-i, oder wie andre wollen, die es syl-
benmäßig ausdrücken, das ich aber nicht so verstehen kann,
wie Tarly und Klarit klingt. Naumann drückt es
aus; Klauit oder Kräuit! und Trsi isi!

Ver-

Verbreitung und Aufenthalt.

Die Brachvögel finden sich in Europa bis Lappmark und Island hinauf, in dem nördlichen Asien und Amerika, auf einigen Inseln der Südsee, und sind in Thüringen und dem übrigen Deutschland bekannt genug. In Schwaben sind sie vorzüglich in der Gegend des Bodensees gemein.

Die kurze Brutzeit über lebt jedes Paar für sich allein, außerdem aber halten sie sich heerdenweise zusammen.

In Deutschland sieht man sie mehrentheils als Zugvögel, am Ende des Septembers oder Anfang des Octobers, in großen und kleinen Heerden auf den Sümpfen und Rieden, oder Brach= und Saatfeldern mit der größten Schnelligkeit herumlaufen. Sie ziehen sich im Frühjahr und Herbst immer nach den Ufern des Meers, der Landseen, Teiche, Flüsse, die keine bewachsene Ufer haben.

Da, wo große sumpfige Riede und flache Fluß=, Teich= und Seeufer sind, brüten sie, und sind in einigen Gegenden Thüringens, z. B. um Langensalza herum, gemein. Wenn es abwechselnde Winter, wie z. B. 1790, 91 und 92 giebt, so sind sie den ganzen Winter hindurch in Thüringen, bald da bald dort an den sumpfigen und sandigen Ufern der Teiche, Seen und Flüsse; und erscheinen daher bey uns bald als Zug=, bald als Strich= und bald als Standvögel. Zu Ende des Märzes und Anfang des Aprils habe ich sie immer in kleinen Flügen von drey bis acht Stück, die vereinzelt mehr neben als hinter einander herziehen, über den Thüringer Wald, vom Morgen kommend, fliegen sehen.

Nah=

Nahrung.

Die vorzüglichsten Nahrungsmittel sind Insecten, Insectenlarven, besonders Heuschrecken, auch Regenwürmer, kleine Muscheln, Schnecken und junge Frösche; doch findet man auch Schwämmchen, Kräuter, Gräser, Getraidespitzen und kleine Kieselkörner in ihrem Magen; letztere zur Beförderung der Verdauung. Sie fliegen ihrer Nahrung halber immer auf die Brachäcker, auf die Lehden, Anger, Wiesen, in die niedrige Saat, an die Ufer der Flüsse und in die Moräste und Sümpfe. Sie schwimmen sogar an den Flüssen und Teichen nach den Insecten, wenn sie sie nicht watend erreichen können.

Fortpflanzung.

Sie brüten im April, und das Weibchen legt vier blaß-olivengrüne mit bräunlichen, auch schwärzlichen Flecken bestreute Eyer in ein Nest, das nur aus einigen Grashalmen besteht, und in Sümpfen auf einem trockenen Rasenhügel angebracht ist. Die Eyer werden drey Wochen bebrütet.

Die Jungen sehen bis zum zweyten Jahre: oben schwärzlich und röthlichgrau gefleckt, unten grau und schwärzlich gefleckt aus, und sind besonders an der Brust olivengrün überlaufen. Nach dem ersten Mausern verwandelt sich die schwärzliche Farbe ins Dunkelbraune, und erst im zweyten Jahre erhalten beyde Geschlechter die oben angegebenen bestimmten Farben.

Feinde.

Verschiedene Falkenarten verfolgen sie auf ihren Zügen, und die gemeinen Raben und Rabenkrähen stoßen auf die Jungen und die Eyer.

Auch

Auch plagen sie innerlich zuweilen die Band=
würmer.

Jagd.

Sie gehören, wie alle Schnepfenarten, zur
niedern Jagd.

Um sie zum Schuß zu bekommen, macht man sich eine
Pfeife, ohngefähr eines Daumens stark, von dünnem Messing,
oben darauf löthet man ein Röhrchen von der Dicke eines
Pfeifenstiels, das, wo es mit seinem Ende in die Kapsel geht,
spitzig ist. In dieses Röhrchen pfeift man, und hält dabey
das Loch, das noch an der Seite angebracht ist, mit einem
Finger zu; auf diese Art entsteht der zweystimmige Ton des
großen Brachvogel. Wenn sie nun ziehen, so setzt man sich an
einen verborgenen Ort und pfeift. So bald sie diesen Ton
hören, nähern sie sich, glauben hier Kameraden zu finden,
und können leicht geschossen werden. Da sie sich sehr genau
zusammen halten, und den Geschossenen, der noch lebt und
schreyt, nicht gerne verlassen wollen, so kehren sie meist wieder
um, und kommen abermals schußrecht. Dieß ist auch fast die
einzige Art, wie man ihrer habhaft werden kann.

Sie werden nach Naumann auf dem Wasser=
schnepfenherde, oder auch auf dem Brachvogels=
herde, wie er beym folgenden Vogel beschrieben ist, gefan=
gen. Die Wände für erstere Art *) sind 2'6 Fuß lang und
die Stäbe messen 6 bis 7 Fuß. Die Stellung wird so ge=
macht, daß eine Wand ins ganz flache Wasser, die andere
aber aufs Trockne zu liegen kömmt. Wenn die erste Wand

zu

*) s. den rothfüßigen Wasserläufer=Fang.

zu tief ins Waſſer ſinkt, ſo unterlegt man ſie mit ausgefiſchten Waſſerkräutern, weil ſie ſonſt zu ſchwer ſeyn würde aus dem Waſſer zu rucken. Auf einem ſolchen Herde kann man alle Arten von kleinen Sumpfvögeln fangen.

Nuzen.

Ihr Fleiſch (Wildpret) iſt im Herbſt von gutem Geſchmack, im Sommer aber ranzig.

Die Eyer werden in Holland als eine leckere Speiſe theuer bezahlt und gegeſſen.

Einige Landleute glauben bey ihrem Geſchrey, das ſie aber auf ihrem Zuge im Herbſt und Frühjahr immer horen laſſen, an Aenderung des Wetters.

Wenn dieſer Vogel im Frühling anfängt, eine hohe Stimme mit Trillern von ſich hören zu laſſen (wie er das mache, habe ich noch nie von ihm gehört), ſo glaubt der Bauer in Island, daß das Winterwetter nunmehr vorbey ſey, welches aber doch bisweilen fehl ſchlägt, da man ihn alsdann einen Betrüger ſchilt.

Er frißt auch manches ſchädliche Inſekt und Gewürm.

(203) 2. Der mittlere Brachvogel *).
Numenius Phaeopus, *Latham.*

Namen, Schriften und Abbildungen.

Regenvogel, kleiner Brachvogel, kleiner Bracher, mittler Bracher, Regenbrachſchnepfe, Regenworp, Regenwulp,

Güs,

---

*) Der Regenvogel. Alte Ausgabe. III. 80. Nr. (120) 2.

Güs-, Güth-, Iüt-, Saat-, Winds und Wettervogel, Türkischer Goiser, Türkische Schnepfe, Moorschnepfe, Blaubeerschnepfe, kleiner Keilhake, kleiner Gewittervogel, Wimprell, Moosschnepfe, Blaufuß, Kücker, Gäcker mit unterwärtsgekehrtem Schnabel, Halbgrüel, und Wirhelen.

Scopolax Phaeopus. *Gmelin Linné* Syst. I. 2. p. 657. n. 4.

Corlieu ou petit Courlis. *Buffon* des Ois. VIII. p. 27. Pl. enl. No. 842. Ed. de Deuxp. XV. 35. Uebers. von Otto XXVII. 161. mit einer Abbild.

The Whimbrel. *Latham* Synops. III. 1. p. 123. n. 6. Meine Uebers. V. 98. n. 6.

Frisch Vögel. Taf. 225.

Seeligmanns Vögel. VIII. Taf. 97.

Naumanns Vögel. III. 46. Taf. 10. Fig. 10. Männchen.

Mein ornithol. Taschenbuch. S. 275. n. 2.

Donndorff a. a. O. S. 1021. n. 4.

Kennzeichen der Art.

Der Schnabel ist am stärksten gebogen; zwischen Schnabel und den Augen eine schwärzliche Linie; die Hauptfarbe rostgrau am Oberleibe mit pfeilförmigen, an den Seiten etwas ausgezackten, und an der Brust mit bogenförmig ausgeschweiften schwärzlichen Flecken; der Schwanz braungrau mit schwärzlichen breiten Streifen; die Füße graublau.

Gestalt

Geſtalt und Farbe des männlichen und weib- lichen Geſchlechts.

Die Länge dieſes Vogels iſt 17 Zoll, die Ausdehnung der Flügel 2 Fuß, 10 Zoll *), und das Gewicht 12 Unzen. Sie iſt der vorigen ſehr ähnlich, etwas über halb ſo groß, oder etwas größer als die Waldſchnepfe. Der Schwanz iſt 4½ Zoll lang und die gefalteten Flügel reichen faſt an die Schwanzſpitze.

Der Schnabel iſt 3½ Zoll lang, dünn, rund, gebogen, an der Spitze ſtark und ſtumpf, ſchwarz, die untere Kinnlade an der Wurzel röthlich; der Augenſtern nußbraun; die vorn geſchilderten und hinten netzförmigen Füße ſind graublau, bey Jungen grünlich bleyfarben; die Fußwurzel 2½ Zoll, die kahlen Knie 1¼ Zoll hoch, die Mittelzehe 1¾ Zoll und die Hinterzehe 7 Linien lang.

Wer dieſen Vogel von dem vorhergehenden unterſcheiden will, der merke nur auf ſeinen verhältnißmäßig größern und krümmern Schnabel und auf die dunklere Farbe.

Der kleine Kopf, lange Hals, der Obertheil des Rük- kens, die Schulterfedern, die Deckfedern der Flügel und die Bruſt ſind roſtbraun, an ſehr alten roſtgrau, mit der Länge nach zugeſpitzten oder pfeilförmigen ſchwärzlichen oder dunkel- braunen Flecken, die am untern Theil der Bruſt bogenweiſe ausgeſchweift und auf dem Rücken und den Deckfedern der Flügel an den Seiten etwas ausgezackt ſind; zwiſchen Schna- bel und Augen eine ſchwärzliche Linie; über den Augen ein undeutlicher weißgefleckter Streifen; die ziemlich langen obern

J 2

Deck-

Pariſer Maas: Länge 15½ Zoll; Breite 2¼ Fuß.

Deckfedern des Schwanzes sind hellbraun mit dunkelbraunen abgebrochenen Queerbinden; das Kinn, der Unterrücken, Steiß, Bauch und die Vorderschenkel sind weiß, aber hinten an den Schenkeln und an den Seiten der Brust und des Bauches sitzen deutliche dunkelbraune Flecken; die langen untern Deckfedern des Schwanzes sind gelblich weiß; die Schwungfedern schwärzlich, auf der innern Fahne halbcirkelförmig weiß gefleckt, die hintern heller, eben so gefleckt und mit lichtgrauen Rändern; der Flügelrand weiß; die Deckfedern der Unterflügel weiß, mit gräubraunen Queerflecken; der zugerundete Schwanz braungrau mit schwärzlichen breiten Streifen und weißlicher Spitze.

Das Weibchen hat einen graulichen Kopf mit dunklern Strichen auf den Schäften der Federn hinab; der Augenkreis ist graulichweiß; der After ist weiß mit schwärzlichen Linien; der ganze Unterleib besteht übrigens aus lanzetförmigen schwärzlichen Streifen, die am Ober- und Unterhalse am dichtesten stehen.

Eigenheiten.

Dieser Brachvogel gehört auch unter diejenigen Sumpfvögel, die weniger scheu sind, doch ist er noch listig genug, um seinen Feinden das meistemal glücklich auszuweichen. Er fliegt nicht schnell, und gewöhnlich fliegt eine Familie oder Heerde nicht neben, sondern hintereinander, und pfeift beständig, wodurch sie sich gleich verrathen. Sind sie noch familienweise beysammen, so fliegen sie ohngefähr schußhoch, alsdann aber weit höher.

Ver-

Verbreitung und Aufenthalt.

Dieser Vogel hat fast einerley Vaterland mit dem vorhergehenden, bewohnt Europa, Amerika und die Ufer des Caspischen Meeres. Er sucht die Ufer der Meere, Seen und Flüsse auf. Am Bodensee ist er nicht selten.

Nach Thüringen kommt er nur als Zugvogel, zieht vom Ende des Augusts bis im December, wenn es nicht stark schneyet und friert, schaarenweise, doch zuletzt einzelner, weg, und kömmt im März wieder zurück.

Sie lagern sich entweder auf der Saat oder auf sumpfigen und sandigen Flußufern, und zwar nahe zusammen, laufen strichweise hinter und neben einander her, und man kann daher viele auf einen Schuß erlegen, wenn man sich ihnen nahe genug anschleichen kann.

Nahrung.

Ihre Nahrung machen Schnecken, Regenwürmer und Erdmaden aus. Letztere verräth ihnen ihr feiner Geruch unter der Erde, und sie holen sie mit ihrem langen Schnabel heraus; daher sie auch immer auf lockere Brach- und Saat- äcker fliegen. Doch findet man auch Kräuter und Pflanzen in ihrem Magen.

Fortpflanzung.

In Thüringen nisten sie wahrscheinlich nicht, ob man sie gleich schon einzeln im August bemerkt. Gewöhnlich ziehn zu Ende des Augusts einzelne Familien, die aus 4 und 5 Stück bestehen, über den Thüringer Wald.

Jagd

Jagd und Fang.

Der Jäger erkennt ihr Daseyn vorzüglich an ihrem pfeifenden Laut: Hü, hü, hü, hü! Dlai! den sie beständig im Sitzen und Fliegen ausstoßen. Er sucht sich alsdann an sie zu schleichen, und sie mit der Flinte zu erlegen, oder macht da, wo sie häufig vorbey ziehen, einen Herd (Brachvogelherd) für sie, so wie für den Goldregenpfeifer.

Gleich im Anfange des Sommers wird der Platz dazu (Stellplatz) gedüngt und gepflügt, damit er im Herbst wieder ein wenig beraset ist, weil sie solche Orte mehr als die Brachäcker und Wiesen lieben. Die Hütte gräbt man in die Erde. Die Maschen in den Garnwänden macht man weit, damit sie nicht leicht Lüft fangen. Damit nun die Goldregenpfeifer nicht neben den Herd niederfallen, läßt man den Platz um denselben beständig umpflügen. Es ist auch nöthig, daß man mehr als einen Herd habe, denn, wenn auf einem lange aufgestellt ist, so wird er von dem vielen Hin= und Hergehen zertreten und unbrauchbar; man muß also die Netze gleich auf einen andern tragen können. Zum Fange sind alsdann ein Paar Lockvögel und ein Paar Läufer nöthig; diese bekömmt man entweder, indem man sie flügellahm schießt oder mit einem Lerchennetze des Nachts fängt. Man gewöhnt sie an ein Universalfutter. Wenn man sie aber nicht lebendig haben kann, so setzt man ein Paar ausgestopfte Bälge von ihnen auf den Herd und pfeift mit der Lockpfeife oder dem Munde (man kann es sehr leicht mit dem Munde) aus der Hütte wie solche Vögel, wenn sie vorbeystreichen. Im October ist der stärkste Strich.

Nutzen.

Nutzen.

Das Fleisch (Wildpret) dieses Vogels ist sehr wohlschmeckend.

Wenn Regen bevorsteht, so soll er sich mit einem besondern Geschrey in die Luft erheben: daher sein Name: Regenvogel.

(204) 3. Der rothbäuchige Brachvogel *).
Numenius Subarquata, *mihi.*
(Taf. VI.)

Namen, Schriften und Abbildungen.

Die rothbäuchige und rothbrüstige Schnepfe, der rothe und rothbäuchige Bracher, der Rothbauch, rother und Isländischer Strandläufer.

Scolopax subarquata. *Güldenstedt* nov. Com. Petrop.
XIX. 471. t. 19. *Gmelin Linn.* Syst. I. 2.
p. 658. N. 25.

Tringa Islandica. *Latham* Index ornith. II. p. 737.
N. 39. *Gmelin Linn.* l. c. p. 682. N. 24.

Tr. ferruginea. *Brünnich* ornith. boreal. p. 180. N. 34.

Red Sandpiper. *Latham* Synops. II. 1. 186. Meine
Uebers. V. 158. die große rothbrüstige Schnepfe.

Naumanns Vögel. Nachtrag. Heft 2. S. 64. Fig. 19.
Weibchen.

Mein ornith. Taschenbuch. S. 276. Nr. 3.

Donndorff a. a. O. S. 1023. Nr. 25.

Kenn‐

---

*) Die rothbäuchige Schnepfe. Alte Ausg. III. 84. Nr. (121) 3.

Kennzeichen der Art.

Der gekrümmte Schnabel und die Füße sind schwarz, der Unterleib rostroth.

Gestalt und Farbe des männlichen und weiblichen Geschlechts.

Dieser und die folgenden Brachvögel machen in Ansehung des Schnabels und der Lebensart den Uebergang zu den Strandläufern. — Dieser schöne Vogel hat die Größe einer Misteldrossel und ist neun Zoll lang und ein Fuß, fünf Zoll breit *). Der Schwanz ist zwey Zoll lang und die zusammengelegten Flügel reichen über die Schwanzspitze hinaus.

Der Schnabel ist ein und drey Viertel Zoll lang, rund, dünn, von der Mitte an etwas abwärts gebogen, schwarz, der Oberkiefer stumpf zugespitzt und etwas länger als der untere, die Nasenlöcher schmal, länglich und in Furchen liegend; die Augenbraunen und die Kreise um dieselben weiß; der Augenstern dunkelbraun; die mit Schilden besetzten Füße schwarz, die nackte Haut über den Knieen drey Viertel Zoll und die Fußwurzel ein und ein Viertel Zoll hoch, die Mittelzehe ein Zoll und die Hinterzehe anderthalb Linien lang, die äußere und mittlere Zehe, weniger die innere und mittlere, im Winkel durch eine kleine Haut verbunden; die Zehen dick.

Der Kopf ist klein, der Hals mittelmäßig, oben dünn, wird aber bald stark; der Körper rund, und Schnabel und Beine sind dünn.

Das

---

*) Par. Maas: Länge: 8 Zoll; Breite 1 Fuß 3½ Zoll.

Das Geficht ift weiß, roftroth gefleckt, der Scheitel schwärzlich mit hellroftfarbenen Flecken; der Hinterhals röthlichafchgrau mit schwärzlichen Sprenkeln; der Rucken und die Schulterfedern grünlich schimmernd schwarz, roftfarben und weißlich gesprengt und kantirt; der Bürzel dunkelafchgrau, hellgrau gerändet, die mittelmäßigen obern Deckfedern des Schwanzes weiß mit einzelnen schwarzen Queerbändern; die längern untern Deckfedern des Schwanzes weiß mit einzelnen dunkelbraunen Flecken; die Wangen und der ganze Unterleib fchön roftroth, an den Seiten des Halfes mit einigen schwarzen Punkten, übrigens etwas weiß gewölkt; die Deckfedern der Flügel dunkelröthlichafchgrau, weißgrau gerändet; die erfte Ordnung Schwungfedern und ihre Deckfedern schwärzlich, erftere mit weißen Schäften und letztere mit weißen Spitzen, die hintern Schwungfedern dunkelbraun auf der innern Fahne weiß, auf der äußern weiß, kantirt, die vier letzten und langen schwärzlich mit rothgrauen Rändern und weißen Spitzen; die Unterflügel weißgrau, an den Deckfedern dunkelblau gefleckt; der abgerundete Schwanz bläulich afchgrau, auf den Schäften der inwendigen Fahne und am Rande weißlich, unten weißgrau.

Das Weibchen hat gleiche Größe mit dem Männchen, ift aber auf dem Rücken schwarz, mit roftfarbenen, weißen und afchgrauen Flecken, an der Kehle weiß und am Bauche mit mehr Weiß gemifcht.

Aus den Befchreibungen, die Latham und Pennant in der Britt. Zool. No. 203. von diefem Vogel geben, fieht man, daß er im Alter und vielleicht auch im Geschlecht, etwas variiren müffe. Pennants Aberdeener Strandläufer

läufer (Aberdeen Sandpiper) hat eine röthlichbraune mit dunkler Farbe melirte Brust; Bauch und After sind weiß, und wird gegen Làthams Beschreibung gehalten, für das Weibchen oder einen jungen Vogel ausgegeben.

Latham beschreibt seinen rothen Strandläufer (Red Sandpiper) so: Der Schnabel ist bräun; Kopf, Hinterhals und Anfang des Rückens sind dunkelbraun und mit Roth bezeichnet; Vorderhals und Brust aschgrau mit Rostfarbe melirt und unscheinlich schwarz gefleckt; die kleinern Deckfedern der Flügel aschgrau; die Schwungfedern dunkelbraun, die kürzern mit weißen Spitzen, die 2 mittlern Schwanzfedern dunkelbraun, die andern aschgrau; die Füße lang und schwarz.

Mir scheint dieser Lathamische Vogel das Weibchen zu seyn; Freylich weicht davon das Weibchen sehr ab, welches uns Naumann beschreibet und abbildet; denn es ist noch dunkler als mein Männchen. Es ist 10 Zoll lang; der Schnabel schwarz, stumpf zugespitzt, in der Mitte etwas unterwärts gebogen, und die Spitze des Oberkiefers ein wenig länger als der Unterkiefer; die schwärzen, röthlich durchschimmernden Füße sind mit den Füßen der Strandläufer verglichen, ziemlich kurz, auch die Zehen sehr kurz und etwas dick. Ein Streifen über den Augen, Kehle, Wangen, Vorderhals, Brust uud Seiten sind schön rostroth, letztere mit einzelnen schmalen dunkelbraunen Queerfleckchen und die Brust mit einigen weißen Federchen durchmischt; der Bauch und die untern Deckfedern des Schwanzes weiß mit wenigen rostrothen und dreyeckigen dunkelbraunen Flecken bestreut; der Scheitel schwarzgraubräunlich gefleckt; der Nacken grau,

rost-

roströthlich und schwarz durchmischt; die Schläfe dunkel=
braun, der Hinterhals grau mit mattschwarzen Flecken; der
Rücken wie am Männchen; die Deckfedern des Schwanzes
weiß, zum Theil roströthlich überlaufen mit mattschwarzen
Queerstreifen; der Schwanz hell aschgrau mit weißen Schäf=
ten und Spitzen, die mittlern tief aschgrau mit weißer Ein=
fassung; die Schwungfedern wie am Männchen; die kleinen
Deckfedern grauschwarz mit grauweißen Kanten; der Unter=
flügel weiß, bleichschwärzlich gefleckt.

Einige Eigenheiten.

Dieser Vogel ist schlau und scheu, läßt den Jäger, an
die Erde niedergetuckt, so nahe an sich kommen, daß er fast
auf ihn tritt, und fliegt dann erst blitzschnell in einem Zick=
zack fort, daß er nur selten so glücklich ist, einen mit der
Flinte aus der Luft zu schießen. Sein Geschrey, das er in
Gefahr von sich giebt, klingt Iß, iß!

Verbreitung und Aufenthalt.

Er ist in Thüringen eben keine Seltenheit. Auch
wird er in England, beym Caspischen Meere und am
Ausgange des Flusses Choper angetroffen. Da er unter
den Isländischen Vögeln aufgezählt wird, so muß er in meh=
rern Gegenden des nördlichen Europas wohnen. Eben
so findet man ihn an den Küsten von Neuyork, Labra=
dor und Notkasund.

Große Seeufer, Moore, sumpfige Wiesen, und dieje=
nigen Oerter, wo Flüsse und Teiche oft austreten, und also
flache Ufer haben, wählet er zu seinem Aufenthalte.

In

In der Mitte des Märzes, wenn der Schnee schmilzt, kömmt er in Thüringen in kleinen Heerden an, und in der letzten Hälfte des Oktobers zieht er wieder weg.

Nahrung.

Insekten, Würmer, kleine Schnecken mit und ohne Gehäuse, Grasspitzen und Graswurzeln, und im Frühling auch grüne Saat dienen ihm zum Futter, und man findet ihn zu allen Jahrszeiten vollkommen fleischig und eßbar.

Fortpflanzung.

Das Weibchen legt im April auf einen Maulwurfs- oder Grashügel in eine kleine Aushöhlung, ohne alle Zubereitung, vier bis fünf gelbliche mit dunkelbraunen Flecken gezeichnete Eyer. Diese werden in sechzehn Tagen von demselben ausgebrütet, und die Jungen laufen sogleich ins Gras und nehmen ihre von der Mutter vorgezeigte Nahrungsmittel auf.

Es hält schwer, wenn man auf eine Familie stößt, die Jungen zu finden, ob man sie gleich vor sich hinlaufen sieht, so gut wissen sie sich ins Gras zu verstecken und anzudrücken. Die Mutter fliegt dann weit weg, und ist sicher, daß die Jungen ohne ihre Hülfe der Gefahr entgehen werden.

Feinde.

Die bekannten Feinde der kleinen Sumpf- und Strandvögel, verschiedene Raubvögel verfolgen die Alten und von den Rabenkrähen hat besonders ihre Brut viel auszustehen.

Jagd

Jagd und Fang.

Nur im März und April glückt es dem Jäger zuweilen auf Sümpfen und Rieden einen im Laufen oder im Fluge mit der Flinte zu erlegen.

Sonst fängt man sie am sichersten in Schlingen, die man in ihre gewöhnliche Gänge stellt.

Nutzen.

Ihr Fleisch (Wildpret) giebt die delikatesten Schnepfengerichte.

4. Der veränderliche Brachvogel.
Numenius variabilis, *mihi.*
(Taf 28. Fig. 1.)

Namen, Schriften und Abbildungen.

Kleiner Krummschnabel, rothbrüstige Schnepfe, brauner Sandläufer, Alpenstrandläufer, Rothbrüst, Schwarzbrüst, Citronschnepfe.

Der braune Sandläufer. Naumanns Land - und Wasservögel. III. S. 87. Taf. 20. Fig. 27. Männchen im July. S. 91. Taf. 21. Fig. 28. das alte, Fig. 29. das junge Männchen im Herbst. Nachträg Heft 2. S. 70. Taf. 10. Fig. 21. Männchen.

Loar Thraell. *Olaffens Island.* I. N. 677. t. 41.

Der Alpenstrandläufer. Otto bey Büffons Vögel. XXVII. S. 115. Anhang.

? Tringa alpina. *Linné Syst.* ed. 12. I. p. 249. N. 11. *Gmelin Linn.* Syst. I. 2. p. 676. N. 18.

Kenn

Kennzeichen der Art.

Schnäbel und Füße ſind ſchwarz; der dunkle Steiß hat
zu beyden Seiten einen weißen Streifen; die Farbe iſt oben
ſchwärzlich, roſtfarben gefleckt, unten aber verſchieden, roſtroth oder mit einer ſchwarzen Bruſt, oder ſchwarz und weiß
gemiſcht, oder weiß mit dunkelbraunen oder auch roſtrothen
Flecken.

Geſtalt und Farbe des männlichen und weib- lichen Geſchlechts.

Dieſer Vogel erſcheint faſt in ſo verſchieden gefärbter
Kleidung, als der kämpfende Strandläufer; wie
wir aus den Beobachtungen Naumanns und Ottos
wiſſen. Durch die genauern Beſchreibungen und Abbildungen
des erſtern ſehen wir, daß er nicht mit dem vorhergehenden
einerley ſeyn kann; denn jener iſt größer, und ſein Schnabel
nicht ſo lang und gekrümmt; bey dieſem aber iſt der Schnabel
im Verhältniß des Kopfs länger und dünner, und vorzüglich
ſind die Füße höher. Er ſcheint unter den unvollkommenen
Beſchreibungen des Alpenſtrandläufers bey den Naturforſchern vorzukommen; allein da bey denſelben nicht einmal
die ſo abweichende Geſtalt des Schnabels beſchrieben iſt, ſo
läßt ſich mit Gewißheit nichts beſtimmen. So viel iſt ſicher,
daß es mein Alpenſtrandläufer ſo wenig, als Büffons und
Briſſons dahin gerechneter Vogel iſt. Am ſicher-
ſten gehen wir, wenn wir dieſen Vogel nach Herrn Naumann, der ihrer eine ſo große Menge geſehen und geſchoſſen,
auch gezähmt hat; beſonders beſchreiben. Wegen ſeines gekrümmten Schnabels zähle ich ihn zu dieſer Gattung, ob er
gleich

gleich sonst in seiner Lebensart sich den Strandläufern mehr
nähert. Allein beyde Gattungen, die Brachvögel und
Strandläufer, sind ja auch in ihrer Lebensart schon mit einander gar sehr verwandt.

An Größe übertrifft er die Feldlerche um etwas,
und ist also fast so groß als ein bunter Staar, $7\frac{1}{2}$ Zoll
lang und $16\frac{1}{2}$ breit. Der Schwanz ist zugerundet, 2 Zoll
lang und auf dem Ende desselben legen sich die Flügel zusammen. Das Gewicht ist 2 Unzen.

Der Schnabel ist schwarz, etwas unterwärts gekrümmt,
$1\frac{1}{3}$ Zoll lang, an der Wurzel stark, nach der stumpfen Spitze
sehr dünn, der Oberkiefer etwas länger als der untere und
über diesen hingekrümmt; die Zunge bis in die Mitte hohl,
alsdann rund, zugespitzt wie eine Nadel, und so lang als der
an der Spitze hohle Schnäbel; die Nasenlöcher sind länglich
und in Furchen liegend; der Augenstern dunkelbraun; die
Füße schwarz, die Zehen tief ausgeschnitten und auf beyden
Seiten eine nur sehr kleine Spannhaut, die Schenkel $\frac{3}{4}$ Zoll
hoch, kahl, die Fußwurzel $1\frac{1}{4}$ Zoll hoch, die Mittelzehe
1 Zoll und die hintere 3 Linien lang.

Es werden nun hauptsächlich folgende abweichende Farbenverschiedenheiten angegeben:

1. Der Scheitel ist dunkelbraun, an den Kanten rostroth und grau gemischt; der Augenkreis weiß, und über den
Augen ein dergleichen Streifen; der Oberhals grau, weiß
und rostroth gemischt; die Rückenfedern schwarz mit rostrothen Kanten und weißen Spitzchen; die Steißfedern aschgrau mit weißgrauen Rändern; die Deckfedern des Schwanzes weiß mit einigen dunkeln schmalen Queerbinden; der

Schwanz

Schwanz aſchgrau, mit weißen Schäften, und ſchmalen weißen Kanten, auf der innern Fahne nach der Wurzel zu ganz
weiß; die Deckfedern der Flügel dunkelaſchgrau, grauweiß
kantirt, der Rand und die hintern langen Spitzen ins Dunkelbraune fallend; die Schwungfedern dunkelbraun mit weißen
Schäften, die mittlern nach der Wurzel auf der breiten Fahne
weiß, und mit eben ſolchen Kanten verſehen, die hinterſten
ſchwarzbraun mit weißer Wurzel und Spitzen; die großen
Deckfedern fahlbraun mit langen weißen Spitzen, welches
auf den Flügeln einen weißen Queerſtreifen bildet; Kehle,
Gurgel, Bruſt, Seiten, Bauch und Schenkel rein roſtbraun, oder roſtroth, allenthalben mit weißen Federn durchmiſcht und gewellt; die untern Deckfedern des Schwanzes
weiß mit einzelnen dunkelbraunen Flecken; die Deckfedern der
Unterflügel weiß.

Das Weibchen ſieht an dem Halſe und auf dem Rücken
mehr aſchgrau aus, und überhaupt werden nach der Mauſer
bey Männchen und Weibchen die Rückenfedern ſchwärzer, und
ſind weniger roth gekantet; die Kehle iſt am Weibchen ganz
weiß; Unterhals und Bruſt weiß mit wenigen rothen Federn
durchwellt.

Herr Naumann vermuthet, daß die rothbrüſtigen
Varietäten alte Vögel wären.

2. Das junge Männchen beſchreibt er folgender-
maßen:

Der Scheitel iſt hellbraun mit ſchwarzen Fleckchen, der
Oberhals und Backen hellrothbraun mit aſchgrau durchmiſcht
und mit dunkelbraunen verloſchenen Fleckchen durchſtrichelt.

Die

Die Kehle weiß, über den dunkelbraunen Augen ein weißlicher Streifen. Auf Rücken und Flügeln befinden sich schwarze Federn mit hellbraunen und weißen Rändern, auf dem Rücken bräune und schwarze weiß geränderte Federn mit untermengt. Die Deckfedern über dem Steiß sind schwarzbraun, braun gerändert; die mittlern Schwanzfedern schwarzbraun und etwas länger wie die andern, die übrigen grauweiß kantirt. Bauch und After sind weiß, und die weißen Bauchfedern gehen von beyden Seiten so hoch hinauf, daß über die niedergelegten Flügel auf beyden Seiten des Steißes wie bey dem Kampfhahne ein weißer Streifen entsteht. Die großen Schwingen sind braunschwarz, die kürzern an der Wurzel weiß, und die ersten Deckfedern derselben haben weiße Spitzen, welche einen weißen Querstreifen durch die Flügel bilden. Die Brust ist weiß, dunkelbraun gefleckt. Die Beine sind schwarz.

Das Weibchen sieht dem Männchen sehr ähnlich. Zwischen Alt und Jung aber ist ein Unterschied. Denn die hierher gehörigen alten Brachvögel sind am Kopf und Halse mehr aschgrau, wie ausgebleicht, und die auf dem Rücken mit rostbraun gekanteten schwarzbraunen Federn sind schwärzer und glänzen ins Grüne. Die Steißfedern sind dunkelgrau mit hellaschgrauen Kanten; die Deckfedern des Schwanzes ganz weiß; die Schwanzfedern fahl, mit weißen Kanten, und an der Wurzel auch weiß. Die Brust ist nicht gefleckt; der Kopf nur ein wenig bleichrostbraun überlaufen; der Hals unmerklich bleichbraun gestrichelt.

3. Ein anderes Männchen (ſ. die Kupfertafel) war. am Scheitel und Oberrücken braunſchwarz, dunkelroſtgelb. kantirt; Kehle und Vorderhals weiß, ſtark mit länglichen am Kopfe pfeilförmigen ſchwarzen Flecken beſetzt; die ganze Bruſt bis zum Bauch kohlſchwarz; das übrige wie bey Nr. 2. Es ſchien kein ganz altes Männchen zu ſeyn, und man findet viel Exemplare, die ſich in ſolche Schwarzbrüſte umändern wollen, einen halbmondförmigen dergleichen Fleck ſchon haben, und große ſchwarze Flecken auf weißem Grund.

Herr Otto giebt auch ein Weibchen an, das am Oberleibe heller war, als das Männchen, aber eine ſchwarze Bruſt hatte.

4. Der ganze Oberleib hellaſchgrau mit bräunlichem Glanze und ſchwarzbraunen Federſchäften; die Mitte des Steißes dunkler; die obern Deckfedern des Schwanzes, ſo wie ſeine mittelſten Federn dunkelbraun, hellgrau gekantet, die übrigen Schwanzfedern hellgrau, weiß kantirt; die Flügeldeckfedern hellbräunlichgrau, weiß geſäumt; die Kehle weiß; der Hals weiß, am Kropfe aſchgrau überlaufen und mit ſchwarzbraunen Schmitzchen beſtreut; Bruſt, Bauch und After weiß, erſtere mit wenigen ſchwarzen Federn durchmiſcht; das übrige wie gewöhnlich.

Merkwürdige Eigenſchaften.

Aus den angegebenen Beſchreibungen erhellet, daß man nicht mit Zuverſicht behaupten kann, ob eine der angegebenen Farbenvarietäten dem alten Vogel ausſchließlich zukommt, oder ob die Farbe, wie es ſcheint, ſo verſchieden als beym kämpfenden Strandläufer iſt, und ſich nicht ans Alter bindet. So

viel

viel ist gewiß, daß die schwarzbrüstigen noch seltener, als die rothbrüstigen sind, daß sie sich in einer Heerde sehr deutlich auszeichnen, unter welchen dann die schwarz und roth gefleck= ten die mehrsten ausmachen.

Diese Vögel sind nicht nur nicht scheu, sondern sogar dumm; sie drücken sich oft nahe an die Erde nieder, wenn sie einen Menschen gewahr werden, und lassen ihn vorbey gehen. Sie laufen dicht zusammen, fliegen schnell, pfeifen stark Tlui! und schwirren aufgescheucht in der Angst Drrrütet!

Verbreitung und Aufenthalt.

Sie bewohnen das nördliche Europa. Schon im Au= gust kommen sie einzeln nach Deutschland an freyliegende Feldteiche; flachufrige Flüsse und Seen. Der Hauptzug dauert den September und October durch. Sie erscheinen oft in großen Heerden. Im März ziehen sie wieder durch.

Nahrung.

Die Nahrung dieser Vögel besteht in Wasserinsecten. Wenn man sie in die Stube thut, wo sie gleich zahm werden und artige Vögelchen sind, so setzt man ihnen Anfangs unter die Semmeln in Milch geweicht, zerschnittene Regenwür= mer vor.

Fortpflanzung.

Sie legen an dem Seestrand, z. B. an der Ostsee, vier schmutzig weiße Eyer mit graubraunen und am stumpfen Ende schwarzen Flecken und Punkten.

Jagd

Jagd und Fang.

Es lassen sich auf einen Schuß mehrere erlegen, und auf den Wasserschnepfenherd gehen sie auch ohne Scheu.

Nutzen.

Das Fleisch ist fett und wohlschmeckend.

5. Der Zwerg=Brachvogel *).
Numenius pygmeus.
(Taf. XVI. Fig. 2.)

Namen, Schriften und Abbildungen.

Lerchenschnepfe, Zwergschnepfe, kleine Strandschnepfe, Herbstschnepflein, Dethardingische Schnepfe.

? Scolopax pygmea. *Gmelin Linn.* Syst. I. 2. P. 655. No. 20.

Scolopax Dethardingii. *Lathams* allg. Uebers. V. 130. N. 33. VI. 547. Taf. 123.

Pygmy Curlew. *Latham* Synops. Suppl. p. 291. not. o.

Donndorff a. a. O. S. 1016. N. 20.

Kennzeichen der Art.

Der Schnabel und die Füße sind schwärzlich, fleischfarben überzogen; der Oberleib lerchengrau; der Unterleib weiß; der Schwanz dunkelgrau, weiß gesäumt.

Gestalt

*) Die Lerchenschnepfe. Alte Ausgabe. III. 87. No. 4.

Geſtalt und Farbe des männlichen und weiblichen Geſchlechts.

Es giebt von den kleinen Brachvögeln zwey Arten, wie
ich theils nach natürlichen Exemplaren, theils nach Abbildungen in natürlicher Größe, die ich der Gütigkeit des Herrn
von Minckwitz verdanke, bemerke.

Der hier beſchriebene iſt ſicher meine Dethardingiſche
Schnepfe und Brachvogel, welche ich in Lathams Ueber-
ſicht V. 130. Nr. 38. u. VI. 547. Taf. 123. beſchrieben
und abgebildet habe. Eben ſo iſt es auch Lathams
Pygmy Curlew, die er in den Supplementen p. 291.
not. o. angiebt; ob aber auch derſelbe Vogel in ſeiner Synops.
III. 1. 90. No. 19. und in Pennant's Gen. of Birds
p. 64. t. 11. gemeynt ſey; oder nicht vielmehr der folgende,
iſt zweifelhaft.

Der Zwergbrachvogel iſt größer als eine Feldlerche, faſt
ſo groß als eine Rohrdroſſel, 9½ Zoll lang, wovon der
Schnabel 1¾ Zoll, und der Schwanz eben ſoviel wegnimmt.
Die Flügel ſind ausgeſpannt 1 Fuß 5 Zoll breit *), und reichen zuſammengelegt etwas über die Schwanzſpitze hinaus.
Die Schwere iſt 3 Unzen. Der Schnabel iſt dünn, an der
Wurzel ſtark, dann an den Seiten gedruckt, nach der Spitze
zu merklich gebogen, der Oberkiefer etwas vorſtehend, und
an der Spitze breiter, als vor derſelben, die 1½ Linien langen
Naſenlöcher liegen in einer tiefen Rinne, welche bis 4 Linien
vor die Spitze reicht, die Farbe iſt ſchwärzlich, unten und

an

*) Par. Ms.: Länge 8 Zoll; Breite 1 Fuß 3 Zoll.

an den Seiten nach der Wurzel fleischroth überlaufen; der
Augenstern dunkelbraun: die schwärzlichen oder schwarzbraunen, an der Fußwurzel und in den Gelenken etwas fleischröthlich überzogenen Füße sind fein geschildert, über den
Knieen ¾ Zoll hoch nackt, die Fußwurzel 1¼ Zoll hoch, die
mittlere Zehe 1 Zoll lang, und die hintere 2 Linien, die
mittlere mit der innern und äußern durch eine feine Spannhaut, wovon die letztere etwas breiter ist, an der Wurzel
verbunden, die Nägel wenig gekrümmt und schwärzlich.

Die Gestalt ist wie an einem Strandläufer, nur ist der
Hals weit stärker.

Im Ganzen ist die Farbe lerchengrau. Der Kopf ist
dunkelbraun, weißlich gefleckt, letzteres besonders stark an
der Stirn und über den Augen; die Wangen und Schläfe
sind weißgrau, rothgrau gefleckt, eben so der Nacken; der
Hinterhals dunkelrothgrau, etwas dunkler und weißlich melirt; der Rücken, die Schultern, langen hintersten Schwungfedern und obern Deckfedern der Flügel dunkel- oder schwarzbraun mit Seidenglanz, alle Federn entweder rostgrau oder
graulich weiß, halbmondförmig eingefaßt; der Steiß schmutzig
weiß, so wie die Kehle; die Gurgel und Oberbrust graulich
weiß, an den Seiten ins Rothgraue übergehend, jede Feder
mit einem feinen bräungrauen Pinselstrich. Der übrige Unterleib weiß, eben so die Deckfedern der Unterflügel, wovon
doch die am Rande ausgenommen sind, welche die Farbe
des Rückens haben; die großen Deckfedern der Flügel dunkelgrau oder bräungrau mit größer weißgrauer, und an der untersten Reihe weißer Einfassung; die vordern Schwungfedern
dunkelbraun mit weißen, doch nicht bis an die Spitze reichen-

den

den Schäften und nach innen zu immer heller, daher an der
Wurzel ins Aschgraue übergehend, die mittlern schwarzgrau
mit eben solchen weißen Schäften, aber mit breiter und
abgeschnittener weißer Einfassung an der äußern Fahne und
an der Spitze; der breite gerade Schwanz dunkelgrau mit
weißen, nicht bis an die Spitze reichenden Federschäften, die
äußersten fast ganz weiß, nur an der äußern und innern
Fahne nach der Spitze zu rothgrau, die zweyte und dritte
von der Wurzel an bis weit an den Schaft hinein weiß, alle
Federn stumpflich zugespitzt; die weißen etwas röthlich unter-
laufenen Deckfedern unter dem Schwanze fast bis an das
Ende desselben reichend.

Das Weibchen ist wenig verschieden, außer daß die
Hauptfarbe am Oberleibe dunkler, also schwärzlich und die
Einfassung der Federn mehr grau und weißlich, auch die
Pinselstriche an der Brust mehr dunkelbraun und deutlicher
sind.

Es scheint dieser Brachvogel etwas in der Farbe zu
variiren, so daß die Hauptfarbe des Oberleibes von dem
Schwärzlichen bis ins Dunkelgraue geht, und die halbmondförmige Einfassung der Federn von dem Roßbraunen bis zum
Schneeweißen sich zeigt. Die Jungen sind so bunt wie die
jungen Feldlerchen, indem die dunkelgraue Farbe des Oberleibes eine breite graulichweiße Federeinfassung hat.

Merkwürdigkeiten.

Dieser Zwergbrachvogel bewohnt die nördlichen Küsten
des Meeres von Deutschland, Holland und England. Er geht aber auch auf seinem Zuge im August an die

Ufer

Ufer der Flüſſe und Seen des innern Deutſchlands; daher man ihn an der Oder, in Schleſien, und an der Donau antrifft. An dem Bodenſee wird er auf ſeinem Zuge heerden-weiſe gefunden.

Seine Nahrung beſteht aus Inſecten und Würmern, wie bey den Strandläufern.

6. Der kleinſte Brachvogel.
Numenius pusillus, *mihi.*

Namen, Schriften und Abbildungen.

Zwergbrachvogel, Zwerg- und Lerchenſchnepfe, Schnepfenſtrandläufer, Becaſſinenſtrandläufer, Baſtardbecaſſine.

? Scolopax pygmea. *Gmelin Linn.* Syst. I. 2. p. 655. N. 20.

? Pygmy Curlew. *Latham* Syn. III. 1. 90. N. 19. Meine Ueberſ. V. 101. N. 19. *Pennant's* Gen. of Birds. p. 64. t. 11:

Mein ornithol. Taſchenbuch. S. 277. Nr. 4. mit einer Abbildung.

Naumanns Vögel. Nachtrag. Heft 2. S. 73. Taf. 10. Figur 22. Männchen im May.

Kennzeichen der Art.

Der breitgedrückte Schnabel iſt ſchwärzlich, die Füße ſind dunkelolivengrün; und an letztern die Zehen ganz ge-trennt; der Oberleib ſchnepfenfarben; der Unterleib weiß, an der Gurgel dunkel gefleckt; die Zügel dunkelbraun; über die Augen ein weißlicher Streifen; die Schwung- und Schwanzfedern ſchwärzlich, letztere roſtgelb eingefaßt.

Be-

Beschreibung.

Dieser kleinste Brachvogel ist bisher mit dem vorhergehenden verwechselt worden. Es ist selbst von mir geschehen, indem ich ihn in meinem ornithologischen Taschenbuche, wo ich seine Abbildung geliefert, mit demselben vermischt habe. Allein schon seine geringere Größe, in welcher er der Baumlerche kaum gleich kommt, unterscheidet ihn hinlänglich, am deutlichsten aber sein breitgedrückter, und nicht an den Seiten zusammengedruckter Schnabel. Ob ihn einer von den oben angegebenen Schriftstellern, außer Naumann, etwa Pennant gemeynt hat, ist nicht mit Gewißheit zu behaupten, doch scheint es fast, da Pennant ihn so groß als eine Lerche angiebt, und der vorhergehende gleich beym ersten Anblick größer erscheint.

Die Länge ist 7 Zoll, wovon der Schnabel $1\frac{1}{4}$ Zoll und der Schwanz eben so viel wegnimmt. Die Breite ist 1 Fuß*), und die Flügel reichen zusammengelegt bis an die Schwanzspitze. Der Schnabel ist nach Verhältniß stark und breit, weich, an der Wurzel dick und runzlich; oben nach der Spitze zu sanft niedergebogen, immer spitziger zulaufend, an der Seite mit einer tiefen Rinne versehen, in welcher die ritzenförmigen Nasenlöcher liegen, der Oberkiefer etwas über den untern hinreichend, die Farbe schwarz; nach der Wurzel zu rothgrau; der Augenstern nußbraun; die Füße olivenbraun, mit ganz gespaltenen Zehen, der nackte Theil über dem Knie (Ferse) 5 Linien, die Fußwurzel 1 Zoll hoch, die mittlere Zehe 10 Linien und die hintere 3 Linien lang, die Beine dünn und

*) Par. Ms.: Länge $6\frac{1}{2}$; Breite 10 Zoll 7 Linien.

und die Zehen unten breit. Der hohe eckige Kopf macht diesen Brachvogel den Schnepfen ähnlich; in der Farbe ist er
aber dem vorhergehenden gleich, doch sind die Zeichnungen
stärker und höher, die Einfassungen der Federn nicht halbmondförmig, sondern länglich.

Ich muß die Beschreibung des Männchens von Herrn
Naumann entlehnen; denn meine Vögel, die ich gesehen
habe, waren Weibchen und Herbstvögel, also junge Männchen, oder Alte, die nach der Mauser noch nicht die hohe Farbe
am Kopfe hatten, wie sie Hrn. Naumanns Vogel zeigt. Die
Mitte der Stirn ist dunkelbraun gefleckt; Scheitel und
Genick schwarzbraun mit zwey gelblichen Längsstreifen; ein
Streifen über die Augen weiß, braun besprizt, die Zügel
schwarz- oder dunkelbraun; die Backen braun, heller gestreift; der Hinterhals graulich, schwarzbraun gefleckt;
Rücken und Schultern schwarz mit rostgelben und graulichweißen, ziemlich breiten zerschlissenen Kanten, welche auf
dem Rücken einige rostgelbe Längsstreifen bilden; der Unterrücken braunschwarz, fein rostfarben gekantet; die mittelsten
Steißfedern schwarz, schmal rostfarben kantirt, die zu beyden
Seiten desselben heller, oder braunschwarz mit etwas breiten
weißen Kanten; die zwey mittlern Schwanzfedern schwarz,
mit rostfarbenen Rändern, die übrigen bräunlichaschgrau,
weiß gesäumt; die Deckfedern der Flügel braungrau, in ihrer
Mitte nahe am schwarzen Schafte am dunkelsten und gelblichweiß gekantet; die langen hintersten Schwungfedern braunschwarz, rostgelb gesäumt, alle übrigen Schwungfedern
schwarzbraun mit weißen Schäften; die Deckfedern der Unterflügel weiß, am Flügelrande grau gefleckt; Kehle und
Vor-

Vorderhals weiß, erſtere klar, letzterer gröber ſchwarzbraun
gefleckt oder geſprenkelt, welches am Kopfe noch mit etwas
roſtfarbenen Fleckchen vermengt iſt; eigentlich ſind dieſe Kropf-
federn roſtbräunlich mit einer ſchwarzbraunen Querlinie an
der Wurzel, einem dergleichen runden Fleck nahe am Ende
und einer breiten weißen Endtante; Bruſt, Bauch und
Schenkel rein weiß; die Seiten weiß, einzeln ſchwarzbraun
gefleckt; der After und die langen untern Deckfedern des
Schwanzes weiß mit einigen ſchwarzen Schmitzen.

Die Vögel, welche ich im Herbſt oder eigentlich auf
ihrem Zuge im September beobachtet habe, hatten wie die
weißen Sumpfvögel, welche ſich den Winter über erſt vollkommen ausfärben, eine etwas hellere Zeichnung, beſonders
am Kopfe, und ſahen fogendergeſtalt aus: Stirn und Scheitel ſind dunkelaſchgrau mit roſtbraunen Federſäumen, die
den Oberkopf aſchgrau und roſtfarben gefleckt machen; über
die Augen geht ein weißlicher Streifen und bis zu denſelben
ein dunkelaſchgrauer; die Wangen ſind weißlich mit einem
grauen Fleck; der Ober- und Seitenhals weißlich mit rothgrau gemiſcht; der Rücken und die Schulterfedern ſchwärzlich
mit roſtfarbenen Flecken, welche von den roſtfarbenen Seiten-
ſäumen der Federn entſtehen; der Unterleib weiß, an der
Gurgel und Oberbruſt dunkelbraun geſtrichelt und etwas roſtfarben gemiſcht; die Deckfedern der Flügel gegen die Ränd
ſchwärzlich mit rothgrauen Federrändern, gegen die Schwungfedern hin von eben der Grundfarbe mit weißen Säumen;
die Schwungfedern ſchwärzlich, die vordern mit feinen weißgrauen, die hintern mit größern weißen und die hinterſten
mit roſtfarbenen Federrändern, die erſte mit einem weißen
Schaft;

Schaft; die Schwanzfedern zugespitzt und schwärzlich, die mittlern mit rostfarbenen Rändern, die äußern dunkelbraun und weißgrau gesäumt.

Dieser Vogel variirt nach den Nachrichten, die ich von ihm habe, in der Farbe, so daß die Farbe des Oberleibes bald dunkler, bald heller ist. Vielleicht bloß nach Alter und Jahreszeit.

Merkwürdigkeiten.

Er muß sehr selten seyn. Die Ufer der Ost- und Nord-see haben ihn einzeln aufzuweisen. Zuweilen trifft man ihn auf dem Strich im August und September, und im April und May im mittlern und südlichen Deutschland unter den Strandläufern an den Ufern der Seen und großen Teiche an, wo er sich von Insecten, die er unter den Steinen und an dem Gräse sucht, nährt. Er ist gar nicht scheu, drückt sich vor dem Menschen auf den Boden, und schreyt beym Auffliegen trillernd. Sein Fleisch hat einen angenehmen Geschmack.

? 7. Der punktirte Brachvogel *).
Numenius punctatus.
Namen und Schriften.

Die punktirte Schnepfe.

Scolopax punctata. Rau im Naturforscher. St. XXV. S. 7, wo er zuerst beschrieben worden ist.
Mein ornith. Taschenbuch. S. 278. N. 5.

Kennzeichen der Art.

Schnabel und Füße sind schwarz; die Kehle ist röthlich; der Rücken braun, weiß punktirt. Be-

*) Die punktirte Schnepfe. Alte Ausg. III. 88. Nr. 5.

Beschreibung.

Ich würde ihn (wenn er anders eine Brachvogel= und nicht vielmehr eine Strandläuferart ist) für das Weibchen des rothbäuchigen Brachvogels gehalten haben, wenn mir nicht der kürzere Schnabel, und die beträchtlichere Leibesgröße im Wege stünde.

Man hat ihn in den Gegenden des Rheins angetroffen.

Seine Länge ist zehn Zoll fünf Linien, und die Breite ein Fuß, fünf und einen halben Zoll *).

Der Schnabel ist schwarz, kurz, nur ein Zoll fünf Linien lang, dünn, nach der Spitze zu etwas unterwärts gebogen, und der obere Theil etwas über den untern her= vorstehend. Die Nasenlöcher sind länglich, schmal, und stoßen an die Wurzel. Die Länge des ganzen Fußes, wel= cher an den nackten Theilen schwarz ist, beträgt vier Zoll zehn Linien.

Der Kopf ist rund; Stirn, Scheitel und Genick sind dunkelgrau mit einzelnen weißen langen Streifen; der ganze Rücken graubraun mit weißen Punkten; die Kehle röthlich, die Gurgel weiß mit grauen Punkten; der übrige Unterleib weißgelblich; die Flügel von der Farbe des Rückens ohne weiße Punkte; die mittlern Schwanzfedern obenher weiß mit gräulichbraunen Querstreifen, die beyden äußersten auf jeder Seite weiß mit einem braunen Punkte **).

Sechs

*) Par. Ms.: Länge 9¾ Zoll; Breite 1 Fuß 3½ Zoll.
**) Aller Wahrscheinlichkeit nach ist es der gefleckte Wasser= läufer, oder sollte es das Weibchen oder ein Junges von dem punktirten Strandläufer (s. unten punktirter Strandläufer) seyn? und die Beschreibung wäre vielleicht von

Sechs und vierzigste Gattung.

Schnepfe. Scolopax.

Der Schnabel ist ohne tiefen Einschnitt im Kopf, weich, fast rund, dünn, gegen die weiche, kolbige Spitze, meist mit höckerigen Erhabenheiten (im Tode) versehen, gerade und sehr lang (über zweymal länger als der Kopf).

Die Nasenlöcher sind klein, fast ritzenförmig und nahe an der Wurzel des Schnabels.

Die Zunge ist spitzig.

Die Augen liegen weit hinten und oben, und sind groß.

Die Füße sind weniger hoch, über der Ferse nur wenig nackt, die Zehen unverbunden, und die hintere aus mehreren Gelenken bestehend und tiefer sitzend.

Ihre Nahrung besteht aus Insecten und Würmern, die sie in der Dämmerung auf Rieden, Viehtriften und in Sümpfen suchen.

Sie verstecken sich vor Menschen und Thieren.

(205) 1. Die Waldschnepfe *).

Namen, Schriften und Abbildungen.

Gemeine Schnepfe, gemeine, gewöhnliche und Europäische Waldschnepfe; Eulenkopf-, Ried-, Busch-, Hölz-, Berg-

---

von einem ausgestopften Exemplare genommen, wo die grünliche Farbe, besonders an den nackten Theilen, gern verlischt und dunkel wird, und woran der Schnabel etwas mehr gebogen war.

*) Alte Ausgabe. III. 90. Nr. (122)

Berg = und = Stoßschnepfe, große und größere Schnepfe, Schnepfe, Schneppe, Bergschneppe, Schnepphuhn, Wasser= rebhuhn, Becasse.

Scolopax Rusticola. *Gmelin Linn.* Syst. I. 2. p. 660. No. 6.

Becasse. *Buffon* des Ois. VII. 462. t. 25. Ed. de Deuxp. XIV. 187. Ueberf. von Otto. XXVI. 129. mit einer Fig.

Woodcock. *Latham* Synops. III. 1. p. 129. N. 1. Meine Ueberf. V. 103. No. 1.

v. Wildungens Taschenbuch. 1801. S. 38. Taf. V.

Frisch Vögel. Taf. 226. Männchen. 227. Weibchen.

Naumanns Vögel. III. S. 6. Taf. 1. Figur 1. Männchen.

Mein ornith. Taschenbuch. S. 279. Nr. 1.

Donndorff, a. a. O. S. 1026. Nr. 6.

Kennzeichen der Art.

Der gerade Schnabel ist an der Wurzel röthlich, über dem Hinterkopfe laufen einige schwarzbraune Querbinden, und die Schenkel oder eigentlich die Schienbeine sind bedeckt.

Gestalt und Farbe des männlichen und weib= lichen Geschlechts.

An Größe sind die Waldschnepfen fast den Rebhühnern gleich. Ihre Länge ist funfzehn und einen halben Zoll, der Schwanz mißt drey Zoll, die Flügel sind zwanzig und einen halben Zoll breit *) und ihr Gewicht hält zwölf Unzen.

Der

*) Par. Ms.: Länge etwas über 13 Zoll und Breite 1½ Fuß.

Der Schnabel ist drey und einen halben Zoll lang, gerade, weich, durch die großen Riesen eckig, an der Spitze stumpf, an der vordern Hälfte geriefelt, oben fleischfarben-grau, unten grüngelb, an der Spitze schwärzlich; die Nasen-löcher liegen an der Wurzel des Schnabels, sind klein und länglich; die Augen schwarz, groß, und stehen weit hinten und oben; die Füße sind vorn mit Schildern besetzt, hinten und an den Seiten netzförmig, von Farbe grünlich ins Blaue fallend, (grünlichaschgrau) die Klauen graubraun, über dem Knie fast unmerklich kahl, die Fußwurzel ein Zoll, zehn Linien hoch, die mittlere Zehe einen Zoll, zehn Linien und die hintere einen halben Zoll lang, die Zehen mit einem un-merklich kleinen Häutchen verbunden.

Der Kopf ist klein, schmal, erhaben, mit einer hohen Stirn, fast eckig, vorn aschgrau, röthlich und schwarz ge-wässert, auf dem Scheitel bis zum Nacken mit vier schwarz-braunen und drey rostgelben Querbinden gezeichnet; Gesicht, Backen und Kehle weißlich mit schwarzen Sprenkeln, und vom Schnabelwinkel bis zu dem Auge ein schwarzbrauner Strich; das Genick und die Seiten des Halses rostgelb mit schwarzbraunen Querlinien; der Oberrücken rothbraun, mit schwarzen, feinen regelmäßigen Querlinien und Spritzungen und röthlich weißen und schwarzen großen einzelnen Flecken; der Unterrücken und die ziemlich langen obern Deckfedern des Schwanzes rostfarben mit schwärzlichen Querbändern; die Schulterfedern, wie der Rücken nur an den Spitzen mit großen röthlichen weißen Flecken, die hinten an dem Flügel weg ein weißliches Band bilden; der Vorderhals und die Brust hellröthlich aschgrau, der Bauch, die Seiten, die

Schen-

Schenkel und die Deckfedern der Unterflügel gelblich weiß, alle untern Theile des Körpers mit feinen dunkelbraunen Wellen überdeckt, der Hals am häufigsten und die Seiten noch überdieß mit einzelnen rostgelben Flecken; die langen untern Deckfedern des Schwanzes rostgelb mit weißen Spizzen und einigen winklich zusammenlaufenden schwarzen Strichen; die Deckfedern der Flügel rothbraun, mit vermischten schwarzen, grauen und einzelnen röthlichgelben unregelmäßigen Bändern und Streifen; die vordern Schwungfedern dunkelbraun, an der äußern mit größern und auf der innern mit kleinen dreyeckigen rostfarbenen Flecken, die Schwungfedern der zweyten Ordnung von eben der Grundfarbe, aber rostfarben bandirt, die langen hintern wie der Rücken gefärbt; der kurze, aus vierzehn Federn bestehende Schwanz schwarz, mit einer hellaschgrauen Spitze, und dreyeckigen kastanienbraunen Fleckchen an dem Rande der Federn.

Das Weibchen ist etwas größer, aber blässer von Farbe, Schnabel und Beine sind fleischfarbenaschgrau, und auf den Deckfedern der Flügel befinden sich viele große weiße Flecken.

Abänderungen.

Da die Schnepfen unter diejenigen Vögel gehören, die man in Menge antrifft, so finden sich auch verschiedene merkwürdige Spielarten unter ihnen. Es giebt daher:

1) Weiße Waldschnepfen (Scolopax rusticola candida).*), so wie weiße Hirsche; sie sind auch wohl oben rostgelblich überlaufen;

2) stroh-

*) Hierbey steht in Büffons N. G. Frisch Taf. 203. angegeben und abgebildet, welches doch der Nachtreiher ist. s. Uebers. a. a. O. S. 154.

2) ſtrohgelbe (Scolopax rusticola pallidissima straminea);

3) mit röthlichem Kopfe, weißem Leibe und braunen Flügeln (Scolopax rusticola ruficeps);

4) geſchäckte (Scopolax rusticola varia), die mit allen Schnepfenfarben unordentlich gefleckt und gemiſcht ſind. Friſch Vögel. Taf. 230.

Hier zeichnen ſich vorzüglich die großen weißen Flecken auf dem Rücken und auf den Schulterfedern aus. Auch gehört hieher eine Waldſchnepfe, die ich erſt neuerlich ſahe. Sie hatte einen gelblich weißen Kopf, bis auf den, wie gewöhnlich bandirten, Hinterhals, weißen Rücken, Schulterfedern und Deckfedern der Flügel; der Unterleib iſt weiß mit kaum ſichtbaren dunkeln Querlinien; die Schwungfedern graubraun, roſtgrau gefleckt und die Schwanzfedern dunkelbraun, mit einer großen weißen Spitze.

5) mit roſtgelbem Unterleibe (Scolopax rusticola ferruginea) *). Sie hat einen gelblichen Schnabel und dergleichen Füße; der Oberleib iſt wie gewöhnlich, an einigen Stellen etwas bläſſer; der Unterleib aber einfarbig roſtgelb.

6) Die weißflüglige Waldſchnepfe (Scolopax rusticola leucoptera). Der Körper iſt wie gewöhnlich gefärbt, die Flügel aber ſind weiß.

7) Die weißſchwänzige Waldſchnepfe (Scolopax rusticola albicauda). Die Farbe wie gewöhnlich; der Schwanz weiß.

Die

*) Borkhauſens Deutſche Fauna. I. S. 487. e.

Die Jäger erwähnen auch

8) der kleinen Waldschnepfe (Scolopax rusticola parva), und unterscheiden sie von der großen oder gewöhnlichen. Sie nennen sie Stein= und Dorn= schnepfe. Sie ist weit kleiner, fast um ein Drittheil klei= ner, als jene, dunkler von Farbe, mit mehr schwarzen Punk= ten und Strichen bezeichnet, hat bläuliche Füße, einen kürzern und aschgrauen Hals, fliegt schneller und scheint eine Bewoh= nerin hoher Gebirge und des rauhen Nordens zu seyn; denn sie zieht im Herbst später, und im Frühling früher als die ge= wöhnliche *).

Eigenheiten.

Die Waldschnepfen sind scheue Vögel, die sich nicht leicht vom Jäger hinterschleichen lassen; doch verläßt das Weibchen diese Schüchternheit, wenn es auf den Eyern sitzt, wo es ohne viele Mühe mit der Hand gefangen werden kann. Wegen ihrer Schwere und ihrer spitzigen schmalen Fittige fliegen sie sehr ungeschickt, überwerfen sich aus Uebereilung in der Luft und halten daher sich fast immer auf der Erde auf. Nur selten sieht man sie auf einem Baume sitzen. Ihr Ruf, den sie aber mehr im Frühjahr als Herbst auf ihren Reisen, wenn sie des Abends und Morgens streichen, hören lassen, nennen die Jäger gewöhnlich Zwicken und Quarren, und ersteres klingt hoch wie Biswits! und letzteres tief

L 2 und

*) Herr von Wildungen a. a. O. nimmt sogar eine mit= telmäßige an, und es ist gegründet, daß es bey den Wald= schnepfen als einem so gewöhnlichen Vogel wahrscheinlich nach dem Clima Größen=Abänderungen, wie bey mehrern Vögeln, z. B. den Feldlerchen, giebt.

und dumpf wie Buaark! Wenn es warm ist, und beson=
ders fein dazu regnet, so rufen sie immer Buagrk und sel=
ten einmal Biswits dazu, wenn es aber kalt ist, so hört
man vorzüglich diesen letzten Ton. #

Verbreitung und Aufenthalt.

Sie sind überall in Europa bekannt, halten sich im
Sommer in den nördlichen und nördlichsten Gegenden, auch
in Asien auf, wandern im Herbst nach den südlichen Provin=
zen und bis nach Afrika.

Ob man gleich die Thüringischen Waldschnepfen nicht
eigentlich unter die Zugvögel rechnen kann, weil diejenigen,
die hier gezogen werden, wenn der Winter nicht gar zu kalt
ist, nicht auswandern; so muß man doch diese Vogelart im
Ganzen genommen, dahin zählen, weil sie in großen Heerden
aus den mehr nördlichen Gegenden nach den südlichen Pro=
vinzen von Europa, und sogar bis nach Afrika ziehen. In
Italien kommen daher im Herbst große Heerden dieser Vögel
an, beschäftigen den Jäger den Winter über und verschaffen
den Italienern vortreffliche Gerichte. Nach Sardinien
wandern sie besonders stark. Auch überwintert ein Theil der=
selben in England und Frankreich, wenn ihnen die Kälte ihre
Nahrungsmittel nicht versagt, und sie dadurch zum Wegzuge
nöthigt.

Die Wanderung fängt in der Mitte des Octobers an,
in Thüringen, wenn der erste Schnee auf den Gebirgen
fällt, und sie kommen im März und April wieder zurück *).

Die

---

*) In den hohen Gebirgsgegenden auf dem Thüringerwald strei=
chen sie noch bis Ende des Mays.

Die Fortreiſe iſt aber nicht ſo bemerklich, wie die Rückreiſe. Die Jäger nennen dieſe Zeit, vorzüglich im Frühling, den S ch n e p f e n ſt r i ch, denn ſie fliegen alsdann in großen und kleinen Geſellſchaften, des Abends und Morgens durch gewiſſe beſtimmte Thäler, und zwar nicht wie die Enten und Gänſe Klumpenweiſe beyſammen, ſondern vereinzelt hinter und neben einander, und werden von den Jägern im Fluge, der niedrig und gerade iſt, geſchoſſen.

Auf dieſen Reiſen trifft man ſie am erſten in den einzeln liegenden Feldhölzern an, wo ſie des Abends und Morgens an den Seiten derſelben ſich auf das Feld begeben. Sie halten ſich aber gewöhnlich nicht lange auf, denn wenn der Wind von Mittag oder Abend weht, und warme Abendregen kommen, ſo iſt der Strich in wenigen Tagen vorbey. Sie ſtellen des Nachts ihre weiten Reiſen an. Man hat auch bemerkt, daß ſie nicht, wie die hochfliegenden Zugvögel der Luft entgegen fliegen, um das Sträuben der Federn zu verhindern, ſondern mit derſelben, damit ſie ihren ſchweren Körper mit fortwälzen helfe. So lange alſo im Frühling der Nordwind bläſt, läßt ſich keine Strichſchnepfe ſehen, denn ſie kommen erſt mit den lauen Südwinden an.

Im Sommer ſuchen ſie meiſt hohe gebirgige Waldungen, in der Nähe von feuchten Wieſen, Sümpfen und Moräſten auf, um daſelbſt ihre Eyer zu legen, und ihre Jungen aufzuziehen.

N a h r u n g.

Ihre Nahrung beſteht aus Regenwürmern, nackenden Schnecken, allerley Erdmaden, Miſtkäfern und andern Inſecten, zartem Gras, und weichen Sumpfgraswurzeln. Am
Tage

Tage suchen sie dieselbe in Hölzern und Hecken, unter dem
Genist und Laube, des Nachts aber gehen sie auf die Wiesen
und Aecker, in die Sümpfe, ins Schilf und Riedgras, besonders auf die Trifften, wo das Vieh geweidet hat, und auf die
Viehhalten, weil sich hier unter dem Kuhmiste allerhand Insecten für sie aufhalten.　Ihr Lieblingsfutter machen die kleinen Mistkäfer und ihre Larven aus, welche sie im Pferde- und
Hornviehmiste finden, und, um diese habhaft zu werden,
stecken sie den Schnabel bis an die Nasenlöcher hinein.　Sie
genießen auch Heidelbeeren.

Fortpflanzung.

So wie alle Vögel, also haben auch die Waldschnepfen
ganz eigene Bewegungen und Töne der Zärtlichkeit, wenn sie
sich paaren wollen. Sie gehen um das Weibchen mit vielen
Verbeugungen herum, schlagen mit ihrem kurzen Schwanze
ein Rad, lassen die Flügel auf der Erde schleifen wie ein
Truthahn, blähen sich auf, daß die Federn am Bauche gerade
weg starren, legen zugleich den Schnabel am Halse herunter
auf die Brust, rufen immer darzu: Pitz, pitz! und lassen
bey jedem Pitz, pitz, einige knarrende Winde von sich.
Diese Art des Falzens sollen alle Schnepfenarten mit einander
gemein haben, nur bey einigen der Ton, den sie mit der Kehle
von sich geben, etwas anders klingen.

Sie brüten nur einmal des Sommers gewöhnlich im
May, und zwar in hohen gebirgigen Gegenden, im Grase,
Heidekraut oder Moose. In 16 Tagen bringen sie 3 oder
4 Junge aus. Das Nest ist eine bloße aufgescharrte Vertiefung, mit etlichen Reisern oder Halmen umlegt. Die Eyer

sind stumpf, birnförmig, schmutzigblaßgelb, am obern Rande blaßviolet und braunroth gefleckt. Die Jungen laufen sogleich, wenn sie aus den Eyern geschlüpft sind, mit der Mutter nach den niedrigen Thälern und Sümpfen, wo Buschholz in der Nähe ist, und man findet immer die leeren Schalen noch im Neste.

Die Jungen lassen sich leichter als die Alten zähmen, und können an ein Universalfutter gewöhnt werden, wenn man in dasselbe vorher allerhand Käfer, besonders kleine Mistkäfer steckt. Angenehm ist es ihnen, wenn sie zuweilen feuchte mit Würmern und Insecten angefüllte Rasen in ihr Behältniß bekommen. Aus diesen holen sie diese ihre Lieblingsnahrung mit besonderm Wohlbehagen durch ihren langen Schnabel heraus. Sie stechen vermöge ihres guten Geruchs nie fehl. Vor mehrern Jahren war eine gezähmte im Englischen Garten zur Carlsruh in einem mit Drath überzogenen Platze. Sie lief aus ihrem Häuschen den Fremden entgegen und schlug ein Rad, als wenn sie falzen wollte.

Feinde.

Wo viele Füchse sind, kommen nicht viel Schnepfen auf. Eben so muß die junge Brut sehr viel von den Verfolgungen der Baummarder, Iltisse und Wieseln leiden. Viele Raubvögel begleiten auch die Erwachsenen auf ihren Wanderungen. Aeußerlich leiden sie zuweilen von länglichen grauen Läusen und inwendig von Band- und Kratzerwürmern. Goeze *) hat in 2 Schnepfen 400

*) Naturgesch. der Eingeweidewürmer. S. 398. Taf. 32. A. fig. 1—7.

400 fadenartige Bandwürmer, jeden von $7\frac{1}{2}$ Zoll Länge, ge=
funden.

Jagd und Fang.

Sie gehören zur niedern Jagd, und da sie der
Regel nach auf ihrem Strich den nämlichen Weg nehmen,
den sie einmal gekommen sind, und sich immer auf gleiche
Weise aus den Hölzern und Gebüschen in das freye Feld und
an das Wasser begeben, besonders gern in den Buschhölzern
sich aufhalten, durch alle glatten und ebenen Gänge, die
durchs Buschholz vom Vieh getreten sind, laufen, so werden
sie auch leicht durch Netze (in Holland) und Schlingen
gefangen und durch Schießgewehr erleget.

Die Klebs oder Stoßgarne werden auf folgende
Art gemacht: Die Maschen sind von einem Knoten zum
andern $3\frac{3}{4}$ Zoll weit. Das Netz wird mit 300 Maschen an=
gefangen, und gerade fortgestrickt, bis es die Höhe von 3 Klaf=
tern bekömmt, oder es wird 24 Mal herum gestrickt.
Hierzu gehört grober Zwirn von gutem ausgehechelten Flachse.
Oben und unten wird es mit feinem Bindfaden verhaupt=
maschet, und nachher reihet man die Maschen alle auf mit=
telmäßigen Bindfaden. Allemal zwischen 12 Maschen wird
ein Ring in den Bindfaden eingeschleift, doch so, daß der
Bindfaden allemal angezogen wird, und die Maschen busen=
reich zwischen die Ringe fallen. Ferner wird eine Haupt=
leine, eines kleinen Fingers dick, von gutem Hanf gemacht,
welche 12 Klaftern lang ist; an diese wird das Garn mit den
Ringen befestigt; und so ist denn das Garn fertig. Derglei=
chen Garne macht man 10 bis 12 Stück, (nach erforderli=
chem

chem Falle,) damit man den Ort des Schnepfenzuges gehörig
bestellen kann.

Hierauf sucht man nun eine Gegend aus, wo die Schnepfen gewöhnlich hin und her streichen, denn sie fallen des Abends
aus den Hölzern nach der grünen Saat heraus, und des
Morgens wieder zurück ins Holz. Auch nehmen sie an solchen Orten gerne ihren Zug hin, wo in Gebirgen oben hinaufwärts Gründe zusammen schießen, und alsdann Flächen
von Wiesen sind, über den Flächen aber wieder Vorhölzer,
kleine Büsche, Brüche, Wiesen oder Saatfelder sich befinden;
ingleichen wo platte Heiden, oder Wälder und Wiesen, junge
Schläge und Dickichte dahinter; wie auch, wo Feldhölzer sind,
da sie von einem Feldholze zum andern ziehen. Mithin muß
man des Frühjahrs, im März, und im Herbst, im September und October, einen solchen Ort aussuchen, da man sich
des Abends und Morgens vor das Holz stellt, und Acht giebt,
wo ein Zug von Schnepfen hingehet; dahin werden nun die
Garne, eine kleine Strecke vom Holze entfernt, gestellt, und
zwar so, daß sie nach der Quere des Zuges zu stehen kommen.
Hierzu nimmt man feine glatte Stangen, die eines Arms
dick, und 10 Ellen hoch sind. Alsdann stößt man Löcher mit
einem Pfahleisen, die so weit sind, daß die Stangen leicht
aus und eingesetzt werden können.

Die Stangen legt man mit den untern Spitzen an die
Löcher, bindet an die erste Stange die Hauptleine, und läßt
sie auf und an der andern Stange angebunden. Alsdann
wird die erste Stange aufgerichtet, und das Garn nach der
andern Stange zu aufgezogen. Unterdessen bindet man an
der andern Stange die Hauptleine des andern Garnes an,
und

und ziehet die Leine an der dritten Stange, und angebunden, lässet das Garn auch auf, und so wird ein Gàrn an das andere an den hohen Stangen angebunden und aufgerichtet, daß also, wie oben gemeldet, der Ort des Zuges quer vor mit diesem Garne bestellt ist.

Wenn die ganze Wand oder Reihe der Garne steht, so müssen an beyden Enden, oben an den letzten Stangen, Wand-leinen angebunden, und an einem Heftel angezogen und befe-stigt werden, so daß die ganze lange Wand mit den Oberleinen straff stehet. Unten bleiben die Garne frey hängen, wie die Lerchenklebgarne oder Tagnetze. Jedoch wenn es windig ist, so ziehet man durch die untersten Maschen einen Bindfaden, und hänget denselben an die Stangen an, daß der Wind die Garne nicht in die Höhe treibet. Der Bindfaden muß aber etwas hoch gebunden seyn, daß das Garn Busen fassen kann, wenn eine Schnepfe einfliegt; überhaupt müssen auch die Garne nicht zu tief nach dem Boden herabhängen, indem die Schnepfen nicht leicht so tief ziehen, daß sie darunter wegflie-gen sollten. Je höher aber die Garne sind und stehen, desto besser ist es.

Sind die Garne so aufgestellt worden, so stellen sich gegen Abend oder früh Morgens ein oder ein Paar Jäger neben die Garne, in einen von grünen Reisern gemachten Schirm, damit sie nicht so frey stehen, doch aber einer gegen den andern die Garne übersehen können. Man nimmt auch Flinten mit sich, damit man, wenn ja bisweilen eine Schnepfe über die Garne zöge, dieselbe durch den Schuß einholen könne.

Wenn

Wenn es anfängt, Abend zu werden, oder des Morgens
der Tag anbricht, so kommen die Schnepfen gezogen, schla=
gen und verwickeln sich in die Garne. Hierauf eilet der Jäger
herbey, und hebet die beyden Stangen desselben Garnes, wo
die Schnepfe hängt, geschwinde heraus, und legt sie um, da=
mit er die Schnepfe auslösen kann. Man muß aber dabey
sehr geschickt und hurtig seyn, damit die Stangen mit dem
Garne gleich wieder aufgerichtet werden, wenn etwa mehrere
Schnepfen kommen.

Die Garne bleiben, wenn es nicht regnet, so stehen,
und man hängt sie, wie oben gemeldet ist, unten mit einem
Bindfaden an, daß sie vom Winde nicht in die Höhe getrie=
ben und in Unordnung gebracht werden.

Man hat noch eine andere Art diese Garne aufzustellen,
welche zwar etwas mehr kostet, aber doch beym Stellen und
Auslösen der Schnepfen bequemer ist. Die Netze werden,
wie vorhin gemeldet worden, verfertigt; an beyden Enden
der Hauptleinen müssen Schleifen seyn, worin Knebel einge=
knüpft werden können. Die Stangen sind gegen 10 Zoll
höher, in denselben werden oben zwey Kloben oder Rollen ge=
macht, in jeder Rolle wird eine feine gezwirnte Leine gezogen,
woran an einem Ende ein hölzerner Knebel ist. Diese Leine
muß aber fast noch einmal so lang, als die Stange hoch seyn.

Alsdann stößet oder stellt man die Stangen nach der
Länge ihrer Garne fest ein. Vorher aber ist oben über den
Rollen eine Hauptleine gemacht, von einer Stange zur andern,
so lang als sonst das Garn ist, ingleichen auch zwey Wind=
leinen auf beyden Seiten fest angezogen: Wie denn auch an
der ersten und letzten Stange von der ganzen Wand eine

Wind=

Windleine ist, womit die ganze Wand der Länge nach auch fest angezogen, und an Hefteln gebunden wird; da denn die Stangen, durch die ganze Wand, sowohl auf den Seiten, als nach der Länge, mit Windleinen straff und wohl befestigt stehen, und in den Rollen die Aufziehleinen mit den Knebeln vorher eingezogen sind. Auch muß in diesen Leinen in der Mitte eine Schleife seyn, und in der Stange unten ein Haken, woran die Leine gehängt werden kann. Das Ende von der Leine wird besonders an der Stange angebunden, und so ist denn alles zum Aufstellen eingerichtet.

Gehet man nun des Abends oder Morgens mit den Netzen zur Stellung, so nimmt man die eine Schleife von der Oberleine des Garnes, und hängt sie an den einen Knebel, zieht die Leine mit der darin befindlichen Schleife unten an der Stange in den Haken, läßt die Oberleine auslaufen, macht dieselbe mit ihrer Schleife an der andern Stange, und auch an dem Knebel, welcher an der durch die Rolle befindlichen Leine ist, zieht also das Netz an dieser Stange auch hinauf, und eben so wird das andere Netz oder Garn gleichfalls an der Leine, welche durch die andere Rolle geht, eingeknebelt, hinauf gezogen, und eben so an dem Haken mit der Schleife befestigt.

Auf diese Art verfährt man mit den andern Garnen, und an den Stangen, stellt sich alsdann, wie vorher erwähnt, vor oder gleich den Garnen, und erwartet die Schnepfen auf dem Zuge. Fliegt nun eine Schnepfe ein, so geht man sogleich hinzu, und hängt die Leine von dem Haken ab, läßt sie geschwinde herunter, und löset sie geschwind aus,

stellt

stellt aber das Garn an der Leine durch die Rolle sogleich wieder auf.

Es geht noch geschwinder als bey der ersten Art, wo man die Stangen umlegen muß; aber wegen der Haupt-Winds und Aufziehleinen, wie auch der Rollen, kostet es etwas mehr. Indessen ist es den Garnen zuträglicher, weil man dieselben des Abends allemal sehr bald herunter lassen, zusammenstreichen, und abknebeln, auch immer ins Trockne bringen kann Sie sind auch sehr bald wieder aufgestellt, weil die Stangen immer feste stehen bleiben. Wenn man auch solche Gegenden hat, oder auswählt, die nicht sehr breit sind, und wo also die Schnepfen durch schmale Gänge ziehen, da hat man nur wenige Garne nöthig, und da ist es eine sehr artige und nützliche Art von Schnepfenfang, die man auch noch überdieß über Viehtrifften und dergleichen gebrauchen kann.

Die Schnepfen werden auch in den gewöhnlichen Hühnersteckgarnen gefangen. Wenn man derselben 50 bis 60 hat, so kann man eine große Strecke damit bestecken.

Mit diesen Steckgarnen gehet man in die Hölzer, wo die Schnepfen gern den Tag über liegen; am besten aber ist es in Dickichten, und auch stehenden Hölzern; auf flachen jungen Schlägen laufen sie nicht so gut. Man steckt die Steckgarne in einer Reihe, so lang sie reichen wollen. Man muß aber auch bisweilen Winkel stechen, daß man eine Spindel herauswärts, und die andere herein in die gerade Reihe bringe, besonders wo Steige sind. Wenn nun die Garne gerichtet sind, alsdann nimmt man etliche Leute, welche Hacken oder starke Stangen in den Händen haben, legt sie in eine Ecke von den Garnen ab und an, in einer Reihe. Nach diesem

fangen

fangen sie an zu treiben, rufen einander zu: Picke ho! und
stoßen mit den Stangen, oder schlagen mit den Hacken auf
den Boden. Indessen muß nicht sehr gelärmt und geschrien
werden, sondern sie bleiben in ihrer Ordnung, und stampfen
vor sich hin nach den Garnen zu, ganz gemächlich. Wenn
die Schnepfen das Pochen und Schüttern des Erdbodens bemerken, machen sie sich auf und laufen nach den Garnen zu,
woselbst sie hineinschlüpfen, aber weder durch noch wieder zurück können, und also warten müssen, bis man sie auslöset.

Auf diese Art kann man in einem Tage etlichemal treiben. Man hat dabey ein großes Vergnügen, und, wenn der
Zug gut ist, starke Ausbeute. Ob es gleich scheint, daß die
Steckgarne viel kosten, so kann doch ein fleißiger Jäger hierzu
bald kommen, wenn er Flachs kauft und spinnen läßt, und
die Garne bey Gelegenheit selbst stricket: man kann dieselben
viele Jahre brauchen. Die Steige müssen auch hierbey sehr
reinlich gehalten werden.

Man kann sie auch auf folgende Art in Schleifen
(Laufdohnen) fangen. Man macht nämlich von Weiden,
Haseln und dergleichen schwachen Ruthen, kleine Horden,
welche 6 Ellen lang und 1 oder auch nur ¾ Ellen hoch sind.
Wenn nun der Schnepfenzug angeht, so schlägt man die Horden in einer Reihe weg, zwey und zwey dichte neben einander,
und läßt dazwischen allemal 7 bis 8 Zoll Raum. In diesen
Oeffnungen kehrt man auch Steige durch, bindet alsdann einen
Stock von einer Horde zur andern quer über, 8 Zoll hoch von
der Erde. Hieran werden die 3 Schleifen von Pferdehaaren
gemacht, und die Schleifen zum Fangen aufgezogen.

Wenn

Wenn dergleichen Horden einmal gemacht sind, so kann man sie, wenn der Schnepfenzug vorbey ist, mit den Pfählen allemal aufheben, und ins Trockne bringen; sie können viele Jahre gebraucht werden, und man darf nur die Horden allemal wieder einschlagen. Man braucht auch nicht alle Jahre Reisig oder Holz zu werfen, sondern nur die Schleifen aufzuziehen, und gerade hinzuhängen, so stellen sie sich wieder recht gut.

Auch kann man mit diesen Horden in den Schlägen gut ankommen, da sonst die Reiser, nebenher zu werfen, weit zu tragen wären. Sie sind auch überdem fester auf dem Boden, indem die Schnepfen durch die Reiser leicht durchkriechen können. Wer viele Schnepfen fangen will, der schlage etliche Striche dergleichen Horden durch die Hölzer oder Büsche, besonders, wo die Küh- und Viehlager im Sommer in den Wäldern sind.

In den Gegenden, wo die Schnepfen zwischen den Wachholderbüschen, oder an die kleinen Brüche und nassen Flecke fallen, kann man sie auch in Laufdohnen oder Schleifen auf folgende Art fangen: Man schneidet Stöcke, welche einen Finger dick, und auf 20 Zoll lang sind, schneidet sie an einem Ende spitzig, gegen das andere Ende hinauf sticht man mit einem Messer durch den Stock, und ziehet eine Schleife von Pferdehaaren gedrehet durch, welche aber an einem Ende einen doppelten starken Knoten hat, damit sie sich nicht durch den Stock ziehen kann, am andern Ende aber ist ein Oehr zu einer Schleife. Diese Stöcke mit den Schleifen steckt man zwischen die Wachholderbüsche, in welche und um welche Steige gehen, und an die oben genannten Orte, so, daß die

Stöcke

Stöcke wie ein Dreyeck stehen; doch müssen sie oben nicht dichte zusammen kommen; alsdann ziehet man die Schleifen zum Fange auf, doch so, daß sie nicht ganz auf den Boden kommen, damit die Schnepfen, wenn sie im Laufen sind, dieselben gerade treffen müssen. Die Stöcke steckt man, daß sie wie ein Geländer stehen.

Man kann auch eine ganze Menge solcher Laufdohnen durch die jungen Schläge und Dickichte, auch Steige durchstecken. In diesem Zeuge kann man nicht nur Schnepfen, sondern auch die Krammetsvögel in Menge fangen. Im Winter, wenn der Vogelfang vorbey ist, kann man sie wieder aufheben und die Schleifen ausstreichen, daß sie gerade hängen, wodurch sie sich desto besser wieder aufstellen lassen. Dabey ist noch zu merken, daß man auch mit einem stumpfen, oder von Dornen gemachten, Besen glatte Steige nach den Dohnen zu kehre, auf welchen die Schnepfen sehr gern hinlaufen.

Leichter ist es, wenn man solche S c h n e p f e n g ä n g e mit Tannenreisern besteckt, und alle 30 Schritt ein L a u f f ä h r t c h e n aufkratzt, und darüber auf zwey Stöckchen zwey Haarschlingen steckt. Man kann diese Wege schlängeln, oder in Zickzack laufen lassen, und stundenweit durch einen Wald führen.

Wer ein Liebhaber vom Schießen ist, und nicht die Zeit oder Geduld hat, Zeuge zu machen und zu stellen, für den ist das S c h n e p f e n s c h i e ß e n. Wenn der Strich angeht, so stellt man sich mit ein Paar Flinten (wozu die Doppelflinten, welche Zwillinge heißen, besonders gut sind,) an solche Orte, wo die Schnepfen des Abends und Morgens von einem

Dickichte

Dickichte zum andern ziehen. Man kann sie bald hören, indem sie, wenn sie gezogen kommen, ihre Ankunft mit einem öftern Biswits- oder Buaark-rufen melden. Man muß sich aber auch immer fertig halten, damit man sie im Fluge herunter schießen kann, denn sie halten sich nicht lange auf. Oefters geschieht es aber, daß sie sehr kurz hinter einander herstreichen; daher ist es am besten, daß man noch eine andere geladene Flinte bey sich habe, damit man immer schußfertig ist, und in den Zwischenräumen wieder laden kann. Denn lange währt überhaupt die Schußzeit weder am Abend noch am Morgen, denn dort wird es zu bald dunkel und hier zu bald helle, wo sie denn nicht mehr streichen.

Hat man einen gut dreßirten Hühnerhund, so kann man mit demselben die jungen Hölzer, welche wegen ihrer Höhe zu überschießen sind, absuchen. Steht der Hund gut, so zieht man mit der Flinte nach, läßt den Hund einspringen, daß er die Schnepfen auflage, und schießt alsdann hurtig nach.

Man kann auch das Schnepfenschießen auf folgende Art anstellen: Man nimmt einige Jungen, welche sich in eine Reihe stellen, und mit Klappern den Wald durchtreiben, und durch dieses Lärmen die Schnepfen aufjagen müssen, welche alsdann von den angestellten Jägern geschossen werden.

Da die Waldschnepfe unter das wilde Geflügel gehört, auf welches der Jäger seines Wildprets halber sein vorzügliches Augenmerk gerichtet hat: so hat er auch auf vielerley Mittel gedacht, sich ihrer zu bemächtigen; und dahin gehört

denn auch noch der Fang in Fallen. Es geschieht derselbe
an solchen Orten, wo das zahme Vieh, so lange der Schnepfen=
strich dauert, nicht hinkommt:

Die Fallen werden auf folgende Art gemacht: Man
schlägt einen Pfahl, welcher eines Daumen dick ist, so in die
Erde, daß er mit der Kerbe, welche an der einen Seite einge=
schnitten ist, 4 Zoll über der Erde stehet. Hierzu wird eine
Zunge gemacht, auch von einem starken Stocke, 7 bis 8 Zoll
lang, etwas breit geschnitten; an einem Ende ist an der schmä=
len Seite der Zunge eine flache Kerbe eingeschnitten, und auf
der Zunge und deren breiten Seite ist auch eine Kerbe. Hier=
zu kommt das Stellholz, welches 3 Zoll lang seyn kann. Dieß
sind die 3 nöthigen Stöcke zur Falle. Alsdann werden von
6 langen Pferdehaaren 2 Schleifen gedrehet, wie zu einer
Dohne, jedoch kann man auch die Schleifen von feinem Mes=
singdrath machen, denn diese stellen sich leichter und besser.
Diese zwey Schleifen bindet man an eine dünne Leine, oder
an starken Bindfaden. Zugleich wird das Stellholz auch mit
einem Bindfaden an diese Leine nebst den Schleifen gebunden.

Diese Fallen werden nun auf den Wildpretssteigen, oder
wo das Vieh Steige gemacht hat, gestellt, und neben dem
Steige wird der Pfahl eingeschlagen, daß also die Zunge quer
über den Steig reicht. Neben dem Steige wird, an einem
1½ Zoll dicken Stocke, die Leine mit den Schleifen und dem
Stellholze gebunden. Die Aufstellung geschieht so, daß man
den Stock, woran das Stellholz und die Schleifen sind, her=
über nach der Falle hin beugt, so daß man das Stellholz mit
einem

einem Ende in die Kerbe, im Pfählchen, und mit dem andern auf der Zunge in die Kerbe bringen kann. Die Zunge muß aber unten frey stehen, daß sie leicht niedergetreten werden, und auch sehr lose stehen kann. Neben der Zunge stellt man zu beyden Seiten die Schleifen, steckt auch wohl von der Seite ganz dünne Reißchen, daß die Schleifen vom Regen sich nicht selbst zuziehen. Auf beyden Seiten der Falle muß der Steig mit einem stumpfen Besen fleißig gekehrt werden, daß er recht glatt und schwarz aussehe, weil die Schnepfen dem schwarzen und freyen Erdreich gerne nachgehen. Wenn nun die Schnepfe auf dem Steig hinläuft, und auf die Zunge tritt, so schnellt der gebogene Stock in die Höhe, und sie wird von der Schleife erwischt und gefangen.

Hierbey ist aber zu bemerken, daß neben den Fallen und Steigen auch allerley Reisig und Holz geworfen wird, damit die Schnepfen nicht neben den Steigen weglaufen, und man wirft ganze Striche quer durch die Dickichte, oder Oerter, wo die Schnepfen gerne liegen, und stellt alsdann dazwischen so viel Fallen, als man nur anbringen kann. In diesen Fallen fangen sich die Schnepfen sehr gut, und es wird einem die Mühe reichlich belohnt.

Nutzen.

Ihr Fleisch ist von überaus angenehmen Geschmacke, zart, leicht verdaulich und gesund, und sie werden unter das beste wilde Geflügel gerechnet. Man bratet sie gewöhnlich mit den Eingeweiden, und läßt den ausfließenden Unrath mit dem Fett vermischt auf geröstete Semmelscheiben träufeln, welcher dann den köstlichsten Leckerbissen gewährt.

(206) 2. Die Mittelschnepfe *).

Scolopax media, *Frisch* **).

Namen, Schriften und Abbildungen.

Große Schnepfe, Doppelschnepfe, Doublette, Pfuhlschnepfe, große Pfuhlschnepfe, Puhl-, Sumpf-, Moos-,
Moor-, Ried- und Wasserschnepfe, große und langbeinige
Schnepfe, größere Bruchschnepfe, große Sibirische Schnepfe
und Stickup.

Scolopax major. *Gmelin Linn.* Syst. I. 2. p. 661.
n. 36.

Great Snipe. *Latham* Syn. III. 1. p. 133. n. 4.
Meine Uebers. V. 107. n. 4.

Ottos Uebers. von Büffons Vögeln. XXVI. 166.
mit einer Figur und zwey Eyern.

Die Pfuhlschnepfe. Jesters kleine Jagd. II. 141.

Frisch Vögel. Taf. 228.

Naumanns Vögel. III. S. 11. Taf. 2. Fig. 2.
Männchen.

Mein ornithol. Taschenb. S. 280. Nr. 2.

Donndorff a. a. O. S. 1036. Nr. 36.

Kennzeichen der Art.

Sie ist in der Farbe der Heerschnepfe fast gleich, nur hat
die erste Schwungfeder einen weißen Schaft; Brust, Seiten
des Bauchs und die Schenkel sind weiß mit dunkelbraunen
Quer-

---

*) Alte Ausg. III. S. 108. Nr. 7.

**) Ich möchte sie lieber statt Scolopax major mit Frisch
Scolopax media nennen.

Querlinien; der Schnabel ist kleiner, als an anderen Schnepfen; an der Spitze nicht so stark kolbig, allein im Tode auch höckrig.

Gestalt und Farbe des männlichen und weiblichen Geschlechts.

Seit der ersten Ausgabe ist diese Schnepfe von mir und von andern genauer untersucht worden, und ich bin daher im Stande, nun eine vollständigere Beschreibung davon zu geben. Sie sieht der Heerschnepfe außerordentlich ähnlich, übertrifft sie aber an Größe, hat einen kürzern Schnabel und unterscheidet sich durch diejenigen Kennzeichen und Eigenschaften, die jetzt näher angegeben werden sollen. In Rücksicht der Größe hält sie das Mittel zwischen der Wald- und Heerschnepfe, daher der Name, und die Stelle, die ihr hier angewiesen ist. Sie ist 12 Zoll lang, und 20 Zoll breit; der Schwanz ist 2 Zoll 2 Linien lang, und die zusammengelegten Schwingen bedecken ihn bis an sein Ende. 8 Unzen ist ihr Gewicht.

Der Schnabel ist 2½ Zoll lang, also kürzer als an der Heerschnepfe, obgleich der Vogel größer ist, nicht so breit an der Spitze; allein im Tode auch höckerig oder feilenartig, an der Wurzel schmutzig gelblichgrün, an der Spitze schwärzlich; der Augenstern hellbraun; die Füße sind geschildert, von Farbe hell fleischfarben, olivengrau überzogen, der nackte Theil der Schenkel 6 Linien, die Fußwurzel 1 Zoll 8 Linien hoch, die mittlere Zehe 1 Zoll 6 Linien und die hintere 5 Linien lang.)

Der schwärzliche röthlichgefleckte Kopf ist der Länge nach durch eine schmale rostgelbe Linie getheilt; der Augenkreis

grau

gräugelblich; von den Nasenlöchern bis zu den Augen, so wie
von der Stirn über die Augen hin läuft ein schwarzbrauner
Streifen, und zwischen diesen ein rostgelblicher; beyde schwarzbraune gehen aber vorn am Schnabel zusammen, und sind
nicht getrennt, wie bey der Heerschnepfe; unter den Augen
sind auf rostgelblichweißem Grunde dunkelbraune Fleckchen,
und die Backen und Schläfe sind eben so besprengt, welches
bey alten Vögeln eine Art Streifen bildet; oder man kann
auch die Kopffarbe so beschreiben: Ueber den Scheitel geht
eine schmale rostgelbe Längslinie, neben dieser auf jeder Seite
eine schwarzbraune, rostroth punktirte, die vorn schmal, gegen
die Mitte breit, und nach hinten wieder spitzig abläuft, unter
dieser über den Augen ein gelblicher Streifen, vom Schnabel
bis zu den Augen ein schwarzbrauner, und unter den gelblich
weißen graugemischten Schläfen abermals ein schwarzbrauner;
die Streifen sind aber nicht so deutlich und dunkel, als an der
folgenden Heerschnepfe; der Hals ist rostgrau mit großen und
kleinen schwarzbraunen Flecken; der Rücken, die Schulter-
und hintern Schwungfedern, so wie die Deckfedern der Flügel
schwarz, rostbraun geschuppt und rostgelblichweiß kantirt, so
daß diese Theile nach dem Rücken zu schwärzlich und rostroth
in die Länge gestreift erscheinen; dabey haben die Deckfedern
noch weiße Spitzen; und die am Rande der Flügel zeigen
aschgraue Schuppen; die Kehle und Mitte des Bauchs weiß;
die Brust, die Seiten des Bauchs und die Schenkel weiß mit
schwärzlichen oder dunkelbraunen, etwas gezackten Wellenlinien; die langen obern und untern Deckfedern des Schwanzes
sind hellrostfarben mit zackigen schwärzlichen Querbinden; die
Schwungfedern schwarzgrau, die erste mit einem weißen

Schafte;

Schafte; der Schwanz winklig zugespitzt, doch nicht so spitz
winklig, wie bey der folgenden Art, rostbraun, am Ende mit
schwarzen Querstreifen und weißer Spitze, nach der Wurzel
zu weiß mit schwärzlichen, immer an Breite zunehmenden
Bändern.

Das Weibchen ist ein wenig größer, sonst dem
Männchen in der Farbe ähnlich, außer daß die Farbe nicht so
dunkel auf dem Rücken, mehr schwarzgrau als schwärzlich, und
die weiße Farbe häufiger vorhanden ist.

Merkwürdigkeiten.

In der Lebensart stimmt diese Schnepfe mit den beyden
folgenden fast gänzlich überein. Sie liebt eben die Verbor-
genheit, steigt auf ihrem Strich, wenn sie von einem Sumpf
zum andern fliegt, hoch in die Luft, fliegt aber, wenn sie aufgestöbert wird, gerader, und nicht so zickzackförmig, wie die
Heerschnepfe, ist also auch leichter zu schießen, besonders da sie
auch langsamer fliegt, lebt und zieht mit ihr gemeinschaftlich,
ob sie gleich wenigstens in Deutschland weit einzelner ist, und
läßt keine Stimme von sich hören, außer dem pfeifenden Ton
der Flügel im Fluge.

Verbreitung und Aufenthalt.

Diese Schnepfe geht hoch bis in die Arktischen Ge-
genden von Sibirien hinauf, und wird in England und
Deutschland allenthalben, wo große Moore und sumpfige
Wiesen, vorzüglich neben Teichen und Seen sind, unter den
Heer- und Moorschnepfen einzeln angetroffen. Auch in
Amerika findet sie sich. Sie zieht früher weg und kommt
später wieder als die folgende, ihr Strich ist also im August

und

und September (vom 10. Auguſt bis zum 10. September am
ſtärkſten) und im April ihr Wiederſtrich. Zu Anfang des
Mays iſt ſie an ihrem eigentlichen Brüteort anzutreffen. Sie
liebt nicht die große Näſſe, wie die Heerſchnepfe, und fällt
daher auch auf trockne Wieſen und Viehtriften, am liebſten
auf tiefliegende Grummet-Wieſen.

Nahrung.

Inſecten, Würmer, Schneckchen, Sumpfwurzeln u. ſ. w.
machen ihre Nahrungsmittel aus. Sie wird im Herbſt ein
wahrer Fettklumpen.

Fortpflanzung.

In feuchten Wieſen, Brüchern, Teich- und Seeufern
findet man das Neſt auf einem Gras- und Binſenſtrauche in
einer Vertiefung, die mit Grashalmen und Geniſt belegt iſt.
Es enthält 3 bis 4 birnförmige, olivenbraune, mit dunkelbraunen Flecken bezeichnete Eyer, die in 16 Tagen ausgebrütet werden.

Feinde.

Krähen, Elſtern und mehrere Raubvögel verfolgen die Jungen, und nehmen auch die Eyer in den Neſtern
aus. In ihnen hauſen auch Fadenwürmer.

Jagd und Fang.

Man ſchießt ſie mit dem Hühnerhunde im Flug, und
fängt ſie auf dem Waſſerſchnepfenherde, in Stecknetzen und Laufdohnen, überzieht ſie mit dem Tyraß
u. ſ. w. Alles wie bey der folgenden Art.

Der Jäger ſchießt dieſe Schnepfe ſehr gern vor dem
Hunde. Sie hat die angenehmſte Witterung für denſelben,

und

und er steht sie daher sehr gern. Gewöhnlich findet man ein
Paar in der Nähe beysammen liegen, nie viel, wie bey der
Heerschnepfe. Daher wenn man eine geschossen hat, so muß
man nahe dabey behutsam auch die andere aufsuchen. Sie
liegen fest, halten den Hund gut ab, streichen gerade aus,
und fallen gleich wieder ein. Schade, daß sie im mittlern
Deutschland nicht so häufig sind, wie an den nördlichen Küsten
und in Preußen *).

Nutzen.

Sie ist unter dem Namen große Becassine und
Pfuhlschnepfe eine delicatere Schnepfe als die folgende.
Ein wahrer wohlschmeckender Fettklumpen.

(207) 3. Die Heerschnepfe **).
(Taf. VII.)

Namen, Schriften und Abbildungen.

Gewöhnlich: Becassine; dann: Schnepfe, gemeine
Schnepfe, Schneppe, Schnepfchen, Schnepflein, Kut-,
Kät- und Kätschschnepfe, Heerd-, Moos-, Sumpf-, Ried-,
Doppel-, Duppel-, Gras-, Bruch-, Haar-, Herrn- und
Fürsten-Schnepfe, Vogel-Casper, Wasserhühnchen, Him-
melsziege, Himmelsgeis, Schnibbe, Haberbock, Haberlämm-
chen, Haberziege, Haarekenblatt, kleine Pfuhlschnepfe und
Becasse.

Scolopax

---

*) Jesters kleine Jagd. II. S. 143.
**) Alte Ausgabe III. S. 110. Nr. (123). 8.

Scolopax Gallinago. *Gmelin Linné* Syſt. I. 2. p. 662.
    n. 7.

Becassine. *Buffon* des Ois. VII. 483. t. 26. Ed. de
    Deuxp. XIV. 250. Ueberſ. von Otto XXVI.
    174. mit einer Figur.

Common Snipe. *Latham* Synops. III. 1. p. 134.
    n. 6. Meine Ueberſ. V. 108. Nr. 6.

Friſch Vögel. Taf. 229.

Naumann's Vögel. III.

Mein ornithol. Taſchenbuch. S. 280. n. 3.

Donndorff a. a. O. S. 1030. Nr. 7.

Kennzeichen der Art.

Der Schnabel iſt an der Spitze breit und mit einer
Rinne verſehen, glatt, nur im Tode mit eckigen Knötchen beſetzt; die Füße ſind grünlich bleyfarben; einige ſchwärzliche
und roſtgelbe Streifen laufen vom Grunde des Schnabels
längs dem Kopfe hin; der Schwanz iſt an der Wurzel
ſchwarz, am Ende orangefarben mit zwey ſchwarzen Querſtreifen.

Geſtalt und Farbe des männlichen und weib-
lichen Geſchlechts.

Dieſe Schnepfe hat ohngefähr die Größe einer Wachtel,
iſt 12 Zoll lang, der Schwanz 2¾ Zoll und die Breite der
Flügel 18½ Zoll *). Sie wiegt 6 Unzen.

Der Schnabel iſt 3 Zoll lang, gerade, dünne, oben wie
eine abgerundete Leiſte von den kleinen ritzenförmigen Naſenlöchern

---

*) Pariſer Maas: Länge 10 Zoll; Breite 16 Zoll.

löchern an, die vor der Stirn stehen bis zwey Drittheil mit
einer tiefen Rinne an den Schnabelkanten weg versehen, diese
Rinne hat ebenfalls der Unterkiefer an der Kante hinlaufend;
die Spitze ist breit, oben hin mit einer Vertiefung versehen,
vorn kegelförmig abgerundet, und etwas vorragend; im Leben
glatt und glänzend, im Tode aber 1 Zoll lang, feilenartig oder
mit lauter eckigen und eyrunden Vertiefungen, die eckige
Knötchen verursachen, besetzt, von der Wurzel an die Farbe
zwey Drittheile lang bleyfarben ins Fleischfarbene spielend,
das übrige gegen die Spitze hinaus schwarz; die Zunge ist
schmal und lang und der Gaumen rauh, wahrscheinlich, daß
die Nahrungsmittel hängen bleiben sollen; der Augenstern
nußbraun; die Füße 1½ Zoll hoch; die Schenkel ½ Zoll lang
nackt; die Mittelzehe 1½ Zoll und die Hinterzehe 5 Linien,
die Zehen ganz gespalten; die ganzen Füße bleyfarben ins
Grünliche fallend, oder vielmehr sehr blaß olivengrünlich, ins
Grauliche schimmernd und in den Gelenken hell aschgrau, und
die Nägel schwarz.

Der kleine Kopf ist auf dem Scheitel schwarz, zuweilen
mit rostfarbenen Federspitzen, oder rostfarben überlaufen; in
der Mitte dieses Grundes läuft eine rostgelbliche schmale Linie
der Länge nach hin; über die Augen ein starker rostgelber
Strich, der vom Schnabel bis zu den Augen geht; die Augenlieder sind weiß; von der obern Schnabelwurzel an hinter den
Nasenlöchern läuft bis hinter die Ohren ein schwarzbrauner
Streifen unter den Augen hin, der unter und hinter den
Augen nicht so deutlich ist, als vorne im Gesicht oder an den
Zügeln; unter diesen weg ein unrein weißlicher, und unter
diesen, also unter den Backen hin noch ein undeutlicher
schwarz-

ſchwarzbrauner, der aber nicht von der Schnabelwurzel, ſon=
dern erſt unter den Augen anfängt. Wenn man daher die
Kopfſtreifen zählt, ſo ſind es 6 ſchwärzliche, nämlich 2 auf
dem Scheitel und auf jeder Seite des Kopfs zwey, und 5 roſt=
gelbe, nämlich einer auf dem Scheitel hin, und zwey auf jeder
Seite des Kopfs. Die Wangen und das Kinn ſind roſtröth=
lich weiß, erſtere mit einzelnen ſchwarzen Puncten; der Ober=
hals dunkelbraun und roſtfarben, geſprenkelt; die Kehle und
der Unterhals ſchwärzbraun und röthlichweißgrau gefleckt, weil
die Federn ſchwarzbraun ſind und nur röthlichweißgraue
Spitzen haben; an der Oberbruſt wird die Spitze der Federn
weit hinein weiß, und hat 2 ſchwarzgraue Querbinden; die
Bruſt und der Bauch ſind weiß; der Oberrücken und die
Schultern ſchwarz mit mehrern abgebrochenen roſtfarbenen
Querlinien und 4 der Länge nach laufenden roſtfarbigen
Streifen, die an den Seiten blaßgelb auslaufen und in der
Mitte ſchwarz ſind und von den ſo gezeichneten äußern Feder=
rändern gebildet werden; der Mittel= und Unterrücken aſch=
grau dunkelbraun gewölkt; die obern Deckfedern des Schwan=
zes weißgrau, roſtgrau und ſchwarz gemiſcht, ſo daß das
Schwarze ſchmale gezackte Querlinien bildet, und ſo lang,
daß die Schwanzfedern nur ½ Zoll vorſehen; die Seitenfedern
und einige Schenkelfedern weiß mit dunkelbraunen ſchönen
Querbinden; die übrigen Schenkelfedern weißgrau; der
After hell roſtfarben dunkelbraun gefleckt und in die Quere
geſtreift; die Flügel ſchwärzlich oder ſchwarzgrau, die größern
Deckfedern und mittlern Schwungfedern mit weißen Spitzen,
die vordern Schwungfedern am dunkelſten, die erſte und
längſte äußerlich mit einem weißen Rand; alle an den Wur=

zeln

zeln die Kiele weiß, die letzten langen Schwungfedern mit
weißlichen und rostfarbenen Querstreifen; die kleineren Deckfedern mit theils weißlichen theils rostgelblichen Spitzen; die
drey obersten Reihen ungefleckt; der obere Flügelrand weiß
und schwarzgrau gesprenkelt; die Unterflügel weiß und schwärzlich gesprenkelt, oder vielmehr weiß mit schwarzgrauen Querbändern, womit besonders die Achselfedern sehr schön bezeichnet sind; die vierzehn Schwanzfedern an der Wurzel schwarz,
nach der Spitze zu hell rostbraun oder orangefarben mit zwey
schwarzen Querstreifen, einem großen und einem kleinen,
welcher letztere zuweilen in zwey gespalten ist.

Das Weibchen sieht am Kopfe und Unterleibe etwas
heller oder weißer aus, und scheint immer etwas größer zu
seyn; besonders sind die schwärzlichen und rostgelblichen Streifen am Kopfe etwas undeutlicher und heller, und der Unterleib ist von der Brust an ganz weiß.

Varietäten.

So zahlreich dieser Vogel ist, so selten findet man doch
Farbenvarietäten von ihm. Ich habe bey der Menge Exemplare, die ich jährlich sehe; da sie $\frac{1}{4}$ Stunde von mir in
großer Anzahl sich befinden, nur in der höhern oder tiefern
Grund- und Kopffarbe einige Verschiedenheiten entdecken
können.

Wahrscheinlich gehört die Finnmärkische Schnepfe
(*Gmelin Linn.* Syst. 1. c. p. 662. N. 38.), die sich bloß
durch den grauen Kopf unterscheidet, hierher.

Besondere Eigenheiten.

Diese Schnepfe ist außerordentlich scheu, und dabey
auch listig. Sie bleibt im Sommer so lange als möglich in
ihrem

ihrem Stande im Graſe auf der Erde niedergetuckt, und ſiehſt,
ob man vor ihr vorbey gehen will; kömmt man ihr aber zu
nahe, ſo fliegt ſie blitzſchnell auf, ſchwingt ſich mit einem
ſchwankenden Fluge hoch in die Luft und fliegt ſehr weit, ehe
ſie ſich wieder wie ein Pfeil gerade herab auf die Erde ſtürzt,
und ſchreyt dabey unaufhörlich dumpf Mäckerä und Käſch,
Kätſch, daher ſie auch an manchen Orten Kät. oder
Kätſchſchnepfe genannt wird. Auf ihrem Zuge aber ſteigt
ſie, wenn ſie aufgeſtöbert wird, nicht in die Luft, ſondern
ſtreicht niedrig heraus, und fliegt in zickzackförmigen Linien nach
einer kurzen Strecke wieder auf den Boden, und ſchreyt dabey
Kät! Kätſch!

Bey anhaltender ſchöner Witterung ſteigt ſie oft an ihrem
Brüteort, oder wo ſie ihren Sommeraufenthalt hat, ſehr
hoch, ſo daß man ſie kaum mehr ſehen kann, taumelt und
ſchwenkt ſich im Fliegen herum und macht alsdann das trau-
rige oben angegebene Geſchrey *), als wenn eine Ziege mit
lauter Stimme meckere; daher der Name Himmelsziege,
(Capella coelestis,) den ihr ſchon die Alten gegeben haben,
entſtanden iſt, und welcher zu allerley Aberglauben Anlaß
gegeben hat. Das Weibchen ſitzt alsdann mehrentheils in
der Gegend auf der Erde, wo ſich das Männchen in der
Luft herum taumelt, lockt hell und leiſe Dicküh! und dieſes
fällt hierauf zu ihm herunter und zwar ſo ſchnell, daß man
es deutlich hören, aber kaum ſehen kann. Auch das Weibchen,

wenn

*) Mit dem Schnabel, und nicht mit den Flügeln, wie man
neuerlich behauptet hat; denn ich habe ſie mehrmalen auf
alten Baumſtrünken, ja auf den höchſten verdorrten Buchen
und Eichen dieſen meckernden Ton von ſich geben hören.

wenn es in der Brütezeit aufgestöhrt wird, steigt hoch in die
Luft, meckert und schießt, wenn die Gefahr vorbey ist, wieder
blitzschnell herab. Wenn diese Schnepfe geht, so geschieht es
sehr schnell, im Grase mit niedergetucktem Kopf, frey aber
mit erhabenem Halse und mit einem stäten Wackeln des Hin-
terleibes. Sie läßt sich auch zähmen und zeigt alsdann ein artiges Betragen. Der Herr von Wildungen hat eine ein
ganzes Jahr mit klar geschnittenem Fleisch in eine flache
Schüssel mit Wasser gethan, erhalten .*).

Verbreitung und Aufenthalt.

Sie bewohnt Europa bis Island hinauf, das nördliche Amerika, geht sogar bis Grönland hinauf und ist
in allen Theilen von Rußland und Sibirien bekannt.
In Thüringen ist sie besonders im Frühjahr und Herbste
gemein, und so in ganz Deutschland, wo es sumpfige
Wiesen, Brücher und breite grasige Wasserufer giebt.

Sie ist ein Zugvogel, zieht im August und September ihrer Nahrung halber von einem Orte zum andern und
im October ganz weg, und kömmt in der zweyten Hälfte des
Märzes und zu Anfang des Aprils wieder. Asien soll ihr
Winteraufenthalt seyn. Doch weiß man auch, daß sie
den Winter über in England sich aufhält, und ich habe
sie sehr vielmal auf der Winterjagd in bergigen Gegenden
an den sumpfigen Stellen und Waldbächen, die warme
Quellen haben, in Thüringen und Franken angetroffen.

Dieß

*) Taschenbuch für Forst- und Jagdfreunde. 1803. und 1804.
S. 59.

Dieß sind vermuthlich diejenigen, welche den Sommer in den nördlichsten Gegenden zubringen.

Am Tage liegt sie in Mooren und sumpfigen Wiesen im Grase hinter den Binsenhügeln (Binsenhörsten, Küsen,) gemeiniglich ganz stille; des Nachts aber besuchet sie offene Pfützen und Teiche. In moorigen, sumpfigen Gegenden ist sie also sehr gemein, wenn sie besonders mit Gebüschen bewachsen, oder Holzungen in der Nähe sind. Da sie in den meisten Gegenden, wo sie ihren Strich hin hat, im August und September in großer Menge, also in großen Heeren vorhanden ist (denn man trifft in solchen sumpfigen Wiesen zur Strichzeit alle Tage Schaaren derselben an) so hat sie wohl daher den allgemeinen Namen: Heerschnepfe.

Nahrung.

Regenwürmer, Schnecken, Insekten und Insekten-larven, besonders die in Scheiden steckenden Larven der Tag-fliegen, sind freylich ihre liebste Nahrung; doch sollen sie auch Getraide, zumal Haber, (daher der Name Haberbock) und weiche Sumpfgraswurzeln, fressen. Ich habe sie auch in den an Sümpfe gränzenden Waldungen, Heidelbeeren genießen sehen.

Ihr Unflath ist flüssig und weiß.

Fortpflanzung.

In Binsen- Schilfhorst- und Grashügel- legt das Weibchen im April und May vier bis fünf schmutzig oliven-grüne, mit grauen und braunen Flecken besetzte Eyer. Sie baut dazu kein künstliches Nest, sondern legt nur einige

Gras-

Gras und Strohhalme zusammen, und brütet die Eyer allein in sechzehn Tagen aus.

Die Jungen laufen aus dem Ey davon, und werden von der Mutter in sumpfige Wiesen geführt und ihre Nahrung selbst zu suchen angewiesen.

An diesen Jungen ist der Schnabel weit dunkler, oben schwärzlich, etwas ins Fleischfarbene spielend, nach der Spitze zu glänzend schwarz; die Streifen am Kopfe sind alle da, nur die hellrostgelbe Farbe ist schwärzlich punktirt und der schwärzliche Streifen unter den Augen ist undeutlich, weil er mit vielem Weiß vermischt ist; im Ganzen ist die dunkle Farbe, die an den Alten mehr schwarzbraun ist, kohlschwarz; sonst sehen die flugbaren Jungen den Alten ganz ähnlich.

Feinde.

Die junge Brut leidet von Kolkraben, Krähen und Elstern, und die Alten werden von Habichten, Weihen, Falken und Füchsen verfolgt. Auch findet man die gemeine Hühnerlaus oft in solcher Menge auf ihnen, besonders wenn sie von einem bekommenen Schuß oder sonst kränkeln, daß sie ganz damit bedeckt sind.

Jagd und Fang.

Sie sind wegen ihres in die Quere zickzackförmigen und schnellen Fluges schwer zu schießen. Doch stellen sich die Thüring'schen Jäger auf ihrem Wegzuge im Herbst an solchen Orten, wo sie im Sumpfe liegen, oder wo sie vorbey ziehen, des Abends an, und schießen sie, weil sie alsdann nicht in die Höhe steigen, im Fluge, oder suchen sie am Tage mit dem Hühnerhunde ab, und schießen sie beym Aufsteigen. Ob sie gleich oft in Menge in einer sumpfigen Wiese liegen, so liegen sie doch nicht in gedrängten Heerden, wie andere Zugvögel beysammen, sondern jede für sich einzeln. Man muß sie kaltblütig ihren Zickzackflug machen lassen, und nur dann erst, wenn sie gerade auszieht, losdrücken, wenn man nicht fehlen will.

Da, wo sie ihre gewissen Gänge in Binsen haben, stellt man ihnen **Schlingen** hin und im Grase **Stecknetze.**

Wenn man des Abends kleine **Schlagnetze** an die Grabenufer legt, und mit frischem Schlamm bedeckt; so kommen sie in der Morgendämmerung, suchen ihre Nahrung, Würmer u. d. gl. in demselben und können leicht gefangen werden. Diese Schlagnetze sind eben so gemacht, wie die zum Entenfange (s. 2. Bd. S. 165 fg.) aber nur den vierten Theil so groß und mit engern Maschen. Man kann hier auch den **Wasserschnepfenherd** (s. rothfüßiger Wasserläufer) anwenden.

Auch wird mit dieser und der vorhergehenden und nachfolgenden Art ein eigner Fang mit **Klebgarnen** angestellt. Man strickt vier Klebgarne, aber etwas enger als zu den Waldschnepfen. Hierzu werden Stangen eingestoßen, an welchen oben Rollen sind. In eine Reihe stellt man zwey Garne und die Oberleinen werden durch die Rollen oben an den Stangen durchgezogen. Die andern Stangen stellt man auf funfzig Schritt weit gerade den erstern gegen über. Die
Garne

Gárne werden ganz herunter bis auf den Bruch oder Sumpf gelaſſen. Alsdenn ſucht man die Stelle von einem Ende gegen die Gárne zu mit Stöberhunden ab. Auf jeder Seite ſitzt ein Mann, der ſich von etwas Schilf einen Schirm ge- macht hat, mit der Oberleine des Garns in der Hand. Wenn nun die Schnepfen nach den Garnen zufliegen, ſo rücken ſie die beyden Männer ſchnell in die Höhe, müſſen aber ſo genau zu Werke gehen, daß die Schnepfen über die erſten Garne, und alſo zwiſchen die Garne hinein fliegen, da ſie denn ent- weder von den vorderſten in die hinterſten oder von den hin- terſten in die vorderſten geſchreckt werden. Dieſer Fang er- fordert freylich etwas Genauigkeit, geht aber immer gut von ſtatten. Man kann die Garne lange brauchen, wenn ſie nur immer wieder getrocknet werden. Der Ort, wor- auf die Garne unten zu liegen kommen, muß auch gut ge- ſäubert, und von Schilf, Binſen u. d. gl. entblößt ſeyn, damit ſie beym Aufziehen nicht hängen bleiben, oder zer- riſſen werden.

Nuten.

Daß ihr Fleiſch (Wildpret) zu den Delikateſſen ge- hört, iſt eine bekannte Sache. Man macht ſie auch, wie die Waldſchnepfen, unausgenommen zu recht.

Ihre meckernden Ziegentöne ſollen Veränderung des Wetters andeuten.

Wenn der Bauer in Island im Frühlinge ſie ihr Ket, Ket! pfeifen hört, ſo hofft er anhaltendes gutes Wetter.

(208) 4. Die Moorſchnepfe *).

Namen, Schriften und Abbildungen.

Gewöhnlich: Haarſchnepfe, kleine Becaſſine, ſtumme
Schnepfe, kleine Schnepfe und Halbſchnepfe; dann: kleine
ſtumme Schnepfe, kleine Mittelſchnepfe, kleinſte Schnepfe,
Moor-, Moos-, Rohr-, Waſſer-, Heer-, Mittel-,
Maus- und Pudelſchnepfe, Haarbull, Haarpudel; Waſſer-
hühnchen, Waſſerſchnepflein und Fledermaus.

Scolopax Gallinula. *Gmelin Linn.* Syst. I. 2. p. 662.
No. 8.

Petite Becassine ou la Sourde. *Buffon* des Ois. VII.
490. Pl. enl. No. 884. Ed. de Deuxp. XIV.
219. Ueberſ. von Otto XXVI. 188. mit einer
Figur.

Jack-Snipe. *Latham* Synops. III. 1. p. 136. N. 8.
Meine Ueberſ. V. 110.

Naumanns Vögel. III. S. 21. Taf. 4. Fig. 4.
Männchen.

Friſch Vögel. Taf. 231.

Mein ornithol. Taſchenbuch. S. 281. No. 4. mit einer
Abbildung.

Donndorff a. a. O. S. 1034. Nr. 8.

Kennzeichen der Art.

Der Schnabel iſt im Tode an der Spitze ſehr fein chagrinirt und ſchwärzlich, an der Wurzel ſtärker und erhabener,

als

*) Die Haarſchnepfe. Alte Ausg. III. S. 120. Nr. (125) 10.
Der Name Haarſchnepfe iſt unſchicklich; deshalb habe ich
ihn mit einem andern vertauſcht.

als bey beyden vorhergehenden Arten und ſchmutzig gelb; die Füße ſind grünlich blaßgrau. Der Scheitel ſchwarz, auf beiden Seiten ein roſtfarbener, durch eine ſchmale ſchwarze Linie in zwey Theile getheilter Streifen; die Zügel ſchwärzlich; der Schwanz an den zwey mittlern Federn ſchwarz mit hellbrauner Spitze, an den übrigen braunſchwarz mit roſtbraunen Rändern.

Geſtalt und Farbe des männlichen und weiblichen Geſchlechts.

Dieſe kleine Schnepfe, die auch ſtumme Schnepfe heißt, weil ſie keinen merklichen Laut von ſich giebt, iſt etwas größer als ein Feldlerche und etwas kleiner als eine Roth=droſſel, acht und drey Viertel Zoll lang, der Schwanz ein und drey Viertel Zoll; die Flügel ſind ausgeſpannt vierzehn und einen halben Zoll breit *) und reichen zuſammengelegt faſt bis auf die Schwanzſpitze. Sie wiegt vier Unzen.

Der Schnabel iſt ein und drey Viertel Zoll lang, an der Wurzel ſtärker und erhabener, als an den beyden vorher=gehenden Vögeln, der Mittel = und Heerſchnepfe, auf dem Rücken ſcharf, vorn mit einer tiefen Rinne, platter als an der Mittelſchnepfe und im Tode ſehr fein chagrinirt, an der Spitze ſcharf abgerundet und ſchwarz, der Rücken oben gelb=lich und der Unterſchnabel an der Wurzel grünlichgrau. Die Augen liegen hoch, ſind dunkelbraun und die Augenlieder gelblich eingefaßt; die Naſenlöcher ſind klein und länglich eyrund; die Zunge iſt lang, ausgehöhlt und ſcharf zugeſpitzt; Die Füße ſind vorn und hinten geſchildert, an den Seiten

und

*) Par. Ms.: Länge 8 Zoll; Breite 13 Zoll.

und über den Zehen netzförmig, grünlich hellgrau, die Klauen
schwarz, die Schenkel fünf Linien weit nackt, die Fußwurzel
ein Zoll hoch, die Mittelzehe funfzehn Linien und die hintere
drey Linien lang, alle Zehen völlig getrennt.

In Rücksicht der Farbe unterscheidet sich diese Schnepfe
von den andern ähnlichen durch die dunklere Rückenfarbe,
und besonders den entenhälsigen und Purpur ? Glanz des
Schwarzen.

Der Scheitel ist schwarz, etwas rostfarbig überlaufen
oder gefleckt; oder wenn man lieber will, von der Stirn an
bis zum Nacken geht ein breiter schwarzer, rostfarben über-
laufener oder gefleckter Streifen; über die Augen hin läuft ein
breiter rostgelber Streifen, der in der Mitte durch einen
kürzern schwarzen gleichsam in zwey getheilt wird; die Zügel
sind schwärzlich und von dem untern Schnabelwinkel läuft
bis zu den Schläfen noch ein etwas gekrümmter schwärzlicher,
rostfarben gefleckter Streifen, der sich in der Gegend der
Schläfe in einen dergleichen Fleck verwandelt; die Seiten
des Kopfs und die Kehle sind weiß, schwärzlich und roth-
farben gesprenkelt; der Oberhals ist dunkel rostfarben, schwärzlich und weiß gesprenkelt; der Oberrücken und die Schultern
haben lange, bis auf die Mitte des Schwanzes reichende zugespitzte Federn, die im Grunde schwarz grün und purpur-
glänzend sind, halbmondförmige rostbraune Querstreifen,
und an der Außenseite einen rostgelben Rand haben, der an
den Seiten des Rückens hin zuweilen nur zwey, manchmal
aber auch vier (je nachdem sich die Federn legen) Längsstreifen
bilden; der Mittel = und Unterrücken sind schwarz mit Grün-
und Purpurglanz und weißen Federrändern; die Steißfedern
sind

sind schwarz, außen mit einem rostgelben Streifen und auf
der innern Fahne mit unordentlichen rostrothen Querflecken;
der Unter = und Seitenhals ist weiß, schwärzlich und rost=
farben gemischt, nach der Brust zu nimmt die Rostfarbe zu,
die Seiten der Federn sind weiß und in der Mitte ein schwar=
zer Strich, und zur Seite der Brust stehen lange, schwarze,
rostbraune in die Quere gestreifte Federn; der übrige Unter=
leib ist weiß, am After etwas rostfarben gefleckt, und mit
einem kleinen schwarzen Strich in der Mitte der Federn; die
Seiten des Bauchs sind schwarz mit feinen weißen Kanten,
und die Federn alle fein geschliffen; zur Seite der weißen
Schenkel stehen längliche schwarze, weiß geränderte und rost=
braun gestreifte Federn; die Schwungfedern sind schwärzlich,
die erste ist vorne bis fast zur Mitte weiß gerandet, von der
vierten an haben sie alle weiße Spitzen, und die mittlern,
welche eckig zugespitzt sind, haben große weiße Spitzen, die
ins Grauliche bis zum Schwärzlichen übergehen, nur die
langen hintersten Schwungfedern sind auf der innern Fahne
schwarzgrau, auf der äußern aber der Länge nach unordentlich
schwarz und rostfarben gestreift; die Deckfedern der Flügel
sind dunkler als die Schwungfedern, alle weiß gerändert,
und die zwey Reihen große, von der Mitte der Flügel an
nach der Wurzel zu, rostbraun in die Quere gestreift; der
keilförmig zugespitzte Schwanz hat sehr weiche Federn, die
zwey äußern sind schwarzgrau, auf der äußern Fahne mit
einem blaß rostrothen Längsstreifen, die zwey mittelsten von
der Mitte an auf beyden Seiten unordentlich rostroth in die
Quere gefleckt, und rostroth ausgespitzt, die übrigen aber
nur auf der äußern Fahne rostroth gefleckt, doch auch rost=

roth

roth zugespitzt, und alle haben an der Spitze einen seinen
weißen Punkt; die Unterflügel sind grau; die Deckfedern mit
breiten weißen Kanten, und zwey Achselfedern sind sehr lang,
weiß, nur mit 2 — 3 grauen Flecken besprengt.

Die Federn sind sehr fein, und ihre Farben zieren diese
Schnepfe ungemein.

Eigenheiten.

Ob sie gleich so scheu ist, wie die mehresten Schnepfen,
so flieht sie doch den Jäger nicht von weiten, sondern ver-
birgt sich nur vor ihm zwischen den Binsen und andern
hohen Sumpfpflanzen, läßt ihn so nahe kommen oder liegt so
fest, daß er sie fast mit dem Fuße berührt, und fliegt alsdann
zickzackförmig und so blitzschnell auf, daß er erschrickt, und
nicht hurtig und sicher genug sein Gewehr nach ihr abfeuern
kann. Sie fällt aber gewöhnlich auf einer kurzen Entfernung
wieder ein. Ob man sie gleich stumm nennt, so hat doch
Herr Naumann beym Herausfliegen den Ton Kitz! von
ihr gehört, wovon ich aber nie etwas vernommen, wohl
aber das Schwirren der Flügel bemerkt habe.

Verbreitung und Aufenthalt.

Sie kömmt in Europa, Amerika und in Asien
bis nach Syrien vor. In Deutschland gehört sie
schon unter die etwas seltnern Vögel.

Sie hält sich in Mooren, Sümpfen und in den Brüchern und Wiesen, die um die Teiche und Seen herum liegen,
auf. Im Spätsommer und Frühjahr trifft man sie einzeln
unter den Heerschnepfen an. Sie kömmt als Zugvogel in der
Mitte des Märzes an, streicht im August und September

ber herum, und zu Ende des letzten Monats und im Anfang
des Octobers ganz weg. In einigen Gegenden, z. B. am
Bodensee, ist sie auf dem Strich im Spätsommer so häufig,
wie die vorhergehende.

Nahrung.

Die Nahrung besteht aus allerhand Insekten und Gewürmen, die sie im Schilfe, Riedgrase, in Pfützen und
Morästen aufsucht; auch findet man Gras und Graswurzeln
in ihrem Magen.

Fortpflanzung.

Vier bis fünf grüngelbe, dunkelbraun gefleckte Eyer findet
man von ihr in einem Binsen- oder Grasstrauche mitten in
Mooren und Sümpfen.

Feinde.

Die Rohr- und Kornweihen stellen Alt und Jung
nach; eben so gehen die Krähen und Elstern nach den
Eyern. Auch den Nachstellungen des Fuchses und des Iltisses
sind sie unterworfen.

Jagd.

Man trifft diese Schnepfe fast immer nur einzeln an,
und muß sie daher durch den Hühnerhund am Tage auftreiben, oder des Abends im Mondscheine, wenn sie aus dem
Bruche fliegt, im Fluge erlegen. Wenn man nach andern
Schnepfen jagt, so schießt und fängt man gewöhnlich auch
diese.

Nutzen.

Das Fleisch wird für sehr delikat gehalten. Lecker-
mäuler sagen, sie habe das köstlichste Schnepfenwildpret,
welches sie aber von noch mehreren Sumpfvögeln sagen.

Sieben

Sieben und vierzigste Gattung.
Wasserläufer. Totanus.

Kennzeichen.

Der Schnabel ist ohne tiefen Einschnitt im Kopf, weich, rund, dünn, lang (zweymal so lang als der Kopf), etwas herab oder hinaufwärts gebogen, ohne höckrige, aber mit harter Spitze.

Die Nasenlöcher sind schmal.

Die Zunge ist kurz und spitzig.

Die Augen sind mittelmäßig und liegen in der Mitte des Kopfs.

Die Füße sind hoch, über der Ferse weit an dem Bein hinauf nackt; die Zehen getrennt, doch zwischen der Mittelzehe und der äußern eine kleine Spannhaut an der Wurzel; die Hinterzehe kurz und hochsitzend.

Die Nahrung, welche diese Vögel am Tage am und im Wasser suchen, besteht in Insekten und Würmern. Sie speyen die unverdaulichen Dinge in Ballen, wie die Raubvögel, weg. Sie drücken sich nicht nur vor ihren Feinden an einen Stein oder Grasstrauch an, sondern laufen auch oder fliegen davon *).

Ich

---

*) Diese Gattung läuft eigentlich mit der vorhergehenden, noch mehr aber mit der folgenden zusammen, doch glaube ich, daß sie die von mir angegebenen Kennzeichen hinlänglich von einander sondern sollen. Wer nicht in einer wasserreichen Gegend wohnt, für den hält es schwer, die Naturgeschichte der so sehr verwandten Vögel gehörig zu ordnen, zu unterscheiden, und mit neuen Ansichten zu bereichern. Ehedem,

bevor

Ich kenne eilf Arten. Diese theilen sich auf eine natürliche Art in zwey Familien:

a. Mit an der Spitze etwas abwärts gebogenem Schnabel.

(209) 1. Der gefleckte Wasserläufer *).
Totanus maculatus, mihi.

Namen, Schriften und Abbildungen.

Gefleckte und bunte Pfuhlschnepfe, Strandschnepfe, gefleckte Strandschnepfe, große rothfüßige Schnepfe, großer Rothschenkel, Rothbein, bunte Uferschnepfe, gefleckte Schnepfe, Meerhuhn.

Scolopax Totanus. *Gmelin Linn.* Syst. I. 2. p. 665. No. 12, β.

Spot-

bevor noch der Schwanensee bey Erfurth und der Hermannsfelder bey Meiningen ausgetrocknet waren, fand man an denselben fast alle deutsche Sumpfvögel; denn da in der ganzen Gegend kein großes Gewässer war, so fielen sie hier auf ihrem Strich alle ein, ja sie wählten, wenn sie nach Süden zogen, allezeit diese Ruheplätze. Jetzt haben sie die ganze Straße verändert, und ich treffe die, welche ich kenne, bloß noch an den Ufern der Werra und an den großen Teichen, die im Werragrunde liegen, an. Bey Gotha ist der Siebleber Teich noch ein solcher Rastpunkt. Die in dieser und den beyden folgenden Gattungen weniger gemeinen Vögel werde ich also nicht so genau und vollständig beschreiben können, als ich wohl wünschte, und der Leser wird mit dem zufrieden seyn müssen, was er hier findet. Ich gebe was ich kann und habe, und wünsche selbst, mehr geben zu können.

*) Die Strandschnepfe. Alte Ausg. III. S. 123. N. (126) 11. Nicht genau genug.

Spotted Snipe. Arct. Zool. No. 374. Ueberſ. von
　　Zimmermann. II. S. 434. N. 291.

— 　— Latham Syn. III. 1. p. 149. N. 19.
　　Var. A. Meine Ueberſ. V. 126. Var. A.

Naumanns Vögel. III. S. 36. Taf. 8. Fig. 8.
　　Männchen.

Meine getreuen Abbildungen naturhiſt. Gegenſtände. IV.
　　Taf. 55.

Tengmalm, neue Schwed. Abhandl. IV. S. 86.

Kennzeichen der Art.

Der Schnabel iſt lang, an der Spitze merklich gebogen,
die Füße ſind blutroth; die Hauptfarbe ſchwärzlich, mit kleinen weißen Flecken; Bruſt, Bauch und Rücken weiß, mit
dunkelbraunen Querflecken an beyden erſtern; der Steiß und
Schwanz mit ſchwärzlichen und weißen klaren Binden.

Geſtalt und Farbe des männlichen und weib- lichen Geſchlechts.

Er hat ohngefähr die Größe einer Taube, iſt 14½ Zoll
lang, wovon der Schnabel 2 Zoll 7 Linien, und der
Schwanz 3 Zoll hält. Die Breite iſt 23 Zoll breit *), und
die Flügel legen ſich am Ende des Schwanzes zuſammen.

Der Schnabel iſt lang, dünn, an den Seiten etwas
gedruckt, von der Wurzel an an beyden Kinnladen eine Sei-
tenrinne, wovon die untere länger, und die obere, in welcher
die ritzenförmigen Naſenlöcher liegen, kürzer, 1 Zoll lang
iſt, von den Ritzen nach vorn zu die Ränder der Kinnladen

　　　　　　　　　　　　　　　　　　　　　ein-

*) Par. Ms.: Länge 13 Zoll; Breite faſt 21 Zoll.

einwärts abgerundet, der Schnabel allmählig, doch nicht
ganz scharf zugespitzt, der Oberkiefer etwas vorstehend und
schon vor der Spitze etwas herunterwärts sich beugend, welches auch der Unterkiefer thut, dessen Spitze sich aber vor der
Spitze des Oberkiefers wieder in die Höhe zieht, die Farbe
schwärzlich und glänzend; an der Wurzel des Unterkiefers bis
zur Mitte roth, und die Nasenritzenhaut schwarzgrün; der
Augenstern dunkelbraun, an den blutrothen hohen Füßen der
nackte Theil über dem Knie 1½ Zoll, die Fußwurzel - Zoll
3 Linien hoch, die mittlere Zehe 1¾ Zoll und die hintere
4 Linien lang, die äußere und mittlere durch Haut verbunden, welche man nach der innern zu kaum bemerkt, die Nägel
fein, dünn, schwarzbraun glänzend.

Auf den ersten Anblick sieht der Vogel auf dem Oberleibe schwärzlich und klar unordentlich weiß gefleckt aus, am
Unterleibe aber grau und weiß unordentlich unter einander gewellt und gemischt, so daß man keine Farbe für die Grundfarbe ansprechen kann.

Einzeln betrachtet aber zeigt der Vogel folgende Farben.
Der Oberkopf und Oberhals sind schwarzbraun, ersterer weniger, letzterer mehr mit schmutzig weiß besprizt oder beschmizt;
der Oberrücken, die Schulterfedern und Deckfedern der Flügel sind schwärzlich oder dunkelbraun mit einem schwachen
olivengrünen Seidenglanz überzogen und mit rundlichen,
länglichen und eckigen klaren weißen Flecken bestreut, indem
an den Seiten und Spitzen der Rücken- und Schulterfedern
eckige und längliche und durch die weiße Einfassung der Flügeldeckfedern rundliche Flecken gebildet werden; die vordern
Schwungfedern sind eben so wie ihre Deckfedern schwärzlich,

die

die letztern nur sehr fein graulichweiß gesäumt, und die erstern
nach innen weiß auslaufend, welches Zackenflecken bildet und
auch dunkelbraune Spritzungen und Sprenkeln zeigt; die erste
Schwungfeder hat außerdem noch einen weißen Schaft,
welcher an der zweiten röthlichweiß und bey den folgenden
röthlichbraun wird; von der siebenten Schwungfeder an
werden alle mittlern dunkelbraun und weiß in die Quere
gestreift, doch gehen die weißen Streifen nicht über den
Schaft durch; die langen hintersten Schwungfedern haben
die Grundfarbe der Schulterfedern und auch an den Seiten
kleine dreyeckige weiße Flecken; die langen Achselfedern sind
weiß, nur einige an den Spitzen mit dunkelgrauen Querlinien; eben so sind die Deckfedern der Unterflügel weiß, die
kleinen am Rande aber weiß und dunkelbraun in die Quere
gestreift; der Mittelrücken ist bis zur Hälfte des Steißes
weiß, daher auch bey zusammengelegten Flügeln immer zwischen den Flügeln ein weißer Streifen auf dem Rücken durch-
schimmert, und im Flug der Vogel auf dem Rücken auffallend weiß erscheint; die untern Steiß- oder Bürzelfedern
und die mittelmäßigen Deckfedern des Schwanzes sind dunkelbraun und weiß in die Quere gestreift, so aber daß das Weiße
allezeit, obgleich zuweilen mehr, zuweilen weniger die schmälsten und am Schafte abgebrochenen Linien zeigt; der zugespitzte Schwanz ist schwärzlich mit schmalen weißen in der
Mitte abgesetzten und nicht gerade durchgehenden weißen
Querlinien (ich zähle ihrer zwölf an der Zahl), die auf den
mittlern Federn und auch an den äußern Fahnen der übrigen
ins Röthlichgraue übergehen, an den Kanten aber allezeit einen
hellweißen deutlichen dreyeckigen Flecken bilden; vom Schna-

bel

bel bis zu den Augen, und auch darüber hin bis an die
Schläfe geht ein weißer Streifen, der aber über den Augen
dunkelgrau gesprenkelt ist; von dem Schnabelwinkel bis zu
den Augen ein dunkelbrauner; die Wangen weiß mit dunkelbraun getüpfelt und nach den Schläfen zu gefleckt; die Kehle
weiß; die Gurgel weiß und dunkelbraun gemischt; der ganze
übrige Unterleib weiß mit dunkelbraunen Querflecken durchzogen, die an den Seiten und an den langen Deckfedern unter
dem Schwanze am einzelnsten, deutlichsten und regelmäßigsten
stehen, an der Brust und am Oberbauche aber so in einander
laufen, daß man äußerlich nicht sagen kann, welches die
Grundfarbe ist; wenn man nicht die Federn aufhebt, und
dann die weiße Hauptfarbe sieht.

Das Weibchen ist etwas größer; sonst wenig verschieden, doch bemerke ich an zweyen Exemplaren, daß der
Oberleib mehr dunkelbraun, als schwärzlich ist, auch der
olivenfarbene Schimmer stärker ist, ja auf die Seite gelegt,
den Vogel ganz olivenbraun macht; der Unterleib schmutziger weiß und deutlicher braungrau gewellt ist. Doch sind
dieß vielleicht jüngere Vögel und es ist, wie Naumann
sagt, mit Recht kein Unterschied zwischen alten Männchen
und Weibchen zu bemerken.

Ich habe diesen Vogel jährlich Gelegenheit zu sehen,
indem er auf seinen Vor- und Rückwanderungen sich allzeit
an den großen Teichen im Werragrunde niederläßt, und da
habe ich denn überhaupt weiter keinen Farbenwechsel bemerkt,
als daß die Hauptfarbe am Oberleibe schwarz, schwärzlich,
dunkelbraun, mit und ohne grünen Glanz, und bey jungen
Vögeln, die sich vielleicht noch gar nicht gemausert haben,

dunkel-

dunkelbraun, und am Unterleibe weiß mit mehr oder weniger deutlichen dunklen Wellenlinien ist. Die weißen Flecken
auf dem Oberleibe sind dann allzeit da, und variiren bloß in
der höhern oder geringern Reinheit *). Er kann also, meiner Einsicht nach, so leicht nicht verwechselt werden, und
doch ist es von Linné an bis fast zu allen Schriftstellern
geschehen; so daß man eigentlich gar nicht weiß, wie man
mit Linnés Strandschnepfe dran ist, und ich habe mich genöthigt gesehen unter der zweyten Familie, und vorzüglich
auf Büffons Beschreibung und Figur mich stützend, sie
besonders zu beschreiben. Sicher gehören aber zu unserm
Vogel, den auch Naumann sehr richtig beschrieben und
abgebildet hat, Pennants geflekte Schnepfe (the
spotted Snipe), ob er sie gleich bloß als eine Bewohnerin
von Nordamerika angiebt. Er beschreibt sie so: Ihre
Länge ist sechzehn Zoll. Der sehr dünne Schnabel ist etwas
über zwey Zoll lang, die Beine sind lang und am lebendigen
Vögel hochgelb, zuweilen roth; Augenkreise, Kinn und
Kehle sind weiß; eine weiße Linie geht vom Schnabel nach
den Augen; Wangen und untere Seite des Halses sind weiß
mit kurzen dunkelbraunen Streifen; Scheitel und Obertheil
des Halses braun mit weißen Strichen; Deckfedern der Flügel, vordere und hintere Schwungfedern und Schultern
schwarz mit schönen dreyeckigen weißen Flecken; Schwanz
schwarz und weiß gestreift; Brust und Bauch weiß.

Diese

---

*) Im Kabinette finde ich, daß die rothen Füße, die im Leben
    zuweilen hochroth, zuweilen orangenroth sind, gleich matt-
    gelb werden, und eben so die Schnabelwurzel.

ʰ ᵇ Diese Schnepfe kömmt im Frühjahr nach der Hudsonsbay, frißt kleine Schaalthiere und Würmer, und hält sich an den Ufern der Flüsse auf. Sie heißt daselbst bey den Eingebohrnen, wegen ihrer Stimme, Sa-sa-schuh.

Herr Latham sagt, daß er ein Exemplar aus Hudsonsbay bekommen habe, welches er nur dem Geschlechte nach verschieden halte. Der Schnabel an derselben ist zwey und einen halben Zoll lang und braun; die Beine gelblichbraun; der ganze Vogel stärker gefleckt; an dem Kopf weniger Weiß, als an dem oben beschriebenen; die Flecken auf den Flügeln sehr deutlich; aber die vordern Schwyngfedern dunkelbraun und nicht gefleckt.

Tengmalm (a. a. O.) beschreibt diesen Wasserläufer ebenfalls:

Der Schnabel ist sehr lang, dünn, die Spitze, die obere Kinnlade nach derselben zu ein wenig niedergebogen, die untere nach der Wurzel zu fleischfarben; die Nasenlöcher strichförmig, die Augenbraunen weiß; Kopf und Hals braunschwarzgrau mit kleinen weißen Wellen; der Rücken braunschwarz und weiß gefleckt; die Flügel oben schwarz, braunschwarz und weiß gefleckt; der Bürzel weiß; die Brust dunkelaschgrau weiß und braunschwarz gefleckt; die kurzen Schwanzfedern stumpf, braunschwarz mit weißen Binden; der hinterste Nagel sehr kurz.

Auf der Insel Altmare-Stäck in Upland.

Merkwürdige Eigenschaften.

Diese Schnepfe schreyt in ihrem Fluge stark: Tait, tait! in der Angst: Gätsch, Gätsch! und wenn sie sich

setzen will, wie Herr Naumann bemerkt, Kick und Kack!
läuft außerordentlich geschwind mit ihren langen Füßen, ver=
steckt sich nicht, wie die andern Schnepfenarten, sondern ent=
läuft entweder ihrem Feinde, oder fliegt mit Geschrey davon.
Sie schwimmt auch wie die meisten ihrer Gattungsverwand=
ten in dem seichten Wasser, wenn sie ihre Nahrung nicht
bloß watend erreichen kann, und taucht dann tief mit dem
Kopfe unter.

Verbreitung und Aufenthalt.

Der Norden von Europa und Amerika scheint
die Sommerheymath dieses Vogels zu seyn. In Deutsch=
land trifft man ihn im August bis in die Mitte des Octobers
in kleinen Flügen von 8 bis 16 Stück, auch wohl, vorzüg=
lich im August, einzeln an den bloßen Ufern der Flüsse,
Seen und Teiche an. Auf ihrem Rückzuge sind sie zu Ende
des Märzes und Anfangs Aprils begriffen. Schilf und
Rohr lieben sie nicht, allein rasige so wie sandige Ufer,
auch abgegraste Inseln. An dem Siebleber Teich bey Gotha
werden fast alle Jahr vom Anfange des Septembers an bis in
die Mitte des Octobers kleine Heerden auf ihrem Striche an=
getroffen. Sie ziehen bey Tage, auch wenn windige und
regnerige Witterung einfällt des Nachts, wie man an ihrem
Geschrey bemerkt. Sie schlafen dicht am Wasser.

Nahrung.

Ihre Nahrung besteht in Wasserinsecten, welche sie am
Ufer suchen, nach welchen sie mit ihren langen Beinen ins
Wasser waten, auch wohl gar schwimmen. Auch Fröschchen
und Froschlarven sollen sie fressen. Herr Naumann hat
auch

auch einen solchen Wasserläufer in der Stube an ein Universalfutter gewöhnt, und dieser hat ihm durch sein artiges Betragen und seine sonderbaren Stellungen Vergnügen gemacht.

Fortpflanzung.

Hiervon ist zur Zeit noch nichts bekannt; nur so viel weiß man von den Jungen, daß ihr Nestkleid blässer ist, als ihr Hochzeitgewand.

Feinde.

Dieß sind diejenigen Weihen und Falken, die nach Sumpf- und Wasservögeln stoßen. Wenn sie daher einen gewahr werden, so drücken sie sich platt an den Boden nieder.

Jagd und Fang.

Diese Vögel sind zwar weniger scheu, als andere Ufervögel, doch muß man sich verbergen können, um sie mit dem Schießgewehr zu erlegen. Sie verlassen im Herbst den Teich nicht leicht, an welchem man sie antrifft, ohngeachtet man unter sie schießt. Auf dem Wasserherde ist ihr Fang einträglich.

Nutzen.

Man schätzt das Fleisch oder Wildpret dieser bunten Pfuhlschnepfe, wie sie die Jungen nennen; doch habe ich es etwas wildernd gefunden, welches aber freylich für manche Personen ein Wohlgeschmack ist.

Deuxp. XIV. p. 291. N. 7.   Pl. enl. No. 875.
Ueberſ. von Otto XXVI.   S. 253. mit einer
Abbildung.

Limosa fusca. *Brisson* ornith. V. p. 276. t. 23. F. 2.

The dusky Snipe. *Latham* Syn. III. 1. p. 155. N. 30.
Meine Ueberſ. V. S. 126. No. 30.

Friſch, Vögel. Taf. 236.

Mein ornith. Taſchenbuch. S. 286. N. 3.

Donndorff, a. a. O. S. 1023. Nr. 5.

Kennzeichen der Art.

Mit langem ſchwarzen, an der Spitze merklich gekrüm-
ten Schnabel, braunen Füßen, ſchwärzlichem, weißlich gefleckten Oberleibe, und aſchgrauem Unterleibe.

Beſchreibung.

Ich halte dieſen Vogel für meinen gefleckten Waſſerläufer, und wer meine Beſchreibung mit Büffons
Figur vergleicht, der wird finden, daß ich mich wenigſtens
in dieſer Vergleichung nicht irre. Andere beſchreiben den
Vogel faſt auf eben dieſe Art, und es hindert nichts ihn für
jenen

jenen zu halten, außer die braunen Füße. Allein wie leicht
schießet die Farbe der nackten Füße im Tode und im Kabinett
nicht ab. Ich will die bekannten Beschreibungen zur weitern
Vergleichung hierher setzen.

1. Die braune Uferschnepfe (Barge brune)
Büffons. Sie hat den Wuchs seiner bellenden Uferschnepfe (Barge aboyeuse, Pl. enl. No. 876.), der
Grund ihrer Farbe ist dunkelbraun und schwärzlich, das durch
kleine weiße Linien erhoben wird, womit die Hals- und
Rückenfedern gesäumt sind, und wodurch sie angenehm schat-
tirt oder geschuppt erscheinen; die mittlern Schwungfedern
und ihre Deckfedern sind gleichfalls am Rande weißlich eingefaßt und mit solchen Tüpfelchen versehen; ihre ersten
Schwungfedern zeigen äußerlich nur ein einförmiges Dunkelbraun, und die Schwanzfedern sind dunkelbraun und weiß
gestreift. (Eine unvollkommene Beschreibung; die Abbildung
ist deutlicher.)

2. Briffons braune Uferschnepfe (Limosa
fusca oder Barge brune) ist $11\frac{1}{4}$ Zoll (Par. Ms.) lang; der
Schnabel $2\frac{1}{3}$ Zoll; der Schwanz $2\frac{2}{3}$ Zoll; der nackte Theil
über den Knien $18\frac{1}{2}$ Linie; die mittlere Zehe $1\frac{5}{12}$ Zoll; die
hintere $4\frac{1}{2}$ Linie; die Flügelausbreitung $1\frac{7}{12}$ Fuß 3 Linien.
Der Schnabel ist schwarz außer der weißlichen Wurzel des
Unterkiefers (wahrscheinlich im Kabinett statt roth); das Ende
des Schnabels ein wenig niedergebogen; die Füße dunkelgraubraun. Der Oberleib ist graubraunschwärzlich mit weißlichen Federrändern; der Unterleib dunkelaschgrau und weißbunt; der Bürzel weiß; die Schwungfedern der ersten Ordnung oben dunkelgraubraun, inwendig zum Theil weißlich mit

grau-

graubraunen Flecken, die folgenden graubraun und weiß in
die Quere geſtreift, die nächſten am Leibe braunſchwärzlich
mit weißen Flecken am Rande; die beyden mittelſten Schwanzfedern braunſchwärzlich mit weißlichen Querſtreifen, die Seitenfedern ſchwarzbraun mit weißen Querſtreifen.

Sie lebt am Meeresufer in Europa und zieht nach
Rußland und Sibirien.

3. **Lathams dunkelbraune Schnepfe** (Dusky
Snipe) mit welcher **Pennants** Beſchreibung (Arct. Zool.
No. 6.) übereinſtimmt. Ihre Länge iſt faſt 12 Zoll.
Ihr Schnabel iſt 3½ Zoll lang, an der Spitze etwas abwärts
gebogen, ſchwarz, und die Wurzel der untern Kinnlade blaß;
das Gefieder an den obern Theilen des Körpers dunkelbraun
und die Ränder der Federn weißlich; der Scheitel am dunkelſten und einfärbig; die Schulterfedern und die kleinen
Deckfedern der Flügel an den Rändern mit weißlichen Flecken
bezeichnet; Unterrücken und Steiß weiß; Wangen, Kehle
und Vorderhals dunkelaſchfarben, von hier an bis zum After
herrſcht die nämliche Farbe, wird aber lichter, ſo wie ſie ſich
dem After nähert und hier und da haben die Federn eine
weiße Miſchung und weiße Ränder; die Schwungfedern ſind
braun, inwendig am hellſten, am äußern Rande und einige
der kürzern an beyden Fahnen grau gefleckt; die zwey mittlern Schwanzfedern dunkelbraun mit weißlichen Querſtreifen,
die andern braun und eben ſo weiß geſtreift; die Füße braun.

Sie brütet innerhalb des arktiſchen Kreiſes und wandert nach Rußland und Sibirien.

4. **Friſch's hochbeiniger grau** (?) **und weiß
marmorirter Sandläufer.** Taf. 236.

Er

Er ist 13 Zoll lang; der Schnabel $2\frac{1}{2}$ Zoll lang, gerade, an der Wurzel stark, oben schwärzlich, unten nach der Wurzel zu roth; die Füße sind braungelb; der nackte Theil der Schenkel 8 Linien, die Füße 3 Zoll hoch, die mittlere Zehe 1 Zoll 6 Linien und die hintere 5 Linien lang. Kopf und Hals sind schwärzlich mit weißgrauen Federrändern; der Rücken, die Schulterfedern und die letzten Schwungfedern ebenfalls schwärzlich mit weißer Einfassung und halben weißen Querstreifen; die Deckfedern der Flügel dunkelaschgrau, hell gerändert; der Unterleib nach dem Bauch zu heller auslaufend; Bauch, Schenkel und After weiß, mit dunkeln Querbinden; die Schwungfedern schwarz, die ersten mit weißem Schafte, alle an der Spitze weiß gerändert; der Schwanz schwärzlich und weiß gestreift und an der Spitze weiß. Was Graues sehe ich an der Frisch'schen Figur nicht. Sie ist statt grau, schwärzlich, und der Fußfarbe sieht man es an, daß sie roth gewesen ist, denn so schießt die rothe Farbe in Kabinetten ab.

Merkwürdigkeiten.

Dieser Vogel soll innerhalb des arktischen Kreises brüten und nach Rußland und Sibirien wandern. Ich kenne ihn als einen Deutschen, und namentlich als einen Thüringischen und Fränkischen Vogel und habe ihn so wie mehrere meiner Freunde geschossen; allein wenn ich die bekannten Beschreibungen und Abbildungen von ihm vergleiche, so kann ich ihn für nichts weiter als den vorhergehenden Wasserläufer halten.

(211) 3. Der rothfüßige Wasserläufer *).

Totanus Calidris, mihi.

(Taf. XX.)

Namen, Schriften und Abbildungen.

Rothfüßige Schnepfe, Rothfuß, Rothbein, kleiner Rothschenkel, Dütchen, Tütschnepfe.

Scolopax Calidris. *Gmelin Linn.* Syst. I. 2. p. 664.
n. 11.

? Tringa Gambetta. — — — — p. 671.
n. 3.

Le Chevalier à pieds rouges. *Buffon des Ois.* VII.
p. 513. Pl. enl. No. 845. Ed. de Deuxp. XIV.
249. Ueberf. von Otto. XXVII. S. 12. mit einer
Abbild. und einem Ey.

The Redshank. *Latham Syn.* III. 1. p. 150. n. 20.

Meine Ueberf. V. 121. Nr. 20.

Frisch Vögel. Taf. 240.

Naumanns Vögel. III. S. 43. Taf. 9. Fig. 9.

Mein ornithol. Taschenb. S. 284. Nr. 2.

Donndorff a. a. O. S. 1038. Nr. 11.

Kennzeichen der Art.

Der Schnabel ist mittelmäßig lang, an der Wurzel hochroth und an der nur wenig abwärts gebogenen Spitze schwarz;
die hohen Füße brangefarben; die Schwungfedern der zweyten
Ordnung an den Spitzen und die Unterflügel weiß; der
Schwanz weiß mit vielen schwarzen Querbinden.

Gestalt

Gestalt und Farbe des männlichen und weiblichen Geschlechts.

Dieser Vogel hat viel Aehnlichkeit mit dem Gambett-Strandläufer (Tringa Gambetta), vielleicht daß gar nur ein und eben derselbe Vogel bey Linné und Büffon gemeynt ist. Herr Professor Otto, der diese Vögel sehr gut kennt, entscheidet selbst hierüber nichts, und sagt bloß, daß die Vergleichung mehrere Bogen füllen würde. Doch scheint er beyde für einerley zu halten. Den rothfüßigen Wasserläufer kenne ich genau, und auch Herr Professor Otto und Herr Naumann haben ihn kenntlich genug beschrieben. Wer Gelegenheit hat, mag diesen Vogel mit der Gambette genauer vergleichen und uns über die Gleichheit oder Verschiedenheit derselben zur Gewißheit bringen.

Der rothfüßige Wasserläufer hält 12½ Zoll in der Länge, 1 Fuß 8 Zoll in der Breite *), und der Schwanz ist 3 Zoll lang. Die zusammengelegten Flügel reichen bis zur Schwanzspitze. Die Schwere ist 6 Unzen.

Der Schnabel ist 2 Zoll lang, gerade, bald hoch, bald blaßroth und nur an der etwas gekrümmten Spitze schwarz; der Augenstern rothbraun; die geschilderten Füße glänzend orangengelb oder hoch gelbroth, die Klauen schwarz, die Schenkel 1 Zoll und 4 Linien weit nackt, die Fußwurzel 1½ Zoll hoch, die Mittelzehe 1 Zoll 5 Linien und die hintere 8 Linien lang, die Mittelzehe mit der innern durch eine sehr kurze und mit der äußern durch eine längere Schwimmhaut verbunden.

Der

*) Pariser Maaß: Länge etwas über 11 Zoll; Breite 1½ Fuß.

Der Scheitel und die Backen so wie der Hinterhals
sind dunkelaschgrau, die erstern beyden schwärzlich gefleckt; der
Oberrücken und die Schulterfedern glänzend grünbraun, grau
gemischt, und schwärzlich zackig in die Quere gestreift; die
Deckfedern der Flügel schwärzlich und braun sägeförmig gemischt, und mit weißlichen Flecken bezeichnet, so daß die vordern weiße Käntchen und die hintern weiße längliche Einfaf-
sungen haben; die vordersten Deckfedern der Flügel und die
vordern Schwungfedern sind dunkelbraun, und die erste Feder
hat einen weißen Schaft, und die 4 an die kürzern Schwungfedern stoßenden haben weißliche Spitzen, und dunkelbraune
Ränder; die Endspitzen der zweyten Ordnung der Schwungfedern, die beyden mittelsten ausgenommen, sind 1 Zoll lang
weiß, die Wurzel dunkelbraun, inwendig weiß und grau gefleckt und in die Quere gestreift; die großen weißen Spitzen
an den kleinen Schwungfedern sind auffallend, und bilden sogar bey zusammengelegten Flügeln einen undeutlichen weißen
Querstreifen; über die Augen geht ein weißer Strich, und
zwischen dem Schnabel und den Augen ist ein dunkler Fleck
oder ein dunkelbrauner, graulich gefleckter Zügel; der Augenkreis, so wie die Augenlieder sind weiß; Kehle und Vorderhals sind weiß, mit kleinen graubraunen Strichen bezeichnet;
der übrige Unterleib, der Unterrücken und die Seiten sind
weiß, an der Brust, den Seiten und Schenkeln mit rundlichen und kleinen dunkelbraunen eyrundlichen und in die
Quere gezogenen Fleckchen bezeichnet; die Unterflügel weiß,
die kleinern Deckfedern, etwas dunkelbraun in die Quere gesprenkelt; die obern Deckfedern des Schwanzes und die
Schwanzfedern selbst sind weiß und haben viele schwarze
Quer-

Querlinien; man zählt 12 bis 13 auf jeder Feder. — Der
Schwanz ist zugerundet.

Dieser Vogel scheint, wenn auch nicht dem Geschlecht
nach (das Weibchen ist wie gewöhnlich etwas größer), doch
dem Alter und Jahrszeit nach etwas in der Farbe zu
variiren, so daß im Ganzen die Jungen dunkler zu
seyn scheinen, auch dunklere, wohl gar bräunliche Füße haben,
und die Sommerfarbe an den alten heller, mehr weiß, auch
wohl am Oberleibe graulichrostfarben gefleckt ist; auch ist bey
Einigen der Bauch und After rein weiß. Ich will jetzt die
Ottoische und Naumannische Beschreibungen, von welchen ich gewiß weiß, daß sie meinen Vogel bezeichnen, anführen, und dann diejenige folgen lassen, die ich in der alten
Ausgabe gab, und welches mir sonst die Farbe des Männchens zu seyn schien.

1) Ottos rothbeiniger Strandläufer. Uebersetzung von Büffons Vögeln, a. a. O. S. 16. Anhang.

Die Größe ist ohngefähr wie das Weibchen des
Kampfhahn's (Tringa pugnax), doch etwas länger, obgleich nicht dicker. Der Kopf kürzer als der Schnabel, und
dieser kürzer als die Dünnbeine, am Grunde besonders des
Unterkiefers bis zur Hälfte braunroth, an der Spitze schwärzlich; der Oberkiefer etwas länger als der untere, und um so
viel an der Spitze etwas niedergebogen, übrigens der ganze
Schnabel gerade; der Rachen und die spitzige Zunge weißgelb; die Füße pommeranzengelb. Kehle, Unterhals und
Brust sind weiß mit braungrauen Streifen und Flecken; indem jede weiße Feder in der Mitte braungrau ist, welche
Farbe

Farbe an der Kehle und Gurgel Streifen, und an der Bruſt und den Seiten rundliche und viereckige Flecken bildet; der Bauch iſt zwiſchen den Beinen weiß, und die Flügel ſind es unten; die Dickbeine, der Schwanz und deſſen Deckfedern unten und oben ſind weiß, mit vielen graubraunen Querſtreifen. Oben iſt der ganze Vogel dunkelbraun und graugefleckt, indem jede Feder am Rande durch das Graue wie geſägt erſcheint; der Rücken, nach dem Bürzel zu iſt unter den langen braunbunten Flügeldecken, welche meiſt bis an das Ende des Schwanzes reichen, ganz weiß. Die erſten Schwungfedern ſind einfarbigbraun mit weißem Schafte und weißem Rande der innern Fahne; die Schwungfedern der zweyten Ordnung ſind, ſo weit die Deckfedern reichen, braun, da wo ſie hervorſtehen, ſo wie die ganzen Flügel unten, ſchön weiß, welches man aber nur ſieht, wenn die Flügel ausgebreitet ſind.

2) **Naumanns kleiner Rothſchnabel. (Weibchen.)**

Er beſchreibt ihn ſo: Der ¾ Zoll (ſoll heißen 1¾ Zoll) lange Schnabel iſt gerade, und nur an der Spitze ein wenig gekrümmt, an der Wurzel hochroth und an der Spitze ſchwarz; die Augen dunkelbraun und die Augenlieder weiß. Der Scheitel und die Backen ſind aſchgrau mit ſchwarzen Fleckchen, der Oberhals und die Schultern aſchgrau, die letztern mit ſchwarzen Fleckchen und Querſtreifen, etwas weniges mit Roſtbraun angeflogen; die Deckfedern der Flügel haben eben dieſe Farbe, die erſten kurze weißliche Rändchen, die längern ſchwarze Fleckchen an den Kanten, die letztern ſind weiß mit

bleich

bleichschwarzen Querstreifen; die vordersten Deckfedern der
Flügel sammt den großen Schwingen sind schwarzbraun und
die Eckschwinge hat einen weißen Schaft; die in der zweyten
Ordnung sind nach den Spitzen zu weiß mit bleichschwarz gesprenkelt und in die Quere gestreift; der Rücken ist weiß mit
bleichschwarzen verloschenen Fleckchen; der Schwanz zugerundet; mit schwarzen und weißen Querstreifen durchzogen und
die zwey Mittelfedern am Ende bräunlich. Die Kehle ist
weiß, der Unterhals und die Vorderbrust weiß mit dunkelbraun
besprizt und gestrichelt; der Bauch weiß; die Seitenaftern
und untern Deckfedern der Flügel auch weiß mit schmalen,
schwärzlichen wellenförmigen Linien durchzogen. Die Beine
prächtig hoch orangeroth.

Das Männchen hat eben diese Zeichnungen, die Far-
ben sind nicht lebhafter, und nur in der Größe übertrifft das
Weibchen dasselbe in etwas, welches aber kaum merklich ist.
Nach der Brut werden die Beine etwas bleicher, auch ist ihre
Farbe im Nachsommer nicht mehr so schön, weil sie dann ver-
mausert haben.

3) Derjenige Vogel, welchen ich sonst für das Männchen hielt, sieht folgendergestalt aus: Die Federn des Oberleibes sind graubraun, aschgrau und schwarz gezeichnet, und
haben einen grünen Wiederschein; die schwarze Zeichnung ist
auf den Schulterfedern am stärksten und wellenförmig, auf
dem Oberrücken spitzwinklich, auf dem Scheitel aber nur
strichförmig; über die Augen geht ein weißer Strich; die
Wangen sind graubraun, schwärzlich gestrichelt; die langen
untern Deckfedern des Schwanzes sind schneeweiß; der Unterleib ist weiß, nur der Hals ist röthlich aschgrau mit weiß ge-
rände-

ränbeten Febern, und die Seiten sind grau gefleckt; die vor=
dern Schwungfedern sind schwarzbraun, gegen die Spitzen zu
weiß gesäumt, die mittlern auf der äußern Fahne dunkelbraun,
auf der innern aber weiß und grau gestreift, und weiß einge=
faßt, die 4 letztern sind dunkelbraun und schwarzgefleckt; die
12 Schwungfedern dunkelbraun mit weißlichen Spitzen, die
4 mittelsten aber und die beyden äußersten auf beyden Seiten
haben schwarze Querlinien.

Die Latham sche Beschreibung brauche ich nicht anzu=
führen, denn sie trifft fast gänzlich mit der meinigen überein.

Merkwürdige Eigenschaften.

Dieser Vogel gehört in Deutschland und Eng=
land unter die zahlreichsten seiner Gattung. Er lebt zwar
nicht in so großen Gesellschaften, wie der gefleckte Wasserläu=
fer, mit welchem er sonst in seiner Lebensart viele Aehnlichkeit
hat, ist nicht scheu, sondern verläßt sich auf seine langen Füße,
durch welche er im Schilf und Gras seinen Feinden mit un=
glaublicher Schnelligkeit zu entschlüpfen weiß.

Seine Lockstimme ist ein helles gedehntes einfaches oder
an einander hängendes Tüaa! oder, wie Herr Otto sagt:
Tüt! womit er auch alle seine Leidenschaften ausdrückt. Er
fliegt in Gefahr, auch zuweilen bey schönem Wetter zum Ver=
gnügen hoch in die Luft, und flattert wie ein Thurmfalke auf
einem Fleck.

Verbreitung und Aufenthalt.

Man findet ihn weit verbreitet; denn nicht nur das
nördliche Europa und Asien, sondern auch Amerika
sind sein Vaterland. In England ist er häufig, eben so

an

an den Küsten von Deutschland, an den Ufern und auf
den Inseln der Ostsee, an den Ufern der Elbe; auch an den
Ufern der Flüsse und Teiche in Franken und Schwaben trifft
man ihn an. Mitten in Deutschland sieht man ihn in großen
Brüchern, sumpfigen Wiesen, die an Seen, Teiche und Flüsse
gränzen im Sommer, an den Küsten und auf Inseln aber
hält er sich auch wie die Strandläufer im Sande auf. Er
geht im August aus seiner Heymath weg, und läßt sich darin
auch außer seinem Brüteplatze in Deutschland am Wasser
sehen; im September zieht er ganz fort, und im April stellt
er sich wieder in seiner Heymath ein. Er wandert des
Nachts und zwar hoch in der Luft.

Nahrung.

Diese machen Insecten und Würmer, Schneckchen u. s. w.
aus. Sie gehen tief ins Wasser darnach.

Fortpflanzung.

Zu Ausgang des Aprils macht das Weibchen sein Nest
in trockene und sumpfige Wiesen auf Gras- und Binsenbüsche
in eine kleine Vertiefung, die mit trocknem Gras ausgelegt
ist, auch am Meeresstrand in bloßen Sand in eine Vertiefung, die mit Gras ausgefüttert ist. Es liegen 3 bis 4 große,
birnförmige olivengrünliche mit großen dunkelbraunen, am
stumpfen Ende zusammenfließenden Flecken besetzte Eyer darin,
die den Kiebitzeyern ähnlich sehen, und 14 Tage bebrütet
werden. Die Jungen laufen gleich mit den Alten davon, und
suchen ihre Nahrung, die ihnen nur gewiesen wird, selbst.
Aufmerksame Beobachter können ihr Nest leicht finden:
denn sie schweben, sobald man sich demselben nähert, in weiten

und

und engen regulären Kreisen um dasselbe herum; man darf es
daher nur in dem Mittelpuncte dieser Kreise suchen, so wird
man es finden.

Feinde.

Die bekannten Raubthiere und Raubvögel, die
den Sumpfvögeln nachstellen, verfolgen auch sie und ihre
Brut.

Jagd und Fang.

Wenn man an Sümpfen und an den Ufern, wo sie
ihrer Nahrung halber herum gehen, Laufdohnen stellt,
so fangen sie sich. Da wo sie brüten, kann man sie auch
schießen, indem sie dem Jäger hoch über dem Kopf herum
sich schwenken, er muß aber ein guter Schütze seyn, der gehörig vor- und nachzuhalten versteht. Am besten und leichtesten sind sie auf dem schon einigemal erwähnten Wasserherde oder Wasserschnepfenherde zu fangen, den
Herr Naumann bey seinem Kampfhahn (in seiner N. G.
der Land- und Wasservögel. III. S. 69.) beschreibt. Die
Garne werden von feinem Zwirn gestrickt, und zwar, damit
man auch die kleinsten Sumpfvögel z. B. die kleinen
Strandläuferarten darin fangen kann, so macht man die
Mäschen so enge wie an einem Lerchen-Nachtgarn. Man
kann sie spieglig und auch gerade weg stricken, und man macht
sie 26 Fuß lang und 6 Fuß breit. Die Stäbe sind 6 Fuß
lang und an dieselben wird die gleich starke Ober- und Unterleine befestiget. Nahe an dem vordern Stabe macht man ein
Oehr in die untere Leine, und an dem hintern Stabe läßt
man ein Paar Ellen daran übrig. Das Garn wird an den

Stäben

Stäben ebenfalls wie eine Fischwaate befestiget. Will man es nun stellen, so werden 4 Pfähle in gerader Linie also eingeschlagen, daß das Oehr der Unterleine an den einen Pfahl angehängt, und an dem andern straff angezogen, umwickelt und zugeschleift wird, so daß sich die Stäbe um diese Leine bewegen oder herumschlagen können. Dann wird die Oberleine an die um ⅓ der Länge des Netzes abstehende Schwißpfähle an den einen angehänget und an den andern straff angezogen und befestiget. So wird nun die andere Wand auch gestellt, so daß sie in der Mitte etwa ½ Fuß oder etwas mehr übereinander schlagen. Die eine Wand oder die Hälfte des Netzes liegt ganz auf dem trocknen Boden, die andere aber ganz im Wasser. Ist das Wasser aber zu tief, so zieht man Schlamm und Wasserkräuter mit einer Harke so zusammen, daß dann eine Wand darauf ruht, und nur wenig unter das Wasser sinket, damit es sich beym Rücken leicht aufschnellen läßt. Außer diesem wird die Rückleine wie gewöhnlich angeschleift. In einer Entfernung, etwa so lang als die ganze Stellung oder auch etwas weiter, wird die Hütte, welche man mit grünem Gesträuch oder Schilf belegt, gebaut, durch welche die Rückleine gezogen und hinter derselben an einem Pfahl steif befestigt wird, und in der Hütte selbst wird der Rückknebel angeschleift.

Zur Ruhr nimmt man einen geraden ½ Zoll dicken und am Ende zweygablig gewachsenen Stock. An beyde gabelförmige Enden wird ein Pflock beweglich angebunden und in die Erde gesteckt, und in der Mitte desselben eine Schnur, welche man um die Hütte zieht; desgleichen wird eine kurze

Schnur an einen Pflock auf der Erde befestigt, damit er sich
beym Aufziehen nicht überschlagen kann.

Dem Ruhrvogel, so wie den Läufern werden die Augenlieder mit einem Zwirnfaden zugenäht, damit sie nicht sehen
und also nicht scheuen können; eben so bindet man den
Schwanz derselben fest zusammen und schlingt das Ende des
Fadens um den Schenkel, weil sonst der Schwanz allein nicht
halten würde. Hat man keine lebendige Vögel, so nimmt
man ausgestopfte von Kiebitzen, Wasserläufern, Strandläufern u. s. w. und fesselt sie auf den Herd. Man stellt auch
dergleichen Bälge hin, wenn man schon lebendige Ruhr-
vögel und Läufer hat. Letztere behält man ohnehin nicht länger als einen Tag, weil sie sonst abmagern. Es müssen also
immer frische dazu genommen werden.

Wer nicht mit dem Munde zu pfeifen versteht, um die
vorbeystreichenden oder in der Nähe sitzenden Vögel auf den
Herd zu locken, der muß sich nach Verschiedenheit der Töne
der Sumpfvögel Pfeifchen von Messing oder aus Gänsebeinen
machen. Wenn sich die Vögel dem Herde nähern, so zieht
man den Ruhrvogel in die Höhe, und läßt ihn sachte wieder
herunter fliegen. —

Nutzen.

Das Wildpret ist eine gesuchte Speise.

? (212) 4. Der schwimmende Wasserläufer.

Totānus natans, mihi. *[handwritten annotation]*

Namen, Schriften und Abbildungen.

Schwimmschnepfe, schwimmende Uferschnepfe, graue
Schnepfe, Curländische Schnepfe, Viertelsgrüel.

Scolopax natans. Otto in Büffons Vögeln. XXVI.
S. 234.

— — curonica. Beseke in den Schrift. der Berl.
naturforsch. Gesellsch. VII. S. 462. und Vögel Curlands. 62. Nr. 2. *Gmelin Linn.* Syst. I. 2.
p. 669. n. 46.

? Scolopax cantabrigiensis. Brit. Zool. No. 185.
Gmelin Linn. l. c. p. 668. n. 45.

Mein ornithol. Taschenbuch. S. 286. Nr. 4. mit einer
Abbildung.

Kennzeichen der Art.

Der Schnabel ist lang, an der Spitze etwas gebogen,
schwarz, an der untern Kinnlade von der Wurzel an bis zur
Hälfte roth; über die Augen ein weißer Streifen, und durch
die Augen ein grauer; der Oberleib aschgrau; der Unterleib
weiß mit aschgrauen Flecken, die am Bauche einzeln stehen;
der schwarze Schwanz weiß in die Quere gestreift; die Füße
sind hellroth.

Beschreibung.

Dieser Vogel gehört, wie schon Herr Otto bemerkt,
abermals unter die zweifelhaften Vögel. Da diese Sumpf-

vögel so einzeln und mehrentheils bloß auf dem Strich im
August und September zu uns kommen, wo die meisten
Junge sind, so läßt sich nicht mit Gewißheit entscheiden. So
viel aber scheint sicher, daß er nicht zu dem rothfüßigen und
auch nicht zu dem gefleckten Wasserläufer gehört; von letzterm
unterscheidet ihn die Gestalt des Schnabels und die Farbe zu
merklich, und von ersterm die Länge des Schnabels. Vielleicht hat ihn Linné unter seiner Scolopax Totanus oder
Calidris begriffen, mit welchen Vögeln er gar nicht aufs
reine war. Hier folgt die Beschreibung, welche mit Herrn
Otto seiner übereinstimmt.

Die Größe ist fast wie am Kiebitz, $12\frac{1}{2}$ Zoll lang,
wovon der Schwanz 4 Zoll und der Schnabel $2\frac{1}{4}$ Zoll wegnimmt; die Flügel reichen etwas über den Schwanz hinaus
und die Breite ist $2\frac{1}{2}$ Fuß *).

Der Schnabel ist mehr als zwey mal so lang als der
Kopf, gerade, pfriemenförmig, gerieft, an der Spitze nur so
weit übergekrümmt, als die Spitze der obern Kinnlade vor der
untern vorreicht, schwärzlich, und von hinten an bis über die
Mitte hochroth; die Zunge spitzig und bis in die Mitte des
Schnabels gehend; die Augen nußbraun; die Beine hoch, und
netzförmig zerschnitten, die kahlen Schenkel 1 Zoll hoch, die
Fußwurzel 2 Zoll hoch, die mittlere Zehe $1\frac{1}{2}$ Zoll und die hintere 7 Linien lang, zwischen der äußern und innern eine feine
Spannhaut, die Farbe der Füße hellroth, die Nägel
schwärzlich.

Scheitel,

*) Par. Ms.: $11\frac{1}{2}$ Zoll lang, und $2\frac{1}{4}$ Fuß breit.

Scheitel, Oberhals, Rücken, Schultern und Deckfedern
der Flügel, sind aschgrau, der Scheitel und die Schultern am
dunkelsten und etwas dunkelbraun gewölkt, auch an den
Schulter- und Deckfedern der Flügel weißlich gesäumt; über
den Augen ein weißer Streifen; die Augenlieder, Augenkreise und Backen sind weiß, und die Zügel bis hinter die
Augen dunkelaschgrau; Kehle, Gurgel, Brust, Bauch, After,
Steiß und Schenkel sind weiß; die Gurgel ist aschgrau gefleckt, weniger der Bauch und After, aber dunkler in die
Quere gefleckt; die Seiten graulich überlaufen, so wie die
Deckfedern der Unterflügel; die vordern Schwungfedern
schwärzlich, die Eckschwinge mit einem weißlichen Schaft, die
hintern dunkelgrau, auf der innern Fahne mit breiten weißen
Querstreifen und am Ende mit weißlichen Spitzen; der
Schwanz schwärzlich, an den äußern Federn dunkelbraun, alle
mit weißen Querstreifen versehen.

Ich will nun noch die wahrscheinlich hierher gehörenden
Vögel angeben:

1) Herrn Professor Ottos schwimmende Uferschnepfe wird folgendergestalt beschrieben: Sie ist beynahe
so groß als der Kiebitz; der Schnabel doppelt so lang als der
Kopf, glatt, pfriemenförmig, schwarz; der unterste Kinnbacken
bis zur Hälfte roth; die Füße gelbroth, länger als der Rumpf,
und haben schwarze Nägel. Die Kopfplatten, der Rücken
des Halses und der obere Theil des Rückens sind aschgrau;
die ersten Schwungfedern schwarz und die erste hat einen
weißen Schaft; die innern Schwungfedern sind schwarzgrau
mit weißen dreyeckigen Flecken gleichsam gesägt und unten
wie die Schwanzfedern mit Querstreifen versehen. Weiß sind
der

der Streif über jedes Auge vom Schnabel an, die Kehle, der Unterhals, die Brust, der Bauch, der Steiß und die Augenlieder. In diesem Weißen sind ein aschgrauer Streif vom Schnabel durch die Augen, aschgraue häufige Flecken an der Mitte des Halses, wenige am Bauche und an den Backen.

2) Herrn Besekes Curländische Schnepfe ist graugefleckt, mit schwärzlichen Flügeln, einem schwärzlichen Schnabel, an welchem die untere Kinnlade von der Wurzel bis zur Mitte scharlachroth ist und mit ziegelfarbigen Füßen.

3) Die Cambridger Pfuhlschnepfe ist größer als der rothfüßige Wasserläufer; Kopf, Oberhals und Rücken sind aschbraun; die kleinen Deckfedern der Flügel braun mit mattweißen Rändern und schwarzen Streifen; die großen Schwungfedern dunkelbraun, an der innern Seite weißlich, die kürzern dunkelbraun und weiß gestreift; die untere Seite des Halses und die Brust schmutzigweiß; After- und Bauch weiß; der Schwanz grau und schwarz gestreift; die Füße orangefarben.

Merkwürdigkeiten.

Dieser Vogel scheint den Norden von Europa zu bewohnen, und nur auf dem Strich im Herbst bis zum October in Deutschland sich einzufinden. Man hat ihn in Mecklenburg, Schlesien, Thüringen, Franken und Schwaben gesehen. Er läuft an den Ufern der Gewässer herum, geht tief ins Wasser um seine Nahrung zu suchen, ja er schwimmt sogar in demselben, wie ein Schwimmvogel herum. Ob nun gleich dieß die meisten hierher und in die folgende Gattung gehörigen Vögel thun, so hat er doch davon

von und zwar zuerſt von Hrn. Profeſſor Otto den Namen
bekommen. Da er ausgezeichnet iſt, ſo mag er ihn ſo lange
behalten, bis man den Vogel genauer kennt, und ihm dann
vielleicht einen noch paſſendern beylegen kann, oder bis er ihn
gar verliert, wenn er etwa eine Altersvarietät von einem
andern ſchon benannten Vogel ſeyn ſollte.

(213) 5. Der bunte Wafferläufer *).

Totanus griseus, mihi.
(Taf. XXI.)

Namen, Schriften und Abbildungen.

Bunte Uferſchnepfe, Regenſchnepfe, große graue Pfuhlſchnepfe, Grünbein.

Scolopax Glottis. *Gmelin Linn.* Syst. I. 2. p. 644.
n. 10. Faun. Suec. No. 142. Limosa grisea
major. *Brisson* Orn. V. 272. t. 24. fig. 2. ed. 2.
No. 171.

La Barge variée. *Buffon* des Ois. VII. p. 503. n. 3.
Ed. de Deuxp. XIV. p. 282. n. 3. Ueberſ. von
Otto XXVI. S. 230. mit Albins Figur (Ornith.
II. p. 43).

The Greenshank. *Latham* Syn. III. 1. p. 147. n. 18.
Meine Ueberſ. V. S. 118. Nr. 18.

Donndorff a. a. O. S. 1037. Nr. 10.

Kennzeichen der Art.

Der Schnabel iſt lang, gerade, an der Spitze etwas
oben abwärts gebogen, ſchwärzlich, an der Wurzel unten
oliven-

*) Die Regenſchnepfe. Alte Ausgabe. III. S. 130. Nr. (128) 13.

olivengraulich; die Füße sind dunkelgrün; der Oberleib hellgrau, dunkelbraun gewölkt; Kehle, Augenstreifen, Brust und
Bauch weiß:

Beschreibung.

Dieser Vogel hat Taubengröße, ist 14½ Zoll lang, und
2¼ Fuß breit *). Der Schwanz mißt 2½ Zoll, die zusammengelegten Flügel reichen etwas über die Schwanzspitze hinaus, und das Gewicht ist 5 bis 7 Unzen.

Der Schnabel ist fast 2½ Zoll lang, gerade, nur an der
Spitze der obern Kinnlade etwas niedergebogen, so wie die
untere daselbst sich etwas aufwärts biegt, sehr dünn, unten an
der Wurzel olivengraulich, (andere sagen roth) das übrige
hornbraun und nach der Spitze zu schwarz; der Augenstern
ist rothbraun; die Füße dunkelgrün, die Klauen schwarz, die
Schenkel 15 Linien weit nackt, die Fußwurzel 2¼ Zoll hoch,
die mittlere Zehe 16, die hintere 6 Linien lang, und die mittlere Vorderzehe hängt mit der äußern durch eine kleine Haut
ein wenig zusammen.

Der Kopf und Obertheil des Halses sind hellgrau mit
dunkelbraunen länglichen Strichen, die auf der Mitte jeder
Feder, und auf dem Kopfe am dichtesten stehen; eine weiße
Linie läuft über jedes Auge; das Gesicht ist weiß, an den
Backen grau bespritzt; die Deckfedern der Flügel, die Schultern und der Obertheil des Rückens sind hellaschgrau mit
dunkelbraunen eyrunden Flecken, die auf dem Rücken sich
am dunkelsten und stärksten auszeichnen (eigentlich ist jede
Feder dunkelbraun oder dunkelgrau, mit breiten hellgrauen

Feder-

*) Var. Ms.: Länge 11½ Zoll, Breite 2 Fuß 6½ Zoll.

Federrändern); die Bruſt, der Bauch, After, Untertheil
des Rückens, Steiß und, die mittelmäßigen obern Deckfedern des Schwanzes weiß; die vordern Schwungfedern
dunkelbraun, auf der innern Fahne mit weißen Flecken, die
vier erſten faſt ganz ſchwarz nur mit hellen Schäften; die
hintern graubraun und weiß in die Quere geſtreift; der
Schwanz weiß mit wellenförmigen dunkelbraunen Querſtreifen, die an den etwas kürzern äußern Federn am einzelnſten,
an den mittlern aber am dichteſten ſtehen und deren 9 an der
Zahl ſind.

So ſehen zwey Vögel aus, die ich vor mir habe, und
von deren einen die Abbildung genommen iſt. Ob er auch
mit Naumanns und meinem grünfüßigen Waſſerläufer
einerley iſt, daran zweifle ich, obgleich die Farbe
ſo ziemlich übereinſtimmet; denn der Schnabel iſt ganz anders
geſtaltet.

Ich habe dieſen Vogel in zwey Amerikaniſchen
Varietäten, wovon die eine (Lathams Ueberſ. a. a. O.
Taf. 83. b.) ganz mit meiner Beſchreibung übereinſtimmt,
und die andere (Taf. 83. c.) etwas kleiner, am Oberleibe
braun oder roſtgrau, und der Schwanz ſchmutzig weiß mit
braungrauen Bändern bezeichnet iſt, in der Ueberſetzung von
Lathams Synopſis abbilden laſſen.

Merkwürdigkeiten.

Dieſer Vogel bewohnt in Europa, Aſien und
Amerika die Ufer des Meeres, der Seen und Flüſſe. In
Deutſchland iſt er auf dem feſten Lande ſelten; doch niſtete
er ſonſt in Thüringen an den Ufern des Schwanenſees ohnweit Erfurt.

Dieſe

Diese Vögel kommen zuweilen in unzähliger Menge an die Küsten von England, und auch kleine Heerden, die vermuthlich aus dem Norden kommen, halten sich den Winter daselbst in den morastigen Gegenden, die in der Nachbarschaft des Meeres liegen, auf. In Thüringen ziehen sie zu Ende Septembers weg, und kommen im Anfange des Aprils wieder.

Sie nähren sich von mancherley Gewürmen und Insekten, die theils das Wasser ausspült, theils an dem Schilfgrase gefunden werden, auch von Sumpfgrassaamen und einigen Kräutern.

Das Nest findet man im Schilf aus Binsen. Die sechs Eyer, die sie legen, sind schmutzig strohgelb mit leberfarbenen und purpurblauen einzelnen großen und kleinen Flecken und haben die Größe der Rebhühnereyer.

Das F l e i s ch hat einen ausgesuchten Geschmack.

b. Mit an der Wurzel oder in der Mitte etwas aufwärts gebogenem Schnabel. *Limosa melanura*

(214) 6. Der Geiskopf-Wasserläufer *).

Totanus Aegocephalus, mihi.

Namen, Schriften und Abbildungen.

Geiskopfschnepfe, Pfuhlschnepfe, gemeine Pfuhlschnepfe, Uferschnepfe, große rostgelbe Uferschnepfe.

Scolopax aegocephala. *Gmelin* Linn. Syst. I. 2. p. 667. N. 16. β.

Sco-

*) Die Geiskopfschnepfe. Alte Aufl. III. S. 132. Nr. (129) 14.

Scolopax aegocephala. *Latham* Ind. ornith. II. 719.
No. 16.

La grande Barge rousse. *Buffon* des Ois. V. 505.
Ed. de Deuxp. XIV. 237. Pl. enl. N. 916.
Ueberſ. von Otto. XXVI. S. 246. mit einer Fig.

Common Godwit. *Latham* Syn. III. 1. p. 144.
N. 14. Var. A. Meine Ueberſ. V. S. 117.
No. 14.-b.

Limosa rufa (major), *Brisson* Ornith. V. p. 284.
No. 6.

Mein ornith. Taſchenbuch. S. 288. Nr. 7.

Donndorff, a. a. O. S. 1045. Nr. 16.

Kennzeichen der Art.

Der Schnabel iſt lang, in der Mitte etwas aufwärts
gebogen: über den Augen ein röthlich weißer Strich; der
Rücken rothbraun mit großen dunkelbraunen Längsflecken;
Kehle und Gurgel fuchsroth; die weißen Seiten mit ſchwärzlichen Querſtreifen; Steiß und Schwanz ſchwarz und weiß
geſtreift; die Füße braungrün.

Geſtalt und Farbe des männlichen und weib-
lichen Geſchlechts.

Sonſt wurde dieſer und der folgende Vogel für eine
Art gehalten, allein wenn man nur Büffons Abbildung
mit der, welche Herr Naumann von der folgenden gegeben hat, vergleicht, ſo wird man, die Farbe ungerechnet,
gleich ſehen, daß ſie verſchieden ſind. Herr Latham hat
ſie auch im Syſt. ornithol. ſchon gehörig getrennt.

Dieſer

Dieſer Waſſerläufer iſt etwas größer als ein Kiebitz, 15 Zoll lang, wovon der Schnabel 4 Zoll und der Schwanz 4½ Zoll wegnimmt. Die Flügel ſind 1 Fuß 3½ Zoll breit, und legen ſich vor der Schwanzſpitze zuſammen *).

Der Schnabel iſt lang, in der Mitte etwas einwärts und nach der Spitze zu wieder aufwärts gebogen; der Stern nußbraun; die Füße ſind oliven- oder braungrün; der nackte Schenkel 1 Zoll 6 Linien, die Fußwurzel etwas über 2 Zoll hoch, die mittlere Zehe 19 Linien und die hintere ſechs Linien lang, die äußere und mittlere mit einer kleinen Haut verbunden. Im Ganzen genommen iſt die Farbe oben dunkelbraun und roſtroth gemiſcht, und unten roſtfarben und weiß. Der Oberleib iſt nämlich dunkelbraun, alle Federn roſtroth eingefaßt; über die Augen läuft ein röthlich weißer Streifen; die Kehle und der Hals ſind fuchsroth oder roſtfarben; der untere Theil des Rückens und der Bürzel weiß, dunkelbraun gefleckt; die Deckfedern des Schwanzes und der Schwanz ſelbſt ſchwarz und weiß geſtreift; der Untertheil der Bruſt und der Bauch weiß; die After- und Seitenfedern ſind bey gleicher Grundfarbe in die Quere ſchwarz geſtreift; einige von den äußern Deckfedern der Flügel ſind am Ende weiß eingefaßt; die vordern Schwungfedern ſchwarz mit weißen Schäften und an den drey erſten mit einer weißen Querbinde ein Drittheil vom Ende bezeichnet, die hintern roſtroth eingefaßt und gefleckt.

Man trifft auch welche mit ganz weißer, und andere mit blaßroſtgelber Bruſt an; auch haben einige einen weißen Steiß, After und Kinn.

Merk

*) Par. Ms.: 13½ Zoll lang und 25½ Zoll breit.

Merkwürdigkeiten.

Man findet diesen Wasserläufer im Norden an den Meeresufern. Er ist auch in England anzutreffen, so wie in der Barbarey. Auf seinen Wanderungen sieht man ihn in Deutschland an den Flüssen und großen Teichen einzeln, allein so viel ich weiß bloß im Herbst. Herr Professor Otto hat ihn auch in Pommern gefunden.

(215) 7. Der dickfüßige Wasserläufer.

Totanus leucophaeus, mihi.

Namen, Schriften und Abbildungen.

Pfuhlschnepfe, gemeine Pfuhlschnepfe, Geiskopfschnepfe, Blaufuß, Regenvogel, Gacker; Gäcker mit aufwärts gekrümmtem Schnabel, Regenschnepfe, Grillvogel, kleiner Keilhaken.

Scolopax aegocephala. *Gmelin Linn.* Syst. I. 2.
P. 667. N. 16.

Scolopax leucophaea. *Latham* Index ornith. II.
P. 719. N. 17.

Common Godwit. *Latham* Syn. III. 1. p. 144.
N. 14. Meine Uebers. V. S. 116. Nr. 14, a).

Naumann a. a. O. S. 31. Taf. 6. Figur 6.
Männchen.

Meine getreuen Abbildungen naturhistorischer Gegenst. IV.
Taf. 74.

Kennzeichen der Art.

Der Schnabel ist lang, in der Mitte etwas aufwärts gebogen, an der Wurzel roth, an der Spitze schwarz, aber

den

den Augen ein weißlicher Streifen; der Oberleib dunkelbraun, alle Federn röthlichweiß oder roſtgelb eingefaßt; Kehle, Bauch und Unterrücken weiß, die Bruſt röthlichaſchgrau mit bräunnen-Schmitzen; der Schwanz weiß mit ſchwarzbraunen Querbinden; die Füße aſchgrau und nach der Ferſe zu dick.

Geſtalt und Farbe des männlichen und weiblichen Geſchlechts.

Er iſt ſiebenzehn Zoll lang und ziemlich dick. Der Schwanz hält über drey Zoll, und die Flügel klaftern zwey und einen halben Fuß *), und reichen zuſammengelegt faſt bis auf die Schwanzſpitze. Ihr Gewicht iſt zwölf Unzen.

Der Schnabel iſt drey und ein Viertel Zoll lang, weich, dünne, gerade, von der Mitte an nach der Spitze zu etwas aufwärts gebogen, die untere Kinnlade etwas abgekürzt, die Farbe an der Wurzelhälfte blaßroth, übrigens ſchwarz; der Augenſtern koffeebraun; die Füße $2\frac{1}{2}$ Zoll hoch, der nackte Theil der Schenkel vierzehn Linien, die mittlere Zehe ſechszehn und die hintere fünf Linien lang; die ganzen Füße ſchmutzig bleyfarben oder aſchgrau, die Nägel ſchwarz; die Fußwurzel an und unter der Ferſe merklich dick, wie es ſonſt bey den jungen Sumpfvögeln iſt. Die äußere und innere Zehe iſt mit der mittlern durch eine kleine Haut verbunden.

Kopf, Hals, Rücken, Deckfedern der Flügel und Schulterfedern roſtgrau, mit einem großen dunkelbraunen Fleck in der Mitte jeder Feder, der Kopf wird dadurch klar röthlichgrau und dunkelbraun, der übrige Oberleib aber grob

ler-

---

*) Pariſer Maas: Länge 15 Zoll; Breite 2¼ Fuß.

lerchenartig gefleckt; die Wangen find weiß, rothgrau gefleckt; über die Augen läuft ein röthlichweißer Streifen hin;
der Unterhals und die Oberbruſt find röthlichgrau mit dunkelbraunen Längsflecken oder Schmißen; Kehle, Unterbruſt
und Bauch, ſo wie der After und Steiß find weiß, die Seiten und Schenkel grau gefleckt; die ſechs erſten Schwungfedern find dunkelbraun, mit einem weißen Fleck an der
Wurzel, und einem weißen Schaft auf der erſten Feder; die
hintern Schwungfedern find auf der äußern Fahne röthlichgrau eingefaßt und auf der inwendigen weißlich mit graubraunen Bändern; die Unterflügel ſchmutzig weiß, grau gewellt; die zwölf Schwanzfedern find weiß, die zwey mittelſten
dunkelbraun geſtreift, die übrigen aber auf der äußern Seite
ganz und auf der innern bloß gegen die Spitze zu.

Das Weibchen iſt auf der Bruſt blaßröthlich aſchgrau, und auf dem Rücken heller.

Latham ſagt, dieſer Vogel variire ſehr, ſogar der
Schnabel (?), denn man finde ihn von drittthalb bis vier
und ein Viertel Zoll lang. Ich kenne keine andern Varietäten, als die, wo der Oberleib bald heller und bald dunkler
iſt, und wo an den Seiten des Bauchs und am After manchmal dunkle Wellenlinien und Flecken angetroffen werden,
auch iſt die Bruſt oft rein weiß, und nur der Unterhals
graulich angelaufen oder gefleckt.

Wahrſcheinlich gehört auch hierher diejenige Uferſchnepfe,
welche Hr. Otto (Büffons Vögel überſ. a. a. O. S. 228),
als eine zur folgenden gehörige Varietät beſchreibt. Sie hat
ohngefähr die Größe des Goldregenpfeifers (Charadrius

drius, pluvialis, L.); der Schnabel ist 2 Zoll lang, ganz
wenig aufwärts gebogen und schwärzlich; die Füße sind bläulich, nach Verhältniß höher, als an der Heerschnepfe, die
Dünnbeine länger als der Schnabel. Kopf, Hals und Flügel sind oben grauschwärzlich, oder die Federn schwärzlich mit
weißgelben Rändern; Kehle, Brust, Bauch und Rücken,
weiß; vom Schnabel nach den Augen ein weißer Strich; der
Schwanz weiß mit grauen Querstreifen und reicht so weit als
die anliegenden Flügel; die Schwungfedern schwärzlich mit
schmaler weißlicher Einfassung.

Merkwürdigkeiten.

Man trifft diesen Vogel im nördlichen und südlichen
Europa und im Norden von Asien und Amerika an
den sandigen und sumpfigen Ufern des Meeres und der
großen Flüsse z. B. an der Donau, Weser und Oder an.

Nach Thüringen und überhaupt nach Deutschland kommt
er mehr im Spätherbst und Winter als im Sommer. In
abwechselnden und gelinden Wintern sieht man ihn fast allezeit in dieser Jahrszeit an den Ufern der größern Flüsse
Deutschlands. So im Winter 1792. Am Bodensee ist er
dann nicht selten.

Herr Naumann sagt, daß er im August durchs Anhaltische ziehe, und zuweilen truppweise, auch unter dem großen
Brachvogel befindlich, angetroffen werde, indem er auch wie
dieser aufs Feld und auf die Wiesenanger fliege. Er lockt
hell Käck, Käck, Käck! ist schüchtern und nährt sich an
den großen Ufern der Seen und Teiche, auch in Morästen

von

von Wasserinsekten, Regenwürmern, Schneckchen ꝛc.
Um ihn zu schießen muß man sich an ihn schleichen. Er
wird aber auch auf dem Wasserherde gefangen.

(216) 8. Der Strandwasserläufer.

Totanus fistulans, mihi.

Namen, Schriften und Abbildungen.

Bellende Uferschnepfe, Strandschnepfe, Pfuhlschnepfe,
Pfeifschnepfe, graue Pfuhlschnepfe.

? Scolopax Totanus. *Linné* Syst. ed. 12. 1. p. 245.
N. 12. *Gmelin Linn.* Syst. I. 2. p. 665. N. 12.
La grande Barge aboyeuse. *Buffon* des Ois. VII.
p. 501. Ed. de Deuxp. XIV. p. 280. N. 2.
Pl. enl. N. 876. Ueberf. von Otto XVII. S. 220.
mit einer Abbild. und vorzüglich Anhang: Pfeif=
schnepfe. S. 225. N. 1.
Limosa grisea. *Brisson* ornith. V. p. 267, t. 23.
Fig. 1.

Kennzeichen der Art.

Der Schnabel ist lang, von der Mitte etwas in die
Höhe gezogen, an der Wurzel bleyfarben, an der Spitze
schwarz; die Füße olivengrau; der Oberleib schwärzlichbraun
und weißgrau gemischt; Rücken, Brust und Bauch sind weiß;
der Schwanz dunkelbraun gestreift, die äußern Federn aber
fast ganz weiß.

Beschreibung.

Ich finde diesen Vogel in Büffons Abbildung Pl.
enl. N. 876., in der angegebenen Ottoischen Beschrei=

bung, und ich habe ſelbſt einen vor mir, der dahin paßt. Freylich laufen auch die beyden ſchon beſchriebenen Vögel und noch einige andere in Geſtalt und Farbe ſo in einander, daß man faſt nicht im Stande iſt, die Vögel gehörig zu trennen.

Ich will Herrn Profeſſor Otto's Beſchreibung erſt mittheilen.

Das Gewicht iſt 10½ Loth; die Ausbreitung der Flügel 1 Fuß 11 Zoll (rheinländiſch); die Länge von der Spitze des Schnabels bis ans Ende der Mittelzehe 1 Fuß 4 Zoll, bis ans Ende des Schwanzes 1⅓ Zoll; der Schnabel bis zur Stirn 2 Zoll, bis zum Mundwinkel 2⅛ Zoll; die Länge des Kopfs 1½ Zoll; das Hüftbein 1½ Zoll; das Lendenbein 3¼ Zoll; das Dünnbein 2¼ Zoll; die mittelſte Zehe 1⅜ Zoll; die Spitze des Nagels der äußern Zehe geht bis zum Urſprung des mittlern Nagels; der hinterſte Nagel reicht mit der Zehe nicht weiter als bis zur Fußſohle; das erſte Glied der äußern und mittlern Zehe iſt durch eine halbe Schwimmhaut verbunden. Der Schnabel iſt in der Mitte ein wenig niedergebogen oder läuft nach der Spitze zu ein wenig in die Höhe, iſt ſpitzig und ohne Knopf, an der Wurzel höher als breit, oder etwas zuſammengedrückt; die Furche, in welcher die länglichen Naſenlöcher liegen, iſt ohngefähr ¾ Zoll lang und reicht nicht bis in die Mitte; die Farbe iſt bleyfarben an der Spitze ſchwarz. Die Lendenbeine ſind halb nackt und wie die Dünnbeine und Zehen gelblichgrau oder olivengrün; die Nägel klein, faſt dreyeckig, am innern Rande ſchneidend und von Farbe ſchwarz. Die ſpitzige Zunge reicht bis mitten in den Schnabel.

Die

Die Farbe des Vogels ist oben und unter dem Halse braun mit weißen Strichen, übrigens unten am Leibe weiß.

Die Augen liegen in einem weißen Streif, der vom Schnabel auf die Stirn und bis dicht hinter die Augen geht; Kopf und Hals sind schwärzlichbraun und weiß gestreift, indem jede schwärzlichbraune Feder weißgraue Ränder hat; die Schultern und Flügeldecken schwärzlichbraun mit schmalen gelblichweißen Rändern; hebt man die Schulterfedern auf, so ist der ganze Rücken, die Seiten, der Steiß, so wie die Brust, der Bauch, After, die Lenden und die Kehle schneeweiß; der Unterhals ist ebenfalls weiß, aber mit feinen grauen Strichen besetzt; die Schwungfedern der ersten Ordnung sind oben schwarz und nur an der Spitze etwas heller, die erste mit einem weißen Schaft bezeichnet, die der zweyten Ordnung sind ebenfalls schwarz, die der dritten, oder die hintern langen haben weiße und gelbliche, gleichsam gezackte Ränder, und die mittlern Deckfedern sind ebenfalls weißlich gerändert; unter den Flügeln sind die Schwungfedern aschgrau, und ihre Deckfedern weiß, mit aschgrauen und schwärzlichen gezackten Bögen; die Schwanzfedern reichen nicht völlig bis zur Spitze der anliegenden Flügel, und die mittelsten sind etwas länger und spitziger als die äußern, haben auch einige schwarzbraune Querstreifen und Flecken mehr als die äußern, die fast ganz weiß sind, das mehrste an den mittlern ist aber auch weiß.

Ich habe einen hierher gehörigen Vogel vor mir, welcher nur darin abweicht, daß der Oberleib mehr dunkelbraun, etwas ins Rostfarbene sich zieht, und daß auf den Deck-

federn

federn der Flügel an den hintern großen Reihen einige große weiße Kanten ſind.

Büffon ſagt von ſeinem Vogel: Der Mantel iſt braungrau und um jede Feder mit weißlichen Franzen beſetzt; die Schwanzfedern ſind mit weißen und ſchwärzlichen Querſtreifen verſehen. Von der Schnabelſpitze bis zum Ende der Zehe iſt ſie 14 Zoll lang, alſo kleiner als der dunkelfüßige Waſſerläufer.

Merkwürdigkeiten.

Dieſer Sumpfvogel wohnt an den ſumpfigen Meeresküſten von Europa, am großen Weltmeere und an dem mittelländiſchen. Er wird auch an Salzſümpfen angetroffen. Auf dem Strich im Auguſt kommt er an den Ufern der Flüſſe Deutſchlands, an der Oder und Werra vor. Er nährt ſich wie die andern von Inſecten und Würmern, und pfeift hell und hoch: Düe, Düe!

(217) 9. Der dunkelfüßige Waſſerläufer.

Totanus Limoſa mihi.

Namen, Schriften und Abbildungen.

Pfuhlſchnepfe, kleine Pfuhlſchnepfe, Ried = und Moorſchnepfe, Jadreka.

Scolopax Limosa. *Gmelin Linn.* Syst. I. 2. p: 666. N. 13. Fauna Suec. I. N. 144. II. N. 172.

La Barge. *Buffon des Ois.* VII. 500. t. 27. Pl. enl. No. 874. Ed. de Deuxp. XIV. 231.

Ueberſ. von Otto XXVI. 214. mit einer Fig.

Jadre-

Jadreka. _Latham Syn. III. 1. 146. N. 17._ – Meine Ueberſ. V. 118.

— — _Pennant's Arct. Zool N. 375._ Ueberſ. von Zimmermann. II. 435. N. 292.

Mein ornithol. Taſchenbuch. S. 287. n. 5.

Donndorff a. a. O. S. 1041. N. 13.

Kennzeichen der Art.

Der Schnabel iſt lang, an der Wurzel gelblich, und an der ſchwärzlichen Spitzenhälfte etwas in die Höhe gezogen; die Füße dunkelbraun; die Hauptfarbe braungrau; Unterrücken und Steiß weiß; der Schwanz ſchwärzlich, an den Spitzen weiß, ſo daß dieſes Weiß nach den Endfedern ſo zunimmt, daß die letzten faſt ganz weiß ſind.

Beſchreibung.

So wie es überhaupt bey dieſer Gattung Sumpfvögel noch mancherley Schwierigkeiten zu löſen giebt, ſo iſt es auch hier bey dem dunkelfüßigen Wasserläufer. Aufmerkſame Jäger, die die Büffonſche Abbildung kennen, ſagen, er werde auch einzeln auf ſeinen Wanderungen im Auguſt und September an den ſumpfigen Teich- und Flußufern angetroffen, und zeichne ſich durch ſei: grauen Beine und den ſchwärzlichen ungebänderten Schwanz aus. Ich habe ſelbſt einen ſolchen geſchoſſen, welcher faſt alle Kennzeichen der Büffonſchen und Pennantſchen Pfuhlſchnepfe oder der Jadreka hatte. Ich werde ihn zuletzt beſchreiben.

Pennants und Lathams Beſchreibung lautet ſo: Die Länge iſt 17 Zoll (Engl) und das Gewicht 9 Unzen. Der Schnabel iſt 4 Zoll lang, dunkelbraun mit gelblicher

Wur-

Wurzel; Kopf und Hals sind aschgrau; Wangen und Kinn weiß; Rücken ganz braun; auf den Flügeln eine weiße Binde; Rumpf und After weiß; die mittlern Schwanzfedern schwarz; bey den übrigen wird das Weiße bis zu den äußersten immer mehr die Hauptfarbe; die Füße dunkelbraun, oder dunkelgrau.

Dieser Vogel ist in den nördlichsten Gegenden von Schweden, Island und Grönland zu Hause, auch in England wird er angetroffen. Nach dem südlichen Rußland geht er auf seinen Wanderungen in großen Schaaren. Man sieht ihn auch am See Baikal.

Büffon beschreibt seinen Vogel so: Das ganze Gefieder ist einförmig grau, ausgenommen auf der Stirn und Kehle, welche rothgelblich sind; Bauch und Bürzel sind weiß; die großen Schwungfedern auswendig schwärzlich, inwendig weißlich; die mittlern Schwungfedern und die großen Deckfedern haben viel Weißes; der Schwanz ist schwärzlich und am Ende weiß; die beyden äußersten Federn sind weiß und der Schnabel ist an der Spitze schwärzlich und in seiner Länge, die 4 Zoll beträgt, röthlich; die Füße mit dem bloßen Theil der Beine sind $4\frac{1}{2}$ Zoll; die ganze Länge von der Schnabelspitze bis zum Ende des Schwanzes beträgt 16 Zoll, und bis ans Ende der Zehen 18 Zoll.

Von diesen Vögeln hat man einige in Brie geschossen.

Mein Vogel stimmt mehr mit Brisson's Pfuhlschnepfe (Ornith. V. p. 262. N. 1.) überein. Unerfahrne Jäger geben ihn mit Unrecht für das Männchen der Heerschnepfe aus, wahrscheinlich bloß weil sie ihn in ihrer Gesellschaft zuweilen antreffen. Mehr Aehnlichkeit hat er mit

dem

dem rothen Wassferläufer (Nr. 11). Er hat die Größe
einer Haus-Taube, ist siebenzehn und einen halben Zoll lang,
der Schwanz, der ein wenig gabelförmig ist, mißt zwey und
einen halben Zoll, die Breite der Flügel, die zusammengelegt über die Schwanzspitze hinausreichen, ist zwey Fuß,
3 Zoll *), und das Gewicht neun bis zehn Unzen.

Der Schnabel ist vier Zoll lang, dünn, gerade, an
der Spitze etwas stumpf und in die Höhe gezogen, zwey
Drittheil von der Wurzel an rothgelb, das übrige schwarz
und um seine Wurzel herum liegen besondere blaßbraune
Federchen; die Pupille ist schwarz und der Augenstern grauweiß; die Schenkel sind über anderthalb Zoll weit nackt, die
Fußwurzel zwey Zoll hoch, die Mittelzehe zwey Zoll, die
hintere sechs Linien lang und die ganzen geschilderten Füße mit
den Nägeln dunkelbraun oder schwarz.

Kopf, Rücken, Deckfedern der Flügel und Schulterfedern sind braungrau, mit röthlichen und schwarzen Punkten besprengt, der Kopf ist am hellsten; der Steiß graubraun;
der Hals hellrostfarben, unten braun gestrichelt; die Kehle
rostgelb; die Brust gräulich weiß mit braunen Querstreifen;
der Bauch und After weiß; die vordern Schwungfedern
schwarz, an der Wurzel weiß, die hintern weiß mit braunen
und grauen abgebrochenen Querflecken, und großen weißen
Spitzen; diese bilden mit den weißen Spitzen der großen
Flügeldeckfedern einen weißen Fleck auf den Flügeln; die
zwölf Schwanzfedern sind an der Wurzel weiß, gegen das
Ende zu schwarz, die acht mittlern mit grauen und die übri-

gen

*) Par. Ms.: Länge 15½ Zoll; Breite 2 Fuß.

gen mit weißen Spitzen, die beyden äußern sind, da die
weiße Farbe der Wurzel nach den Außenfedern immer mehr
wächst, fast ganz weiß.

Das Weibchen ist am Leibe etwas dunkler, am
Kopfe und Nacken aber etwas heller, fast aschgrau, dunkelbraun besprengt.

Merkwürdigkeiten.

In seiner Lebensart kommt dieser Vogel gar sehr mit
den vorhergehenden überein.

Er fängt im August an zu ziehen, und bewohnt die
Flußufer, feuchte Wiesen und andere sumpfige Gegenden
und man hört ihn besonders des Abends hell schreyen:
Stickup, Stickup!

Seine Nahrung besteht in allerhand Gewürme und
Insecten.

Man fängt ihn in Schlingen und Stecknetzen, oder
schießt ihn, indem man ihn am Tage durch Stöberhunde
aus den Sümpfen, in welche er sich gern verstecket, heraus
jagen läßt, oder in der Abend- und Morgendämmerung an
den Ufern und Morästen aufsucht. Er fliegt nicht so schnell
und auch nicht so weit, wie die Becassinen, sondern fällt
gleich wieder nieder.

Wegen ihres sehr angenehm schmeckenden Fleisches oder
Wildprets, sind diese Vögel wohl eines Schusses, oder einer
besondern Veranstaltung sie zu fangen, werth.

(218) 10. Der grünfüßige Wasserläufer.

Totanus Glottis, *mihi.* *[handwritten annotation]*

Namen, Schriften und Abbildungen.

Pfuhlschnepfe, eigentliche, auch kleine und große Pfuhlschnepfe, große graue Pfuhlschnepfe, Regenschnepfe, Henick,
Grünbein, bunte Uferschnepfe, Meerhuhn.

? Scolopax Glottis. *Gmelin Linn.* Syst. I. 2. p. 664.
N. 10. Die Pfuhlschnepfe.

Naumanns Vögel. III. S. 35. Taf. 7. Fig. 7.
Männchen.

Meine getreuen Abbildungen naturhist. Gegenstände. IV.
Taf. 73.

Mein ornithol. Taschenbuch. S. 287. Nr. 6.

Kennzeichen der Art.

Mit kürzerm in der Mitte etwas aufwärts gezogenen,
an der Wurzel grauen, an der Spitze schwärzlichen Schnabel, grünen Füßen, einem weißen Augenstreifen, dunkelbraunen, rostgelblich kantirten Federn des Oberleibes, weißer
Brust, Bauch, After, Unterrücken und Steiß, und weißem
dunkelbraun bandirten Schwanze.

Gestalt und Farbe des männlichen und weib-
lichen Geschlechts.

Durch Herrn Naumanns Beschreibung bin ich erst
auf diesen Vogel recht aufmerksam gemacht worden, und ich
finde, daß er in Deutschland nicht einzeln und von dem Nr. 5.
beschriebenen bunten Wasserläufer specifisch verschieden
ist. Die Naumannsche Beschreibung kann als musterhaft

Die Größe ist fast wie an dem gefleckten Wasserläufer, 15 Zoll lang, wovon der Schnabel 2¼ Zoll und der
Schwanz 3 Zoll mißt; die Flügel klaftern 25 Zoll und reichen
zusammengelegt etwas über das Ende des Schwanzes
hinaus *).

Der Schnabel ist mittelmäßig lang, in der Mitte etwas
aufwärts gekrümmt, dünn, mit einem tiefen Nasenriefen,
der obere Kiefer ein klein wenig länger als der untere, die
Wurzel aschgrau, in den Ecken gelblichgrün, die Spitze
schwärzlich; der Augenstern nußbraun; die Augenlieder weiß;
die Füße hell olivengrün, die Schenkel 1½ Zoll hoch kahl, die
Fußwurzel 3 Zoll hoch, die mittlere Zehe 2 Zoll lang und die
hintere 7 Linien, die äußerste und mittelste mit einer kleinen
Haut verbunden, die Krallen kurz und hornbraun.

Am Kopf und Halse ist die weiße Farbe, welche Wurzeln
und Spitzen der Federn haben, die Grundfarbe, auf welcher
schwärzliche Flecken und röthliche graue Sprenkeln stehen; die
Backen haben schwarzbraune Strichelchen, und der Hals dergleichen Längsstriche; die Kehle ist weiß; über die Augen
läuft ein großer weißer Streifen, bis zu denselben ein dunkelgrauer Zügel; der Oberrücken, die Schultern und Deckfedern
der Flügel sind dunkelbraun, alle Federn rostgelblich, auch
manche blaß röthlich, weiß kantirt; die Schwungfedern sind
schwärzlich, die vorderste mit einem weißen Schaft, die andern
nach den hintern zu immer mehr rothgraulichweiß gespitzt; die
Unterflügel weiß, mit dunkelgrauen Querflecken; Brust,
Bauch, Bürzel, After und Schenkel sind weiß, die Seiten
graulich

*) Par. Ms.: 13½ Zoll lang und 22 Zoll breit.

graulich angelaufen und gefleckt; der Schwanz weiß mit dunkelbraunen, in der Mitte eckig gespitzten Querstreifen, die
nach der Spitze zu und an den mittlern Federn am stärksten,
nach der Wurzel und an den Endfedern am schwächsten sind.

Das Weibchen ist etwas größer, am Halse mehr gefleckt, auf dem Rücken und Flügeln mehr rostgrau, und an
der Brust nicht so rein weiß als das Männchen.

Dieser Vogel variirt etwas in der Farbe (vielleicht
bloß nach dem Alter) mit hellerm und dunklern Oberleibe, der
sich also bald mehr ins Röthlichaschgraue, bald mehr ins
Schwärzliche zieht.

Merkwürdige Eigenschaften.

Es sind scheue und furchtsame Vögel, die den Jäger von
weiten fliehen, und vor den Raubvögeln sich in einer eignen
niedergedrückten Stellung, ja sogar durch Untertauchen im
Wasser zu verbergen suchen. Ihre Lockstimme besteht in einem
hellpfeifenden Tgia, tgia, welches sie etlichemal hinter
einander rufen, und wenn sie sich setzen wollen, in einem
höhern Kick! und in Angst und Schrecken schreyen sie wie
die andern ihnen ähnlichen Vögel Kräh!

Verbreitung und Aufenthalt.

Dieser Sumpfvogel, den die Jäger vorzugsweise mit dem
Namen Sumpf- oder auch Uferschnepfe belegen, ob
sie gleich auch andere und fast alle ihnen nicht sehr bekannte
Arten dieser Gattung so nennen, muß in dem Norden von
Europa und Asien zu Hause seyn, von wo aus er schon
im August und bis zur Mitte des Septembers unsere großen
Flüsse, Seen und Teiche von Deutschland, die frey liegen, und

ein

ein weites, flaches, grasiges und sandiges oder steiniges Ufer
haben, besucht. Man trifft ihn sowohl in kleinen Heerden,
als einzeln an. Wenn er einzeln da ist, so hält er sich mehrentheils zu den gewöhnlichen Strandläufern, fliegt mit denselben von einer Stelle zur andern, auch wenn er aufgejagt
wird, setzt sich aber nie unter, sondern allezeit eine kleine
Strecke davon neben sie.

Nahrung.

Diese besteht in Wasser-Insecten, Fisch- und Froschlaich.
Herr Naumann sagt: Es sieht sehr artig aus, wenn eine
Gesellschaft Pfuhlschnepfen mit Auffischen der kleinen Wasserinsecten beschäftigt ist. Sie legen den aufgesperrten Schnabel so ins Wasser, daß der Oberschnabel dicht über die Oberfläche des Wassers weggeht, und der untere im Wasser ist.
In dieser Stellung laufen sie mit der größten Behendigkeit
im flachen Wasser bis an den Bauch unter einander her, ohne
daß dabey eine der andern in den Weg kömmt.

Fortpflanzung.

Hiervon weiß man mit Gewißheit nichts zu sagen.

Feinde.

Alle Raubvögel, die den Sumpf- und Wasservögeln
nachstellen, verfolgen auch sie z. B. die Sumpf- und Korn-
weyhe.

Jagd und Fang.

Zum Schuß muß man sich an sie zu schleichen suchen,
oder mit mehrern Schützen einen Teich umstellen, um sie im
Flug zu erlegen.

Sie

Sie werden auch auf dem Wafferschnepfenherde gefangen, und Naumann sagt, daß es vorzüglich nöthig sey, einen solchen Lockvogel zu haben, weil ihn alle Arten Wafferschnepfen lieben, und seinem Gelocke folgen.

Nuhen und Schaden.

Das Fleisch oder Wildpret wird gern gegessen, ob es gleich etwas schlämmert oder einen fischähnlichen Nachgeschmack hat. Ihr Schaden, den sie an der Fischbrut thun, ist von keiner Erheblichkeit.

(219) 11. Der rothe Wafferläufer.
Totanus rufus, mihi.

Namen, Schriften und Abbildungen.

Lappländischer Wafferläufer, Lappländische Schnepfe, Seeschnepfe, rothe, große und größte Pfuhlschnepfe, fuchsrothe Uferschnepfe, rothbrüstiges Wafferhuhn, rothgebrüstetes Haselhuhn, Geißkopfschnepfe.

Scolopax lapponica. *Gmelin Linn.* Syst. I. 2. p. 667. No. 5.

La Barge rousse. *Buffon* des Ois. VII. p. 504. Ed. de Deuxp. XIV. p. 284. N. 4. Planch. enl. N. 900. Uebers. von Otto. XXVI. S. 237. mit einer Abbildung.

The red Godwit. *Latham* Syn. III. 1. p. 142. N. 13. Meine Uebers. V. S. 114. N. 13.

Naumanns Vögel. III. S. 49. Taf. 11. Fig. 11. Männchen.

Totanus lapponicus. **Mein ornith. Taſchb. S. 290.**
No. 9.

Meine getreuen Abbild. VI. Taf. 64.

Donndorff a. a. O. S. 1044. Nr. 15.

Kennzeichen der Art.

Der Schnabel iſt lang, an der Wurzel ein wenig aufwärts gebogen und roth, an der Spitze etwas kolbig und
ſchwarz; Kopf, Hals und Bruſt ſind rothbraun; der Oberleib dunkelbraun mit roſtfarbenen Federrändern; Schwung-
und Schwanzfedern ſchwarz, erſtere mit weißen Spitzen und
letztere an den Seitenfedern weiß geſtreift; die Füße
ſchwarzgrau.

Geſtalt und Farbe.

Dieſer Waſſerläufer zeichnet ſich durch ſeine Größe,
langen Schnabel und rothe Bruſt aus. Er iſt 17 Zoll lang,
wovon der Schnabel $3\frac{3}{4}$ Zoll und der Schwanz 4 Zoll wegnimmt. Die Flügel klaftern $2\frac{1}{2}$ Fuß, und legen ſich auf
der Schwanzſpitze zuſammen.

Der Schnabel iſt ſehr lang, dünn, ſtark geriefelt,
gerade unter den länglichen Naſenlöchern hinten etwas aufwärts gebogen, weich, an der harten ſchwärzlichen Spitze
etwas löffelartig zugeendet, und der Oberkiefer etwas länger
als der untere, die Hauptfarbe fleiſchroth; die Augen nußbraun; die Augenlieder weiß; die Füße ſchwarzgrau, oder
wie andere ſagen, ſchwärzlich, der nackte Theil der Schenkel
2 Zoll, die Fußwurzel $3\frac{1}{2}$ Zoll hoch, die Mittelzehe 2 Zoll
lang und die hintere nur 6 Linien, die mittlere und äußere
Zehe durch eine ſchmale Haut verbunden. Die ſchöne rothe

oder

oder rostbraune Farbe zeichnet diesen Vogel vor allen, in diese Gattung gehörigen aus.

Kopf und Oberhals sind rostfarben und dunkelbraun gefleckt, indem jede Feder in der Mitte dunkelbraun ist, und rostfarbene Ränder hat; über die Augen läuft ein hell rostgelber Streifen; die Zügel sind dunkelbraun; die Backen rostgelb, mit klaren dunkelbraunen Flecken; Unterhals und Brust sind schön rostbraun, bald heller bald dunkler, mit einigen dunkelbraunen Schmitzen, nach der Kehle rostgelblich oder gelblichweiß auslaufend; Bauch und After sind weiß; die Seiten und die Schenkel hinten rothgrau; eben so die Steißfedern, welche aber bald mehr bald weniger dunkelbraune Flecken haben, die Rücken und Schulterfedern sind dunkelbraun oder schwärzlich mit rostgrauen breiten Federrändern; die kleinsten Deckfedern, so wie die vordersten der Flügel sind schwärzlich mit weißlichen Spitzen, die übrigen dunkelbraun mit rostgelben und weißen Spitzen, das letztere vorzüglich hinten an der untern Reihe; die Schwungfedern schwärzlich mit weißlichen Spitzen, welche besonders an den mittlern groß sind, und die innern Seiten sind ebenfalls weiß; diese weiße Spitzen der mittlern Schwungfedern und untern Deckfedern bilden einen undeutlichen weißen Streifen auf den Flügeln; die Unterflügel sind schmutzig weißgrau, an den Deckfedern weiß, dunkelgrau gefleckt; die Schwanzfedern sind schwärzlich, die mittlern mit rostgelblichen Spitzen, und alle mit weißlichen abgebrochenen Querstreifen.

Diese Art variirt in der Farbe, so daß die Rostfarbe des Unterleibes bald fuchsroth, bald rostgelb, bald rostgrau, bald mit bald ohne dunkle Flecken, die dunkle Farbe des

Ober

Oberleibes bald schwarz, bald dunkelbraun, bald graubraun, der Steiß bald weiß, bald rostgelb, und der Schwanz bald rostgelb und schwarz, bald dunkelbraun und weiß gebändert ist. Ich will daher nach den Schriftstellern noch einige kleine Verschiedenheiten angeben:

1) Linné: Der röthliche Schnabel ist etwas aufwärts gebogen, an der Spitze schwärzlich; die Füße sind schwarz; der Leib ist schwärzlich mit rostbraunen Flecken; der Unterleib rostbraun ohne Flecken; der Bürzel weißlich rostfarben mit länglichen schwarzen Flecken; ein rostbrauner Streif läuft über die Augen weg am Hals hinab; die Schwanzfedern sind graubraun mit weißen Binden.

2) Büffon: Der ganze Vorderleib und Hals sind schön rothgelb; der Mantel braun und schwärzlich, und dabey mit feinern weißen und rothgelblichen Franzen besetzt; der Schwanz hat rothgelbliche und braune Querstreifen.

3) Latham: Der Schnabel ist 3¾ Zoll lang, etwas aufwärts gebogen, dunkelbraun, zunächst am Kopfe ins Gelbliche sich ziehend; Kopf, Hals, Oberrücken und Brust rostroth mit schwarzen Streifen, der Hals ausgenommen, welcher einfärbig ist; über den Augen ein Streifen von hellerer Farbe; die obern Deckfedern des Schwanzes gelbroth, weiß und braun gestreift; der Unterrücken und Steiß gelbröthlich weiß, die Federn am Schafte herab dunkelbraun; die kleinen Deckfedern der Flügel braun, mit weißem Saum, die größern einfärbig und von dunklerm Braun, einige mit weißen Spitzen und dieß bildet einen Streifen auf den Flügeln; die großen Schwungfedern an der äußern Fahne schwarz und in-

wendig

wendig gegen die Wurzel hin weiß, die kürzern halb schwarz; der Schwanz eben so; die Füße schwarz.

4) Otto: Die Größe ist ohngefähr wie am mittlern Brachvogel; der Schnabel länger als der Mittelfinger eines Menschen und länger als das Dünnbein. Kopf und Hals oben graubraun und rostbraun gestreift, weil die graubraunen Federn rostgelbe Ränder haben; der Rücken und die Flügeldecken graubraun mit rostbraunen Flecken der Federränder; die Kehle, der Unterhals und die Brust ist rostbraun, wie diese Farbe an dem Bergfinken ist, mit einigen feinen bräunlichen Flecken; die grauen Flügel mit schwarzbraunen Schwungfedern; die Schwanzfedern weiß mit graubraunen Binden; der Bauch und After weiß; der Bürzel oben weiß mit sparsamen graubraunen Flecken.

Er hat diesen Vogel in Pommern mit verschiedenen Spielarten gesehen.

5) Naumann: Die Länge 15 Zoll und die Breite 31½. Die Kehle ist weiß; der Kopf und ganze Hals bis an die Brust blaß röthlichbraun; die Zügel dunkelbraun; über die Augen ein weißer Streifen; die Rückenfedern braun mit Hellbraun gekantet, die des Unterrückens schwarz mit bräunlichgrauen Rändern; die Steiß- und Deckfedern des Schwanzes sammt dem Bauch, der Brust und dem Vordertheil der Schenkel weiß; die obersten Deckfedern am Flügelrande graubraun, der Rand selbst und die Afterschwingen haben schwarze Federn mit weißen Spitzen; die Schwingen schwarz mit weißen Schäften und Spitzen; die ersten Deckfedern auf denselben graubraun mit breiten weißen Spitzen, die andern braun mit weißen und bräunlichweißen Kanten und dunkelbraunen

Schäften; die Schwanzfedern schwarz mit braunen Spitzen und weißen Seitenstreifen; die Schenkel hinten braun überlaufen; die Beine dunkelaschgrau oder schwarzgrau; die inwendige der mittlern Kralle wie bey den Reihern gezähnt.

Merkwürdigkeiten.

Von den Eigenschaften dieses Vogels ist wenig bekannt. Er ist nicht so scheu als die andern, zieht theils in kleinen Heerden, theils einzeln, und zwar dann in Gesellschaft des rothfüßigen Wasserläufers durch Deutschland und zwar im August und zu Anfang des Septembers, wo man ihn an den seichten, rasigen und steinigen Ufern der Seen, Teiche und Flüsse findet. Im Sommer wohnt er im Norden von Europa, Asien und Amerika, und geht in ersterm bis Lappland hinauf. Im Frühjahr ist er häufig am Caspischen Meer.

Die Nahrung besteht in verschiedenen Wasserinsecten und ihren Larven.

Man fängt ihn auf dem Wasserschnepfenherd.

? 12. Der graue Wasserläufer.

Totanus gregarius, mihi.

Namen und Schriften.

Uferschnepfe, graue Uferschnepfe, kleine rothgelbe Uferschnepfe.

Tringa gregaria. Ottos Uebers. von Büffons Vögeln. XXVI. S. 242. Zusatz.

Besecke Vögel Curlands. S. 63. n. 3.?

Scolopax

Scolopax lapponica. *Gmelin Linné.* l. c. n. 15. β.?
Red. Godwit. *Latham* l. c. Var. A.?

Kennzeichen der Art.

Der Schnabel kürzer, etwas aufwärts gebogen; der
Oberleib graubraun, hell rostbraun und einzeln weiß gefleckt;
die äußern Schwanzfedern weiß, die mittlern mit 6 bis 7
graubraunen Binden; die Füße grau.

Gestalt und Farbe.

Die Bekanntmachung dieses Vogels haben wir Herrn
Professor Otto zu verdanken. Vielleicht, daß er zu meinem
dickfüßigen Wasserläufer gehört, denn mit diesem scheint er mir
die größte Aehnlichkeit zu haben. Herr Otto sagt, daß er
noch am besten mit dem rothen Wasserläufer oder dem vorhergehenden Vogel übereinstimmte, doch habe er die Vögel zusammen verglichen und sie als verschiedene Arten gefunden.
Denn sein Vogel sey weit kleiner, das Rostbraune auf dem
Rücken viel blässer, und statt der dunkel rostbraunen Brust,
habe er unter dem Halse und an der Oberbrust eine gelblichgraue und an der Kehle eine weiße Farbe; der Schnabel sey
nicht nur an sich viel kürzer, sondern auch in Verhältniß der
Füße, so daß er kürzer sey als das Dünnbein (Fußgelenk) mit
der mittlern Zehe. Am besten stimme er noch mit Lathams
Varietät der Lappländischen Schnepfe überein.

Er kömmt an Größe dem Kiebitz nahe; der Schnabel ist
etwas, beynahe wie an dem rothen Wasserläufer, aufwärts
gebogen, 2⅖ Zoll lang (Rheinländisch), länger als das Dünnbein, kürzer als das Dünnbein mit der Mittelzehe, beynahe
so lang, als der kleine Finger eines Menschen, glatt, nach

der

der Spitze zu schwarz; Kopf und Hals sind aschgrau mit den
feinsten grauschwärzen länglichen Streifen; Bauch und After
weiß, mit hell rothgelblichen Rändern; der Rücken und die
Flügel graubraun und hell rostbraun gefleckt, da die Federn
dunkelbraun sind, und an der Spitze und an den Rändern
rostbraune, an den Flügeln aber weißliche Flecken haben; die
Schwungfedern braunschwärzlich mit weißen Schäften, die
erste bis vierte ungefleckt, aber die folgenden weiß gerändert;
die äußersten Schwanzfedern weiß, die mittelsten weißlich
rostbraun mit 6 — 7 graubraunen Querbinden; der Bürzel
weiß mit sparsamen, graubraunen Flecken; die Füße grau.

Latham beschreibt seine von Otto hierbey angeführte
Varietät der Lappländischen Schnepfe so. Sie ist größer als
die letzte (?). Die Obertheile des Körpers sind einfärbig
braun; Kopf und Hals aschgrau; das Kinn fast weiß; über
den Augen ein heller Streifen; die Brust roth gesprenkelt;
der übrige Unterleib weiß; der Schwanz wie bey der vorhergehenden (der Lappländischen); die Füße dunkelbraun. Sie
kam von Gibraltar.

Beseke's Vogel sieht so aus: Er hat den etwas aufwärts gekrümmten, schwarzen, an der untern Hälfte blutrothen Schnabel und die schwarzen Beine mit der Lappländischen Schnepfe gemein. Kopf, Hals bis fast zur
Brust hinab und sodann über die Schultern weg, sind weiß
mit schwärzlich aschgrauen Strichen; die Schultern und Flügel sind einfärbig, dunkel aschgrau; die Federn der Afterflügel
sind am Rande schwarz mit abwechselndem Weiß gefleckt; der

Steiß

Steiß wie der Körper schneeweiß mit feinen dunkeln Strichelchen, Einfassungen und Flecken.

Er wohnt in Curland.

Merkwürdigkeiten.

Herr Otto hat diesen Sumpfvogel in kleinen Schaaren an dem Meeresufer auf der Insel Riems zwischen
Pommern und Rügen gesehen.

(220) 13. Der Teich-Wasserläufer.
Totanus stagnatilis, mihi.

Namen, Schriften und Abbildungen.

Kleine Pfuhlschnepfe, Sandschnepfe, Hennick, kleiner
Hennick.

Scolopax Glottis minor. Naumanns Vögel. III.
S. 72. Taf. 18. Fig. 23. Männchen.

Mein ornithol. Taschenb. S. 292. Nr. 11. mit einer
Abbildung.

Kennzeichen der Art.

Der Schnabel kürzer, dünn, in der Mitte etwas aufwärts gebogen und schwarz; das Gesicht weiß; der Oberleib
dunkelbraun mit rothgraulichweißen Federkanten; der Unterleib und Steiß weiß; der Schwanz weiß mit einigen dunkelbraunen abgebrochenen Binden. Die Füße grüngrau.

Gestalt und Farbe des männlichen und weib-
lichen Geschlechts.

Ich finde diesen Vogel, den ich in neuern Zeiten in
Thüringen und Franken auf seinem Zuge angetroffen
habe,

habe, von niemanden als von Hrn Naumann beschrieben, er müßte denn unter den unvollkommen beschriebnen Strandläufern anzutreffen seyn. Er macht in Gestalt und Betragen den schicklichsten Uebergang zu den Strandläufern, und Hr. Naumann behauptet mit Recht, daß er die größte Aehnlichkeit mit dem grünfüßigen Wasserläufer habe, allein fast um die Hälfte kleiner sey, einen dünnern und längern Schnabel, kürzere Schwingen und ein ganz rein weißes Gesicht habe.

Die Größe ist wie eine Misteldroßsel, die Länge 9 Zoll und die Breite 19½ Zoll, wovon der Schnabel 1 Zoll 8 Linien und der Schwanz 2½ Zoll einnimmt; an der Spitze des letztern legen sich die Flügel zusammen *).

Der Schnabel ist dünn, weich, geriefelt, etwas vor der Mitte niedergedrückt und nach der Spitze zu in die Höhe gezogen, die Spitze des Oberkiefers etwas stumpfspitzig vorstehend, die Farbe schwärzlich; der Augenstern graubraun; die Füße schild- und netzförmig, grün- oder olivengrau; die Schenkel 10 Linien hoch kahl, die Fußwurzel 1 Zoll 10 Linien hoch, die Mittelzehe 1 Zoll 2 Linien lang und die hintern 2 Linien, die äußere und mittlere mit einer schmalen Haut verbunden.

Stirn, Wangen, Augen und Kehle sind weiß; die Schläfe ebenfalls, nur etwas graubraun gefleckt; Scheitel und Hals weiß mit dunkelbraunen dichten Längsstrichen, die an dem Vorderhals feiner und einzelner werden, und an den Seiten der Brust dergleichen Querflecken bilden; Unterleib,

Unter-

*) Par. Ms.: 8 Zoll Länge; 18 Zoll Breite.

Unterrücken und Steiß weiß; Oberrücken, Schulterfedern und Deckfedern der Flügel dunkelbraun mit rothgrauweißen und rostgrauen Federrändern, die diese Theile aus den genannten Farben gefleckt erscheinen laffen; der Flügelrand weiß, so wie die Unterflügel, welche an den Deckfedern hellgraue Flecken zeigen; die großen Schwungfedern schwärzlich, nach innen grau, dann weißlich auslaufend und die erste mit weißem Schafte; die kurzen Schwungfedern dunkelbraun, nach innen und an den Spitzen weiß, die langen hintern, wie die Rücken-federn; die Schwanzfedern weiß, mit dunkelbraunen abgebro-chenen Querbändern, die nach der Spitze zu breiter und regel-mäßiger werden, an den Seitenfedern aber nur Querflecken bilden.

Die Varietäten dieses Vogels bestehen bloß darin, daß die Ränder der schwärzlichen und dunkelbraunen Federn des Oberleibes bald mehr ins Rostgelbe, bald mehr ins Weiße fallen, und daß der Vorderhals und die Oberbrust bald mehr bald weniger dunkel gefleckt sind. Jenes scheinen die jüngern Vögel, und dieß die ältern zu seyn.

Merkwürdige Eigenschaften.

Mehr Aehnlichkeit haben diese Wasserläufer im Betra-gen mit den Strandläufern als mit den Schnepfen. Sie verstecken sich daher nicht, sondern fliehen ihre Feinde, laufen sehr schnell an den seichten Waffern herum, schreyen beym Auffliegen hell Giah! fliegen tief und schnell, und weichen beym Niedersetzen immer der Schußweite aus.

Ver-

Verbreitung und Aufenthalt.

Die Meerufer des Nordens scheinen der Sommeraufenthalt dieses Wasserläufers zu seyn, von wo aus er in kleinen Herden und einzeln zerstreut im August die sandigen und steinigen Ufer der Flüsse, Seen und Teiche Deutschlands besucht und in Thüringen, Franken, Schlesien und in dem Anhaltischen angetroffen wird. Am Bodensee ist er im Herbst nicht selten. Im April und noch zu Anfang des Mays hält er seinen Wiederzug.

Nahrung.

Diese bekömmt er von Wasserinsecten und Schneckchen.

Fortpflanzung.

Man kennt sie nicht.

Jagd und Fang.

Man schleicht sich hinter Gräben und dergleichen zum Schuß an. Außerdem geht er auf den Wasserschnepfenherd.

Nutzen.

Das Wildpret wird sehr geschätzt.

Acht und vierzigste Gattung.
Strandläufer. Tringa.

Kennzeichen.

Der Schnabel ist mit dem Kopfe von ziemlich gleicher Länge, etwas kürzer oder länger rundlich, dünn, vorn allmählig zugespitzt.

Die

Die Nasenlöcher sind klein und ritzenförmig.

Die Zunge ist schmal und dünn.

Die Füße sind vierzehig, die Hinterzehe hat nur ein Gelenke, sitzt höher, und ruht nicht auf der Erde, die Vorderzehen sind getrennt, oder nur an der Wurzel mit einer kleinen Spannhaut verbunden.

Der Hals ist lang, rundlich, der Kopf klein und rund, an den Seiten etwas gedrückt und der Schwanz ziemlich kurz.

Die Vögel dieser Gattung halten sich wie die meisten der vorhergehenden an den Ufern der Meere, Flüsse und anderer Gewässer auf, laufen und fliegen geschwind, und nähren sich hauptsächlich von Insecten.

Sie ähneln den Schnepfen und Wasserläufern in vielen Stücken gar sehr, daher sie auch die Jäger und Köche gewöhnlich zu den Schnepfen zu zählen pflegen. Durch obige Kennzeichen unterscheiden sie sich aber hinlänglich von ihnen; auch ist ihr Fleisch nicht so schmackhaft. In Deutschland sind siebenzehn Arten bekannt, die aber vielleicht in Zukunft, wenn man diese Vögel genauer kennen lernt, in wenigere zusammenschmelzen *).

(221)

*) Es herrscht noch große Unbestimmtheit und Verwirrung in der Naturgeschichte dieser Vögel. Ich habe, so viel mir möglich, Ordnung und Wahrheit in dieselbe zu bringen gesucht. Daß ich sie ins Reine gebracht hätte, daran zweifle ich aber selbst. Es bleibt dieß Naturforschern, die am Seestrande, auf Inseln und an großen Seen wohnen, überlassen. Nach meinen neuern Ueberzeugungen habe ich die Kiebitze getrennt. Sonst theilte ich diese Gattung in 2 Familien ein: a) In Strandläufer, deren Schnabel etwas kürzer als der Kopf ist, und b) in

(221) 1. Der kämpfende Strandläufer *).
Tringa pugnax, *Linn.*

Namen, Schriften und Abbildungen.

Männchen: Kampf=, Streit=, Brause=, Fuchs=, Burr= und Straußhahn, Streit=, Strut=, Koller= und Heidehuhn, Streitvogel, großer Seevogel, Kampf=Strandläufer, Tanztaube, Hausteufel, Renomist, Seepfau, Mönnick, Brausekohlschnepfe, Streitschnepfe, Stralschnepfe, Krösler, Kämpfer; Weibchen an mehrern Orten: Beginen und kleiner Seevogel.

Tringa Pugnax. *Gmelin Linn.* Syst. I. 2. p. 669.
n. 1.

Combattant ou Paon de mer. *Buffon* des Ois. VII.
521. t. 29. 30. Ed. de Deuxp. XIV. 260. tab. 5.
f. 5. Uebers. von Otto XXVII. 34. mit der Abbild. von Männchen, Weibchen und Ey.

Ruff. *Latham* Synops. III. 1. p. 159. Meine
Uebers. V. 131. Nr. 1.

Frisch Vögel. Taf. 232 bis 235. Männchen.

Naumanns Vögel. III. 55. Taf. 13 bis 16. Fig. 13
bis 19 Männchen. Fig. 20 Weibchen. Fig. 21 ein
Junges und Fig. 22 ein vermausertes altes Männchen.

Mein

b) in solche, wo er länger als der Kopf ist, und rechnete zu jenen z. B. Tringa Interpres und zu diesen Tringa Vanellus etc. Allein diese Eintheilung will nicht recht Stich halten.

*) Der Kampfhahn. Alte Ausg. III. 155. Nr. (133) 7.

Mein ornithol. Taschenbuch. S. 295. No. 1. Meine
getreuen Abbild. naturhist. Gegenstände. II. S. 14.
Taf. 7. Männchen und Weibchen.
Donndorff a. a. O. S. 1050. Nr. 1.

Kennzeichen der Art.

Der Schnabel ist auf der inwendigen Mittellinie der
obern Kinnlade (oder am Gaumen) bis zur Hälfte fein gezähnelt, und an der Spitze etwas niederwärts gebogen und löf-
selförmig zugespitzt; die 3 Seitenschwanzfedern sind ungefleckt; am Männchen das Gesicht mit Wärzchen besetzt,
am Hals im Sommer ein Kragen, und die Federfarbe verschieden; am Weibchen die Farbe des Oberleibes schwärzlich mit rostgelblichen und gelblichweißen Federrändern.

Gestalt und Farbe des männlichen und weib-
lichen Geschlechts.

Dieser Strandläufer, welcher gewöhnlich Kampfhahn
heißt, hat ungefähr die Größe einer Haustaube. Seine
Länge beträgt 1 Fuß, der Schwanz hält 2½ Zoll und die Flügel messen ausgebreitet 2 Fuß, 3 Zoll, zusammengelegt aber
reichen sie bis an die Schwanzspitze *).

Der Schnabel ist 1½ Zoll lang; der Augenstern nußbraun; der nackte Theil der Schenkel und die Füße vorn geschildert, hinten netzförmig; die Schenkel 15 Linien weit
nackt, die Fußwurzel 2 Zoll hoch, die mittlere Zehe 1 Zoll
8 Linien, und die hintere 2 Linien lang, die äußere und mittlere Zehe mit einander etwas verbunden.

Das

*) Par. Mis.: 10½ Zoll; Breite 2 Fuß.

Das **Männchen** dieses Strandläufers ist der einzige wilde Vogel, der in seinen Farben so mannigfaltig variirt, wie die zahmen Hausvögel, z. B. die Hühner. Man trifft unter 20 Vögeln kaum 2 an, die einander ähneln, geschweige gleich sehen. Ich habe sonst geglaubt, nach gewissen Jahren erhielten auch diese Vögel eine stätige Farbe, etwa wie die Falkenarten, allein wiederholte Beobachtungen, die Erfahrung des Hrn. **Naumanns** und Hrn. Prof. **Ottos** (Uebers. von **Büffons** Vögeln a. a. O.), haben es nun bey mir zur Gewißheit gebracht, daß hier an keine stätige Farbe zu denken ist; selbst die Schnabelfarbe, die man bald gelblich, bald fleischroth, bald rosenroth; mit schwarzer und grauer Spitze, findet, sogar die Farbe der Füße, die noch am beständigsten ist, wird man veränderlich, orangegelb, saffran-gelb, grünlichgelb, bräunlichgelb, grüngelb, grünlich, gelblich mit graubraunen Flecken, und bey den Jungen grau sehen.

Vom Frühjahr bis zur Mauserzeit im July hat der männliche Vogel gelbliche und gelbrothe fleischige Wärzchen im Gesicht, die bey alten Vögeln dicht, bey jüngern einzeln, und bey ganz jungen in den Federn verborgen stehen. Alte Vögel bekommen auch, wahrscheinlich von langen Kämpfen, Auswüchse oder Knollen an dem Schnabel. Noch bemerkt man, daß die Farben auf den obern Deckfedern der Flügel, die asch-grau mit rostgelben Federrändern versehen, auf den Schwung-federn, die schwärzlich oder schwärzbraun mit weißen Schäf-ten, auf den zugespitzten Schwanzfedern, welche graulich sind und an den Mittelfedern schwarze oder braune Querbinden oder Querflecken haben, und am Bauch und After, die weiß

sind,

sind, fast bey Jen überein kommen. Außerdem aber wechseln
Aschgrau, Rostfarben, Schwarz, Violet und Weiß entweder
einfarbig oder in Streifen und Flecken so untereinander ab,
daß dadurch eine Anzahl solcher Vögel die verschiedenste Far=
ben=Mischung zeigen. Es scheint in der That, besonders da
die jungen Männchen noch nicht das Farbenspiel zeigen, als
wenn das Kämpfen, wodurch das Blut in beständiger. Wal=
lung ist, und die Galle sich in den Magen ergießt, diese verschie=
dene Farben verursachte. Manche sind sehr schön gezeichnet.
Der eigene Kragen, welcher aus schönen langen, fein zer=
schlissenen, am Ende eingekrümmten, nach dem Nacken zu
abgekürzten Federn bestehet, giebt dem Vogel ein ganz eigenes
Ansehen, besonders wenn er ihn ausbreitet, oder aufbläst, wo
er dann, wie Naumann mit Recht sagt, in herzförmiger
Gestalt erscheint, und wo auch die Nackenfedern mit auf=
schwellen.

Ich will die vorzüglichsten Farbenvarietäten,
wie sie von mir und andern beobachtet worden sind, angeben:

1) Der Kopf ist rothgelb und schwarz gefleckt; der Hals
aschfarbig; der Nacken, Rücken und die langen Schülter=
federn rostgelb mit schwarzblauen, glänzenden, herzförmigen
und andern Flecken; der Kragen dunkelaschfarben, in die
Quere röthlich gestreift; die Halster und Kehle sind weiß und
graubunt; die Brust rostgelb und schwarzbunt; der Bauch
weiß; die Deckfedern der Flügel dunkelaschgrau; die großen
Schwungfedern dunkelbraun mit weißen Schäften, die klei=
nern theils braun, theils graubraun; die Schwanzfedern grau=
braun; die langen Achselfedern und langen untern Deckfedern
des

des Schwanzes weiß; die obern Deckfedern des Schwanzes wie der Rücken und mittelmäßig lang.

2) Die Hauptfarbe ist schwarz mit violettem und grünen Glanze, und auf dem Rücken haben die dunkeln Federn rostgraue und rostgelbe Ränder.

3) Der Kragen ist schwarz mit grünem Glanze und mit gelblichweißen Wellenlinien; der Oberleib schwarz, rostfarben und weißbunt.

4) Der Kragen ist weiß und schwarzbraun in die Quere gestreift; der Oberleib ist dunkelbraun, rostfarben und weiß gemischt.

5) Der Kragen ist rothbraun und schwärzlich gebändert; der Oberleib schwarz und rostfarben und weiß gefleckt.

6) Der Kragen ist weiß; der Oberleib und die Brust schwarz grünglänzend und rothgelb gefleckt.

7) Der Kragen ist weiß, röthlich gemischt; der Oberleib schwärzlich, rostfarben und weißlich gefleckt.

8) Der Kragen ist weiß, einzeln schwarz gespritzt; der Kopf und Oberleib hellgrau und dunkelbraun gefleckt; die Brust weißlich, graulich und schwarz gefleckt.

9) Der Kragen ist schwarz mit Glanz, rostfarben und weiß gewellt; der Oberleib und die Brust haben bey rostgrauem Grunde große schwarze Flecken.

10) Der Kragen ist rostfarben mit oder ohne schwärzliche abgebrochene Bänderflecken; der Oberleib rostfarben und schwarz gefleckt.

Dieß sind einige der gewöhnlichsten Abänderungen, und man muß noch bemerken, daß die Männchen nach der Mauser

den

den Krägen verlieren, und ihn erst im folgenden Frühjahr von ihrer Rückreise wieder mitbringen.

Die jungen Männchen sehen vor der Mauser den Weibchen ähnlich, nur haben sie, wie Naumann sagt, keine braune Flecken am Unterhalse, sondern derselbe ist so wie die Wangen rostgelb überlaufen; von der Krause findet man keine Spur; Brust und Bauch sind weiß; der Scheitel schwarzbraun und hellbraun gefleckt; der Oberleib schwarzbraun mit rothgrauen Federrändern; der Unterrücken und Steiß aschgrau, dunkelbraun und rostgelb gefleckt; die Schwung-federn sind schwärzlich, die hintersten und die großen Deck-federn schwarzbraun mit röthlichweißen Rändern; die Schwanzfedern dunkelgrau mit schwärzlichen Spitzen, und die mittlern zackig oder bänderartig weißlich gefleckt; die Füße sind grau, röthlichgelb oder olivengrün.

Das Weibchen ist etwas kleiner als das Männchen, und hat, wie auch andere bestätigen, eine beständigere Zeich-nung. Das, welches ich vor mir habe, sieht folgendergestalt aus: Der Schnabel ist schwarzbraun; die Füße sind gelblich; das Gesicht graulichweiß, etwas rostgrau melirt; der Scheitel schwärzlich, durch die weißgraulichen Federränder sein ge-mischt; die Kehle weiß; Hals und Brust hellgrau, röthlich-weiß gewässert und dunkelbraun gefleckt; der Bauch, so wie die Unterdeckfedern des Schwanzes, die so lang als die Schwanzfedern selbst sind, weiß; die Seiten weißgrau, so wie das Ende der Schienbeinfedern; der Oberhals röthlich-grau, etwas dunkelgrau gewässert; der Oberleib schwärzlich oder braunschwarz, alle Federn gelblichweiß eingefaßt; die kleinen Deckfedern der Flügel aschgrau, etwas dunkler gewäs-

. sert

ſert und mehrere gelblichweiß kantirt; die großen, wie der
Rücken; der Steiß dunkelgrau mit roſtgrauen Kanten; die
vordern Schwungfedern ſchwärzlich mit weißlichen Federſchäften, die mittlern eben ſo, die hintern langen dunkelgrau
mit weißlichen Säumen, und einige derſelben, beſonders die
Achſelfedern weiß; der zugeſpitzte Schwanz dunkelgrau, faſt
dunkelbraun, am Ende roſtfarben geſäumt und auf den 4 mittlern Federn vor dem Ende mit 1 und 2 roſtfarbenen Querflecken, die undeutliche dergleichen Bänder bilden.

Vor einigen Jahren ſchoß ich zu Ende des September
ein junges Weibchen, welches in Nichts verſchieden
war, als daß die röthlichgraue Gurgel und Oberbruſt bloß
weißlich gewäſſert waren, ohne alle dunkle Flecken.

Man hat auch eine ganz weiße Spielart (Tringa
pugnax candida) nach beyden Geſchlechtern von dieſem
Vogel entdeckt, und zwar ſchneeweiß, gelblichweiß, und auch
mit verblichenen Farben des Oberleibes an einem Weibchen *).

Merkwürdige Eigenſchaften.

Ihren Namen haben dieſe Vögel von ihrer großen und
hartnäckigen Streitbarkeit und Neigung zum Kämpfen, die
man beſonders zur Begattungszeit an ihnen bemerkt. Sie
ſträuben dabey ihre Halskrauſe in die Höhe, ziehen den Kopf
in den Nacken, und gehen wie wüthend und mit hohen
Sprüngen auf einander los. Etliche Männchen in einen
Korb zuſammengeſetzt, fechten auf Leben und Tod mit einander, und es bleibt, wenn man ſie lange beyſammen läßt,
zuletzt nur ein einziges übrig. Man hat auch wohl zwey

Hähne

*) Latham a. a. O. Var: A.

Hähne so hitzig mit einander kämpfen sehen, daß ihnen der Jäger unbemerkt ein Netz über den Kopf geworfen und sie gefangen hat. Und demohngeachtet lieben sie die Gesellschaft ihres Gleichen, so daß, wo man ein Paar antrifft, auch gewiß mehrere in der Nähe wohnen. Sie fliegen immer gesellschaftlich herum; so bald sie sich aber niederlassen, so fangen auch die Zweykämpfe an. Die Weibchen leben friedlich beysammen, und sehen oft den hitzigen Kriegen der Männer mit Verwunderung, auch wohl mit Unwillen zu, denn man sieht sie zuweilen so unmuthig dazwischen springen, als wollten sie sagen: Macht doch dem Streit einmal ein Ende.

Sie lassen sich leicht, besonders jung, zähmen, und was das sonderbarste ist, so bemerkt man in der Stube bey jungen Aufgezogenen gar nichts von ihrer Streitsucht; da, wie bekannt, die Vögel, welche im Freyen freundschaftlich bey einander leben, doch im Zimmer sich immer zanken und beißen. Die Gefangenschaft bewirkt also hier das gerade Gegentheil *). Doch mag dieß nur von den jung aufgezogenen gelten, denn

Nau=

*) Kein Vogel z. B. bezeigt sich im Freyen gesellschaftlicher und freundschaftlicher gegen einander, als das Blaukehlchen, und so bald man zwey beysammen ins Zimmer bringt, und wenn es auch ein Pärchen und zwar im Frühjahr ist, wo sich alle Vögel paarweise friedlich vertragen, so fallen sie gleich so übereinander her, daß in etlichen Tagen das schwächste sterben muß; denn sie treiben gleich den Streit so weit, daß der stärkere Vogel nicht eher ruht, bis er den schwächern im eigentlichen Verstande unter sich, und zwar auf dem Rücken liegend unter sich hat, wo er alsdann so lange auf ihn beißt, bis er selbst müde, und also genöthigt ist, loszulassen. Es währt aber keine 6 Minuten, so geht der Zweykampf wieder an, und dauert so lange, bis einer sein Leben verliert.

Naumann hat mehrere Male in der Falzzeit ein Paar
Hühner gefangen und sie in die Stube gesetzt, wo sie dann,
ohne Furcht zu zeigen, sogleich angefangen haben, zu kämpfen.
Dieß bestätigt auch Otto, welcher sagt, daß sie so lange um
einen Winkel des Zimmers stritten, bis der schwächste getödtet,
ihn dem Sieger überlassen müsse. Sind ein Paar einander
gewachsen, so werden im Zimmer gleichsam Gränzlinien gesteckt, die keiner überschreiten darf, wenn der Streit nicht von
neuen beginnen soll. Deßhalb muß auch jeder sein eigenes
Freßgeschirr haben.

Sie scheinen stumm zu seyn, denn auch beym Neste hört
man das Weibchen kein Angstgeschrey von sich geben. Im
Zuge soll aber der Hahn des Nachts ein gewisses Kick kack,
kick kack! hören lassen, und dieß auch in der Stube beym
Mondschein, wo er immer unruhig ist, thun.

Verbreitung und Aufenthalt.

Er ist in ganz Europa und Sibirien bekannt genug. Im Sommer geht er bis Island hinauf.

In Deutschland findet man ihn vorzüglich in
Pommern und Brandenburg, aber auch allenthalben
da, wo Moräste und Seen sind, z. B. in Thüringen beym
Schwanensee ohnweit Erfurt. Auch in Holland,
Schweden, Preußen und dem nördlichen Rußland
ist er gemein.

Da sie Zugvögel sind, so verlassen sie Deutschland im
August und September und kommen zu Ende des Aprils oder
Anfang des Mays erst wieder an. Ich habe immer kleine
Flüge von ihnen, die vielleicht aus dem hohen Norden kom-
men,

men, noch zu Ende des Septembers und Anfang des Octobers an den sumpfigen Ufern großer Teiche in Thüringen angetroffen. Man findet sie im August auch einzeln an kleinen Teichufern, wo sie im Sommer sonst nie erscheinen.

Ihren Wohnplatz wählen sie allezeit an der Seeküste, oder in großen Sümpfen, und Gegenden, wo die austretenden Flüsse stäte Moräste machen, und an den feuchten Ufern der Seen.

Bey und nach dem Regen gehen sie auch auf die Aecker ihrer Nahrung halber.

Nahrung.

Diese besteht vorzüglich aus Regenwürmern, und allerhand andern Gewürmen, Insecten und Insectenlarven, die sich in wässerigen Gegenden finden, aus Schnecken, wovon sie die kleinen mit sammt den Gehäusen verschlucken, und aus einigen Wasserkräutern und ihren Wurzeln.

Fortpflanzung.

Der Kampf der Männchen im Frühjahr scheint bloß der Weibchen halber zu geschehen. Ihre Testikeln zeichnen sich durch eine außerordentliche Größe aus, denn einer ist $\frac{1}{2}$ Zoll breit, und 1 Zoll und drüber lang. Daher die Hitze in der Liebe und die Eifersucht. Einzeln sieht man ein Paar nie in einer Gegend, es müßte denn im Herbst seyn, wo sie sich verstreichen. So bald sie ankommen, so suchen sie die alte Stelle, welches von den Jägern der Falzplatz (Falzstelle) genannt wird, und die man bald an dem niedergetretenen Grase und den ausgerupften Federn erkennt. Er ist gewöhnlich 8 bis 10 Fuß breit. So bald der Morgen graut, so stellen sich die

Männ-

Männchen ein, und springen Paarweise gegen einander wie die Haushähne, packen sich am Schnäbel, an der Zunge und den Fleischwarzen und zerren sich herum. Die Weibchen, deren, wie man vorgiebt, immer weniger seyn sollen, sehen zu, sondern sich zuweilen mit einem Männchen ab, lassen sich in einer Entfernung treten, und dieß gehet dann wieder, so lange es der Hunger nicht verbietet, zum Kampfplatz. Wenn die Weibchen etwa nach 14 Tagen oder 3 Wochen zu legen anfangen, dann vereinzeln sich nach und nach die Männchen, und der Streit hat ein Ende. Hierauf fangen ihnen aber auch die Gesichtswarzen an einzuschrumpfen, und zur Mauserzeit wachsen an diesen kahlen Stellen sogar Federn. Das Weibchen legt seine 3 bis 4 Eyer in sumpfige Wiesen und Riede auf einen trocknen Rasen, oder in einen Binsenstrauch und brütet sie in 16 Tagen allein aus. Sie sind blaß olivengrün, haben große braunschwarze Flecken mit verwaschenen und eingestreuten grauen Puncten, und eine birnförmige Gestalt, wie alle Schnepfen- und Strandläufer-Eyer.

Die Jungen laufen sogleich, wie die Schnepfen, davon. Im zweyten Sommer erst bekommen die Männchen die dicke Halskrause, und die Fleischwärzchen im Gesicht schwellen ihnen nicht eher auf, als bis sie sich zum erstenmal paaren wollen.

Da die Eyer dieser Vögel so häufig mit den oder statt der Kiebitzeyer aufgelesen werden und den Vögeln oft zwey Bruten verlohren gehen, so entsteht daraus eine Spätbrut, wovon die im Frühjahr zurückkommenden Männchen noch keine Krause mitbringen.

Feinde.

Feinde.

Die Eyer werden von Rabenkrähen weggetragen.
Alle Wasser-Raubvögel, Weyhen und Milane verfolgen
sie und ihre Jungen. So bald sie einen gewahr werden, so
kauern sie sich nieder, oder suchen ihm, wenn er zu nahe
kommt, durch ihre Flügel zu entgehen.

Fang.

Sie sind während ihren Kämpfen leicht zu schießen,
ob sie gleich sonst zu den scheuen Vögeln gehören.

Man fängt sie lebendig in Laufschlingen von
schwarzen Pferdehaaren, welche man auf ihre Kampfplätze an
einen Haken anpflöckt. Fängt man ein Weibchen, so läßt
man es los oder pflöckt es an, damit die Männchen desto gewisser wiederkommen. Man kann auch eine Schnur nehmen,
in dieselbe, wie bey den Dohnen, Schlingen einbinden, und
diese Schnur, so breit als der Salzplatz ist, auf beyden Seiten
und so hoch einpflöcken, daß sich die durchkriechenden Hähne
mit den Hälsen fangen. Allein ihr Fleisch oder Wildpret
taugt im Frühjahr nicht viel, es ist zähe und mager. Besser
thut man, sie im August und September durch Anschleichen
zu schießen, und auf dem Wasserschnepfenherde zu
fangen.

Daß sie in ihrem Streite oft so hitzig werden sollen,
daß ihnen der Jäger ein Netz überwerfen kann, ist oben
schon erwähnt worden; ich habe es aber niemals selbst gesehen.

Nutzen.

Das Fleisch der Hähne, die nicht einige Zeit mit
Milch und Brod in finstern Ställen gemästet worden sind, ist

trocken

trocken und nicht sonderlich schmackhaft, desto wohlschmeckender aber sind die Hennen. Wenn man bey diesen Vögeln
zu dem obigen Mastfutter noch Hanffaamen einquellt und
etwas Zucker thut, so werden sie besonders delicat.

Die Jungen werden im August und September für
delicat gehalten.

Die Eyer sind so wohlschmeckend, wie die Kiebitzeyer;
man sucht sie deshalb auch auf, und verkauft sie als solche.

Sie fressen manche den Menschen und Thieren lästige
Insecten und Würmer.

Die lebendig gefangenen Hähne werden im
Bremischen an einem Flügel beschnitten, und an Gartenlieb-
haber in der Stadt verkauft, die sie gern theuer bezahlen und
in ihren verschlossenen Gärten herum laufen lassen, wo diese
Vögel nicht den geringsten Schaden thun, im Gegentheil
Regenwürmer, Schnecken und schädliche Insecten fleißig aufsuchen, sich völlig damit nähren, und durch ihre wunderlichen
Geberden und Stellungen noch überdieß manches Vergnügen
gewähren.

S c h a d e n

ist von ihnen nicht bekannt. Eben so wenig

Irrthümer und Vorurtheile,

es müßten denn diese seyn, daß man sonst vorgab, auch
im Freyen stritten sich die Männchen so heftig, daß die
schwachen von den stärkern getödtet würden, und daß der gemeine Mann aus ihren Kämpfen Krieg prophezeihte.

? (222)

? (222) 2. Der Gambet-Strandläufer.

Tringa Gambetta, *Linn.* ?

Namen, Schriften und Abbildungen.

Gambette, kleiner Brachvogel, Dütchen, Rothbeinlein, rother Reuter, graues Wasserhuhn mit schwarzem Schnäbel und gelben Füßen.

Tringa Gambetta. *Gmelin Lin.* Syst. I. 2. p. 671. No. 3.

Totanus ruber. *Brisson*, ornith. V. p. 192. N. 4.

Le Chevalier à pieds rouges. *Buffon* des Ois. VII. 513. Uebers. von Otto. XXVII. S. 12.

Gambet. Brit. Zool. No. 198. pl. 70.

Cambet Sandpiper. *Latham* Syn. III. 1. p. 167. N. 9. Meine Uebers. V. S. 138. n. 9.

Albin. Av. II. pl. 68. (eine schlechte Figur.)

Mein ornith. Taschenbuch. S. 296, N. 2.

Donndorff a. a. O. S. 1056. Nr. 3.

Kennzeichen der Art.

Der Schnabel ist an der Wurzel roth; die Füße sind roth; der Oberleib aschgrau und gelbbunt; der Unterleib weiß.

Beschreibung.

Ich habe schon oben bey dem rothfüßigen Wasser-läufer bemerkt, daß man nicht mit Gewißheit sagen kann, ob beyde Vögel verschieden oder einerley sind. Aus dem Wirrwarr von angeführten Schriftstellern ist man nicht im Stande sich heraus zu wickeln. Nach Büffons Beschrei-bung, weniger nach der Abbildung, so wie nach Pennant

und

und Latham scheint es ein besonderer Vogel zu seyn. Wie
ich ihn kenne, erhellet aus nachfolgender Beschreibung.

Er hat die Größe eines Wachtelkönigs, ist dreyzehn
und einen halben Zoll lang, der Schwanz drey Zoll, und
die Breite der ausgespannten Flügel zwanzig Zoll *). Letztere
reichen bis an die Schwanzspitze.

Der Schnabel ist fast gestaltet wie am Kiebitz, vierzehn
Linien lang, von der Wurzel an bis in die Mitte roth,
an der übrigen Hälfte schwarz; der Augenstern gelbgrün,
mit schwarzen Ringen umgeben; der nackte Theil der
Schenkel, die geschilderten Füße und Zehen roth oder rothgelb, die Klauen schwarz, der nackte Theil der Schenkel
mißt funfzehn Linien, die Fußwurzel drittehalb Zoll, die
Mittelzehe sechszehn Linien und die hintere fünf Linien.

Der Kopf, Hals und Rücken sind aschgraubraun mit
dunkelgelben runden Flecken stark besetzt; die Deckfedern
der Flügel und Schultern aschgrau, rostgelb eingefaßt; die
Brust und der Bauch schmutzig weiß, erstere mit länglichen,
graubraunen Flecken; die kurzen obern Deckfedern und mittelmäßigen untern Deckfedern des Schwanzes und die Schenkel weiß; die vordern Schwungfedern dunkelbraun mit hellern Schäften und schmutzig weißen innern Rändern, die
übrigen aschgraubraun mit weißen eyrunden und schmutzig
rostgelber Einfassung; der Schwanz dunkelbraun mit verloschenen, schwärzlichen Querlinien, rostgelbem Rande und
Spitze.

Merk-

*) Par. Ms.: Länge 12 Zoll; Breite 18 Zoll.

Merkwürdigkeiten.

Man findet ihn an den Thüringischen Flüssen, z. B. an der Saale, und sonst überall in Europa. Er geht auch bis ans Eismeer zwischen Asien und Amerika hinauf, und bewohnt Scandinavien und Island. Im letztern heißt er, seiner Stimme wegen: Stelkr!

Er hält sich an den Ufern des Meers und der Flüsse auf, zieht im September und October weg und kommt im May wieder. Auf seinem Zuge geht er auf die gepflügten Felder und auf Sumpfwiesen. Am Bodensee soll er nicht selten seyn.

Man kann ihn zähmen und mit gekochtem Fleische unterhalten. Im April und August erwacht aber immer der Trieb zur Verwechslung seines Aufenthalts und er stößt sich dann gewöhnlich den Kopf ein, wenn man ihn in einen Käfig steckt, der eine hölzerne Decke hat.

Seine Nahrung besteht aus Gewürmen und Insecten.

Er wird geschossen und auf dem Becassinenherd gefangen.

Sein Fleisch wird unter die Delikatessen gerechnet.

? 3. Der rothfüßige Strandläufer *).

Tringa erythropus, *Gmelin Linn.*

Namen und Schriften.

Rothbeiniger Kiebitz, rothbeiniger Strandläufer.

Tringa Erythropus. *Gmelin Linn.* Syst. I. 2. p. 670.
N. 10. *Scopoli* Ann. I. p. 146. Ueberſ. von
Günther. S. 118. N. 146.

Redlegged Sandpiper. *Latham* Syn. III. 1. p. 163.
N. 4. Meine Ueberſ. V. 135. N. 4.

Mein ornithol. Taſchenbuch. S. 302. N. 6.

Kennzeichen der Art.

Der Schnabel iſt ſchwarz; die Beine, welche hoch über
die Ferſe hinauf nackt ſind, ſo wie die Füße ſind roth; Stirn,
Steiß und Schwanz röthlichweiß; letzterer mit einer ſchwarzen Endbinde; der Bauch rußfarben.

Beſchreibung.

Ob dieß wirklich ein Deutſcher Vogel iſt, weiß man
noch nicht gewiß; doch führt ihn Herr Bergrath Scopoli
unter ſeinen Crainiſchen Vögeln auf.

Er iſt größer als der Kampfhahn und hat einen ſchwarzen Schnabel, rothe Füße, und die Schenkel ſind den größten Theil ihrer Länge nackt.

Die Stirn iſt röthlich weiß; der Oberleib und die
Deckfedern der Flügel aſchgrau braun; der Bauch rußfarben;
die Seiten und der Steiß röthlich weiß; die erſten ſieben

Schwung-

---

*) Der rothbeinige Kiebitz. Alte Ausgabe III. 154. Nr. 6.

Schwungfedern schwarz, die übrigen weiß; der Schwanz röthlich weiß mit einer schwarzen Binde am Ende.

(223) 4. Der punktirte Strandläufer *).
Tringa ochropus, *Linn.*

Namen, Schriften und Abbildungen.

Grüner, kastanienbrauner, schwarzer, gelbfüßiger, weißpunktirter Strandläufer, größter Strandläufer, großer und größter Sandläufer, schwarzer Sandläufer, große Becaſſine, Weißarsch, Weißsteiß, Steingällel, Grünbeinlein, Grünfüßl, Mattknillis, buntes Waſſerhühnlein, buntes und geschäcktes Motthühnlein, braunes Waſſerhuhn, mit schwarzem Schnabel und grünen Füßen; von vielen Jägern: Waſſer-Becaſſine und Schwalbenschnepfe.

Tringa ochropus. *Gmelin Linn.* Syst. I. 2. p. 676. N. 13.

Becasseau ou Cul-blanc. *Buffon des Ois.* VII. p. 534. Ed. de Deuxp. XIV. p. 274. Uebers. von Otto. XXVII. 62. mit einer Fig., auch S. 73. Anhang.

Green-Sandpiper. *Latham* Synops. III. 1. 170. N. 12. Meine Uebers. V. 141.

Frisch Vögel. Taf. 239.

Naumanns Vögel. III. S. 76. Taf. 19. Fig. 24. Männchen.

Mein ornithol. Taschenbuch. S. 303. N. 7. Meine getreuen Abbild. I. Taf. 79.

Donndorff a. a. O. S. 1068. Nr. 13.

Kenn-

*) Alte Ausg. III. S. 162. Nr. (134) 8.

Kennzeichen der Art.

Der Schnabel ist an der Wurzel grünlichschwarz, an der Spitze ganz schwarz; die Füße sind graugrünlich; über den Augen ist ein weißer Streifen; die Zügel sind bräunlichschwarz; der Bauch, Steiß und die obere Hälfte der Schwanzfedern weiß; der Oberleib dunkelbraun mit olivengrünem Schimmer und weißen und schwärzlichen Punkten, deren auf jedem Feder-rande 5 — 7 stehen, besetzt.

Gestalt und Farbe des männlichen und weib-lichen Geschlechts.

Seine Länge mißt fast dreyzehn Zoll, der Schwanz zwey und einen halben Zoll, die Breite der Flügel, die, wenn er sie zusammengelegt hat, bis zur Schwanzspitze rei-chen, zwanzig Zoll *). Das Gewicht ist sechs Unzen.

Der Schnabel ist etwas über anderthalb Zoll lang, dünn, an der Spitze etwas herabwärts gebogen, und schmutzig, dunkelgrün, an der Spitze schwarz; der Augenstern nuß-braun; die Füße oliven- oder aschgraugrün; die Füße an der vordern, hintern und Außen-Seite geschildert, an der innern aber netzförmig, und anderthalb Zoll hoch; der nackte Theil der Schenkel ein Zoll lang; die mittlere Zehe funfzehn und die hintere vier Linien lang, und etwas einwärts ge-kehrt; die mittlere und äußere an der Wurzel mit einer kleinen Haut verbunden.

Der Kopf ist kein, der Hals lang und der Körper stark und abgerundet. Der Scheitel und Obertheil des Hal-ses sind mehr aschgrau als dunkelbraun und weiß gestrichelt;

der

*) Par. Ms.: Länge etwas über 11 Zoll; Breite 18 Zoll.

der übrige Oberleib, die Schultern, der Steiß und die hintern und kleinern Deckfedern der Flügel und die letzten Schwungfedern sind dunkelbraun mit keinen röthlich weißen drey- und viereckigen, und dergleichen dunkelbraunen ins Schwarze übergehenden Flecken, und schillern ins Grüne; die obern ziemlich langen Deckfedern des Schwanzes sind weiß, an der Wurzel ein wenig dunkelbraun; eine weiße Linie geht vom Schnabel nach den Augen; Augenkreis, Kinn und Kehle sind weiß; Wangen, Unterhals und die obere Hälfte der Brust weiß mit kurzen dunkelbraunen Strichen; Unterbrust, Bauch, Schenkel und die mittelmäßigen Afterfedern weiß; die Seiten vorne weiß und dunkelbraun bandirt, hinten so wie die untern Deckfedern der Flügel dunkelbraun und in die Quere weiß gestreift; die erste und zweyte Ordnung der Schwungfedern mit ihren Deckfedern schwärzlich, der Schaft der ersten Schwungfeder röthlich weiß; der Schwanz gerade, weiß, von der Mitte an nach den äußern Federn zu abnehmend schwarz bandirt, so daß die äußere ganz weiß ist, die zweyte ein schwarzes Band und einen schwarzen Punkt hat, die dritte ein und ein halbes Band, die vierte zwey Bänder, die fünfte zwey und ein halbes Band, die sechste drey und ein halbes Band; an den beyden mittelsten sind auch die Spitzen schwärzlich, an den übrigen aber weiß. Wegen der weißen Deckfedern des Schwanzes und der weißen Hälfte der Schwungfedern entsteht an diesen Theilen ein zwey Finger breiter weißer Fleck, den man besonders im Fluge sehr deutlich bemerken kann.

Das

Das Weibchen iſt am Halſe und Kopfe dunkler und an den Flügeln und Schwanze heller, als auf dem Rücken, und die weißen Flecken ſtehen nicht ſo häufig, und der Hals iſt etwas mehr grau geſtrichelt.

Abänderungen.

Dieſe Vögel variiren in der Farbe; denn man findet ſie außer der hellern oder dunklern, bis zum Braunſchwarz gehenden Grundfarbe des Oberleibes a) mit ganz weißem Unterleibe; b) mit hellerer Grundfarbe und weniger weißen Fleckchen auf dem Oberleibe (meiſt Weibchen), und c) mit verwaſchenen oder undeutlichen weißen Fleckchen; d) die alten Männchen ſind gewöhnlich am ganzen Unterrücken und bis weit in den Schwanz hinein, rein weiß, e) die jungen Vögel haben eine roſtfarbene Miſchung am Oberleibe, weniger weiße Fleckchen, und weniger Weiß an der Schwanzwurzel.

f) Der Küſtenſtrandläufer.

Tringa littorea. *Linné* Faun. suec. N. 183. *Gmelin Linn.* l. c. N. 13. β.

Tringa littorea. *Latham* Ind. ornith. II. p. 731. No. 15.

Dieſer Vogel gehört nach Linnés Beſchreibung gewiß hierher, und ſcheint ein junger Vogel zu ſeyn. Latham macht ihn im Index ornithologicus zu einer beſondern Art.

Er hat die Größe einer Turteltaube; der Schnabel iſt ſchwarz, länger als der Kopf, der Unterkiefer nach der Wurzel bläſſer; der Augenkreis weißlich; der Zügel braunſchwärzlich; der Hals braunſchwärzlich mit ſchwarzen weißlichen

lichen Reihen; der Rücken braunschwärzlich mit rostbraunen oder grauen Flecken und Punkten; die obern Flügeldecken von der Farbe des Rückens aber mit hellern Flecken oder Punkten; die Unterflügeldecken weißlich mit aschgrauen Querstrichen; die Brust und der Bauch weißlich; der After weiß; die Schwungfedern schwarz; die der zweyten Ordnung an der Spitze weißlich, die erste Schwungfeder mit einem weißen Schaft; die Schwanzfeder bräunschwärzlich und weiß wellig gefleckt; die äußersten größtentheils weiß, die mittelsten größtentheils braunschwärzlich; die Füße graubraun (wahrscheinlich im Kabinette) *).

Besondere Eigenschaften.

Vor der Paarungszeit leben diese Vögel einzeln, während derselben paarweise, und nach derselben familienweis, von Ende des Junius an in kleinen Heerden von vier bis acht Stücken, fliegen sehr schnell und schreyen dabey und im

Sitzen

*) Buffons bunter Strandläufer (Chevalier varié. *Buffon* des Ois. VII. p. 517. Pl. enl. No. 300. Uebers. von Otto. XXVII. S. 24. mit einer Fig.) scheint, wie auch Herr Prof. Otto bemerkt, ein anderer Vogel zu seyn, ob er gleich von allen Schriftstellern bey der Tringa littorea aufgeführt wird. Denn der Kopf, oder Hals und die Füße sind viel dicker, und der Schnabel ist viel dicker und kürzer, fast nur halb so lang als an jenem. Die Hauptfarben sind eben so viel schwärzliches und rothgelbes als graues; die erste Farbe deckt oben den Kopf und Rücken und auf diesem sind die Federn mit der zweyten, d. h. mit rothgelb eingefaßt; die Flügel sind gleichförmig schwärzlich und mit weißlichen oder rostgelblichen Franzen besetzt, diese Anstriche vermischen sich mit dem Grauen auf dem ganzen Vorderleibe; Füße und Schnabel sind schwarz. Die Größe ist wie beym rothbeinigen Strandläufer (Chevalier à pieds rouges *Buff.*);

Sitzen unaufhörlich hoch und laut: Güs, Güs, Güs güs güs!

Sie sind scheu, laufen hurtig, verkriechen sich nicht bey Annäherung eines Menschen, sondern fliegen eiligst und mit großem Geschrey davon. Sie riechen stark nach Bisam, und auch die ausgebälgten behalten diesen Geruch noch lange.

Verbreitung und Aufenthalt.

Sie sind in Europa, Nordamerika und Sibirien zu Hause. In Deutschland und besonders in Thüringen trifft man sie an allen Fluß-, See- und großen Teichufern an.

Sie ziehen im August und September, auch wohl noch im October, wenn das Wetter gut ist, weg, und man sieht sie alsdann fast an allen Teichen und Flüssen einzeln und in kleinen Truppen.

Sie müssen auf ihren Wanderungen außerordentlich hoch fliegen, denn ich habe sie in der dunkelsten Nacht sehr hoch in der Luft ihr hell und weittönendes Güs rufen hören. Im April kommen sie wieder. Sie werden sogar gegen die Regel anderer Strandläufer an Teichen und Morästen angetroffen, die durch Buschwerk gedeckt und verborgen sind. Sie sind am liebsten an seichten Plätzen, wo das Wasser fast ganz vertrocknet ist, und wo Gras auf sumpfigem Boden steht, also auf Brüchen und am Rande der Gewässer. Gern setzen sie sich auch auf Pfähle, Flechtwerk, Brücken, kleine Inselchen, wo sie das Wasser übersehen können.

Wenn sich einer von ihrer Gesellschaft vom Zuge verirrt, so sieht man ihn oft ganze Tage lang in dem Umkreise
von

von einer Stunde hoch in der Luft herum fliegen und ängstlich nach seinen Kammeraden schreyen. Er schwingt sich alsdann auch wohl zu andern Strandläufern herab, steigt aber sogleich, als er seinen Irrthum bemerkt und seine Kammeraden nicht findet, wieder in einem schneckenlinienartigen Fluge in die Höhe und schreyt dann desto ängstlicher.

Nahrung.

Ihre Nahrung besteht in den Gewürmen und Insekten, die der Wind ans Ufer treibt, wo sie sich befinden, als aus kleinen Schnecken und den verschiedenen Insekten und Insektenlarven, die sich im Wasser befinden. Man muß sie also auch allezeit an derjenigen Seite eines Gewässers aufsuchen, das dem Luftzuge entgegen steht. Außerdem lesen sie aber auch noch Regenwürmer auf den Ufern und in nahen Wiesen auf.

Fortpflanzung.

Sie nisten da, wo es viel Buschwerk und Schilfgras giebt, in welchem sie sich verstecken können. Das Weibchen legt vier grünlich weiße, braungefleckte Eyer, auf das bloße Gras oder in den Sand, und brütet sie in drey Wochen aus.

Die Jungen sind am Oberleibe dunkelbraun, alle Federn rostgräulich eingefaßt, und nur einzeln weiß gefleckt; die Deckfedern der Flügel sind dunkler, als der Rücken; der Hals und die Oberbrust sind gräulich weiß mit vielen dunkelbraunen Strichen, und nach der Brust zu mit eyrunden Flecken; der Schwanz ist schwarz und weiß gestreift, oder vielmehr weiß mit schwarzen Querbinden, die nicht gerade durchlaufen, sondern in der Mitte etwas abgesetzt sind; und ſowohl die Deckfedern deſſelben, als auch die Wurzeln haben noch ſchwärzliche Bänder und ſind nicht weiß, wie bey den Alten; die Füße und Schnabelwurzel hellolivengrün.

Feinde.

Viele Falken, beſonders die Halbweyhe, auch die Füchſe, Marder und Iltiſſe ſtellen ihnen nach, jene am Tage, dieſe des Nachts.

Auch habe ich eine gelbe Milbe auf ihnen gefunden.

Jagd und Fang.

Sie laſſen ziemlich nahe an ſich ſchleichen, und können daher durch den Schuß getödtet werden.

Da ſie, ſo wie die drey folgenden Arten *) an den Ufern auf dem Sande und Schlamme hin und her laufen und ihre Nahrung an und in dem Waſſer, ſo weit es ſeicht iſt, ſuchen; ſo kann man denſelben nicht beſſer ankommen, als mit Laufdohnen, welche man drey Fuß weit ſo neben einander ſtellt, daß einige in dem Waſſer, andere auf dem Trocknen ſtehen. Wenn man auf dieſe Art verſchiedene Stellungen längs dem Ufer hin macht, ſo kann man ihrer im Herbſte viele fangen.

Sie gehen auch auf den Waſſerſchnepfenherd.

In Frankreich werden ſie als eine Delikateſſe mit Netzen und Leimruthen an den Ufern der Flüſſe ge‐ fangen.

Nutzen.

*) Dieſe und die drey folgenden Arten haben viel Aehnlichkeit in ihrem Aeußern, und in ihrem Aufenthalte, und werden daher von den Jägern, Vögelſtellern und Fiſchern mit dem allgemeinen Namen Sandläufer belegt.

Nutzen.

Ihr Fleisch wird für sehr schmackhaft gehalten; doch habe ich gefunden, daß es nicht immer diese gute Eigenschaft besitzt, denn im Frühjahr hat es einen unangenehm bisam= artigen Geruch und Geschmack.

(224) 5. Der Wald=Strandläufer.
Tringa Glareola.

Namen, Schriften und Abbildungen.

Gefleckter Strandläufer, kleiner Weißarsch, kleiner punktirter Strandläufer, gefleckter oder getüpfelter Sand= läufer, Waldjäger.

Tringa Glareola. Fauna suec. No. 152. Gmelin Linn. Syst. I. 2. p. 676. No. 12.

Wood Sandpiper. Arct. Zool. p. 482. G. Uebers. von Zimmermann II. S. 448. G. Latham Syn. III. 1. 171. N. 13. Meine Uebers. V. S. 143. Nr. 13.

Meyers Zool. Annalen. I. S. 381. Taf. 6.

Gefleckter Sandläufer (Kanutsvogel, Kanutsstrandvogel).

Naumanns Vögel. III. S. 79. Taf. 19. Fig. 25. Männchen.

Donndorff a. a. O. S. 1071. Nr. 21.

Kennzeichen der Art.

Der Schnabel ist an der Wurzel fleischroth, an der Spitze schwarz; die Füße sind schmutzig grün; der Augen= kreis weiß; die Zügel dunkelbraun; der Oberleib dunkelbraun

mit unordentlich gestellten dreyeckigen rostgelben oder gelblichweißen Flecken; der Mittelrücken und Steiß sind weiß; der
Unterhals mit dunkelbraunen und blaßrostfarbigen Schmitzen.

Beschreibung.

Dieser Vogel ist bis jetzt fast immer, ja von Linné
selbst, für eine Varietät des vorhergehenden erklärt worden.
Allein dieß ist er nicht; schon seine geringere Größe beur-
kundet es. Herrn Naumann haben wir die vollständigste
Beschreibung und beste Abbildung desselben zu verdanken.

An Größe gleicht er einem Staare, ist etwas größer
als der folgende und etwas kleiner als der vorhergehende,
9 Zoll lang und 1 Fuß 5 Zoll breit *); der Schwanz mißt
2¼ Zoll und die Flügel gehen etwas über seine Spitze hinaus.

Der Schnabel ist 1¼ Zoll lang, an der Wurzel etwas
zusammengedrückt und hoch; mit einer Furche, in welcher
die schmalen Nasenlöcher liegen, versehen, nach der Spitze zu
glatt; und oben etwas stumpfspitzig übergekrümmt, nach dem
Kopfe zu fleischroth, nach der Spitze zu schwärzlich; der
Augenstern nußbraun; die Füße schmutzig- oder gelbgrün,
über dem nackten Knie ¾ Zoll hoch kahl, die Fußwurzel
18 Linien hoch, die mittlere Zehe 1 Zoll und die hintere
3 Linien lang; die mittlere und äußere mit einer kleinen
Haut verbunden.

Der Oberleib ist dunkelbraun, auf dem Kopf und Halse
rostgelblich gefleckt und gestrichelt, auf dem Rücken, den
Schulterfedern und Deckfedern der Flügel mit unordentlich

gestell-

*) Pariser Maas: 8 Zoll lang und 14½ Zoll breit.

gestellten dreyeckigen rostgelben oder gelblichweißen Flecken,
die größer sind als bey dem vorhergehenden Vogel; der Augenkreis weiß; bis über die Augen ein weißer Streifen; die
Zügel dunkelbraun; die Wangen und Schläfe weiß, rostgrau
geschmitzt; die Schwungfedern schwärzlich, die erste mit
einem weißen Schaft, die hintern an den Spitzen und an
dem Rande der innern Fahne weiß; Kehle, Brust, Bauch
und After weiß, so wie der Unterrücken und Steiß; der
Vorderhals bis zur Brust weiß mit dunkelbraunen und rostgelben Strichen und Längsflecken; die Schenkel weiß, am
Hintertheil mit dunkelbraunen Querbinden; die Unterflügel
weiß mit grauen Wellenlinien; der Schwanz weiß mit dunkelbraunen Querbinden, die nach den äußern Federn zu so
abnehmen, daß auf der letzten oft nur ein dunkelbrauner
Punkt sich befindet.

Linnés, Pennants und Lathams Beschreibung,
die wahrscheinlich einerley Ursprung haben, heißen so:

1) Linné: Die Größe ist wie ein Staar; der Schnabel glatt; die Füße grünlich; der Rücken braunschwärzlich
mit weißlichen Punkten; der Bürzel weiß; die Schwungfedern braunschwärzlich, die erste schneeweiß (?); die der
zweyten Ordnung am Rande des Endes weiß; die Schwanzfedern mit weißen und braunschwärzlichen Binden, die zur
Seite mehr weiß und mit weniger Binden versehen; Bauch
und Brust weißlich.

2) Die Englischen Naturforscher sagen: Die Größe
ist wie am Staar; der Rücken dunkelbraun mit weißen
Punkten; die Schwungfedern sind dunkelbraun; der Schaft

der

der erſten weiß; die kürzern an der Spitze weiß; der Schwanz
braun und weiß bandirt, die äußerſten Federn haben am
wenigſten Braunes.

Dieſer Vogel iſt in den feuchten Wäldern Schwedens einheimiſch.

3) Wahrſcheinlich gehört auch hierher: Der kleine
punktirte Strandläufer, deſſen Beſchreibung mir
der ſel. Borkhauſen mittheilte; und deſſen ich als Var.
D. vom punktirten Strandläufer in Latham's
Ueberſ. V. S. 134. gedacht habe. Er hat die Größe einer
Feldlerche; über dem Rücken iſt er dunkelbraun und weiß
gefleckt, ſonſt ſtimmt er ganz mit dem punktirten Strandläufer überein.

Er ſtammt aus Amerika.

Merkwürdigkeiten.

Dieſer Vogel hat ſeinen Namen daher erhalten, weil
ihn Linné aus den feuchten Wäldern Schwedens erhalten
hat. In Deutſchland trifft man ihn vorzüglich an den
flachen Ufern der Seen, Flüſſe und Teiche an, doch habe
ich ihn auch da wenigſtens auf ſeinem Striche im Auguſt
gefunden; wo vieles Gebüſch an Flüſſen und Teichen ſteht.
Er ſchreyt beym Auffliegen und des Nachts immer, wie
Herr Naumann richtig ſagt: Gif, Gif! und wenn
mehrere zuſammen ſitzen, ſo hört man einen hohen trillernden Ruf. Er muß in Norden häufig ſeyn, denn zu manchen Zeiten kommen viele im Auguſt an Teichufer, z. B. an
den Siebleber Teich bey Gotha, wo man im Frühjahr und
Sommer keinen ſieht. Er zieht in großen Geſellſchaften.

Die

Die Nahrung besteht in Wasserinsekten und Würmern, die sie am Ufer und im flachen Wasser suchen.

Das Nest steht in großen Brüchen auf Rasenkufen, ist mit Grashalmen belegt und enthält 4 gelblichgrüne braungefleckte, birnförmige Eyer, die in 14 Tagen ausgebrütet sind.

Man schießt diese Strandläufer durch Anschleichen, welches sie, so lange sie noch nicht beschossen sind, leiden, sonst in Laufdohnen und auf dem Wasserschnepfenherde.

Ihr Wildpret ist schmackhaft, und Herr Naumann hält es für das allerdelikateste unter allen Schnepfengerichten.

(225) 6. Der trillernde Strandläufer *).
Tringa Hypoleucos, *Linn.*
(Taf. VIII.)

Namen, Schriften und Abbildungen.

Gemeiner Strandläufer, Sandläufer, Sandpfeifer, Strandläuferlein, Fisterlein, Pfisterlein, Strandschnepfe, graues Wasserhuhn, Wasserschnepfe, kleiner Myrstickel, Bekassine, Bekassinchen, Knellesle, Pfeiferle; die Holländer nennen ihn Haarschnepfe, so wie auch einige Deutsche Jäger: In Thüringen heißt er: gemeiner Sandläufer und Wasser-Bekassine.

Tringa Hypoleucus. *Gmelin Linn.* Syst. I. 2. p. 678. No. 14.

Guignette.

*) Der gemeine Strandläufer. Alte Ausg. III. 168. N. (135) 9

Guignette. *Buffon des Ois.* VII. 540. Ed. de
    Deuxp. XIV. 281. Ueberſ. von Otto XXVII. 77.
    mit einer Abbild. Pl. enl. No 850.
Common Sandpiper. *Latham Synops.* III. 1. p. 178.
    N. 23. Meine Ueberſ. V. 148. Nr. 23.
Mein ornithol. Taſchenb. 306. Nr. 9.
Donndorff, a. a. O. S. 1073. Nr. 14.

Kennzeichen der Art.

Mit ſchwarzbraunem Schnabel, blaugrünen Füßen,
tiefbraunem Oberleibe, der ſchwarze und roſtgelbe Wellenlinien hat, und weißem Unterleibe.

Geſtalt und Farbe des männlichen und weib-
lichen Geſchlechts.

Er iſt acht und ein Drittel Zoll lang, der Schwanz
zwey Zoll und die ausgebreiteten Flügel ein Fuß zwey und
einen halben Zoll *). Die zuſammen gelegten Flügel gehen
bis über ein Drittheil in den Schwanz hinein, und das
Gewicht iſt zwey Unzen.

Der Schnabel iſt ein Zoll zwey Linien lang, dunkelbraun oder ſchwarzbraun, gerade, ſchmal, ſpitzig und an der
Spitze etwas übergekrümmt; der Augenſtern nußbraun;
die Füße blaß blaugrün; die geſchilderten Beine ein Zoll
hoch; die Schenkel einen halben Zoll hoch kahl, die Mittelzehe ein Zoll zwey Linien lang und die Hinterzehe vier Linien,
die mittlere und äußere bis zum erſten Gelenke mit einer
Schwimmhaut verbunden.

Der

---

*) Par. Ms.: Länge 7½ Zoll; Breite 13 Zoll.

Der Kopf und Hals sind mittelmäßig groß und der Körper schmal. Der Leib ist oben graubraun oder tiefbraun, auf dem Rücken, den Schultern, den Deckfedern der Flügel und den mittelmäßigen Deckfedern des Schwanzes glänzend seidenartig, am Rande der Federn erst mit einer schwärzlichen und an der Spitze mit einer rostgelben Binde, die auf den Deckfedern der Flügel am deutlichsten sind, geziert; die Kopf- und Halsfedern sind mit weißlichen Käntchen besetzt, daher auch diese Theile heller scheinen; der ganze Oberleib ist so dicht mit Federn und zwar kleinern Federn besetzt, als bey der folgenden Art, daß nicht nur diese Theile dicker erscheinen, sondern auch dicht mit schwärzlichen und rostgelben Wellenlinien bedeckt sind; vom obern Schnabelwinkel über die Augen weg läuft ein weißlicher Strich; die Augenlieder sind weiß; der ganze Unterleib ist weiß, doch fällt die Kehle und der Hals ins Weißgraue und an den obern Theilen der Brust ziehen sich die tiefbraunen Halsfedern herein und bilden hier zwey dergleichen Flecken, so daß nur in der Mitte ein weißer Längsstreifen bleibt; die mittelmäßigen untern Deckfedern des Schwanzes sind schneeweiß; die Schwungfedern sehr dunkelbraun, die erste ohne Flecken, die übrigen bis auf die vier letzten längern Schulterfedern haben alle auf der inwendigen Fahne in der Mitte einen großen weißen Fleck, diese letztern aber sind tief braun und haben einen schwärzlich und rostbraun getüpfelten Rand, die mittlern sind mit weißen Spitzen versehen; die Deckfedern der ersten Ordnung sind weißgefleckt und die großen tiefbraunen Deckfedern haben weiße Spitzen; der Schwanz ist zugespitzt, etwas keilförmig, weil die äußern Federn kürzer sind, die drey äußersten Federn

weiß

weiß mit dunkelbraunen Binden, die vierte läßt diese Binden ins Graue verlaufen und hat nur eine weiße Spitze, die vier mittlern endlich sind ganz dunkelbraun mit röthlicher und schwärzlicher Kante, wie getüpfelt; die untern Deckfedern der Flügel dunkelaschgrau weiß gefleckt.

Das Weibchen ist etwas größer als das Männchen mit einem hellern Schnabel, einem hellern Oberleibe und mit undeutlicher Zeichnung des Rückens und der Deckfedern der Flügel.

Eigenheiten.

Es ist ein geselliger Vogel, der in Heerden zu zwanzig und mehrern auf seinen Reisen angetroffen wird.

Sie sind außerordentlich scheu, und so bald sie auf fliegen, so schreyen sie unaufhörlich Hidü! und zwar trillerartig. Zuweilen steigt einer von denselben sehr hoch in die Luft, ruft etlichemal Hi, Gö, Gögö! macht einige halbzirkelförmige Schwenkungen, und stürzt sich wiederum wie ein Pfeil gerade herab zu der übrigen Heerde. Da dieß auf ihren Wanderungen geschieht, so erkundigt sich dieser vielleicht nach dem Luftzuge in den höhern Gegenden, die sie auf ihren Reisen besteigen, oder will sie zum Abmarsch kommandiren.

Man kann sie mit Regenwürmern, keinen Erdschnecken, gekochtem Fleische und mit Semmeln in Milch geweicht, lange im Zimmer und auf dem Hofe lebendig erhalten.

Sie laufen außerordentlich schnell, bewegen den Körper, vorzüglich den Hinterkörper, beständig so schwankend, daß es scheint, als wenn er in Angeln liefe und die Beine zu schwach wären, ihn zu tragen.

Der

Der Landmann und Jäger nennt diesen Vogel auch wohl zuweilen Himmelsziege oder wilden Jäger, wenn er eine Heerde, des Nachts in der höchsten Luftgegend ihr H i, G ö, G ö g ö! schreyen hört.

Verbreitung und Aufenthalt.

Er bewohnt Europa, Sibirien bis Kamtschatka und Java, und das nördliche Amerika bis Cayenne herab. In Thüringen trifft man ihn im August in großer Menge an den Seen, Flüssen und Teichen an, sonst aber nur einzeln.

Als Zugvögel verlassen sie uns im September, und zu Anfang des Octobers, rotten sich aber schon im August zusammen und machen sich zur Reise fertig. Sie schreyen alsdann am Tage und des Nachts unaufhörlich; H i d ü d, ü d ü d ü d i! In der Mitte des Aprils bis zum Anfange des Mais kommen sie wieder. Sie ziehen des Nachts und man hört sie alsdann, wie gesagt, hoch in der Luft schreyen. Sie fallen oft des Nachts, vielleicht wenn sie eine beträchtliche Reise gemacht haben, auf allen Pfützen nieder, und wenn sie noch so unbeträchtlich sind.

Wo an Flüssen, Seen und Teichen sandige oder steinige Ufer sind, trifft man sie zu Anfang des Augusts in Menge an.

Sie haben aller Wahrscheinlichkeit nach ihren Winteraufenthalt in dem südlichen Europa, denn dort findet man sie im Winter wieder.

Nah-

Nahrung.

Kleine Wasserschnecken und ans Ufer geschwemmte Wasserinsecten machen ihre Nahrung aus. Sie lesen so unaufhörlich Nahrungsmittel auf und verschlucken sie in solcher Menge, daß man kaum glauben sollte, daß sie der Magen alle zu fassen, und in einer solchen Geschwindigkeit zu verdauen im Stande wäre. Wo sich aber im Herbst eine Heerde einige Tage an einem Teichufer aufhält, so ist auch sogleich das ganze Ufer von ihrem Unrath, das nichts als eine weiße flüssige Materie ist, wie übertüncht.

Fortpflanzung.

In Teichen, Flüssen und Seen findet man auf Inseln und Stellen, die mit Wasser umgeben sind, im Sande oder Kies in einer keinen Vertiefung 4 bis 5. strohgelbliche, graulich gefleckte und zickzackförmig und fein braungestrichelte Eyer liegen. Ein eignes Nest machen sie nicht, sondern legen nur die Vertiefung mit etwas klarem Genist aus, wie man es in Ameisenhaufen findet. Sie brüten 14 Tage, und die Jungen laufen gleich davon.

Auf einer Insel, die mit tiefem Wasser umgeben ist, kann man sie daher leicht fangen, weil sie nicht schwimmen können. Sie sehen gleich wie die Alten aus, nur ist der Unterleib schmutziger weiß, und die Wellenlinien des Rückens deutlicher, wenigstens die rostbraunen.

Feinde.

Die kleine Wiesel und verschiedene Arten Raubvögel verfolgen sie, besonders die Jungen, welche aber sehr

geschickt

geschickt sich unter das Ufer ins Schilf und Gras zu verkriechen und unsichtbar zu machen wissen.

Jagd.

Sie sind wegen ihrer Scheuheit sehr schwer zu schießen;
und wenn sich auch der Jäger an einen Trupp anzuschleichen
weiß, und es wird ihn nur einer gewahr, so fängt er ein so
ängstliches Geschrey an, daß die ganze Gesellschaft wegfliegt.
Und das beschwerlichste bey dieser Jagd ist, daß, wenn sie an
einem Teiche sitzen, sie allezeit gerade gegenüber auf das ent-
gegengesetzte Ufer fliegen, und man also viel Zeit und Mühe
nöthig hat, ihnen wieder nahe zu kommen.

Wenn man an dem Platze, wo sie immer herum laufen
und ihre Nahrung suchen, Leimruthen steckt, diese mit
Regenwürmern behängt, sich von weiten so sehen läßt, daß
sie genöthigt werden ohne Furcht nach dem Fangorte hin zu
laufen, so bekommt man zuweilen etliche auf einmal.

Auch in Laufdohnen, die man in Menge ans Ufer
steckt, fangen sie sich, und gehen auch auf den Wasserschnepfenherd.

Wenn sie zu lange oder von mehrern Personen verfolgt
werden, so setzen sie sich auf die dichte stehenden und schwimmenden Wasserpflanzen, und kommen gar nicht mehr ans
Ufer, bis sie sich wieder ganz sicher sehen.

Nuzen.

Ihr Fleisch hat einen vortrefflichen Geschmack.

(226) 7. Der Meer-Strandläufer *).

Tringa Cinclus. Linné.

(Taf. IX.)

Namen, Schriften und Abbildungen.

Meerlerche, Seelerche, Steinpicker, Steinbeißer, Herbst-
ſchnepfſtein, blauer, bunter, grauer und mittler Sandläufer,
Haarſchnepfe, Lyßklicker, Lerchen-Strandläufer.

Tringa Cinclus. *Gmelin Linn.* Syst. I. 2. p. 680.
n. 18.

L'Alouette de mer. *Buffon* des Ois. VII. 548. Pl.
enl. No. 851. Ed. de Deuxp. XIV. p. 293.
Ueberſ. von Otto XXVII. S. 105. mit einer
Abbild.

Purre. *Latham* Syn. III. 1. 187. n. 30. Meine
Ueberſ. V. p. 152. n. 30.

Naumanns Vögel. III. S. 83. Taf. 20. Figur 26.
Männchen.

Mein ornithol. Taſchenbuch. S. 306. Nr. 10.

Donndorff a. a. O. S. 1076. Nr. 18.

Kennzeichen der Art.

Mit ſchwarzgrauem Schnabel, dunkelbraunen, grünlichgrau überlaufenen Füßen, weißer Linie über den Augen, durch
dieſelben eine dunkelbraune, mit dunkelgrauem, olivengrün
glänzenden Oberleibe, deſſen Federn ſchwärzliche gezackte Wellenlinien und hellroſtfarbene Kanten haben, und mit weißer
dunkelbraun geſtrichelter Bruſt.

Geſtalt

*) Die Meerlerche. Alte Ausg. III. S. 173. Nr. (136) 10.

Gestalt und Farbe des männlichen und weiblichen Geschlechts.

Dieser Strandläufer mag wohl wegen seiner Aehnlichkeit
schon oft mit dem vorhergehenden seyn verwechselt worden.
Er ist nur etwas kleiner.

Die Länge ist 7½ Zoll, die des Schwanzes 2 Zoll; die
Breite der Flügel, die gefaltet bis fast an die Schwanzspitze
reichen, 1 Fuß 2 Zoll *), und das Gewicht 2 Unzen.

Der Schnabel ist etwas über 1 Zoll lang, rund, vorn
ein wenig abwärts gebogen, mit einer glatten scharfen Horn-
spitze und mit Nasenlöcherriefen versehen, die bis an diese
Spitze reichen, von Farbe dunkelbraun, an der Spitze schwarz
und der Unterkiefer von der Wurzel an bis in die Mitte weißgelb; der Augenstern hell nußbraun; die Augenlieder weiß;
die Füße schwarzgrün, vorn an den Schienbeinen ins Fleisch-
braune übergehend, die Nägel schwarz, die Füße vorn geschildert, an den Seiten und hinten aber netzförmig und 1 Zoll
hoch, die Schenkel ½ Zoll nackt, die Mittelzehe 1 Zoll lang,
und die hintere 3 Linien, die mittlere und äußere durch eine
keine Haut verbunden.

Der ganze Oberleib mit den Deckfedern der Flügel,
Schulterfedern und hintern Schwungfedern ist dunkelaschgrau,
am Kopfe hellrostfarben und schwärzlich gewässert, am Hinterhalse der Länge nach schwärzlich gestrichelt: auf dem Rücken,
den langen großen Schulterfedern, den Deckfedern der Flügel
und den obern ziemlich langen Deckfedern des Schwanzes und
den hintern Schwungfedern mit schwärzlichen Querlinien besetzt

*) Pariser Maas: Länge 6¼ Zoll; Breite etwas über 12 Zoll.

setzt und hellroſtfarben kantirt, ſeidenartig ins Grüne glän=
zend, beſonders über dem Schwanze; die Federn des Oberlei=
bes ſind größer als bey dem trillernden Strandläufer, ſtehen
auch einzelner, und die ſchwärzlichen Querbinden, die nicht
bloß an der Spitze jeder Feder, ſondern auch in der Mitte
derſelben hinlaufen, ſind an den Seiten gezackt, und laſſen in
der Mitte auch einen ſchwärzlichen Schaft; über die Augen
läuft ein röthlich weißer Streif, der hinter denſelben ins Hell=
roſtfarbene fällt, und durch dieſelben geht ein ſchmaler dunkel=
brauner; die Backen ſind dunkelbraun, ſchwarz geſtrichelt;
der ganze Unterleib iſt ſchneeweiß, am reinſten an den langen
Deckfedern des Schwanzes, an der Kehle ſehr fein, an dem
Hälſe und der obern Hälfte der Bruſt ſtärker dunkelbraun ge=
ſtrichelt; die erſte Ordnung der Schwungfedern mit ihren
Deckfedern iſt ſchwarzbraun, an den Spitzen etwas heller aus=
laufend, die erſte Schwungfeder nach dem Ende zu über die
Hälfte mit einem weißen Schafte, die übrigen auf der innern
Fahne mit großen weißen Flecken und weißen Spitzen; ihre
Deckfedern mit weißen Spitzen und die Deckfedern der erſten
Ordnung weiß; die zweyte Ordnung Schwungfedern in der
Mitte mit einem großen weißen Flecken, weißen Spitzen,
übrigens dunkelbraun; die untern Deckfedern der Flügel weiß
und dunkelbraun gefleckt; die weiße Zeichnung auf den Flügeln
macht zwey weiße Flecken, und bey ausgebreiteten Flügeln
oder im Fluge zwey weiße Querbinden; die Unterflügel ſind
weiß mit zwey dunkelgrauen Querbinden durchzogen, welche
dadurch entſtehen, daß die mittlern kleinen Deckfedern und
die großen der erſten Ordnung und dann die Spitzen der
Schwungfedern grau ſind; der Schwanz iſt keilförmig, die

3 mitt=

3 mittlern Federn sind graubraun mit schmalen schwärzlichen
Bändern wie der Rücken, die mittelste mit röthlich weißen und
die beyden andern mit weißen Spitzen; die übrigen Seitenfedern weiß mit 5 oder 6 dunkelbraunen Bändern.

Das Weibchen unterscheidet sich gar merklich vom
Männchen *). Es ist um einen ganzen Zoll länger und nach
Verhältniß breiter und schwerer, hat einen 1½ Zoll langen
Schnabel, ist überhaupt heller, am Oberkopfe und Halse mehr
grau als braun, auf dem Kopfe und Rücken bloß der Länge
nach schwärzlich gestrichelt und die hellrostfarbenen und
schwärzlichen Striche auf den Flügeln sind mehr verwaschen
oder zerrissen; die Kehle ist weiß; der Unterhals und die
Hälfte der Brust dunkelbraun gestrichelt und mit etwas roth
vermischt; die 4 mittlern Schwanzfedern ganz graubraun;
alle Federn schillernd; über den Augen ein weißlicher Strich.

Merk-

*) Wenn man diesen Vogel beschrieben findet, so ist es gewöhn-
lich das Weibchen. Der Unterschied beyder Geschlechter ist
aber wirklich so auffallend, wie ich ihn hier angegeben habe.
Ich habe mich zur Begattungszeit derselben mehrmalen zu
bemächtigen gesucht und ihn immer so befunden. Es erklärt
diese Beobachtung einigermaaßen die erstaunende Verschiedenheit, die in den Beschreibungen der keinen Strandläuferarten herrscht, und warnt besonders davor, diese Vögel nicht
im Herbst auf ihren Zügen zu beschreiben, weil alsdann außer
der fast unbemerkbaren Verschiedenheit der Farben des Geschlechts, auch die der Jugendfarbe Verwirrung verursacht.
Hierzu kommt noch, daß man diese, so wie den trillernden
und keinen Strandläufer, die doch wirklich nach den genaue-
sten Beobachtungen von einander verschieden sind, wegen ihrer
Farbenähnlichkeit sehr leicht mit einander verwechseln kann.

Merkwürdige Eigenschaften.

Dieser Vogel, der einen sehr schnellen, aber niedrigen, Flug hat, ist weniger scheu als die übrigen. Er läßt sich sehr nahe kommen, und wenn er alsdann abfliegt, so schreyt er hell und unangenehm, fast wie eine Rauchschwalbe: Zi zi zi; Zi zi zi! setzt sich bald wieder hin, und zwar mehr als die andern auf einen erhabenen Ort, entweder auf die Pflöcke, die an den Teichen stehen, oder auf das Flechtwerk an denselben, oder auf den höchsten Rand, und bewegt den Hinterleib immer, wie eine Bachstelze den Schwanz. Er lockt außerordentlich zärtlich und angenehm, besonders in der Abenddämmerung mit den hohen Tönen: Hidüzi! Er kann auch schwimmen und untertauchen, wenn er z. B. flügellahm geschossen oder von einem Hunde, einem Raubvogel oder sonst etwas verfolgt wird.

Verbreitung und Aufenthalt.

Es ist in Deutschland, wenigstens in Thüringen, ein sehr gewöhnlicher Vogel, der auch im übrigen Europa, in Nordamerika, in Sibirien und am Vorgebirge der guten Hoffnung angetroffen werden soll. In England soll er am Meerstrande im Winter in ungeheurer Menge anzutreffen seyn.

Als Zugvogel kömmt er erst in der Mitte des Mays bey uns an, nistet einmal, und zieht im September schon wieder weg. Er hält sich nicht in großen Truppen zusammen, sondern man sieht ihn nur in Gesellschaft von dreyen bis fünfen, also mehr familienweise, im Herbst wegziehen, und im Frühling wieder ankommen. Im Sommer findet man ihn

paar-

paarweise an Teichen und Seen, die stark mit Schilf und Gebüsch bewachsen sind, im Herbst aber auch an den Flüssen. In der ersten Hälfte des Octobers habe ich die letzten auf ihrem Striche sehen durchziehen und die ersten in der Mitte des Aprils wieder sehen zurückkommen und weiter nach Norden fliegen.

Nahrung.

Die Nahrung dieser Strandläufer besteht in Insecten und Insectenlarven, und keinen Schnecken, die sie nicht nur von den Steinen an den Ufern ablesen, sondern auch mit dem Schnabel unter denselben hervorholen, ja die keinen Steine gar umwenden. Ueberhaupt habe ich bemerkt, daß alle Strandläuferarten Steindreher sind.

Man kann diesen Vogel auch in der Stube halten, wo er wegen seines niedlichen Ansehens ein ungemein anmuthiger Vogel ist. Er frißt das gewöhnliche Universalstubenfutter und man gewöhnt ihn dazu mit hineingelegten zerstückten Mehl- und Regenwürmern. Man muß aber das Trinkgeschirr weit von dem Futtergeschirr setzen, sonst trägt er alles hinein, weil er sein Futter gern so feucht als möglich genießt. Er säuft alle Augenblicke, und wenn er sich badet, so nimmt er den Schnabel voll Wasser und zieht so die Federn am Leibe durch denselben. Artig ist es, wenn er fliegende Insecten fängt. Er schleicht sich nämlich gerade wie eine Katze langsam an sie, mit niedergedrücktem Kopfe, schnellt diesen alsdann geschwind auf sie zu, und fängt sie fast allezeit. Er liest auch Mohn, gequetschten Hanf und Rübsaamen auf, den man saamenfressenden Vögeln vorwirft.

Fort-

Fortpflanzung.

Sie legen 4 und 5 gelblichweiße, blaß und dunkelbraun gefleckte Eyer in die Löcher der Ufer auf die bloße Erde, und brüten sie in 3 Wochen aus.

Feinde

sind verschiedene Raubthiere und Raubvögel.

Fang und Jagd.

Da sie nahe an sich kommen lassen, so kann man sie leicht durch Schießgewehr erlegen. Wenn sie sich in Binsen verbergen, so kann man sie durch einen Hühnerhund aufjagen lassen, und im Fluge, da sie niedrig streichen, sogar im Mondschein, schießen.

In Laufdohnen und auf dem Wasserschnepfen-herde fängt man sie auch.

Nutzen.

Das Fleisch ist sehr schmackhaft, und fett.

(227) 8. Der kleine Strandläufer *).
Tringa pusilla, *Gmelin Linn.*
(Taf. X.)

Namen, Schriften und Abbildungen.

Kleinster Sand- oder Strandläufer, Sandläuferchen, kleinste Becaſſine, graues Sandläuferchen, kleine Meerlerche von St. Domingo, Zwergstrandläufer, Zwerchreuter.

Tringa pusilla. *Gmelin Linn.* Syst. I. 2. p. 631. n. 20.

Cinclus

*) Alte Ausgabe. III. S. 178. Nr. (137) 11.

Cinclus dominicensis minor., *Brisson Ornith.* V.
p. 222. n. 13. t. 25. f. 2.

The little Sandpiper. *Latham* Syn. III. 1. p. 184.
n. 32. Meine Ueberf. V. S. 155. mit der Abbildung als Titelkupfer.

Naumanns Vögel. III. S. 95. Taf. 21. Fig. 30.
Männchen.

Mein ornithol. Taschenbuch. S. 307. Nr. 11.

Donndorff a. a. O. S. 1078. Nr. 20.

Kennzeichen der Art.

Der Schnabel ist dunkelbraun; die Füße sind grünlichgrau; der Rücken aschgraubraun, jede Feder rostgelb eingefaßt, daher er ein rostfarben geschäcktes Ansehen hat; die
äußern Schwanzfedern mit weißen Spitzen.

Gestalt und Farbe des männlichen und weib-
lichen Geschlechts.

Er ist nicht größer als ein Rothkehlchen, $6\frac{1}{2}$ Zoll lang,
der Schwanz 2 Zoll, die Breite der Flügel 1 Fuß, 1 Zoll,
und zusammengelegt reichen die Flügel bis an die Schwanzspitze *).

Der Schnabel ist 10 Linien lang, rund, scharf zugespitzt
braun, an der Spitze schwarz, und unten an der Wurzel grünlich; die schmalen linienförmigen Nasenlöcher liegen in Riefen,
die bis zu der schwarzen Spitze gehen; der Augenstern ist
graubraun; die Füße grüngrau mit schwarzen Nägeln; die
Füße vorne geschildert, hinten aber und an den Seiten netz-
förmig-

*) Par. Ms.: Länge $5\frac{3}{4}$ Zoll; Breite fast 1 Fuß.

förmig, 8 Linien hoch, der Schenkel ½ Zoll lang kahl, die
Mittelzehe 10 Linien, und die hintere 3 Linien lang.

Der Oberleib ist aschgraubraun, der Kopf röstgelblich be=
spritzt *), auf dem Rücken, den Schultern und Deckfedern der
Flügel jede Feder an der Spitze hellrostfarben, auch einige
weißlich halbmondförmig eingefaßt, daher geschuppt; über den
Augen ein weißer Streifen; vom Schnabel bis zu den Augen
ein dunkelgrauer, weißlichgefleckter; die Wangen rothgrau,
weißlich gefleckt; die mittelmäßigen obern Deckfedern des
Schwanzes sind schwärzlich; die Kehle weißlich; der Hals und
die halbe Brust sind aschgrau, einzeln schwärzlich gestrichelt;
der Bauch und die mittelmäßigen untern Deckfedern des
Schwanzes weiß, doch letztere besonders an den Seiten dun=
kelbraun gefleckt; die Schwungfedern sind schwärzlich, inwen=
dig heller, die erste hat einen weißen Schaft, und die zweyte
und dritte Ordnung haben gelbliche Spitzen und weiße Wur=
zeln; die großen Deckfedern haben alle weiße Spitzen; die
12 spitzigzulaufenden Schwanzfedern machen einen etwas keil=
förmigen Schwanz, indem die äußern Federn merklich kürzer
sind, als bey allen andern einheimischen Strandläufern, die
äußerste ist weiß, die folgenden eben so, verlieren sich aber
nach der Wurzel zu ins Röthlichgrüne, und die 4 mittelsten
sind schwärzlich.

Das Weibchen ist wiederum etwas größer, und über=
haupt heller; der Kopf und Hals ist mehr aschgrau als dun=
kelbraun,

*) Diejenigen, die in nördlichern Gegenden wohnen, sollen einen
schwarzen Scheitel haben.

felbraun, und die Einfaſſung der Flügel und Rückenfedern iſt gelblichweiß; die Bruſt röthlichgrau.

Die Jungen, welche noch nicht gemauſert ſind, haben auf dem dunkelrothgrauen Oberleibe um jede Feder eine halb= mondförmige ſchöne weiße Einfaſſung, und ſehen wie die jun= gen Lerchen aus.

Eigenheiten.

Dieſer kleine Strandläufer iſt von außerordentlicher Schnelligkeit im Fliegen und Gehen. Er hält ſich außer der Zeit der Fortpflanzung truppweiſe zuſammen, und ſchreyt im Laufen und Fliegen hell: Jji! Jji!

Ich habe auch wohl zuweilen einzelne in Geſellſchaft des Meerſtrandläufers angetroffen.

Verbreitung und Aufenthalt.

Man giebt dieſem Vogel von Domingo, als ſeiner eigentlichen Heimath, den Namen: Die kleine Meer= lerche von Domingo (latein. Cinclus dominicensis minor; franz. la petite Alouette de Mer de St. Do= mingue); allein man trifft ihn auch in dem nördlichen Europa, in Island und Neuland an, und in Thü= ringen, im Anhaltiſchen und in Schwaben am Bo= denſee gehört er eben nicht zu den ſeltenen Vögeln. Im Gothaiſchen ſieht man ihn auf ſeinem Strich einzeln und in kleinen und großen Heerden auf großen und kleinen Teichen vom Auguſt an bis zu Ende des Septembers. Er kommt dann aus dem Norden.

Er

Er kömmt im May wieder bey uns an, nistet an Teichen *), und macht sich im August schon wieder auf den Weg.

Nahrung.

Er nimmt allerhand Gewürme und Insecten, die er an Ufern der Teiche und Flüsse aufsucht, zu sich. Hr. Naumann hat ihn mit Regenwürmern an Semmelfutter gewöhnt und als Stubenvogel gehalten. Er wird dann außerordentlich kirre.

Jagd und Fang.

Da er scheu ist, so muß man ihn hinterschleichen, wenn man ihn durch einen Schuß erlegen will. Hr. Naumann findet ihn nicht scheu, und sagt, daß man auf den Bauch gelegt nahe an ihn kommen, und auf einen Schuß eine Menge erlegen könne.

Man kann ihn aber auch mit feinen Angeln fangen, woran einige Wasserspinnen als Köder stecken, und die man mit einem Bindfaden aufs Wasser wirft, und ans Ufer schwimmen läßt.

Auf dem Schnepfenherde hat sie Hr. Naumann in solcher Menge gefangen, daß er das ganze Netz voll hatte.

Nutzen.

Sein Fleisch schmeckt sehr gut, und ist fett.

9. Der

---

*) Ich habe aber sein Nest noch nicht finden können.

9. Der olivenfarbene Strandläufer *).

Tringa Calidris, *Linn.*

Namen, Schriften und Abbildungen.

Grüner und dunkelfärbiger Strandvogel, gemeiner
Sandläufer, Wald- und Holzschnepfe.

Tringa Calidris. *Gmelin Linn.* Syst. I. 2. p. 681.
n. 19.

La Maubeche commune. *Buffon* des Ois. VII.
p. 529. t. 31. Ed. de Deuxp. XIV. 269.
Ueberf. von Otto. XXVII. 53. mit einer Abbild.

Calidris. *Brisson* Ornith. V. p. 226. n. 14. tab. 20.
f. 1.

Dusky Sandpiper. *Latham* Syn. III. 1. p. 174.
n. 18. Meine Ueberf. VI. 145.

Mein ornithol. Taschenbuch. S. 308. Nr. 12.

Donndorff a. a. O. S. 1077. Nr. 19.

Kennzeichen der Art.

Der Schnabel und die Füße sind schwärzlich; der Körper unten olivengrün, der Steiß graubraun, weißlich und
dunkelbraun gefleckt.

Beschreibung.

Diesen Strandläufer findet man als einen Zugvogel an
den Französischen und Deutschen Seeküsten.

Er ist $10\frac{1}{4}$ Zoll lang, der Schwanz etwas über 2 Zoll
lang, und die Flügel breiten sich 1 Fuß 8 Zoll weit aus einander, und gehen zusammengelegt 4 Linien über die Schwanzspitze

*) Der grüne Strandläufer. Alte Ausg. III. S. 181. Nr. 12.

ſpitze hinaus *). Er hat alſo ohngefähr die Größe einer
Taube.

Der Schnabel iſt 16 Linien lang, ſchwarz, an der Wurzel grau; die Füße ſind ſchwärzlich oder ſchwarzbraun, die
Nägel ſchwarz, die Zehen breit und dick, der nackte Theil der
Schenkel 8 Linien, die Beine 1½ Zoll hoch, die mittlere Zehe
1 Zoll lang, und die hintere nur 4 Linien.

Am Oberleibe ſind die Federn ſchwarzbraun mit blaß
kaſtanienbraunem Rande, am Unterleibe olivenbraun, bey den
Jungen und Weibchen mehr braun als grün; die Steißfedern graubraun mit weißlichem Rande und dunkelbraunen
Querſtreifen; die Seiten ſchwarzbraun mit weißen und blaß
kaſtanienbraunen Querſtrichen; die vordern Schwungfedern
oben dunkelbraun und unten grau, am Rande weißlich, die
übrigen theils graubraun mit weißem Rande, theils braun;
die Schwanzfedern graubraun mit weißem Rande, die beyden
mittlern ausgenommen.

? 10. Der Kanuts-Strandläufer **).
Tringa Canutus, *Linn.*

Namen, Schriften und Abbildungen.

Kanutsvogel ***), Kanutsſtrandvogel, graues Waſſerhuhn.
Tringa Canutus. *Gmelin Linn.* Syst. I. 2. p. 679.
n. 15.

Le

*) Var. Ms.: Länge 9½ Zoll; Breite 18 Zoll.
**) Der Kanutsvogel. Alte Ausg. III. S. 183. Nr. 13.
***) Der Name ſoll vom König Kanut kommen, der ihn für
einen großen Leckerbiſſen gehalten hat. *Willughby* Ornith.
p. 224.

Le Canut. *Buffon des Ois.* VIII. 142. Ed. de Deuxp.
XV. p. 219. Ueberf. von Otto XXVIII. S. 261.
mit einer Fig.

The Knot. *Latham Syn.* III. 1. p. 187. n. 36.
Meine Ueberf. V. S. 160. Nr. 36.
— — *Edwards* Gleans. T. 276. Seligmanns
Vögel. VIII. Taf. 66.

Frisch Vögel. Taf. 237?

Mein ornithol. Taschenbuch. S. 309.

Donndorff a. a. O. S. 1074. Nr. 15.

Kennzeichen der Art.

Der Schnabel ist schwärzlich; die Zehen sind ganz gespalten; über die Flügel geht eine weiße Querlinie, und über die Augen ein weißer Streifen; die 6 ersten Schwungfedern sind am Rande sägenartig gezähnelt; die beyden äußern Schwanzfedern weiß.

Beschreibung.

An Größe gleicht er einem Staar, er ist nämlich $10\frac{3}{4}$ Zoll lang, der Schwanz $2\frac{1}{4}$ Zoll und die Breite der Flügel 21 Zoll *). Letztere reichen zusammengelegt bis an die Schwanzspitze. Sein Gewicht ist $4\frac{1}{2}$ Unze.

Der Schnabel ist $1\frac{1}{4}$ Zoll lang, schwarzbraun, an der Wurzel stark, dann dünn, doch nicht ganz spitzig zulaufend; der Stern nußbraun; die Füße und Klauen bläulichgrau, auch anders gefärbt, die Füße 14 Linien hoch, der nackte Theil der

Schenkel

*) Par. Ms.: Länge $9\frac{1}{2}$ Zoll; Breite 19 Zoll.

Schenkel 7 Linien, die Zehen ganz gespalten, die mittlere
1 Zoll und die hintere 3 Linien lang.

Der Scheitel und Obertheil des Körpers ist aschgraubraun. Der Unterrücken und Steiß aschgrau mit Weiß gemischt, das nach und nach größere halbmondförmige Flecken
macht; von der Wurzel des Schnabels über die Augen eine
weiße Linie, durch die Augen eine dunkelbraune; die untere
Seite des Halses und die Brust weiß, schwarz gefleckt; die
Seiten, der Bauch und die Schenkel weiß mit großen,
schwarzen, mondförmigen Querflecken; die vordern Schwungfedern schwärzlich; die übrigen dunkelbraun mit weißer oder
grauer Spitze; die Deckfedern dunkelbraun, die großen mit
weißen Spitzen, und etwas weißen Rändern, daher auf den
Flügeln eine weiße Querlinie; die 6 ersten Schwungfedern
am Rande sägenartig gezähnelt; die 10 mittlern Schwanzfedern dunkelbraun, die beyden äußersten weiß.

Das Weibchen ist an der Stirn, der Kehle und dem
Unterhalse aschgraubraun; auf dem Rücken und an den Schul-
terfedern dunkelbraun und grünlichweiß gerändet; der
Schwanz aschgrau mit weißer äußerer Feder auf jeder Seite.

Außerdem variiren diese Vögel in der Grundfarbe,
wornach der Oberleib bald heller bald dunkler graubraun oder
aschgrau ist; auch sind manche Stellen mehr oder weniger
weiß gefleckt.

Merkwürdigkeiten.
Diese Vögel laufen beständig hurtig und munter am
Wasser auf und ab, und bewegen, wie mehrere ihrer Gattungsverwandten, den Schwanz immer, wie die weißen Bach-
stelzen.

Sie

Sie bewohnen in Europa vorzüglich Norwegen, einige Provinzen von England, weiter einige Seen im Brandenburgischen, den See Baikal, und Nordamerika.

Sie sind vom August bis zum November an den Seeküsten bisweilen so häufig, daß man sie in unzähliger Menge in Netzen fängt, und verschwinden gewöhnlich beym ersten starken Frost. In England sind sie im Winter.

Sie werden leicht fett und geben eine delikate Speise. Man mästet sie auch wie die Kampfhennen, und ihr Fleisch wird diesen noch vorgezogen.

━━━━━━

Wenn die Frischische Abbildung Taf. 237., wie es sehr wahrscheinlich ist, hierher gehört, so ist nöthig, daß ich sie etwas näher beschreibe, weil sie in einigen Stücken, vielleicht bloß dem Alter und Geschlecht nach, von der obigen Beschreibung abweicht.

Größe und Gestalt ist gerade wie beym punktirten Strandläufer.

Die Länge ist zehn und ein halber Zoll *), der Schwanz mißt ein und drey Viertel Zoll, und die Flügel reichen fast bis an die Schwanzspitze.

Der Schnabel ist anderthalb Zoll lang, dünn, am Oberkiefer etwas übergekrümmt und schwärzlich von Farbe, die Füße sind dunkelgrünlich, der nackte Theil der Schenkel

*) Par. Ms.: 8½ Zoll.

kel einen halben Zoll hoch, die Füße ein und drey Viertel
Zoll hoch, die mittlere Zehe ein Zoll und drey Linien und
die hintere vier Linien lang.

Der ganze Oberleib ist dunkelbraun oder viel dunkelaschgrau, theils mit aschgrauer theils mit röthlichgrauer
Einfassung der Federn; der Kopf ist weiß gefleckt; die
Schläfe sind dunkelaschgrau; von den Nasenlöchern läuft
bis über die Augen eine breite weiße Linie, und unter derselben läuft vom Mundwinkel an bis zu den Augen eine
dunkelbraune; Kinn und Wangen sind weiß; der Vorderhals ist bis zur Brust weiß, dicht dunkelbraun der Länge nach
gestreift, und an den Seiten wird die Grundfarbe gräulich;
der übrige Unterleib ist weiß, am After schwärzlich gefleckt;
die Deckfedern der Flügel sind dunkelaschgrau, rothgrau geründet; die Schulterfedern mit röthlichen Kanten; die untern
großen Deckfedern der Flügel und die hintern Schwungfedern
haben unordentlich gestellte weiße dreyeckige Flecken, welche
sich besonders an den Spitzen zeigen, daher die Flügel nach
dem Bürzel zu weiß gefleckt sind; die Schwungfedern sind
dunkelbraun, rothgrau geründet; der Schwanz ist weiß und
schwärzlich gestreift mit weißlicher Spitze.

? 11. Der aschgraue Strandläufer *).

Tringa cinerea. *Gmelin Linn.*

Namen, Schriften und Abbildungen.

Aschgraue Schnepfe.

Tringa cinerea. *Gmelin Linn.* Syst. I. 2. p. 673.
N. 25. *Brunnich* ornith. N. 179.

The

*) Alte Ausg. III. S. 186. N. 14.

The ashcoloured Sandpiper. *Latham* Syn. III. 1.
p. 177. N. 22. Meine Ueberſ. V. S. 148. N. 22.
Naumanns Vögel. Nachtrag. Heft. 2. S. 67. Taf. 9.
Fig. 20. Männchen im September.

Mein ornith. Taſchenbuch. S. 309. N. 14. mit einer
Abbildung.

Donndorff a. a. O. S. 1061. N. 25.

Kennzeichen der Art.

Er iſt oben aſchgrau, auf den Deckfedern der Flügel mit
aſchgrauen, ſchwarzen und weißen Halbzirkeln; der Unterleib weiß; die Füße ſind dunkelgrün; der Kopf ſchwarz gefleckt.

Beſchreibung.

Er iſt eilf und ein Viertel Zoll lang *) und fünf Unzen
ſchwer. Die Flügel bedecken zuſammengelegt zwey Drittheil
des Schwanzes. Das Gewicht iſt fünf Unzen.

Der Schnabel iſt ein und einen halben Zoll lang, gerade,
dünn und dunkelbraun. Die Füße ſind braungrün, und die
Zehen getheilt, aber mit einer ſchmalen feingekerbten Haut
eingefaßt; das Nackte der Schenkel iſt einen halben Zoll;
die vorn geſchilderte und hinten netzförmige Fußwurzel ein
Zoll, fünf Linien hoch; die mittlere Zehe ein Zoll zwey Linien
lang und die hintere vier Linien.

Der Kopf iſt dunkelbraun aſchgrau, ſchwarz gefleckt;
der Hals aſchgrau mit dunkelbraunen Strichen; der Rücken
und die Deckfedern der Flügel mit ſchwarzen aſchgrauen und
weißen

---

*) Par. Ms.: 10 Zoll.

weißen concentrischen Halbzirkeln schön gezeichnet; die Deckfedern des Schwanzes schwarz und weiß gestreift; die Brust
und der Bauch rein weiß, die erstere schwarz gefleckt; der
Schwanz aschgrau, weiß eingefaßt.

† Man sagt, daß er in Dänemark brüte; daß er es
in der Hudsonsbay thut, weiß man gewiß.

Herr Naumann beschreibt seinen Vogel folgendergestalt: Der 1½ Zoll lange Schnabel ist an der Wurzel stark,
am Ende allmählig zugespitzt und ein wenig aufwärts gebogen,
vorn grünlichschwarz, an der Wurzel schmutzig fleischfarben;
die länglichen Nasenlöcher liegen in tiefen Furchen; die Augenringe sind dunkelbraun. Die Füße sind kurz, besonders
die Zehen, von Farbe dunkelgrün, die Zehsohle gelblich;
die Zehen ausgeschnitten, d. h. ohne Spannhaut wie bey
den Becassinen.

Ueber das Auge läuft ein weißer dunkelbraun gestrichelter Streifen; der Scheitel ist dunkelbraun; Wangen und
Kehle sind weiß, erstere dunkelbraun gestrichelt; der Hinterhals aschgrau, Rücken und Schultern dunkler und jede Feder
mit einem halbzirkelförmigen schmalen, schwarzen Bande und
am Ende dergleichen grauweißen Kante, welches dem Rücken
ein geschupptes Ansehen giebt; die Deckfedern des Schwanzes
weiß mit dunkelbraunen Querstreifen; die Schwanzfedern
aschgrau mit grauweißen Endspitzen; die großen Schwungfedern braunschwarz mit weißen Schäften, die andern heller
oder aschgrau, alle an der Wurzel weiß; die ersten Deckfedern haben ¼ Zoll breite weiße Spitzen und bilden durch
den ausgebreiteten Flügel einen weißen Querstrich, die übrigen sind den Rückenfedern gleich, bloß etwas heller; die

After-

Afterflügel und die Deckfedern der großen Schwungfedern dunkelbraunſchwarz; die Deckfedern der Unterflügel weiß; der Vorderhals grauweiß, ſchwach roſtbräunlich überlaufen und dunkelbraun geſtrichelt; Seiten, Bruſt, Bauch, Schenkel und After weiß.

Das Weibchen iſt überall ſtark mit Braun überlaufen, und Hals und Bruſt ſind weit ſtärker mit roſtbraun überzogen; übrigens iſt es eben ſo gezeichnet.

Das nördliche Europa und Amerika ſind das Vaterland dieſes Vogels, nach Deutſchland kommt er auf ſeinen Wanderungen im Auguſt und September in keinen Flügen an die Ufer der großen Seen und Teiche und nach England im Winter zuweilen in großen Heerden.

Er läuft eben ſo hurtig wie die andern Strandläuferarten an den Ufern der Gewäſſer herum, und lieſt zu ſeiner Nahrung Inſecten und zu ſeiner Verdauung weiße Sandkörner auf. Seine Stimme vernimmt ſich in einem tiefen ſchmelzenden Tzack! Er iſt nicht ſcheu, ſondern vielmehr dumm und kann daher leicht geſchoſſen werden. Sein Fleiſch hat einen angenehmen Geſchmack.

Gewöhnlich wird er mit dem Kanuts-Strandläufer für einerley gehalten.

Man citirt daher bey dieſem Vogel Friſch Taf. 237. Friſch nennt ihn den braun- und weißbunten Strandläufer mit grünlichen Füßen und ſeine Figur hat die oben von mir beym Kanuts-Strandläufer angegebene Zeichnung.

Daß man mit der Naturgeſchichte des Kanutsvogels, des aſchgrauen Strandläufers und des Friſchiſchen braun- und weißbunten Strand-

läufers mit grünlichen Füßen noch nicht aufs Reine
ist, wird nur gar zu einleuchtend. Ich kann aber hier auch
weiter keine Auskunft geben. Mir hat es sonst immer ge-
schienen, als wenn der Frischische Vogel ein junger punktirter
Strandläufer sey; bis ich mich nachher durch Vergleichung immer mehr und mehr überzeugte, daß er wohl ein
Kanutsvogel sey, wofür er auch in der Beschreibung
dazu selbst ausgegeben wird. Doch scheint man bey Angabe
seiner Eigenheiten ihn auch in der Beschreibung wieder mit
dem trillernden Strandläufer verwechselt zu haben.
Man sollte überhaupt und insbesondere in Vergleichung mit
Brünnichs Ornithologie Nr. 179. glauben, als, wenn
unter dem Namen des aschgrauen Strandläufers
das Weibchen des trillernden selbst beschrieben sey.

(228) 12. Der Alpenstrandläufer *).
Tringa alpina.
(Taf. 28. Fig. 2.)

Namen, Schriften und Abbildungen.

Lappländischer Kiebitz, Lappländischer Strandläufer,
kleinster Schnepfensandläufer, Alpenstrandvogel, Dunlin,
Brünette, Schnepfe, Halbschnepflein.

Tringa Cinclus Varietas. *Gmelin Linn.* Syst. I. 2.
p. 680. N. 18. ß.

2. Tringa alpina. *Gmelin Linn.* Syst. I. 2. p. 676.
N. 11. Faun. Suec. N. 181.

Cin-

---

*) Alte Ausg. III. S. 190. Nr. (138) 16.

Cinclus torquatus. *Brisson ornith.* V. p. 246. N. 11.
t. 19. Fig. 2.

La Brunette. *Buffon des Ois.* VII. p. 439. Ed.
de Deuxp. XIV. p. 267. N. 3. Uebers. von
Otto. XXVI. S. 195. XXVII. S. 112.

Le Cincle. *Buffon* l. c. p. 553. Pl. enl. N. 852.

Dunlin. *Latham Synops.* III. 1. S. 185. N. 33.
Meine Uebers. V. S. 156. No. 33.

Mein ornithol. Taschenbuch. S. 310. Nr. 15.

Meine getreuen Abbild. I. S. 21. Taf. 15.

Donndorff a. a. O. S. 1066. Nr. 11.

Kennzeichen der Art.

Der Schnabel und die Füße sind schwärzlich, der Oberleib schwärzlich, rostfarben und weiß gefleckt, welche Flecken
die Federränder bilden; die äußern Schwanzfedern grau; der
Vorderhals rostfarben, aschgrau gemischt und dunkelbraun
gestrichelt.

Gestalt und Farbe des männlichen und weib-
lichen Geschlechts.

Dieser Vogel wird in den naturhistorischen Werken auf
verschiedene Weise beschrieben, und es erhellet daraus; daß
er sich vielleicht nach Alter und Geschlecht in verschiedenen
Farben zeige. Von dem ihm in der Farbe ähnlichen veränderlichen Brachvogel, der von Herrn Naumann
und andern hierher gerechnet wird, unterscheidet ihn der
gerade Schnabel schon hinlänglich, wie man aus der beyge-
fügten Abbildung sehen kann, wenn man sie mit der Nau-
mannischen des von mir so genannten veränderlichen
Brachvogels vergleicht.

X 2   Er

Er hat die Größe einer Singdroſſel, iſt aber weit ſtärker, acht Zoll und zwey Linien lang, und funfzehn und einen
halben Zoll breit *). Die Flügel reichen bis ans Schwanz-
ende. Sein Gewicht iſt vier Unzen.

Der Schnabel iſt vierzehn Linien lang, gerade, an der
Wurzel ſtark, dann dünn, und an der Spitze wieder dicker
und die Farbe ſchwärzlich; der Augenſtern graubräunlich;
die Füße ſind dunkelbraun oder ſchwärzlich, der nackte
Theil der Schenkel ſieben Linien, und die geſchilderte Fußwurzel ein Zoll hoch, die mittlere Zehe eilf und die hintere
drey Linien lang. Eine kleine Spur von Spannhaut zwiſchen den Winkeln der Zehen.

Der Kopf iſt rund und der Scheitel ſehr erhaben; der
Leib nicht zuſammen gedrückt, ſondern fleiſchig und rund;
die Füße ſind mittelmäßig hoch und ſehr dünne und die Hinterzehe iſt ſehr klein.

Die Federn des Scheitels ſind dunkelbraun mit roſtfarbenen Rändern; die Kehle iſt ſchmutzigweiß; von dem Schnabel nach den Augen läuft eine ſchmutzig weiße Linie, und unter
dieſer eine andere von bräunlicher Farbe; der Hals iſt grau,
mit dunkelgrauen Strich-Fleckchen. Die Rücken- und
Schulterfedern ſind ſchwarz, und haben theils roſtfarbene,
theils weißliche Ränder; auch befinden ſich auf dem Rücken
hin und wieder ganz aſchgraue Federn, die kürzern Deckfedern der Flügel ſind ſchwärzlich mit blaßroſtgelben Rändern; die längern ebenfalls ſchwärzlich, haben aber weiße
Spitzen,

*) Par. Ms.: Länge über 7 Zoll; Breite über 13½ Zoll.

Spitzen, die einen schräglaufenden weißen Querstreif auf den Flügeln bilden; die vier ersten Schwungfedern sind an der äußern Fahne und an der Spitze schwärzlich, an der innern grau, mit weißen Schäften; die folgenden bis zur zehnten, die noch am ersten Flügelgelenk steht, haben, außerdem noch an der Wurzel der äußern Fahne weiße Ränder, und sind auch an der Wurzel der innern Fahne weiß; von der eilften bis zur zwanzigsten fallen die weißen Ränder an der äußern Fahne weg, und sie bekommen dafür weiße Ränder an der Spitze; die letzten Schwungfedern oder die dritte Ordnung derselben sind sehr lang, von schwarzbrauner Farbe mit rostfarbenen Rändern; auf der Unterseite sind die vordern Schwungfedern grau, die hintern weiß mit grauen Spitzen; die untern Deckfedern der Flügel weiß; die Brust weiß mit schwärzlichen Flecken, die an den Seiten derselben am dichtesten stehen und daselbst fast in einen Fleck zusammen laufen; der Bauch und die langen untern Deckfedern des Schwanzes weiß; der Steiß schwärzlich, braun gewölkt, an den Seiten weiß; die letztern mittelmäßigen obern Deckfedern des Schwanzes schwarz; der Schwanz besteht aus zwölf Federn, wovon die beyden mittelsten zwey Linien länger sind als die übrigen und spitzig zulaufen; diese beyden sind schwärzlich mit weißem Rande an der äußern Fahne; die übrigen weißgrau mit weißen Rändern; die Dickbeine grau.

Das Weibchen hat auf dem Rücken fast lauter graue Federn, und nur an den Schultern stehen dreyeckige Flecken von rostfarbenen eingefaßten Federn. Auf der Brust hat es weit weniger schwärzliche Flecken, und die obern Deck-

federn

federn des Schwanzes haben roſtfarbene Ränder, übrigens
kömmt es mit dem Männchen überein.

Da die Beſchreibung dieſes Vogels bey andern
Naturforſchern etwas abweicht, ſo will ich ſie für meine
Leſer, beſonders für die Jäger zur Vergleichung hierher ſetzen.

1. Pennant und Latham beſchreiben ihn näm=
lich ſo:

An Größe gleicht er der Heerſchnepfe. Der Kopf,
Hintertheil des Halſes und Rücken iſt roſtfarbig mit großen
ſchwarzen Flecken, oder, wenn man lieber will, die Federn
ſind ſchwarz mit großen roſtfarbenen Rändern; der Unter=
theil des Halſes weiß mit ſchwarzen Strichen; die Deck=
federn der Flügel aſchgrau; die Bruſt und der Bauch weiß
mit einem ſchwarzen halbmondförmigen Flecke; der Steiß
graubraun; die Schwungfedern braun und zum Theil am
Rande weiß; der Schwanz iſt aſchgrau, nach den Seiten
zu am hellſten, und die beyden mittlern Federn am längſten
und dunkelſten.

2. Nach Büffon und Briſſon iſt die Beſchreibung
folgende:

Oben auf dem Kopfe, Halſe und Leibe ſind die Federn
dunkelbraun oder ſchwärzlich mit hell gelbrothen oder weiß=
lichen Rändern; Kehle und Gurgel weiß mit ganz kleinen
braunen Streifen an den Schäften herab; Bruſt und Seiten
braun mit weißen Rändern; der übrige Unterleib weiß; die
Deckfedern der Flügel graubraun, an den Schäften herab
mit einer dunklern Farbe geſtreift und mit hellen Rändern,
einige der größern mit weißen Spitzen; die Schwungfedern
                                              dunkel-

dunkelbraun, die neun erſten an der Endhälfte der Schäfte
weiß, die andern mehr oder weniger weiß gerändert; die
Schwanzfedern grau, die zwey mittlern an der innern Fahne
braun, die andern inwendig weiß und mit weißen Schäften;
der Schnabel ſchwarz; die Füße braun.

Büffon ſetzt noch hinzu, daß dieſer Vogel eine Neben-
oder Unterart des Meerſtrandläufers zu ſeyn ſcheine.
Er ſey aber nicht ſo hoch auf ſeinen Beinen; habe dieſelben
Farben, nur mit dem Unterſchiede, daß ſie ſtärker ausge-
drückt ſeyen, die Pinſelſtriche auf dem Mantel ſeyen deutlicher gezogen, und man ſehe einen Gürtel von Flecken auf
der Bruſt, weshalb ihn Briſſon die Meerlerche mit dem
Halsbande genannt habe; ſonſt habe er einerley Sitten mit
dem Meerſtrandläufer, und wandere oft mit ihm in einerley
Geſellſchaft.

Merkwürdigkeiten.

Dieſer Vogel wird mit unter den Schleſiſchen Vögeln aufgeführt, ſonſt bewohnt er eigentlich die Lapplän-
diſchen Alpen, (daher er auch der Lappländiſche
Strandläufer genannt wird,) Grönland, Island,
Scandinavien, die Sibiriſchen Alpen, und beſucht auf ſeinen Wanderungen die Küſten des Caſpiſchen
Meeres. Am Bodenſee iſt er in den Monaten September und October häufig anzutreffen, und bey uns in Thüringen iſt er in dieſen Monaten ebenfalls gemein, beſonders auf dem Schwanenſee bey Erfurt. Er ſoll auch ſogar,
wie die Jäger verſichern, hier niſten. Er geht aber in
Thüringen nie auf die Berge, ſondern allzeit, wie andre
Strandläufer, an die Ufer.

Dieſe

Diese Vögel halten sich in Thüringen an den flachen Ufern der Seen, großen Teiche und Flüsse auf, und suchen da ihre Nahrung in allerhand Insecten. Auch findet man in ihrem muskulösen Magen eine Menge Quarzkieseln. Sie lassen sich leicht zähmen, und an ein Universalfutter gewöhnen.

Ihr Flug ist schnell, und sie lassen dabey ein starkes zweytöniges Düi! hören.

Sie sind auch mit einer Art graulicher Läuse behaftet.

Sie lassen leicht an sich zum Schuß kommen. Mit Laufdohnen und besonders auf dem Wasserschnepfenherd werden sie häufig gefangen.

Ihr Wildpret ist wohlschmeckend.

? (229) 13. Der gestreifte Strandläufer *).

Tringa striata. *[handwritten annotation]*

Namen, Schriften und Abbildungen.

Gestreifter Reiter, gestreifter Kiebitz.

Tringa striata. *Linné* Syst. ed. 12. I. p. 248. N. 5. *Gmelin Linn.* I. 2. p. 682. N. 5.

Le Chevalier rayé. *Brisson* ornith. V. p. 196. N. 5. pl. 18. fig. 1. *Buffon* des Ois. VII. 516. Pl. enl. No. 827. Ed. de Deuxp. XIV. 253. Ueberf. von Otto. XXVII. 21. mit einer Fig.

The striated Sandpiper. *Latham* Syn. III. 1. p. 176. N. 21. Meine Ueberf. V. S. 147.

Arct.

*) Alte Ausg. IV. S. 849. Nr. (263) 66.

Arct. Zool. p. 472. N. 383. Ueberſ. von Zim=
mermann. II. 439 N. 300.

Mein ornithol. Taſchenb. S. 311. Nr. 16.

Donndorff a: a. O. S. 1059. Nr. 5.

Kennzeichen der Art.

Der Oberleib iſt dunkelbraun und aſchgrau gewellt;
die meiſten Schwungfedern ſind weiß; der Schnabel an der
Wurzel roth, an der Spitze ſchwarz; die Füße ſind orangegelb.

Beſchreibung.

Dieſer Vogel, der die Größe eines bunten Staars
hat, eilf und drey Viertel Zoll lang und ein und zwey Drit=
tel Fuß breit iſt *), wird auch in Thüringen an den Ufern
des Schwanenſees, ohnweit Erfurt angetroffen. Die Jäger
ſagen, daß ſie ihn alle Jahre ſähen. Ich habe nur ein
Exemplar geſehen, auch eine Beſchreibung davon genommen,
allein ſie iſt mir aus den Händen gekommen, daß ich alſo
jetzt nur geben kann, was ich in andern Büchern von dieſem
Vogel aufgezeichnet finde. Aus dem Gedächtniß mag ich
ihn nicht beſchreiben, da ſich vielleicht ein Irrthum einſchlei=
chen könnte. Ich muß daher meine Leſer um Geduld bitten,
bis ich wieder ein Exemplar erhalte, alsdann ſoll in dem
folgenden Bande eine getreue Beſchreibung nachgeliefert wer=
den. Mit der Lathamſchen und Pennantſchen Be=
ſchreibung ſtimmte der Vogel überein.

Der

*) Par. Ms.: Länge 9¾ Zoll; Breite 1½ Fuß.

Der Schnabel iſt anderthalb Zoll lang, die Wurzelhälfte roth und die Endhälfte ſchwarz; der Oberleib iſt wellenförmig dunkelbraun und aſchgrau gezeichnet. Der Vordertheil des Halſes iſt dunkelbraun; Bruſt und Bauch iſt weiß;
die vordern und hintern Schwungfedern ſchwarz, die letztern
mit weißen Spitzen, die der dritten Ordnung weiß mit
einem ſchwarzen Streifen; der Schwanz ſchwarz, die Federn
an den Seiten aſchgrau-weiß eingefaßt.

Linné ſagt: Steiß und Schwanz ſind weiß, der letzte
braun geſtreift; der Unterleib weiß, mit Längs- und Querſtreifen durchzogen. — Wenn dieß kein anderer Vogel iſt,
ſo iſt es wahrſcheinlich eine Geſchlechtsverſchiedenheit.

Auch Büffon und Briſſon ſagen, daß der Schwanz
auf weißlichem Grunde ſchwärzliche Querſtreifen habe, wie
dieß auch die Abbildungen zeigen.

Merkwürdigkeiten.

Dieſer Vogel bewohnt die kältern Gegenden von Europa; denn er wird in Schweden und Norwegen
gefunden. Er iſt auch in Island und Grönland,
weniger häufig aber in Rußland und Sibirien zu
Hauſe. In Grönland bleibt er auch den Winter durch, und
fängt die Inſekten weg, die die Meereswellen ans Ufer
treiben. Um zu brüten zieht er aber in das Innere der
Bayen und legt ſechs Eyer, welche etwas ſtärker als Staa-
reneyer ſind, und blaßbraune Flecken haben. Er fliegt ſehr
ſchnell über die Oberfläche des Waſſers und haſcht Inſekten,
berührt aber nie das Waſſer mit ſeinem Leibe oder Füßen,
ſondern vermeidet geſchickt auch die höchſten Wellen. — Er
zwit-

zwitschert wie eine Schwalbe; ist kein scheuer Vogel; wird oft in Schlingen gefangen und sein Fleisch rechnet man unter die Delikatessen. Die Federn werden zum Ausstopfen gebraucht.

Man rechnet hierher auch folgenden Vogel als Varietät:

1. Der kleine gestreifte Strandläufer.

Totanus naevius. *Brisson* ornith. V. p. 200. N. 6.

Er ist kleiner als der Vorhergehende. Die obern Theile des Kopfs, Halses und der Rücken sind schwärzlich, mit rothgrau gerändet; die Schulterfedern sind eben so, nur an den Seiten grau in die Quere gestreift; der untere Theil des Rückens und der Steiß sind weiß, an den Seiten ins Gelbrothe sich ziehend; Brust und Bauch weiß, mit kleinen schwarzen Flecken bezeichnet; der Unterbauch und After ganz weiß; die Deckfedern der Flügel graubraun, einige derselben am Ende gelbrothgrau und schwarz in die Quere gestreift; die Schwungfedern dunkelbraun, inwendig grauweiß, die Schäfte der erstern weiß; die obern und untern Deckfedern des Schwanzes weiß; die Seiten und der Schwanz schwarz und weiß in die Quere gestreift.

Ich kann nicht entscheiden, ob es eine besondere Art sey, oder ob sie zu der vorhergehenden gehöre. Brissons Figuren scheinen einander sehr ähnlich zu sehen; doch weicht im Gegentheil die Beschreibung auch wieder sehr ab.

Sicherer noch als dieser letzte Vogel gehört hierher:

2. Der Isländische Strandläufer,

besonders wenn man Tringa striata *Fabricii* Fauna groenl. p. 107, N. 73. vergleicht. Hieraus und durch die übrigen

Syno-

Synonymen ergiebt ſich, daß beyde Vögel einerley Vaterland, Aufenthalt, Größe, gelbe Füße und Aehnlichkeit in der Stimme haben, worzu noch kommt, daß Fabrizius von ſeinem geſtreiften Strandläufer ausdrücklich ſagt, daß das äußere Anſehen nach Alter und Jahreszeit verſchieden ſey.

Tringa maritima. *Gmelin Linn.* l. c. p. 677. N. 36.
Selninger Sandpiper. *Latham* l. c. p. 173. N. 15.
Meine Ueberſ. V. S. 144.

Er hat die Größe des bunten Staars. Die obern Theile ſind aſchgrau und ſchwärzlich melirt, die Mittel des Rückens mit violettem Schein; der Vorderhals dunkelbraun; der Unterleib weiß; der Schwanz ſchwarz, die vier äußern Federn am kürzeſten, aſchgrau und weiß geråndet; die mittelſten ſchwarzbraun; die Schwungfedern ſchwärzlich, an der erſten der Schaft weiß, die vorderſten in der zweyten Ordnung an den Spitzen weiß, die hintern weiß mit ſchwarzer Binde, die letzten ſchwärzlich; der Schnabel ſchwarz, an der Wurzel gelb, wie die Füße.

Man findet ihn an den Küſten von Norwegen und Island. Er läßt ſeine pfeifende Stimme immer hören.

? 14. Der rothgefleckte Strandläufer.
Tringa rufescens, *mihi.*

Namen, Schriften und Abbildungen.

Strandläufer von Greenwich, Engliſcher Strandläufer, Greenwichſcher Strandläufer.

Tringa

Tringa grenovicensis. *Latham* Ind. ornith. II. p. 731. N. 16.

Greenwich Sandpiper. *Latham* Syn. Suppl. p. 249.

Meine Uebers. V. S. 163. N. 38.

Mein ornithologisches Taschenbuch. S. 298. Nr. 4. mit einer Figur.

Kennzeichen der Art.

Der Schnabel ist schwarz, schwach, an der Spitze etwas abwärts gebogen: die Füße sind olivengrün; der Hinterhals unten so wie der Rücken glänzend schwarz, die Federn hell rostroth gesäumt; Nacken, Wangen und Vorderhals aschgrau; der übrige Unterleib weiß; über die Flügel eine schmale weiße Binde.

Beschreibung.

Diesen Sumpfvogel, der wohl nichts anders als der von Latham beschriebene Greenwichsche Strandläufer ist, kenne ich der Beschreibung und der Abbildung nach, die ich in meinem Taschenbuch geliefert habe, durch den Herrn von Minckwitz. Beydes ist von einem im August 1801. geschossenen Männchen genommen.

Die Länge ist 13½ Zoll; die Breite der Flügel, welche zusammengelegt ½ Zoll über den 3 Zoll langen Schwanz hinausreichen, 2 Fuß 1 Zoll *) und das Gewicht 6⅝ Unzen. Der Schnabel ist nicht stark, 1 Zoll 5 Linien lang, vorn ein wenig übergebogen, und schwarz; der nackte Theil der Beine

*) Var. Ms.: Länge: 12¾ Zoll; Breite: 1 Fuß 11 Zoll.

Beine 1 Zoll 2 Linien, die Füße bis an die Zehen 1 Zoll 11 Linien hoch, die mittlere Zehe mit dem Nagel 1 Zoll 5 Linien, und die hintere stumpfe Zehe 3 Linien lang, die äußere und mittlere an der Wurzel verbunden, und die Farbe der Füße dunkelolivengrün; der Augenstern kastanienbraun.

Der Scheitel ist röthlichbraun und schwarz gestreift, indem die schwarzen Federchen röthlichbraun gesäumt sind; der Nacken aschfarben mit fast unmerklich schwarzen Flecken und Streifchen, welche von den in der Mitte um den Schaft herum etwas schwärzlichen Federn herrühren, der untere hintere Theil des Halses und der Rücken schwarz mit einem Glanze, die Federn an den Seiten breit und an den Spitzen wenig hell rostroth oder braungelb gesäumt; die kleinen und größern Deckfedern der Flügel schwärzlich aschfarben mit schwachem grünen Glanze, die kleinern wenig und fast grau, die größern breiter und fast ins hell Rostigrothe gerändert und die größten weiß, aber nur fein gesäumt, die gleich über den längsten liegende Reihe hat eine etwas breite weiße Spitze, welche über den Flügel einen schmalen weißen Streifen bildet; der Unterrücken, Steiß und die Mitte der Deckfedern des Schwanzes schwärzlich aschfarben mit einigem Glanze und einem kleinen grauen Saume; die Kehle fast weiß; die Wangen grauweiß; der Unterhals bis zur schmutzigweißen Brust hell aschfarben oder grau mit etwas Lichtbraunen vermischt, welches von dem ins Lichtbraune fallenden Saume der Halsfedern entsteht. Der Bauch, die Seiten, der After, die obern Deckfedern des Schwanzes an beyden Seiten und die ganzen untern Deckfedern desselben rein weiß, so wie auch die Unterflügel; die großen Schwungfedern dunkelbraun oder

vielmehr aschfarben schwarz, an den Spitzen sehr fein weiß
gesäumt und mit mehr oder weniger weißen Schäften;
die sehr langen hintern Schwungfedern und die Schulterfedern haben die Farbe des Rückens und sind rostigroth gesäumt; der Schwanz ist etwas abgerundet, schwärzlich aschfarben, die drey äußersten Federn desselben mehr weiß, die
in der Mitte aber schwach rostigroth am Ende gesäumt.

Merkwürdigkeiten.

Man trifft diesen Vogel in England und Schlesien
an; in letzterm ist er einheimisch, aber selten, und wohnt an
schlammigen und sumpfigen Teichen. In der Synopsis giebt
ihn Herr Latham für eine neue Art; allein im Index ornithol. sagt er, er scheine ihm vom steindrehenden
Strandläufer nicht hinlänglich unterschieden zu seyn, und
sey vielleicht eine Geschlechtsverschiedenheit davon; das er aber,
wie gleich die folgende Beschreibung beweisen wird, nicht
seyn kann. Am nächsten kömmt er einem jungen Kampfhahn (Tringa púgnax *Linn.*).

15. Der steindrehende Strandläufer *).

Tringa Interpres, *Linné.*

Namen, Schriften und Abbildungen.

Steindreher, Steinwälzer, Dolmetscher, dolmet-
schender Strandvogel, Schwarzschnabel, Rothbein, hebri-
discher Strandläufer, Mornell, Mornellstrandläufer, roth-
gefiederte Schnepfe, grauer Kiebitz, Seelerche.

Tringa

*) Der Steindreher. Alte Ausgabe III. S. 146. Nr. 3.

Tringa Interpres. *Linn.* Fauna suec. N. 168. Ed.
　　2. 178. *Gmelin Linn.* Syst. I. 2. p. 671. N. 4.
Le Tourne - pierre. *Buffon* des Ois., VIII. 130.
　　t. 10. Coulon - chaud. Pl. enl. N. 856. Ed. de
　　Deuxp. XV. 162. Ueberſ. von Otto. XXVIII.
　　　S. 236. mit 4 Figuren.
Turnstone Sandpiper. *Latham* Syn. III. 1. p. 188.
　　N. 37. Meine Ueberſ. V. S. 161. Nr. 37.

Seligmanns Vogel. V. Taf. 36.

Naumanns Vögel: Nachtrag 1r Heft. S. 54. Taf. 8.
　　　Fig. 18. Männchen im Auguſt.

Mein ornith. Taſchenbuch. S. 297. N. 3.

Donndorff a. a. O. S. 1057. Nr. 4.

Kennzeichen der Art.

Die Füße ſind etwas kurz und orangeroth; ein ſchwarzes Halsband; der Oberleib roſtfarbig, ſchwarz gefleckt; Kehle und Bauch weiß; der Steiß weiß mit etlichen ſchwarzen Querbinden.

Geſtalt und Farbe des männlichen und weiblichen Geſchlechts.

An Größe gleicht er der Schwarzdroſſel. Die Länge iſt neun und einen halben Zoll, der Schwanz zwey und einen halben Zoll und die Breite der ausgebreiteten Flügel, die zuſammengelegt die Schwanzſpitze berühren, achtzehn Zoll *). Das Gewicht iſt drey und eine halbe Unze.

Der

---

*) Par. Ms.: Länge 8½ Zoll; Breite 16 Zoll.

Der Schnabel ist zwölf Linien lang, kürzer als der Kopf, an der Wurzel stark, spitzig auslaufend, an den Seiten etwas zusammengedrückt, doch an der Spitze etwas flach, die untere Kinnlade etwas aufwärts steigend, daher der Schnabel etwas aufwärts gebogen scheint, obgleich die obere Kinnlade gerade ist, von fester Substanz und von Farbe schwarz, an der Wurzel unten roth; die Nasenlöcher länglich und offen, und liegen in einer Furche; die großen Augen dunkelbraun; die Beine kurz, glänzend orangenroth, die Klauen schwärzlich; die Zehen sind fast gänzlich frey, der nackte Theil des Schenkels ist vier Linien und die Füße sind vierzehn Linien hoch, die Mittelzehe dreyzehn und die hintere vier Linien lang.

Dieser Vogel zeichnet sich durch seine Gestalt von seinen Gattungsverwandten etwas aus; denn der Schnabel ist kleiner und etwas anders gestaltet, die Füße sind kürzer, der Leib ist weniger zusammengedrückt, der Kopf klein und nicht so kurz, die Augen sind tiefliegender und der Hals ist kürzer. Er erscheint mir wie ein Mittelding zwischen Kiebitz und Strandläufer. Was die Farbe anlangt, so ist die Stirn weiß; der Scheitel weiß, schwarz gefleckt; die Seiten des Kopfs weiß; eine schwarze Linie beginnt über der Stirn, läuft unter jedem Auge nach dem Mundwinkel fort, senkt sich dann an jeder Seite bis in die Mitte des mit einem breiten schwarzen Halsbande umgebenen Halses, und verbindet sich mit dem schwarzen Kropf und Oberbrust, dessen dunkele Farbe sich an den Seiten bis unter die Flügel zieht; unter dem schwarzen Halsbande ist der Nacken weiß; der Obertheil des Rückens, die Schulter = und Afterflügel sind schön rostfarbig, schwarz

gefleckt, oder vielmehr so geschuppt; die obern Schulterfedern
sind weiß; der untere Theil des Rückens und die langen Deckfedern des Schwanzes weiß mit etlichen schwarzen Querstreifen; die Kehle, Unterbrust, der Bauch, die Schenkel und der
After weiß; die Deckfedern der Flügel aschgraubraun, die
großen an der Spitze weiß gerändet; die Afterflügelfedern,
so wie die Schwungfedern der ersten Ordnung schwarz mit
weißen Schäften, die der zweyten schwarz mit weißen Spitzen
und weißen innern Kanten und Wurzeln, die der dritten
Ordnung wie der Rücken, und weiß gefleckt; die Unterflügel
weiß, so wie der Flügelrand; von den zwölf schwärzlichen
Schwanzfedern die zwey mittlern an der Wurzel weiß, und
die übrigen mit weißen Querflecken, die an den äußern immer
größer werden, daher die ganze Feder eher weiß als schwärzlich erscheint.

Herr Naumann beschreibt ein Männchen im
August, das entweder noch jung ist, oder wenn es ein
Altes ist, noch nicht die ausgebildeten schönen Farben hat.
Der Schnabel ist schwarz; die Füße sind schmutzig gelbroth;
Stirn und Wangen weiß, sparsam dunkelbraun gefleckt; die
Kehle rein weiß; die Backen schwärzlich gefleckt; der Vorderhals bis zur Brust schwarz, eben so ein von der Gurgel unter
den Wangen nach dem Genick zu laufender Ring; die Seiten
des Halses weißgrau, rostfarben überlaufen und dunkler gefleckt; Unterbrust, Seiten, Bauch, Schenkel und After
weiß; über dem Auge ein weißer halbverloschener Streifen;
Scheitel und Hinterhals dunkelbraun mit gelblichgrauen Federkanten; Schultern und Oberrücken von eben der Farbe, nur
dunkler und auf den Flügeln sind die Kanten rostbrauner; die

Schwung-

Schwungfedern dunkelbraun mit schwarzen Spitzen und weißen Schäften, und an denen der zweyten und dritten Ordnung die Wurzelhälfte weiß, welche Farbe mit den weißen Spitzen der großen Deckfedern durch den Flügel einen weißen Querstreifen bilden; unter den Achseln sind die Federn weiß und machen mit den mittelsten weißen Deckfedern der Flügel einen weißen Streif, der sich auf der Mitte des Flügels verliert; die Afterschwingen schwarz und der Flügelrand schmutzig weiß gefleckt; Rücken und Steiß weiß, über dem Steiß eine breite schwarze Querbinde. Die Schwanzfedern an der Oberhälfte weiß, an der untern braunschwarz, die Spitzen gelblichweiß, die äußerste Feder ganz weiß mit einem dunkelbraunen Fleckchen und grauen Säume.

Das Weibchen ist oben mehr dunkelbraun, und unten an dem Halse und der Brust ebenfalls dunkelbraun *).

Merkwürdige Eigenschaften.

Dieser Strandläufer, den man im mittlern Deutschland nur selten auf seinem Zuge an den Ufern der Seen, Teiche und Flüsse findet, läuft und fliegt schnell. Er schreyt Dlüa! tief und dumpfig, und ist nicht scheu.

Ver-

*) Diejenigen Steindreher, denen die weiße Stirn fehlt, sind allem Vermuthen nach die Jungen, und diejenigen, welche sehr viel oder fast gar nichts als Weiß auf dem Unterrücken, dem Steiß und den obern Deckfedern des Schwanzes haben, sind vielleicht sehr alte Vögel. s. unten auch Tringa Mormella, *Linn.*

Verbreitung, Aufenthalt und Nahrung.

In Deutschland trifft man diese Vögel nur einheimisch auf den Inseln des Baltischen Meeres an, wo sie im Frühjahr hin und im Herbste wieder wegziehen. Sonst bewohnen sie überhaupt das nördliche Europa, Asien und Amerika.

In England heißen sie Steinwälzer oder Seemorinell, in Gothland aber und an den Inseln Heiligholm und Clasen in der Ostsee Dollmetscher. Hier sind sie nicht selten.

Sie wohnen an dem Seestrande und wenden daselbst die Steine um, (daher ihr Name) *), um unter denselben Würmer, Schnecken, Insecten u. d. gl. zu ihrer Nahrung aufzusuchen.

An den Ufern und Rieden des Bodensees kommen sie im Herbst auf ihrer Wanderschaft nicht selten vor, und im August und September trifft man sie auch an andern deutschen Seen und Teichen.

Fortpflanzung.

Auf den Inseln der Ostsee, auf Rügen, der Halbinsel Wittow und besonders auf Burg nisten sie in Menge.

Ihre Eyer, deren sie drey bis vier legen, haben die Größe der Taubeneyer, sind länglich zugespitzt, aschgraugrün, mit dunkelbraunen Flecken und Punkten.

Sie

---

*) Wie ich schon bemerkt habe, so sind alle Strandläufer Steindreher.

Sie legen sie auf den Sand und verfolgen zur Brutzeit Menschen und Hunde mit einem hellen Geschrey, wie die
Kiebitze.

Die Jungen sind unten weiß, oben aschgrau mit
schwärzlichen Streifen, und die Füße gelbbraun mit schwärzlichen Flecken.

Jagd und Fang.

Wenn sich einzelne auf dem Fluge an den Ufern der Gewässer zeigen, so kann man sich leicht mit der Flinte
schußrecht anschleichen und sie erlegen. Sie gehen auch auf
den Kiebitz- und Wasserschnepfenherd.

Nutzen.

Das Fleisch (Wildpret) hat einen sehr guten Geschmack.

Die Morinelle

(Tringa Morinella, *Linné* Syst. ed. 12. I. p. 249.
n. 5.

Tringa Interpres Morinellus. *Gmelin Linn.* l. c.
n. 4. β.

Seligmanns Vögel. III. Taf. 44.)

beschreibt man theils als eine eigne Art Strandläufer,
theils als eine Varietät von dem Steindreher. Ich glaube,
da ich sie einmal beysammen gesehen habe, sie sind nur dem
Geschlechte nach verschieden, und die Morinelle ist das
Weibchen.

Hier

Hier iſt ihre genauere Beſchreibung:

Der Schnabel iſt ſchwarz; die Füße ſind hellroth; der Scheitel, Oberhals, Rücken, die Deckfedern der Flügel und die Schulterfedern graubraun, die Federn der letztern blaß kantirt; Stirn, Kehle und Gurgel weiß; der Vorderhals und die Bruſt tief braun, an den Seiten weiß gefleckt; der Unterrück-n, Steiß, Bauch, die Schenkel und der After weiß; die obern Deckfedern des Schwanzes theils weiß, theils braun; die vordern Schwungfedern braun mit weißen Schäften, einige davon weiß kantirt, und die Wurzeln von allen Schwungfedern von der vierten an weiß; dieſe weiße Farbe wächſt bis zur 19ten Feder, welche mit den übrigen gänzlich weiß iſt; der Schwanz von der Wurzel an bis zur Hälfte weiß; die beyden mittlern ſind von dem Ende bis zu der weißen Spitze braun, die 4 folgenden ebenfalls braun doch ſchmäler, und die letzte Feder iſt ganz weiß, und hat nur einen braunen Fleck auf der innern Fahne.

16. Der gefleckte Strandläufer *).
Tringa macularia, *Linné.*

Namen, Schriften und Abbildungen.

Gefleckter Strandvogel, gefleckter Kiebitz, Waſſerdroſſel, gefleckte Waſſeramſel.

Tringa macularia. *Gmelin Linné* Syſt. I. 2. p. 672. n. 7.

La

*) Der gefleckte Kiebitz. Alte Ausg. III. S. 150. Nr. 4.

La Grive d'eau. *Buffon des Ois.* VIII. p. 140. Ed.
de Deuxp. XV. 174. Ueberſ. von Otto. XXVIII.
S. 258. mit einer Fig.

Spotted Tringa. *Edwards Gleans.* pl. 277. f. 2.
Seligmanns Vögel. VIII. Taf. 67.

Spotted Sandpiper. *Latham Syn.* III. 1. p. 179.
n. 24. Meine Ueberſ. V. S. 150. Nr. 24.

Borkhauſens Deutſche Fauna. I. S. 500. Nr. 145.
Mein ornith. Taſchenbuch. S. 301. Nr. 5.
Donndorff a. a. O. S. 1060. Nr. 7.

Kennzeichen der Art.

Die Wurzel des Schnabels und die Füße ſind fleiſchroth;
der Oberleib olivenbraun, theils mit Längs- theils mit Querlinien von ſchwarzer Farbe beſetzt; der Unterleib am Männchen weiß und braun gefleckt, am Weibchen weiß.

Beschreibung.

Er gleicht an Größe einer Schwarzdroſſel; iſt
9 Zoll lang, der Schwanz 2 Zoll, die Flügel klaftern 16 Zoll
und legen ſich ⅔ auf dem Schwanz zuſammen *).

Der Schnabel iſt ſo lang als der Kopf, 12 Linien von
der Wurzel bis über die Hälfte fleiſchfarben, übrigens dunkelbraun; der nackte Theil der Schenkel, Beine und Zehen
ſchmutzig fleiſchroth, die Klauen ſchwarz, der nackte Theil der
Schenkel 5 Linien lang und 14 Linien hoch, die mittlere Zehe
10 Linien lang und die hintere 4.

Der

*) Par. Ms.: Länge faſt 8 Zoll; Breite 14 Zoll.

Der Scheitel, Obertheil des Halſes und Körpers, und die Deckfedern der Flügel ſind olivenbraun mit dreyeckigen ſchwarzen Flecken, die auf dem Kopfe am kleinſten und ſchmälſten ſind; über jedem Auge eine weiße Linie; die untere Seite vom Halſe bis zum Schwanze weiß mit braunen Flecken; über die Flügel läuft eine doppelte weiße Querbinde; die Schwungfedern ſind ſchwärzlich mit weißen Spitzen; von den 12 Schwanzfedern ſind die 2 mittlern dunkelbraun grünlich überlaufen mit einer braunen Linie an der Spitze; die übrigen weiß mit dunkelbraunen Linien.

Das Weibchen unterſcheidet ſich durch nichts, als daß der Unterleib keine Flecken hat.

In Deutſchland bewohnt er einzeln die Ufer der Oſtſee, ſonſt die nördlichen Länder von Europa und Amerika, und iſt ein Zugvogel.

Herr Borkhauſen hat ihn auch am Rhein gefunden. Nach ihm variirt er etwas in der Farbe; denn von zwey Exemplaren hatte das eine auf dem Rücken ſchwarze querlaufende Wellenlinien ſtatt Flecken und bey beyden hatten mehrere Flecken auf der Bruſt weiße Pupillen, ſo daß ſie Augen glichen.

? 17. Der ſchwarze Strandläufer *).

Tringa atra, *Gmelin Linne* Syſt. I. 2. p. 673. n. 26.

Man weiß nichts von ihm, als das wenige und unvollſtändige, was der verſtorbene Profeſſor Sander zu Carlsruh

---

*) Alte Ausgabe. III. S. 188. Nr. 15.

ruh uns im 13. Stück, S. 193. des Naturforschers mitgetheilt hat. *Man ... jetzt ... daß ... alte Tota*

Er kömmt an den Ufern des Rheins vor. *... in 8*

Kopf und Hals sind schwarz; Rücken und Flügel blaß-braun mit untermischtem Schwarz; Brust und Bauch sind grau, der Steiß ist grau und weiß und schwarz wellenförmig gezeichnet.

Sollte es etwa Scolopax fusca *Linné* seyn?

Neun und vierzigste Gattung.
Kiebitz. Vanellus.

Der Schnabel ist kürzer als der Kopf, rundlich, gerade, vor dem kurz zugespitzten Ende unten etwas höckerig, daher vor der Spitze wie aufgeschwollen.

Die Nasenlöcher sind schmal.

Die Zunge ist kurz und dünn.

Die Füße sind vierzehig, doch die hintere Zehe hoch und sehr kurz, oft nur warzenähnlich mit einem Nagel, die äußere und mittlere mit einer kleinen Schwimmhaut an der Wurzel verbunden.

Der Hals ist mittelmäßig stark und lang, der Kopf rund, mit einer hohen Stirn und an den Seiten etwas gedrückt, so daß er befiedert ein fast viereckiges Ansehen erhält, und die Flügel breit, so daß sie weit langsamer und sanfterer fliegen, als die eigentlich Strandläufer, zu denen sie gewöhnlich gerechnet werden.

Der Aufenthalt dieser Vögel sind Sümpfe, nasse Wiesen und Felder, und ihre Nahrung besteht in Würmern und Insecten. Man kennt in Deutschland vier Arten, wovon aber zwey noch ungewiß sind *).

(230) 1. Der gehäubte Kiebitz **).

Vanellus cristatus, mihi.

Namen, Schriften und Abbildungen.

Gemeiner Kiebitz, Kibitz, Kybitz, Kievitz, Gibitz, Kühbitz, Ziefitz, Gibitz, Gyfitz, Zifitzen, Kiebith, Geisvogel, Feldpfau, Riedschnepfe, Riedstrandläufer, und Pardel.

Tringa Vanellus. *Gmelin Linné* Syst. I. 2. p. 248. n. 2.

Vanneau. *Buffon* des Ois. VIII. 46. t. 4. Ed. de Deuxp. XV. 64. t. 2. fig. 1. Ueberf. von Otto. XXVIII. 5. mit einer Fig.

Lapwing. *Latham* Synops. III. 1. 161. n. 2. Meine Ueberf. V. 133. Nr. 2.

Frisch Vögel. Taf. 213.

Wolfs und Meyers Vögel Deutschlands. I. Heft 10.

Nau-

---

*) In Gestalt und Betragen sind die Vögel dieser Gattung den Regenpfeifern ähnlich, ja wenn man dem schwarzbäuchigen die Hinterzehe wegnähme, so würde er fast gar nicht vom Goldregenpfeifer zu unterscheiden seyn. Deshalb er auch von Pallas (Reisen III. S. 699.) zu den Regenpfeifern gerechnet wird. Sie machen daher im System den Uebergang zu denselben.

**) Der gemeine Kiebitz. Alte Ausgabe. III. 136. Nr. (130) I.

Naumanns Vögel. II. S. 95. Taf. 14. Fig. 18.
Männchen.

Vanellus vulgaris. Mein ornith. Taschenb. S. 313.
Nr. 1. Meine getreuen Abbildungen. I. Taf. 59.
Männchen und Weibchen.

Donndorff a. a. O. S. 1052. Nr. 2.

Kennzeichen der Art.

Die Füße sind roth; der Federbusch am Hinterkopf flach
Sförmig niederhängend; der Rücken dunkelgrün mit Pur-
purschimmer; die Brust schwarz.

Gestalt und Farbe des männlichen und weib-
lichen Geschlechts.

Seine Länge beträgt 1 Fuß, 2½ Zoll, der Schwanz mißt
davon 5 Zoll, und die Flügel breiten sich 2 Fuß, 7 Zoll weit
aus *). Das Gewicht ist 8 Unzen.

Der Schnabel ist etwas über 1 Zoll lang, gerade, fast
rund, oben und unten mit einer Haut bis an die harte Horn-
spitze überzogen, mit gleichen Kiefern, schwarz; die in tiefen
Rinnen liegenden Nasenlöcher sind lange offene Ritzen, durch
die man auf beyden Seiten durchsehen kann; die Zunge ist
ganz, beyde Ränder erheben sich und machen in der Mitte
eine Rinne; der Augenstern ist nußbraun; die Füße sind vorn
mit Schilden bedeckt, an den Seiten und hinten aber netzförmig und 2 Zoll hoch, der kahle Theil der Schenkel netzförmig und ¾ Zoll, die Mittelzehe, die mit der äußern und hintern durch eine kleine Haut verbunden ist, 1½ Zoll lang, die

Hin-

---

*) Par. Ms.: Länge 1 Fuß, 1 Zoll; Breite 2⅗ Fuß.

Hinterzehe.3 Linien lang; die Füße dunkelroth oder vielmehr dunkel fleischroth, die Nägel schwarzblau.

Der fast viereckige Kopf hat einen schwarzen ins Grüne glänzenden Scheitel und einen am Hinterkopfe entspringenden dünnfedrigen, horizontalliegenden, aber am Ende in die Höhe geschlagenen Federbusch, der aus ohngefähr 20 Federn besteht, wovon 4 $2\frac{1}{2}$ bis 3 Zoll lang, die übrigen aber um die Hälfte kürzer sind; das Gesicht mit der hohen Stirn ist schwarz und weiß gesprengt; ein Streifen über den Augen, die Wangen und Seiten des Halses sind weiß; die Schläfe und der Nacken röthlich hellgrau; unter den Augen weg bis zum Nacken ein schwarzer Streifen; der Rücken und die Schultern schmutzig, oder glänzend dunkelgrün, letztere mit glänzend dunkelpurpurrothen Spitzen; die kurzen obern Deckfedern des Schwanzes orangengelb, die Deckfedern der Flügel schwärzlichgrün und stahlblau glänzend; die etwas einwärts gebogenen Schwungfedern schwarz, die 4 ersten an der Spitze mit einen großen röthlich weißen Fleck und einer dunkelbraunen Endkante, die der zweyten an der Wurzel schön weiß und die 3 letzten wie die Rückenfarbe; von der Kehle bis über die Hälfte der Brust ist die Farbe schwarz; die untere Hälfte der Brust, der Bauch und die Schenkel sind schön weiß; die mittelmäßigen untern Deckfedern des Schwanzes orangengelb; der Schwanz gerade, die äußersten Federn weiß bis auf ein dunkelbraunes schiefes Streifchen auf der breiten Fahne, die Endhälfte der übrigen schwarz und die Wurzelhälfte rein weiß, die Spitzen röthlich weiß gerändet.

Das Weibchen ist wenig vom Männchen verschieden, doch ist im Ganzen die Farbe nicht so rein und glänzend; es

hat

hat eine weiße (wenn es alt ist, schwarzgefleckte) Kehle, eine weißgefleckte Oberbrust, welches von den weißen Rändern der schwarzen Federn herrührt, einen kürzern Federbusch, und die weißen Unterdeckfedern des Schwanzes sind nur blaß fuchs= roth überlaufen. Auch nach dem Alter variiren diese Vögel etwas. Denn die Jungen sind anfänglich mit bräunlich und schwarzvermengten Haarfedern bedeckt und nach= her sind bis zum ersten Mausern alle grünen und schwarzen Federn roströthlich kantirt.

Man trifft auch eine weiße Spielart (V. cr. candidus) an, die entweder rein weiß ist mit orangerothen Schnabel und Füßen, oder weiß mit etwas dunkeln Farben am Oberleibe gewölkt und mit grüngelben Schnabel und Füßen.

Zergliederung *).

1. Der Magen ist sehr muskulös, und hat eine dop= pelte nicht zusammenhängende Haut.

2. Die Därme sind 2 Fuß lang mit 2 Blind= därmen, die nach vorne hin liegen und ohngefähr 2 Linien lang sind.

3. Die Gallenblase sitzt an der Leber und dem Zwölffingerdarm fest.

4. Die Leber ist groß und in 2 Lappen getheilt.

5. Der ohngefähr 6 Zoll lange Schlund erweitert sich vor seinem Eingange in den Magen wie ein Beutel.

6. Der Gaumen hat fleischige, hinterwärts stehende Spitzen und ist dadurch rauh.

7. Die

*) Schneiders zool. Abhandl. S. 162. Büffon a. a. O.

7. Die Ohröffnung liegt niedriger als bey andern Vögeln *).

Besondere Eigenschaften.

Der Kiebitz fliegt nicht nur vermittelst seiner großen breiten Flügel sehr geschwind und mit verschiedenen Schwenkungen, besonders mit auf die Seite gelegtem Körper, wobey er immer seinen Namen Kiefitz! ausruft, sondern läuft auch vermöge seiner hohen Beine sehr geschwind und zwar ruckweise. Seine Vorsichtigkeit und Schlauheit macht, daß ihm der Jäger im Sitzen nicht leicht beykommen kann; desto dreister und unbesonnener ist er aber, wenn sich ein Mensch oder Hund seiner Brut nähert, wo er sich diesen vermeynten Räubern mit der größten Schnelligkeit fast bis auf den Kopf herab schwinget, sie oft eine halbe Stunde weit in kreisförmigen Schwenkungen verfolgt, und dabey im Fluge leichter (versteht sich von einem geschickten Flugschützen) zu schießen ist.

Er ist gesellschaftlich; man findet daher mehrere Paare in einem kleinen Bezirke, und im August formirt er schon ganze Schaaren.

Verbreitung und Aufenthalt.

Dieser Vogel ist in den meisten Theilen von Europa gemein, geht bis zu den Ferroeinseln und selbst bis Island hinauf. Gegen Süden erstreckt er sich bis Persien und Egypten, zieht aber in der starken Hitze im

Sommer

---

*) *Willughby* Ornith. p. 228.

Sommer nach den Ländern um Woronesch und Astrakan *).

Ueberall, wo sumpfige und wäßrige Wiesen, Riede, moorige Heiden und feuchte Aecker sind, trifft man die Kiebitze an.

Schon im August, wenn ihre Heckzeit vorbey ist, schlagen sie sich, wie oben erwähnt wurde, in Heerden zusammen, und streifen, bis der erste starke Frost und Schnee kommt, also oft bis zum Ende des Novembers, von einer Gegend zur andern, auf Wiesen und Aeckern, auf feuchten Rieden und Teichufern, wo sie ihre Nahrung am leichtesten und überflüssig zu finden glauben; alsdann verlassen sie uns den Winter über, kommen aber in der ersten Hälfte des Märzes schon wieder zurück. Wenn alsdann noch hoher Schnee einfällt, und sie sich schon an ihre Stände vereinzelt haben, so begeben sie sich wieder in Heerden zusammen und versammeln sich bey den warmen Quellen, oft mitten in den tiefsten waldigen Gebirgen, wo warme Quellen und sumpfige Wiesen sind, und

auf

*) Linné glaubt daher, daß die nördlichen in diesen südlichen Gegenden überwinterten, und daß dieß unsere Sommervögel wären; allein es ist diese Behauptung daher unwahrscheinlich, weil sie zu spät wegziehen und zu früh wiederkommen, und in denjenigen Ländern, wo die Sümpfe nicht leicht zufrieren, z. B. in Frankreich, gar nicht wandern. Denn so viel ist ausgemacht, daß in Italien eine große Menge Kiebitze sich im Winter auf den umgepflügten Aeckern und an den Ufern der Flüsse, Teiche und Seen aufhalten, z. B. in Sardinien (Cetti N. G. von Sardinien II. S. 260.) und gegen das Frühjahr diese Gegenden wieder verlassen, und dieß sind denn aller Wahrscheinlichkeit nach unsere nördlichen Kiebitze. Ihr Aufenthalt wäre also das südlichste Europa.

auf ſandigen Aeckern, wo der Schnee am erſten wieder ſchmilzt. In Deutſchland ſind ſie alſo allerdings Zugvögel, ob ſie es gleich in wärmern Ländern von Europa, wo kein anhaltender Schnee und Froſt herrſcht, nicht ſeyn mögen. In England bleiben ſie z. B. das ganze Jahr hindurch.

Nahrung.

Ihre Nahrung beſteht aus verſchiedenen Arten von Waſſerkäfern und andern Inſecten, Heuſchrecken, kleinen Waſſerſchnecken, und Regenwürmern, die ſie nicht nur in Menge auf den Wieſen, ſondern auch auf den friſchgepflügten Aeckern aufſuchen. Sie freſſen auch allerhand Waſſerpflanzen, Brunnenkreſſe, Bachbungen u. d. gl.

Fortpflanzung.

Sie würden ſich außerordentlich ſtark vermehren, wenn ihrer Brut nicht ſo ſehr von Menſchen und Thieren nachgeſtellt würde.

Das Weibchen legt des Jahrs zweymal, und wenn ſie ihm entwendet werden, auch mehrmal, 3 bis 4 grüngelbe, ſtark ſchwarzbraun und ſchwarzblau gefleckte Eyer in einen Binſenſtrauch, auf einen Grashügel, oder Maulswurfshaufen, auch ins Schilf an die Teichufer, ohne ein beſonderes Neſt zu machen, bloß in eine kleine Vertiefung. Sie werden 16 Tage lang emſig von demſelben bebrütet und das Männchen hält unterdeſſen in der Nähe des Neſtes Wache, verräth aber durch ſein Geſchrey daſſelbe ſehr leicht.

Die wolligen Jungen laufen gleich, wenn ſie ausgebrütet ſind, aus demſelben und werden von der Mutter angewieſen

ihre

ihre Nahrung selbst zu suchen, wenn sie ihnen dieselbe erst etliche Tage vorgelegt hat. Nur jetzt kann das Geschrey des Vaters bey Annäherung eines Feindes nützlich seyn, damit sich die Jungen ins Gras verstecken.

Die Kiebitze schreyen zu sehr, als daß man sie in der Nähe des Wohnzimmers gern duldete. Ihre Stimme ist gar zu einförmig und traurig; sonst lassen sie sich ohne viele Mühe ans Stubenfutter gewöhnen, man kann die Eyer den Tauben unterlegen, und sie ausbrüten lassen. Man muß aber sehr sorgfältig Acht haben, weil die Jungen, gleich wenn sie ausgekrochen sind, davon laufen. Mit Ameiseneyern lassen sie sich aufziehen, und fressen dann bloß Kleye, etwas Gerstenschrot oder besser Semmeln mit Milch angemacht. Denjenigen, welche man alt in die Stube bekömmt, giebt man Anfangs Regenwürmer und wurmförmig geschnittenes Ochsenherz unter obiges Futter. Sie werden bald so zahm, daß sie die vorgehaltenen Regenwürmer aus der Hand nehmen. Wenn man sie nicht frey in der Stube will herum laufen lassen; so thut man ihnen in ein großes Gitter von Zeit zu Zeit einen grünen Rasen, oder belegt den Boden desselben mit Moos.

Feinde.

Die großen und kleinen Wieseln, Spitzmäuse, Krähen und Dohlen tragen ihre Eyer weg.

Sie werden auch von braunen und weißen Milben, die sehr häufig auf ihnen sitzen, geplagt. In den Ein-

geweiden findet man auch den hohlſchwänzigen Rund-
wurm (Ascaris retusa), und den Milanenkratzer *).

Jagd und Fang.

Man rechnet ſie zur niedern Jagd. Da ſie in der
Luft weitläuftige Kreiſe um den Ort ihres Aufenthalts beſchreiben, ſo kann ſie der Jäger hier am erſten ſchießen.

Wenn man ſie fangen will, ſo ſtellet man Schlingen
von Pferdehaaren in die Binſengänge, durch welche man ſie
oft laufen ſieht, oder neben ihr Neſt.

Man beſtellt auch im Herbſte, wenn ſie ſich in Schaaren
geſchlagen haben, für ſie eigne Herde, die an Trifften in
der Nähe neu gepflügter Aecker ſtoßen, auf die ſie gern ihrer
Nahrung halber fallen. Die Garnwände werden von groben
Zwirn gemacht und weil ſie ſehr ſcheu ſind, mit Gras, dünner
Erde oder trocknem Pferdemiſt beſtreut, auch die Leine, woran
die Schneller befeſtigt ſind, werden grün gefärbt, und die
Hütte wird ſo weit als möglich entfernt. Man hat wenigſtens
Einen lebendigen Kiebitz nöthig, den man an einem Binds-
faden bewegen kann, und etliche ausgeſtopfte Bälge, die auf
den Herd geſetzt werden; auch eine Pfeife, mit welcher man
ihr Geſchrey nachahmt.

Wenn die Garne aufgeſtellt ſind, und der Herd mit
Regenwürmern beſtreut iſt, ſo bleibt ein Mann bey der
Hütte, und ein Paar andere treiben behutſam und leiſe die
Kiebitze, die in der Nähe ſich aufhalten, nach dem Platze zu.
Sobald eine hinlängliche Anzahl auf dem Herde iſt, ſo ge-
schließt

*) Goeze Eingeweidewürmer. S. 154. Taf. 12. Fig. 1. 2.

schießt erst der Rück; denn, wenn man ihn zu früh thut, so fliegen die übrigen, die in der Nähe waren, fort, und lassen sich nicht wieder herbey treiben.

In Frankreich fängt man viele mit Kläppneßen und lockt sie durch das Spielen eines Spiegels an.

Nutzen.

Ob sie gleich nicht angenehm riechen, so ist ihr Fleisch doch sehr schmackhaft *), leicht verdaulich und gesund; letzteres vorzüglich für diejenigen, welche an der Gicht und dem Podagra leiden. Sie werden im Herbste sehr fett.

Ein Schäfer in einem Gothaischen Dorfe hatte die Gewohnheit, die Jungen aufzusuchen, ihnen das erste Flügelgelenk zu knicken oder abzuschneiden, und sie dann bis zum Herbst, wo sie recht fett waren, laufen zu lassen. Er fieng sie dann mit Hülfe seines Hundes und verkaufte sie nach Gotha als ein Leckerbissen.

Sie sind aus einer besondern Nachgiebigkeit den Katholiken als Fastenspeise zu essen erlaubt.

Die unbesessenen Eyer werden zu den Delicatessen gerechnet, sind leicht aufzusuchen, da sie die Vögel selbst durch ihr Geschrey verrathen und nähren arme Kinder in den Gegenden, wo sie häufig gefunden werden, eine Zeitlang. Einige finden sie roh besonders schmackhaft. Auch sie sollen den mit Gicht und Podagra behafteten Personen eine heilsame Speise seyn.

Z 2   Die

---

*) In Frankreich ist es ein Leckerbissen. In Lothringen sagt ein altes Sprichwort: Wer keinen Kiebitz gegessen hat, der weiß nicht was Vogelwildpret ist.

Die alten Kiebitze werden im Bremischen mit beschnittenen Flügeln den Gartenliebhabern in der Stadt verkauft, und von diesen in die Gärten zur Vertilgung mancherley Würmer und Insecten gesetzt.

Man sagt, daß sie die Krähen, welche in Schweden und Norwegen den Lämmern die Augen aushacken, verjagten, wenigstens sind sie auf der Insel Gothland deshalb privilegirt.

2. Der schwarzbäuchige Kiebitz.

Vanellus melanogaster, *mihi.*

(Taf. XXII. Fig. 1.)

Namen, Schriften und Abbildungen.

Schweitzer-Kiebitz, Schweitzerischer Kiebitz oder Strandläufer, schwarzbunter Kiebitz, Keulkopf, silberfarbener Regenpfeifer.

Tringa helvetica. *Gmelin Linn.* Syst. I. 2. p. 676. n. 12.

Vanneau de Suisse. *Buffon* des Ois. VIII. 60. Pl. enl. 853. Ed. de Deuxp. XV. 78. Uebers. von Otto XXVIII. 25. mit einer Abbild.

Swiss Sandpiper. *Latham* Synops. III. 1. p. 176. n. 10. Meine Uebers. V. 138. Nr. 10.

Vanellus helveticus. Mein ornithol. Taschenbuch. S. 314. Nr. 2.

Donndorff a. a. O. S. 1067. Nr. 12.

Kenn‐

Kennzeichen der Art.

Der Schnabel und die Füße sind schwarz, an letztern die Hinterzehe nur eine Spur; der Oberleib schwarz und weiß gefleckt; der Unterleib schwarz.

Beschreibung.

Warum dieser Vogel Schweizer-Kiebiß heißt, ist nicht begreiflich; denn Geßner kannte ihn gar nicht, und Meisner *) sagt in seinem Verzeichniß der Vögel, die in der Schweiz wohnen oder durchziehen, daß er äußerst selten und selbst vielen der erfahrensten Jäger unbekannt sey. Da er in Pommern und in Schlesien gefunden wird, so muß er als Deutscher Vogel aufgeführt werden.

Er gleicht an Größe dem vorhergehenden oder einer Feld-taube, ist 13 Zoll lang, wovon der Schwanz 3 Zoll mißt, und 2 Fuß 1 Zoll breit **), und die Flügel reichen bis fast ans Ende des Schwanzes.

Der Schnabel ist $1\frac{1}{4}$ Zoll lang, gerade, durch die höckerrige Erhöhung, am Unterkiefer nach der Spitze etwas aufgetrieben und in die Höhe gezogen, und von Farbe schwarz; die länglichen Nasenlöcher liegen in tiefen Furchen; das unterste Augenlied weiß; die Schenkel und Füße sind netzförmig und geschildert; jene 10 Linien hoch nackt, und diese 2 Zoll hoch, die mittlere Zehe $1\frac{1}{4}$ Zoll lang, und mit der äußern durch eine kleine Haut verbunden, die Hinterzehe eine bloße Warze mit einem Nägel, die Farbe der Füße schwarz.

Der

---

*) Systematisches Verzeichniß der Schweizer Vögel. S. 53. Nr. 198.

**) Pariser Maas: 11 Zoll; Breite 1 Fuß 10 Zoll.

Der Kopf ist dick, die Stirn und Schläfe, so wie ein Streifen an den Seiten des Halses sind weiß; der Scheitel und Oberhals ist weiß und schwärzlich gefleckt; von dem Schnabel an geht durch die Augen und zur Seite des Halses herab die schwarze Farbe, welche bis auf den weißen After und die Schenkel dem ganzen Unterleib vom Kinn an ein bald mehr bald weniger dunkelschwarzes Ansehen geben; der Rücken, die Schulterfedern und Deckfedern der Flügel sind schwarz und weiß gefleckt, indem jede schwarze Feder eine große weiße Spitze hat; die vordern Schwungfedern sind schwarz, die hintern dunkelbraun, an der inwendigen Seite und an der Spitze weiß, die Deckfedern der Unterflügel weiß nach dem Rücken zu und die Achselfedern schwarz; der Schwanz weiß mit schmalen schwarzen Querlinien durchzogen, die an den äußersten Federn sehr einzeln stehen, so daß die letzte fast ganz weiß ist.

Dieser Vogel variirt wohl nach Alter und Geschlecht in der Farbe, so daß nach Herrn Ottos Dafürhalten, der graue Kiebitz (Tringa Squatarola, *Linné*) das Weibchen oder ein ungemausertes Männchen, und der bunte Kiebitz (Tringa varia, *Linné*) ein altes oder junges Männchen nach der Mauser bis zum Frühjahr ist. Es scheint also hier der nämliche Farbenwechsel wie beym Goldregenpfeifer Statt zu haben, dem auch der Vogel, wie schon erwähnt worden, sehr ähnelt. Diese Bemerkung bestätigt mir auch Herr von Minckwitz durch Beobachtungen, die er in Schlesien zu machen Gelegenheit gehabt hat. Und Herr Latham sagt (a. a. O.), ein Vogel der Art aus Hudsonsbay, der mir für ein Weibchen gegeben wurde, war an den obern Theilen braun mit schmutzigweiß gefleckt, fast
wie

wie das Männchen, nur weniger lebhaft; die Seiten des
Kopfs und der Vorderhals waren weiß, sparsam mit braunen
Flecken bezeichnet; der Bauch weiß, mit länglichen schwarzen
Streifen, weil nämlich die Endspitzen der Federn in einer
gewissen Länge schwarz waren; Schwungfedern, Steiß und
Schwanz wie beym Männchen. Dieß angebliche Weibchen
war dem grauen Kiebitz so ähnlich, daß man sie, den
Bauch ausgenommen, der bey dem Englischen nichts
schwarzes hat, für bloße Spielarten von einander halten
muß.

Ein in den philosophischen Transactionen
(Vol. LXII. P. 412.) beschriebener Vogel hat eine Mischung
von weißen, halbmondförmigen Flecken unter dem Schwarzen
an den untern Theilen, welches, wie Herr Forster vermuthet, das Zeichen eines jungen Vogels ist, und welches, wie
ich hinzusetze, auch wie bey dem Goldregenpfeifer, einen Vogel
nach der Mauserung, wo sich die untern Theile noch nicht
ganz schwarz ausgefärbt haben, vorstellen kann.

Merkwürdigkeiten.

Dieser Vogel bewohnt den Norden von Europa,
Asien und Amerika, und von da geht er als Zugvogel
herab nach Deutschland, und wird darin zuweilen an den
Seeküsten, an Flüssen und Seen angetroffen. Er gehört in
Deutschland so wie in Frankreich unter die seltenen
Vögel. Durch das ganze südliche Rußland und in Sibirien ist er gemein und er brütet vermuthlich in den
arktischen Steppen des letztern Landes. Im September
zieht er weg. Er nährt sich von Insecten, Regenwürmern,
und

und ſogar, wie man ſagt, von Beeren. Sein Geſchrey klingt
hoch und pfeifend wie Glüäi! und wenn der graue Kiebitz,
wie ſehr wahrſcheinlich iſt, einerley Vogel mit demſelben aus⸗
macht, ſo ſieht man ihn in manchen Jahren in kleinen Heer⸗
den auch an mehrern Orten Deutſchlands, wo Flüſſe, flache
Seen und Teichufer ſind, auf dem Zuge nach Süden im
September. Er geht auch auf die Aecker, um Regenwürmer
zu ſuchen. Man kann ihn mit Semmeln und Milch und
klar geſchnittenem Fleiſch gezähmt, erhalten. Sein Fleiſch
ſchmeckt ſehr gut.

? (231) 13. Der graue Kiebitz *).

Vanellus Squatarola, mihi.

Namen, Schriften und Abbildungen.

Grauer Strandläufer, Parder, Parder⸗Strandläufer,
braungefleckter Strandvogel, grauer, grünfüßiger Strandläu⸗
fer, Brachamſel, grauer Pultroß, Kaulkopf, grauer Regen⸗
pfeifer, Brachvogel.

Tringa Squatarola. *Gmelin Linné* Syſt. I. 2. p. 682.
n. 23. Fauna Suec. No. 186.

Le Vanneau Pluvier. *Buffon* des Ois. VIII. 68.
Vanneau gris. Pl. enl. No. 854. Ed. de Deuxp.
XV, 88. Ueberſ. von Otto. XXVII. S. 50.
mit einer Abbildung.

The grey Sandpiper. *Latham* Syn. III. 1. p. 168.
n. 11. Meine Ueberſ. V. 139. Nr. 11.

J. Rau⸗

*) Alte Ausg. III. S. 151. Nr. (132) 5.

Naumanns Vögel. Nachtrag I. S. 49. Taf. 8. Fig. 17!
Männchen, im Herbst.
Mein ornithol. Taschenbuch. S. 315. Nr. 3.
Donndorff a. a. O. S. 1078. Nr. 23.

Kennzeichen der Art.

Mit schwarzem Schnabel, grünlichen Füßen, lerchen-
grauem Oberleibe, weißlichem Unterleibe, schwarz und weiß
bandirtem Schwanze.

Beschreibung.

Er hat ohngefähr die Größe einer Taube, ist 13½ Zoll
lang, der Schwanz mißt 3 Zoll, und die Breite ist 2 Fuß,
2 Zoll *): Sein Gewicht hält 7 Unzen, und die Flügel-
spitzen gehen 4 Linien über den Schwanz hinaus.

Der Schnabel ist stark, 15 Linien lang, schwarz; die
vorn beschilderten, hinten aber netzförmigen Füße sind schwarzgrün; die Klauen schwärzlich, die Hinterzehe ist außerordentlich klein, die Schenkel 11 Linien hoch nackt, die Füße 1½ Zoll
hoch und die mittlere Zehe 14 Linien lang.

Auf den ersten Anblick hat er gerade die hellgraue Farbe
und Zeichnung, wie eine Feldlerche im Herbst, wenn sie sich
kaum gemausert hat.

Der Kopf, Rücken, die Schultern und die Deckfedern
der Flügel und die kurzen obern Deckfedern des Schwanzes
sind schwärzlich mit rothgrauer Einfassung und mit einem
grünen, etwas weiß gemischten Ueberzuge; die Wangen und
die Kehle weiß mit dunkeln Längsstreifen; der übrige Unterleib,

*) Par. Ms.: Länge 12 Zoll; Breite fast 2 Fuß.

leib, die Seiten, Schenkel, und langen untern Deckfedern des Schwanzes bald rein bald schmutzig weiß; die vordern Schwungfedern dunkelbraun oder schwarz, an ihren innern Fahnen nach dem Bürzel zu weiß, die hintern dunkelbraun und weiß gestreift und die letzten der dritten Ordnung ganz dunkelbraun; der Schwanz schwarz und weiß gestreift, die äußern nur mit Einem schwarzen Streifen, die andern aber mit mehreren, mit fünf bis sechsen.

Herr Professor Otto, der diesen Vogel sehr gut kennt, beschreibt ihn so: Größe, Gestalt, Verhältniß der Theile, ja sogar die Spur der Hinterzehe, oder deren Nagel sind völlig dem schwärzbäuchigen Kiebitz gleich, auch die Farbe des Oberleibes, denn er ist überall schwarzbraun und weiß gefleckt; der Bürzel ist weißlich; der Hals und die Brust haben dieselbe Farbe, aber kleinere Flecken; Bauch und After und die untre Seite der Flügel sind weiß; eine weißliche Farbe umgiebt auch den Schnabel, und ein weißer Strich geht über und hinter den Augen weg; die längsten Schwungfedern sind alle bräunlichschwarz mit einem weißen Schaft in der Mitte, die 4 folgenden haben in der Mitte einen weißen Fleck wie der schwarzbäuchige Kiebitz, und die Schwungfedern der zweyten Ordnung sind auch eben so beschaffen; die Schwanzfedern sind schwärzlich mit gelblichweißen Binden. Dieß war ein Weibchen. Sie haben aber beynahe alle diese Farbe.

Herr Naumann hält ihn für eine eigene Art und giebt folgende Beschreibung von ihm: Der schwarze Schnabel ist stärker als am Goldregenpfeifer, und er unterscheidet sich überhaupt von diesem, dem er sonst so auffallend ähnelt, durch die kurze Hinterzehe, den großen schwarzen Fleck unter dem

Flügel,

Flügel, den weißen Querstrich über die ausgestreckten Flügel
und durch den weißen Steiß. Die Füße sind dunkelaschgrau;
die Hinterzehe außerordentlich klein, nicht viel über 1 Linie
lang, und die Spannhaut zwischen der äußern und mittlern
Zehe sehr groß.

Ueber das Auge geht ein weißer, schwarzgestrichelter
Streifen; die Stirn ist grauweiß, schwärzlich gestrichelt; der
Scheitel schwärzlich mit kleinen grünlichgelben Flecken; der
Hinterhals grau mit dunkelbraunen und verloschenen bleich
grünlichgelben Flecken durchmischt; der ganze etwas glänzende
Rücken braunschwarz oder dunkelbraun, hell grünlich rostgelb
gefleckt; die letzten Deckfedern des Schwanzes weiß, an den
Spitzen rostgelb angeflogen; die Schwanzfedern weiß mit
bleichschwarzen oder dunkelstahlgrauen Querstreifen und rostgelb angeflogenen Spitzen, die äußersten haben nur drey ver-
loschene Querstreifen und einen dergleichen Seitenstreif; die
ganze Flügeldecke ist blaß schwärzlichbraun mit weißen und
rostgelben Fleckchen dicht bestreut; die großen Schwungfedern
braunschwarz, die obere Hälfte auf der breiten Fahne weiß,
und die Schäfte weiß; die mittlern Schwungfedern an der
obern Hälfte ganz weiß, an der untern braunschwarz mit
weißen Rändern, und an den hintersten fällt das Schwarzbraune ins Aschgraue; die Deckfedern der großen Schwungfedern so wie die Afterflügel dunkel braunschwarz, die untern
Deckfedern der Flügel weiß, und von der Flügelwur-
zel bis ans erste Gelenk kohlschwarz, wodurch
sich dieser Vogel von andern ihm ähnlichen in großer Entfernung auszeichnet; die Kehle ist weiß; der Vorderhals eben
so, rostbräunlich überlaufen und dunkelbraun gestrichelt, auch

in

in den Seiten, doch etwas bleicher. Brüst, Schenkel und Bauch rein weiß; die Afterfedern weiß, zur Seite schwach dunkelbraun gefleckt.

Das Weibchen unterscheidet sich nur durch etwas weniger lebhafte Farben vom Männchen.

Wie schon erwähnt worden, so scheint dieser Vogel wahrscheinlich nichts als ein junger Vogel des vorhergehenden zu seyn, und vielleicht auch das Weibchen. Daher läßt sich dann auch erklären, warum man diese Vögel in so vielen Gegenden Deutschlands, und zwar im Herbst an den Ufern der Ostsee auf dem Sande in Menge antrifft. So ist es ja auch mit dem jungen Nachtreiher und mit dem Goldregenpfeifer, die man oft in so unzähligen Schaaren im Herbst findet, aber alle in ihrer Jugendkleidung. Es kann sogar auch wie bey diesen der Fall seyn, daß die alten nach der Mauser wie die jungen aussehen, und erst im kommenden Frühjahr die schwarze Farbe des Unterleibes wieder bekommen. Jedoch hat man von allem diesen noch keine völlige Gewißheit.

Merkwürdigkeiten.

Auf seinen Zügen besucht dieser Vogel die Meeresufer von Deutschland, hält sich aber sonst vorzüglich in den kältesten Zonen der alten und neuen Welt des Sommers über auf.

Er fliegt in großen und kleinen Heerden und ist zuweilen im Herbste in Thüringen in solchen Gegenden, wo große Teiche und Seen in der Nähe sind, nicht selten. Ja er soll sogar den Sommer über nach der Jäger Sage einzeln da bleiben und brüten.

Sonst

Sonst nistet er im äußersten Norden.

Seine Nahrung machen Gewürme, Insecten und Sumpfgraswurzeln aus.

Er schreyt oft und wiederholt hell Giehr!

Weil man sein Fleisch für sehr schmackhaft hält, so wird er gern gefangen und geschossen.

? 4. Der bunte Kiebiß *).
Vanellus varius.

Namen, Schriften und Abbildungen.

Gefleckter oder gestreifter Kiebiß, bunte Schnepfe, braun und weiß gefleckter Strandläufer, Scheck.

Vanneau varié. Vanellus varius. *Brisson* Av. V. p. 103. n. 3. t. 9. f. 2.

Tringa varia. *Linné* Syst. ed. 12. I. p. 252. n. 21.

Tringa Squatarola varia. *Gmelin Linn.* Syst. l. c. n. 23. ß.

Le Vanneau varié. *Buffon* l. c. Ueberf. von Otto a. a. O. S. 61. Zweyter Anhang. Pl. enl. No. 923.

Latham l. c. n. 11. Var. A.

Mein ornithöl. Taschenbuch. S. 315. Nr. 4.

Kennzeichen der Art.

Schnabel und Füße sind schwarz; Rücken und Schultern braunschwärzlich; alle Federn weiß gefleckt und gerändert; die Schwanzfedern braunschwärzlich und weiß gestreift.

Be-

---

*) Der gefleckte Kiebiß. Alte Ausg. S. 153.

Beschreibung.

Er wird theils als eine eigene Art, theils als eine Varietät des schwarzbäuchigen und grauen beschrieben. Mir scheint er entweder das Weibchen, oder ein gemausertes junges Männchen des erstern zu seyn.

Er wird folgendermaaßen beschrieben:

Der Schnabel und die Beine sind schwarz; der Kopf, Hinterhals, Rücken, und die Schulterfedern braunschwärzlich, alle Federn weiß gefleckt und gerändet; der Steiß weiß mit Grau und Blaßgelb eingefaßt; die Kehle weiß; der Vorderhals graubraun, weiß gerändet; Brust und Bauch weiß; die Seiten weiß mit gelblichen Flecken; die Deckfedern der Flügel wie der Rücken, und die größern dunkelbraun mit weißen Spitzen; die Afterflügel und die vordern Schwungfedern schwärzlich, von den letztern die fünfte bis zur neunten weiß an der Spitze, die folgenden gehen ins Graubraune über und sind äußerlich weiß eingefaßt; die Schwanzfedern braunschwärzlich und weiß gestreift, die äußern ganz weiß, außer einem länglichen braunschwärzlichen Streifen an der äußern Fahne.

Er ist etwas dicker als der graue Kiebitz, 11 Zoll (Par. Maas) lang, der Schnabel 15 Linien, der Schwanz 2¼ Zoll; der federlose Schenkel 10 Linien, die mittlere Zehe 14 Linien, die äußere 11, die innere 10, und die hintere nur 1½ Linie lang. Die Flügelausbreitung beträgt 2 Fuß weniger 2 Linien, die anliegenden Flügel reichen 6 Linien über den Schwanz hinaus.

Dieß

Dieß ist Brissons Beschreibung, von welchem sie alle Schriftsteller entlehnt haben.

Er lebt an den Meeresufern.

———

Funfzigste Gattung.

Sandläufer. Arenaria.

Kennzeichen.

Der Schnabel ist mittelmäßig lang, gerade, dünn, rundlich, vorne allmählig zugespitzt und etwas an der Spitze abwärts gebogen.

Die Nasenlöcher sind klein und länglich eyrund.

Der Kopf ist klein.

Die Füße haben nur 3 Zehen vorne, und dadurch verbindet sich diese Gattung, die nur einen Vogel enthält, mit den Regenpfeifern, zu welchen er auch von mehrern gezählt wird, ob ihn gleich Schnabel und Gestalt mehr den Strandläufer zuweisen. Er macht also zwischen beyden ein Bindeglied aus.

(232) 1. Der graue Sandläufer *).

Arenaria grisea, mihi.

(Taf. XXIV. Fig. 1.)

Namen, Schriften und Abbildungen.

Sandläufer, gemeiner kleinster und dreyzehiger Sandläufer, Sandläuferlein, Strandläufer, Sandregerlein.

Charadrius Calidris. *Gmelin Linné* Syst. I. 2. p. 689.
h. 9.

? Tringa arenaria. *Linné* Syst. ed. 12. I. p. 251.
n. 16. *Gmelin Linn.* Syst. I. 2. p. 680. n. 16.

La Sandeiling. *Buffon* des Ois. VII. p. 532. Ed. de
Deuxp. XIV. p. 273. Uebers. von Otto XXVII.
S. 60. Mit Albins (Av. II. p. 47. t. 74.)
schlechter Figur. Sie hat 4 Zehen.

The Sanderling. *Ray* Syn. p. 109. t. 11. *Latham*
Syn. III. 1. p. 197. n. 4. Meine Uebers. V.
S. 171. Nr. 4.

Gemeiner Sandläufer. Mein ornithol. Taschenbuch.
S. 462. Nr. 1. mit einer Abbildung.

Donndorff a. a. O. S. 1097. Nr. 9. und S. 1075.
Nr. 16.

Naumanns Vögel. Nachtrag Heft 2. S. 77. Taf. 11.
Fig. 23. Männchen.

Kenn-

---

*) Der Sandläufer. Alte Ausg. III. S. 194. Nr. (139) 17.

Kennzeichen der Art.

Der Schnabel und die Füße sind schwärzlich; der Oberleib ist weißgrau, schwärzlich gefleckt; der Unterleib weiß;
vom Schnabel bis zu den Augen eine graue Linie.

Gestalt und Farbe des männlichen und weiblichen Geschlechts.

Wenn man bey diesem Vogel die Schriftsteller vergleicht,
so findet man, daß sie bald einen Strandläufer, bald einen
Regenpfeifer meynen, ja von manchen wird er sogar unter
zweyerley Gestalt aufgeführt. Erst durch Hrn. v. Minckwitz bin ich in den Stand gesetzt worden, denselben etwas
näher anzugeben. Von diesem stammt auch die Abbildung.
Seine Länge ist 7½ Zoll, des Schwanzes 2 Zoll, und
seine Breite über 15 Zoll. Seine Flügel gehen 4 Linien weit
über die Schwanzspitze hinaus, und er wiegt ohngefähr
2 Unzen *).

Der Schnabel ist 14 Linien lang, gerade, dünn, an der
Spitze etwas übergekrümmt, und schwarz, und der nackte
Theil der Schenkel und die geschilderten Füße und Klauen sind
ebenfalls schwarz, doch schimmert die rothe Farbe durch. Er
macht sich dadurch vorzüglich kenntlich, daß er keine Hinterzehe hat, der federlose Theil der Knieen ist 4 Linien und die
Fußwurzel 1 Zoll hoch, und die Mittelzehe 16½ Linie lang.

Der Oberleib ist im Ganzen weißgrau, schwärzlich gefleckt, weil jede Feder um den Schaft herum schwärzlich ist;
Stirn, Wangen und Schläfe sind weiß; zu beyden Seiten
läuft vom Schnabel bis zu den Augen ein braungrauer Streifen;

*) Par. Ms.: Länge über 7 Zoll; Breite 13¼ Zoll.
Bechst. gem. N. G. 4r B. 1. Abth.   A a

fen; der Scheitel ist schmutzig weiß, braunschwarz gefleckt;
die Wangen sind rostgelblich überlaufen, und schwach graubraun gestrichelt; der Hinterhals graulichweiß, dunkelbraun
verwaschen gefleckt; der Oberrücken und die Schulterfedern
schwärzlich und die gelblichweißen und graulichweißen Federränder gefleckt; der Unterrücken und die ziemlich langen
obern Deckfedern des Schwanzes an den Seiten weiß, in der
Mitte dunkelgrau, schwärzlich und gelblichgrau gemischt und
verwaschen; die kleinen Deckfedern der Flügel und der Rand
derselben, schwarzbraun, die mittlern rothgrau mit schwarzen
Schäften und weißlichen Spitzen, und die untern großen
schwarzbraun mit weißen Spitzen; von unten ist der Leib
schneeweiß und die untern Deckfedern reichen bis ans Ende
des Schwanzes; die Seiten des Bauchs zuweilen graulich
überzogen oder gefleckt; die großen Schwungfedern schwärzlich, oder braunschwarz mit weißen Schäften, die folgenden
an der Wurzel weiß, übrigens schwärzlich, die hintersten mit
weißen Spitzen, die nächsten am Leibe braun mit weißem
Rande; von den weißen Spitzen der großen Flügeldeckfedern
entsteht auf den Flügeln ein undeutlicher weißer Streifen, der
bey ausgedehnten Flügeln, wo dann die weiße Wurzelhälfte
der mittlern Schwungfedern auch noch sichtbar wird, ausge-
zeichneter ist; die Unterflügel sind weiß, am Rande braungrau; von den 12 Schwanzfedern sind die zwey mittlern
schwarzbraun, die übrigen grau und alle weißlich gerändet.

Am Weibchen sind Stirn und Unterleib nicht so rein
weiß, erstere ist grau und rostgelblich gemischt; der Hals mehr
gelb überlaufen, und die kleinen Deckfedern der Flügel heller
oder dunkelbraun; übrigens ist es dem Männchen gleich. (*

Die

Die Jungen und die Herbstvögel sehen am Oberleibe heller aus und sind auf dem Unterrücken und Steiß gräu.

Merkwürdigkeiten.

Er bewohnt die sandigen Ufer der Meere, Seen und Flüsse von Europa und läuft und fliegt truppweise an denselben herum, z. B. in England. An den Ufern des Bodensees ist er unter dem Namen Sandläuferlein gemein. Er pfeift hell Pitt!

Auch an den Ufern des Caspischen Meeres und in Nordamerika wird er angetroffen.

Im September findet man ihn auch einzeln an den steinigen und sandigen großen Teichen und an den Flüssen in Thüringen, die weite Betten haben und flach laufen; im Frühjahr und Sommer aber nie. Er berührt also Thüringen nur auf seinen Reisen. Zuweilen hat ihn Herr Naumann in großen Scharen an den freyen und flachen Seeufern im Anhaltischen gefunden, wo er im September auf dem Hin- und im April auf dem Herzuge begriffen ist. Eben so trifft man ihn auf seinen Wanderungen in Schlesien, Oesterreich, am Rhein und Mayn an den sandigen Ufern an.

Er läuft und fliegt sehr schnell; nährt sich von Wasserinsekten, wird ein zahmer Stubenvogel, ist dumm, läßt sich leicht fangen und schließen, und hat ein gut schmeckendes Fleisch.

Man darf diesen Vogel nicht mit dem Halsbands-Regenpfeifer (Charadrius Hiaticula, *Linn.*) dessen Jungen er sehr ähnlich sieht, verwechseln. Der dünnere

Kopf

Kopf und das ganze äußere Ansehen und Betragen macht ihn, nach meinen jetzigen Beobachtungen, zu einem eigenen Vogel, den man weder einen Strandläufer noch Regenpfeifer nennen kann.

Ein und funfzigste Gattung.
Wassertreter. Phalaropus.

Kennzeichen.

Der Schnabel ist dünn, gerade, an der Spitze etwas herabgebogen.

Die Nasenlöcher sind schmal und klein.

Körper und Füße sind wie bey den Strandläufern, doch sind die Vorderzehen mit gefiederten oder schmallappigen Häuten besetzt; daher diese Vögel nicht nur beständig mit ausgebreiteten Flügeln statt zu fliegen über das Wasser laufen, sondern auch gut schwimmen, und so auch ihre Nahrung tiefer im Wasser suchen können, als die Strandläufer.

Zwey Arten.

a. Mit pfriemenförmigem Schnabel.

1. Der rothhälsige Wassertreter *).
Phalaropus hyperboreus.
(Taf. XXIV. Fig. 2.)

Namen, Schriften und Abbildungen.

Gemeiner, rother und spitzschnäbliger Wassertreter, Bastardwasserhuhn, Wasserdrossel, rothe Wasserdrossel, Eis-

kiebitz,

*) Ich habe den Namen rothhälsig dem des rothen oder spitzschnäbligen Wassertreters vorgezogen, denn the red Coot-

Kiebitz, braunes Wasser- und Röhrhuhn, Nordischer Strandläufer, Wasserhuhnähnlicher Strandläufer, Schwimmschnepfe, schwimmender Strandläufer, Strandläufer mit
belappten Zehen.

Tringa hyperborea. *Linné* Faun. suec. No. 179.
    (zuletzt).

— — —. *Gmelin Linn.* Syst. I. 2. p. 675.
    N. 9.

Le Pharalope cendré. *Buffon* Ois. VIII. p. 224.
    Phalarope de Siberie. Pl. enl. No. 766. Ed.
    de Deuxp. XV. 280. Uebers. von Otto. XXX.
    S. III. mit einer Abbildung.

The red Phalarope. *Latham* Syn. III. 1. p. 270.
    No. 1. Meine Uebers. V. 239. Taf. 94. Männ-
    chen: Varietät.

Cock Coot-footed Tringa. *Edwards* Gl. p. 143.
    Seligmanns Vögel. V. Taf. 38. Männchen.

Nelloumirsortok. *Fabricii* Faun. groenl. p. 109.
    No. 75.

Phalaropus vulgaris. Mein ornithol. Taschenbuch.
    S. 317. No. 1. mit einer Figur: Weibchen.

Naumanns Vögel. Nachtrag. Heft 2. S. 80. Taf. 11.
    Fig. 24. Männchen im Herbst.

Donndorff a. a. O. S. 1065. Nr. 9.

Kenn-

Coot-footed Tringa. *Edwards* Gleans. pl. 142. (Seligmanns Vögel. V. Taf. 37.) ist ein anderer breitschnäbliger
Vogel, und spitzschnäblige Vögel der Gattung giebt es noch
mehrere.

Kennzeichen der Art.

Der Schnabel ist schmal und pfriemenförmig zugespitzt; an beyden Seiten ein dunkler Augenstreif; die Rücken- und Schulterfedern sind schwärzlich, rostfarben gerändert; am Männchen die Seiten des Halses rostroth.

Gestalt und Farbe des männlichen und weiblichen Geschlechts.

Diesen und den folgenden Vogel kenne ich bloß nach den Beschreibungen und Abbildungen, die ich vorzüglich der Güte des Herrn von Minckwitz in Grunwitz zu verdanken habe. Sie sind in Deutschland selten, und kommen nur zuweilen an der Nordsee, und an den Gewässern im Anhaltischen, in Schlesien und Oesterreich vor.

Man findet überhaupt diese Vögel, die in Gestalt den Strandläufern so ähnlich sind, weshalb sie auch hier gleich nach denselben aufgeführt werden, noch nirgends genau beschrieben und geordnet, und es mögen wohl mehrere, in den naturhistorischen Werken angeführte Arten zu einer Hauptart gehören. Wenn man den etwas breitgedrückten Schnabel des folgenden betrachtet, so könnte man vielleicht verleitet werden, wenn die Anordnung der Vögel vorzüglich bloß nach der todten Natur in Kabinetten gemacht werden sollte, sie gar als Gattungen zu trennen, allein der ganze Habitus nöthiget, sie in eine Gattung zu vereinigen.

An Gestalt ist dieser rothhälsige Wassertreter dem trillernden Strandläufer ähnlich, noch feiner gebaut, und übertrifft ihn etwas in der Größe. Er ist 8 Zoll lang, wovon der Schnabel 1 Zoll und der Schwanz 2 Zoll wegnimmt.

nimmt. Die Flügel halten ausgebreitet 1 Fuß 2 Zoll und
legen sich am Erde des Schwanzes zusammen *). Der
Schnabel ist dünn, schmal, nur 1 Linie breit, spitzig
zulaufend, der Oberkiefer mit einer kleinen Rinne, in wel=
cher die schmalen Nasenlöcher liegen, versehen, etwas länger
als der untere und an der Spitze ein wenig übergekrümmt,
von Farbe schwärzlich; die Augen stehen mehr hinten am
Kopfe; der Augenstern ist rothbraun; die Füße sind blei=
farben, über dem sogenannten Kinn ¾ Zoll hoch nackt, die
Fußwurzel 1 Zoll 1 Linie, die mittlere Zehe eben so lang und
die hintere 3 Linien, die Zehen mit gefiederten oder gelappten
Häuten besetzt, so daß die innere und mittlere einen und
die äußere drey Einschnitte hat, und die Häute selbst sind
gefranzt, und machen bis zum ersten Gelenke eine halbe
Schwimmhaut.

Der Oberkopf, Hinterhals, die Gurgel, der Rücken
und die Deckfedern der Flügel sind aschfarben; der Scheitel
und Nacken am dunkelsten; die Zügel schwärzlich und dieser
Streif verlängert sich etwas hinter den Augen; unter den
Augen fängt ein rostrother breiter Streifen an, der an den
Seiten des Halses herab= und vorne zusammenläuft und die
weiße Farbe der Kehle und die graue der Gurgel trennt;
die Schwungfedern sind schwarz, die vordern mit weißen
Schäften, die mittlern inwendig weiß und so auch die Spitzen,
eben so haben die dunkelaschgrauen großen Deckfedern der
Flügel weiße Spitzen, und dieß bildet auf den Flügeln einen
weißen

*) Par. Ms.: Länge: 7⅓ Zoll; Breite 12 Zoll.

weißen Streifen, welcher im Fliegen deutlicher, ist, als bey zusammengelegten Flügeln; die Deckfedern der Unterflügel sind weiß mit grauen Wellenlinien; die Schulterfedern, und langen, hintern Schwungfedern braungrau mit rostfarbener Einfassung der Federn; Brust, Bauch, Schenkel und After sind weiß; die Seiten grau angeflogen; der Steiß graubraun und weiß in die Quere gestreift; der Schwanz dunkelbraun mit rothgrauen Federrändern, die äußern Federn ins Graue übergehend, und mit weißen Spitzen und Außenrändern.

Das Weibchen weicht darin ab, daß der rothe Streifen an den Seiten des Halses fehlt, und die Rücken- und Schulterfedern dunkler und mehr rostgelb gerändert sind.

Die Jungen sehen dem Weibchen ähnlich.

Varietäten.

Dieser Vogel variirt in der Farbe; denn 1) Herr La tham beschreibt a. a. O. Var. A. einen weit dunklern Vogel: Das Gefieder ist an dem Oberleibe dunkelbraun, etwas heller gewölkt; das Kinn weiß; die Brust wie die obern Theile, nur heller; Bauch und After sind weiß; an beyden Seiten des Halses befindet sich ein großer unregelmäßiger Fleck von dunkel rostrother Farbe; die größern Deckfedern der Flügel haben weiße Spitzen, welches einen Flügelstreif bildet; die Schwungfedern sind schwarz; der Schwanz aschgrau, seine zwey mittlern Federn am dunkelsten. Dieß ist, wie man sieht, ein Männchen, und zwar, wie es scheint, ein sehr altes.

2) Das Weibchen wird nach meinem Dafürhalten auch unter dem Namen: Tringa fusca (brauner Wassertreter) noch einmal beschrieben.

Tringa

Tringa fusca. Gmelin Linn. Syst. I. 2. p. 675.
No. 33.

Coot-footed Tringa. Edwards Gl. t. 46. Seligs
mann s Vögel. III. Taf. 91.

Brown Phalarope. Latham l. c. p. 274. No. 4.
Ueberſ. a. a. O. S. 242.

Wenn man meine Abbildung mit der in Edwards
Vögeln vergleicht, ſo wird man ſie für einerley finden, und
Edwards vollſtändige Beſchreibung kann daher ſtatt meiner
hier ſtehen: Der Schnabel iſt lang, dünn und ſchwärz; der
Scheitel ſchwärzlich; der Hals aſchfarben, etwas röthlich
ſchimmernd; Nacken, Rücken, Flügel und Schwanz ſind
unrein dunkelbraun, hellbraun eingefaßt, die vordern
Schwungfedern ganz ſchwarz mit weißen Schäften, die hintern mit weißen Spitzen und weißer Einfaſſung; die zunächſt
an den Schwungfedern ſitzenden Deckfedern haben große
weiße Spitzen und bilden eine weiße Binde; die Unterſeite
des Schwanzes iſt aſchfarben.

s) Fabricius in ſeiner Fauna groenl. l. c. zieht
Linnés Tringa lobata und hyperborea als zu einerley
Art gehörig, zuſammen und beſchreibt beyde Geſchlechter und
Junge folgendergeſtalt.

Es iſt ohne Zweifel der kleinſte von den Seevögeln,
7 Zoll lang und 12½ Zoll breit. Schnabel und Augen ſind
ſchwarz; die Naſenlöcher länglich und weit geöffnet; der
kleine Kopf zuſammengedrückt, befiedert, mit rundem Scheitel; die Füße vierzehig, belappt, oben bleyfarbig, unten
ſchwarz.

Männ-

Männchen: Am Kopf ist der Scheitel schwarz, die Stirn wenig weiß; unter den Augen ein schwarzer Strich, oben ein kleiner weißer Flecken; unten der Kopf weiß; die Schläfe ziert ein rostbrauner Streifen, welcher sich mit der Farbe des Halses verbindet, der oben und unten rostbraun kaum mit schwarz gemischt ist; die Brust ist in der Mitte weiß, an den Seiten schwarz gemischt; der übrige Unterleib ist weiß; der Rücken schwarz mit rostbraunen Federrändern; die zusammengelegten Flügel sind mit dem Schwanze gleich lang und größtentheils schwarz; die Schwungfedern haben alle einen weißen Schaft, die 5 ersten sind schwarz, die 5 folgenden am Grunde und an der Spitze weiß, welches Weiß an denen der folgenden Ordnung nach und nach zunimmt, so daß die zwey innersten fast ganz weiß sind, auf diese folgt der kleine Flügel, welcher aus 3 — 4 längern schwarzen, an der Spitze weißen Federn besteht; die Deckfedern, welche den Schwungfedern der zweyten Ordnung am nächsten stehen, sind an den Spitzen weiß, (hieraus entsteht ein weißer Querstreifen auf den Flügeln) das übrige ist schwarz; unten sind die Flügel aschgrau, an der Schulter schwarz und weißfleckig; von den 12 Schwanzfedern sind die mittlern etwas länger schwarz, die beyden äußersten an der Spitze und an dem äußern Rande, die übrigen nur an der Spitze weiß, die beyden mittelsten kaum damit bezeichnet; der Bürzel schwarz, an den Seiten weiß gefleckt; der After weiß; aber einige längere Federn unter dem Schwanze, wie auch die Seiten des Leibes, schwarz und weiß gefleckt.

Das Weibchen ist von dem Männchen vorzüglich durch den weniger dunkelschwarzen Scheitel, die schwarz und

weiß

weiß gemischte Stirn und die Schläfe mit einem weißen, nicht rostbraunen Striche unterschieden; der Hals ist oben schwarz mit innerm hellbraunen Rande der Federn, unten und am obern Theile der Brust mit weißen Strichen, asch= grauen und hellbraunen Querstreifen gewässert, das übrige der Brust ist wie der Bauch weiß.

„Die Jungen sind an der Stirn, den Seiten des Kopfs, unter dem Halse, der Brust und dem Bauche gänz= lich weiß, oben auf dem Halse schwarz ohne merkliche Mi= schung, und unterscheiden sich dadurch von den Alten.“

Ob nun gleich meine Beschreibung der Linné'schen am nächsten kommt, so scheint doch, nach der Analogie zu schlie= ßen, das Männchen, welches Fabricius beschreibt, ein älterer Vogel zu seyn, als der meinige, wenigstens schei= nen sich im Herbst, wenn sich diese Vögel in Deutschland sehen lassen, die Farben an den jungen, und den alten ge= mäuserten Männchen noch nicht so ausgefärbt zu haben. Und dieß sieht man

4) an Herrn Naumanns Beschreibung und Abbil= dung. Kehle und Vorderhals sind weiß, letzterer etwas grau durchmischt; Brust, Bauch und After rein weiß, die Seiten etwas dunkelbraun gestrichelt; die untern Deckfedern der Flügel weiß, die kleinern dunkelbraun; hinter den Augen ein bräunlich=schwarzer Fleck; die Stirn, ein Streifen über den Augen, um die Augen herum bis zur Kehle weiß; der Schei= tel bräunlichschwarz, eben so ein Streifen auf dem Hinter= hals, der nach dem Rücken zu immer breiter wird; Rücken und Deckfedern der Flügel glänzend braunschwarz mit grauen und rostgelben ungleich breiten Einfassungen der Federn;

Steiß

Steiß und Schwanz von eben der Farbe, doch nicht glänzend; die untersten Deckfedern der Flügel mit großen weißen Spitzen, welche durch die Flügel hin einen weißen Querstreifen bilden, der sich in den großen Schwungfedern verliert; die Afterflügel und die Schwungfedern schwarz mit weißen Schäften, und die der dritten Ordnung mit weißen Endkanten; die Füße fleischfarben, an den Gelenken bräunlich.

Sollte wider Vermuthen der braune Wassertreter (Tringa fusca) ein besonderer Vogel seyn, welches sich nicht mit völliger Gewißheit entscheiden läßt, wenn man nicht solche Vögel an dem Heckorte sieht, so wäre dann Hrn. Naumanns Beschreibung und Abbildung das Männchen und meine Abbildung in dem ornithologischen Taschenbuch das Weibchen, denn diese stimmen ganz zusammen.

Merkwürdigkeiten.

Diese Vögel sind überhaupt selten, und noch seltener in Deutschland, wo man sie nur, soviel ich weiß, im Anhaltschen, in Oesterreich und Schlesien auf dem Strich zuweilen findet. Sonst bewohnen sie den Norden von Europa, Asien und Amerika, und zwar die großen Seen, die mit dem Eismeer zusammenhängen.

Ihre Nahrung besteht in kleinen Wasserinsecten und Würmern, welche sie auch im Schwimmen auffangen. Sie können aber nicht darnach untertauchen. Sie sind sehr schnell im Laufen, Schwimmen und Fliegen, und lassen ein hohes helles Schwirren hören.

Das Nest wird an trocknen Ufern mit vier Eyern angetroffen.

Das

Das Fleisch ist sehr schmackhaft, und sie sind als unscheue Vögel leicht zu fangen und zu schießen.

b. Mit breitem Schnabel.

2. Der rothbäuchige Wassertreter.

Phalaropus rufus, mihi.

Namen, Schriften und Abbildungen.

Wasserdrossel, rothe Wasserdrossel, rothes Bastardwasserhuhn.

Tringa fulicaria. *Linné Syst.* ed. 12. I. p. 249. N. 10.

Tringa hyperborea. *Gmelin Linn.* l. c. N. 9. b.

Phalarope rouge. *Buffon des Ois.* VIII. p. 225. Ed. de Deuxp. XV. 282.

Red Coot - fooled Tringa. *Edwards Gl.* t. 142. Seligmanns Vögel. V. Taf. 37.

Red Phalarope. *Latham* l. c. N. 1. als das Weibchen des Vorhergehenden angegeben.

Tringa fulicaria. *Brunnichii* ornith. borealis. p. 51. N. 172.

Kennzeichen der Art.

Der Schnabel ist an der Spitze breiter; der Oberleib röthlich und schwärzlich gefleckt; der Unterleib röstroth.

Gestalt und Farbe des männlichen und weiblichen Geschlechts.

Der breitgedrückte Schnabel, der von den Schriftstellern mit einen Entenschnabel verglichen wird, und der in

der

der That mehr breit als tief ist, unterscheidet diesen Wassertreter hinlänglich von dem vorhergehenden, der mehr einen
pfriemenförmigen Schnabel hat; dabey ist er auch größer
und stärker. Die Länge ist 10 Zoll *), wovon der Schnabel
1⅓ Linien und der Schwanz 2 Zoll wegnimmt; die Flügel
legen sich ½ Zoll vor der Schwanzspitze zusammen.

Der Schnabel ist gerade, an der Spitze etwas herab-
gekrümmt, vorne, ehe er sehr auffallend spitzig wird, am
breitesten, nämlich 2 Linien breit, und von hier läuft bis
an die Stirnfedern auf beyden Seiten eine tiefe Rinne, in
welcher die schmalen 1 Linie langen Nasenlöcher, 3 Linien
von der Stirn entfernt liegen; die Farbe ist rothgelb, an der
Spitze schwarz; der Augenstern gelbroth; die Füße sind
schwarzgrün, über den Knien 4 Linien weit nackt, die Fußwurzel 10 Linien hoch, die mittlere Zehe nebst dem kleinen
schwärzen Nagel 10 Linien, und die hintere kaum 3 Linien
lang, die Vorderzehen auf beyden Seiten belappt, doch die
äußern auf der Außenseite nur schmal und dreymal seicht eingeschnitten, der Lappen der mittelsten auf der innern Seite
zweymal tief eingeschnitten, der der innern Zehe auf der
Außenseite aber nur einmal tief eingeschnitten, auch an der
hintern Zehe ist da, wo sie am Fuße ansteht, eine schmale
Haut.

Ueber den Augen läuft ein hellbrauner Streifen hin;
der Kopf, Hinterhals, Rücken und die Schultern sind
schwärzlich und rostfarben gefleckt oder geschuppt, indem jede
Feder in der Mitte schwärzlich oder dunkelbraun und an den.

Rän-

*) Par. Ms.: Länge; 8 Zoll 11 Linien.

Rändern rost = oder rothgelb ist; die Schwungfedern sind schwarz, die mittlern inwendig und an den Spitzen weiß, die hintersten längern, wie der Rücken, die vordern mit einem weißen Schaft, die kleinen Deckfedern der Flügel sind aschgrau mit weißen Spitzen, die großen dunkelbraun mit weißgrauer Einfassung der Federn; die Deckfedern der Unterflügel, weiß und dunkelbraun, in die Quere gestreift; der Unterrücken weiß mit dunkelbraunen Querflecken; der Schwanz und seine Deckfedern rostbraun, in der Mitte der Federn dunkelbraun; Unterhals, Brust, Bauch, Schenkel und After rostroth, manchmal heller, also ziegelroth; manchmal dunkler oder braunroth.

Das Weibchen ist wenig verschieden. Der Oberkopf tief aschfarben, manche Federn auf der Stirn und dem Scheitel breit weißgesäumt; die Wangen weiß, eben so ein Streif hinter den Augen bis ins Genick; der ganze Hals, die Brust, der Bauch und die langen untern Deckfedern des Schwanzes rostroth mit vielen weißlichen Federn gemischt und gefleckt; der Rücken, die Schultern und Deckfedern der Flügel aschfarben, schwarz und braungelb bunt; die Schwungfedern schwarzgrau; die drey äußern Schwanzfedern braunroth; die mittelsten hell aschfarben.

Dieser Vogel scheint in der Farbe etwas zu variiren, so daß die Haupt = und Nebenfarben bald dunkler bald heller sind. Die gewöhnliche Beschreibung ist: Kopf, Kehle, Hinterhals, Rücken und Schultern und Deckfedern des Schwanzes sind schwarz mit fuchsrothen Federrändern; über die Augen läuft ein hell gelbrother Streifen; der Steiß ist weiß

weiß mit dunkeln Flecken; die untern Theile von der Kehle
an sind dunkelroth; Flügel und Schwanz sind dunkelbraun.

Brünnichs Vogel, den er in seiner ornith. boreal.
l. c. beschreibt, war so groß als ein Staar; über Kopf
schwarz mit einem weißen Streifen von den Augen bis zum
Nacken; der Oberhals und Vorderrücken schwarz mit einigen
gelben Linien gefleckt; der Hinterrücken und Steiß aschgrau;
der ganze Unterleib vom Schnabel bis zum Schwanze rostfarben; die Flügel scheerenförmig; die vordern Schwungfedern und die mehrsten der zweyten Ordnung am innern
Rande weiß; einige der nächsten am Leibe ganz weiß; die
hintersten langen schwarz mit gelben Rändern; die langen
Schulterfedern schwarz, gelb gerändert; die Deckfedern der
Flügel schwarz, die großen an der Spitze weiß, wodurch
über die Flügel ein weißer Streifen läuft; von den Schwanzfedern die 5 äußersten grauschwarz und nach der Spitze zu
auf der äußern Fahne mit einem rostfarbenen Fleck bezeichnet,
die beyden mittelsten einfarbig schwarz; der Schnabel breit,
flach, oben zweyfurchig, am Ende schmal, spitzig und ein-
gebogen; die 3 vordern Zehen mit halben Schwimmhäuten
und halben Lappenfüßen, wovon die auf beyden Seiten der
Zehen eingeschnittenen Lappen gefranzt sind; die hintere Zehe
am innern Rande auch mit einem Lappen versehen.

Er kam aus Grönland.

Merkwürdigkeiten.

Dieser Vogel, der in Deutschland an der Donau, auch
an den Schlesischen Gewässern, und in Ungarn nicht
so selten ist, wie der vorhergehende, und in den Norden

von

von Europa, Asien und Amerika eigentlich zu Hause
gehört, ist in seiner Lebensart dem vorhergehenden gleich.
Man weiß aber aus seiner Naturgeschichte noch keine besondere Eigenheiten *).

Zwey

*) Der graue Wassertreter (Tringa lobata. *Gmelin*
Linn. Syst. I. 2. p. 674. N. 8. Grey Coot-footed Tringa.
Edwards Gl. p. 308. Seligmanns Vögel. VIII. Taf. 98.
Le Phalarope à festons dentelés. *Buffon* Ois. III. 226.
Grey Phalarope, *Latham* Syn. III. 1. p. 272. N. 2. Ueberf.
V. S. 241.) wird von einigen für das Weibchen des vorigen
Vogels (welches er aber nicht seyn kann, wie wir gesehen
haben), von andern für einen jungen Vogel, und noch von
andern für eine besondere Art gehalten. Da er in Größe
und Gestalt dem vorhergehenden gleich ist, so kann es vielleicht ein junger Vogel seyn, und da er auch im Oester-
reichischen, und zwar in der Gegend um Wien zuweilen
angetroffen wird, so will ich hier seine Beschreibung zur
Vergleichung beyfügen.

Der Schnabel ist gerade wie bey dem vorhergehenden
gestaltet, schwarz oder dunkelbraun, eben so sind die Füße
jenen gleich, schwärzlich oder bleyfarben ins Grüne übergehend; die Stirn und der ganze Unterleib sind weiß; der
Scheitel ist dunkelbraun; der Hinterhals hellgrau; der Rücken,
Steiß und die Schultern bläulich oder schieferfarben mit
dunkelbraunen Flecken in der Mitte der Federn, und die
Schulterfedern rostgelb gerändert; der Schwanz dunkelbraun
mit schmaler hellaschgrauer Einfassung der Federn; die vordern Schwungfedern schwarz mit weißen Schäften, die mittlern mit großen weißen Spitzen und dunkelbraun, und die
hintern langen schwarz mit weißlicher Einfassung; die Deckfedern dunkelbraun, die untersten mit großen weißen Spitzen,
daher über die Flügel ein weißer Streifen läuft; die Deckfedern der Unterflügel weiß mit etwas grau gemischt.

Herr Latham beschreibt ein Exemplar, an welchem
der ganze Scheitel, die Seiten des Kopfs, das Kinn und
die Gurgel weiß, der Hinterkopf und Hinterhals dunkelbraun, die großen Schwungfedern einfarbig, die kürzern

Zwey und funfzigste Gattung.

Regenpfeifer. Charadrius.

Kennzeichen.

Der Schnabel ist kurz, rundlich, spitzig, vor der Spitze dicker.

Die Nasenlöcher sind schmal.

Die Füße sind dreyzehige Lauffüße, ohne Hinterzehe.

Der Kopf ist dick, wenigstens weit dicker als bey den Strandläufern, und die Stirn hoch.

Man trifft die meisten Vögel dieser Gattung an weiten und rauschenden Stellen der Flüsse und bey den Mündungen derselben, nur wenige auf Wiesen, Triften, Rieden und Brachäckern an. Die letztern zeichnen sich vorzüglich durch ihre Größe aus, und der Jäger benennt sie mit dem besondern Namen Brachvögel, weil er sie zur Strichzeit gewöhnlich auf den Brachäckern findet; und daselbst schießen

und

weiß gerändert, und die eingekerbten Häute gelblich sind, und meynt, es müßte wohl ein junger Vogel seyn.

Diesen Wassertreter findet man außer den oben angegebenen Orten in den nördlichen Ländern von Europa, Asien und Amerika, in Island, Grönland, Engsland, Sibirien, in der Nähe der Seen und Flüsse, am Kaspischen Meere schaarenweise, und auf dem Eise zwischen Asien und Amerika.

Er schwimmt langsam, taucht nicht unter und zwitschert wie eine Schwalbe. Da die Federn sehr weich sind, so brauchen sie die Grönländer ihre triefenden Augen damit auszuwischen, welches man aber auch von dem Balge des rothhälsigen Wassertreters sagt.

und fangen kann. Die Lebensart sondert sie auffallend von den erstern ab, die man immer nur auf dem Kieß, Sand und kahlen Ufern findet; nicht so die Gestalt, sonst würde man zwey Familien zu machen genöthiget seyn. Wem das genug ist, daß die Füße an letztern, den sogenannten Brachvögeln, nicht so hoch und nicht weit über die Ferse hinauf nackt sind, der kann zwey Familien aufstellen. Sie geben alle zu jeder Zeit, besonders aber zur Zeit der Begattung und zur Regenzeit, wo ihnen das natürliche Bad sehr wohl behaget, eine starke und pfeifende Stimme von sich.

Sechs Arten.

(233) 1. Der lerchengraue Regenpfeifer. (Großer Regenpfeifer) *).

Namen, Schriften und Abbildungen.

Großer Brachvogel, Steinwälzer, Triel, Gluth, Dickfuß, Steinpardel, grünschnäbliger Pardel, Grünschnäbler, Griel, Eulenkopf, Keilhaaken, Polierer, dickbeiniger Trappe, Erdbracher.

Charadrius Oedicnemus. *Gmelin Linn.* Syst. I. 2. p. 689. N. 10.

Grand Pluvier ou Courlis de terre. *Buffon des Ois.* VIII. 105, t. 7. Pl. enl. N. 919. Ed. de Deuxp. XV. 134. Ueberf. von Otto XXVIII. S. 187. mit einer Fig.

Bb 2

The

*) Der Steinwälzer. Alte Ausg. III. S. 197. Nr. (140) 1.

The thick - kneed Bustard. *Latham Syn.* II. 2. p. 806. N. 9. Mein Ueberf. IV. 760.

Bork hausens deutsche Ornith. H. Taf. 3. junges und Männchen. XIII. Taf. 4. altes Männchen.

Naumanns Vögel. II. S. 68. Taf. 9. Fig. 11. Männchen.

Frisch Vögel. Taf. 215.

Mein ornithol. Taschenbuch. S. 318. Nr. 1.

Donndorff a. a. O. S. 1097. Nr. 10.

Kennzeichen der Art.

Die Hauptfarbe ist lerchengrau; die zwey ersten schwarzen Schwungfedern sind in der Mitte weiß; über und unter den Augen befindet sich eine gelbliche Querbinde. Die Augen sind sehr groß, und die Fußwurzel ist etwas auswärts gebogen.

Gestalt und Farbe des männlichen und weiblichen Geschlechts.

Die Länge dieses Vogels ist achtzehn Zoll und die Ausdehnung der Flügel beträgt zwey Fuß, sechs und ein Viertel Zoll *). Der Schwanz mißt sechs Zoll und die zusammengelegten Flügel bedecken zwey Drittheile des Schwanzes.

Der Schnabel ist anderthalb Zoll lang, gerade, auf dem Rücken etwas gebogen, glatt, an der Spitze etwas dicker, unten und oben kurz zugespitzt, von der Wurzel bis über die länglichen Nasenlöcher hin grünlich gelb, nach der Spitze

*) Par. Ms.: Länge 16 Zoll; Breite 2 Fuß 3 Zoll.

Spitze zu schwarz; die hoch liegenden Augen sind groß; der Regenbogen citrongelb; die Augenlieder inwendig schwärzlich, am Rande citrongelb mit kleinen schwarzen Wimpern besetzt; unter und hinter den Augen eine kleine nackte olivenfarbene Stelle; die Ohröffnung groß, nackt, grünlich, nach hinten mit länglichen Federn bedeckt; die Füße grüngelblich oder olivengrün, die Füße oder Fußwurzel geschuppt, zwey und einen halben Zoll hoch, unter dem Knie ungewöhnlich dick *), daher er auch den Namen Dickfuß (Oedicnemus) hat, und nach vorne zu über den Zehen etwas ausgebogen; die Schenkel einen Zoll weit nackt, die Mittelzehe einen Zoll fünf Linien lang, die mittlere und äußere Zehe mit einer kleinen Haut bis zum ersten Gliede verbunden, die kurzen Nägel hornbraun.

Auf den ersten Anblick hat er gerade die Lerchenfarbe.

Der ganze Oberleib, mit den langen Schulterfedern und ziemlich langen Steißfedern ist dunkelbraun und rostgrau gefleckt oder eigentlich gestreift, alle Federn sind nämlich in der Mitte dunkelbraun, am Rande roströthlichgrau, und zwar so, daß wo die Federn, z. B. am Kopf und Hals, klein sind, auch die dunkelbraunen Streifen kleiner, hingegen an den größern Federn auch größer und breiter sind; über und unter den Augen läuft eine weißgelbliche Binde hin, und von dem Schnabel an erstreckt sich unter den Augen weg bis zu den

Ohren

*) Bey jungen Vögeln ist dieß sogenannte Knie oder das Gelenk zwischen Fuß und Schienbein vorzüglich stark, bey alten aber nicht so auffallend. Es haben aber alle junge Sumpfvögel vor dem ersten Maufern solche dicke Knie.

Ohren ein dunkelbrauner oder ſchwärzlicher roſtgrau gemiſchter
Streifen; die Kehle iſt weiß; die Gurgel, Oberbruſt und die
Seiten roſtgelblichweiß mit ſchmalen dunkelbraunen Strichen
oder Schmitzen; Bruſt, Bauch, Schenkel und Deckfedern
der Unterflügel weiß; die langen untern Deckfedern des
Schwanzes ſind roſtgelblich weiß, an den Spitzen ins Roſtfarbene übergehend; die zwey vordern Schwungfedern ſind
ſchwarz, in der Mitte und auf der innern Fahne nach der
Wurzel zu weiß, die vier folgenden ſchwarz, auf der innern
Fahne weißlich auslaufend, die folgenden drey an der Spitze
und Wurzel weiß, die übrigen ſchwärzlich und inwendig nach
der Wurzel zu weißlich; die erſte Reihe der großen Deckfedern
an der Wurzel, und der breite Rand der ſchwärzlichen Hauptfarbe weiß, eben ſo die unterſte Reihe der kleinen Deckfedern
zum Theil faſt ganz weiß, zum Theil nur mit weißen Spitzen,
daher auf den Flügeln mit Hülfe der weißen Wurzel der
Schwungfedern zwey weißliche Streifen entſtehen, die im
Ruhen nicht ſo ſtark ſichtbar ſind, als wenn der Vogel fliegt;
die vorderſten ſpitzigen Deckfedern ſchwärzlich, mit roſtgelben
Rändern; die übrigen wie der Rücken, und roſtgrau geſäumt;
von den zwölf Schwanzfedern ſind die ſechs mittlern rothgrau
mit dunkelbraunen Querbinden, die drey äußerſten auf beyden
Seiten weiß, die erſte mit einer ſchwärzlichen Spitze, die
beyden folgenden mit drey bis vier einzeln ſtehenden abgebrochenen ſchwärzlichen Querſtreifen.

Das Weibchen ſieht noch mehr einer Feldlerche ähnlich, als das Männchen; denn es iſt am ganzen Oberleibe
braungrau mit dunkelbraunen länglichen Flecken; an den Bak-
ken braun; am Unterleibe ſchmutzig oder graulich weiß mit

ein-

einzelnen länglich eyrunden Längsflecken, die an der Kehle am egalsten stehen, und am kleinsten sind, an den Seiten auch sehr einzeln stehen, aber am größten sind. Die Streifen auf den Flügeln sind bleicher und unreiner.

Merkwürdige Eigenschaften.

Dieser Vogel hat eine kreischende, helle, wie Krär: liith und Kralith! klingende Stimme, die er im Fluge oft hören läßt und die des Abends eine halbe Stunde weit erschallt. Er läßt sie auch des Nachts hören, wenn es regnen will. Außerdem ruft er noch auf der Erde sitzend Ditt, und Dillit! Er ist scheu, und läßt nicht leicht an sich kom: men, er müßte sich denn vor einem Raubvogel oder sonst einem Gegenstande fürchten, wo er sich denn platt auf die Erde niederdrückt, und hinterschlichen werden kann. Sein Flug ist mittelmäßig schnell, und er fliegt gern niedrig über dem Boden hin. Sein Lauf ist außerordentlich schnell und ruckweise; er hält immer inne, um zu hören und zu sehen, ob ein Feind in der Nähe ist, denn er ist sehr furchtsam. Wenn man einen gefangen, in die Stube bringt, so rennt er gegen alle Wände und Ecken, ehe er einen Ort findet, an welchem er sich verstecken kann. Des Nachts ist er sehr unruhig und in Bewegung, daher er auch am liebsten im Mondenschein seiner Nahrung nachgeht, und wandert.

Verbreitung und Aufenthalt.

Er wird einzeln in Sachsen, Brandenburg, am Rhein, an der Donau und andern Gegenden Deutschlands ange: troffen. Um den Bodensee herum ist er gemein. Er geht nicht höher nach dem Norden hinauf als bis nach Eng:

land

land und Holland. Sonst bewohnt er die Felder in
Afrika, den Orient, das nördliche Persien und die Gegenden
am Kaspischen Meere. In dem südlichen Europa lebt er
das ganze Jahr hindurch. Er hält sich nicht gern am Wasser
auf, wie die meisten seiner Gattungsverwandten, sondern
besucht dieß nur um zu trinken und zu baden, welches gegen
Abend geschieht. Sonst wohnt er auf großen trockenen Feldern, sandigen Lehden, trocknen Hügeln, auf großen wüsten
Haideplätzen, nahe oder entfernt von Wasser; oft mitten
in Wäldern, auf Viehtriften und auf andern wüsten Plätzen.
Vorzüglich liebt er die Schaftriften.

Im Junius und Julius gehen die Alten mit den Jungen auf die Brachäcker, auch auf trockene Wiesen, um hier
Nahrung im Ueberfluß zu finden. In der Mitte des Augusts ziehen sich mehrere Familien zusammen, schwärmen
von einem Orte zum andern; dieß dauert den ganzen September durch, allein zu Anfang des Octobers, wenn die
Nächte kalt werden und der Boden friert, sind auch die
Spätlinge schon fort in wärmere Gegenden. Nach Thüringen kommen sie gewöhnlich im September, und zwar oft
nicht selten; doch habe ich auch voriges Jahr eine Heerde
zu Ende des Märzes vor dem Walde gesehen. Sie werden
alsdann truppweise auf den Aeckern angetroffen. Sie laufen
schnell und lange, ehe sie auffliegen. Im Anhaltischen nisten
sie auch, wie wir von Herrn Naumann wissen; ob es
auch in Thüringen geschieht, wie einige Jäger behaupten,
kann ich nicht mit Gewißheit sagen. Mir sind sie nur auf
dem Zuge vorgekommen.

Nah-

Nahrung.

Die Nahrung dieses Vogels sind Feld-Mäuse, kleine Frösche, Heuschrecken und andere Insecten, Schnecken, und anderes Gewürme, und er geht alle Morgen bey Anbruch des Tages auf die Regenwürmer-Jagd, die zur Begattung aus der Erde hervorkriechen. Er versteht außerdem die Kunst noch, diejenigen Steine umzuwenden, unter welchen Würmer liegen, oder Insecten schlafen, sich häuten oder verwandeln. Er kehret einen pfündigen Stein mit seinem Schnabel um.

Fortpflanzung.

Er macht sein Nest, das bloß in einer kleinen Aushöhlung auf der Erde besteht, auf Triften und wüsten Feldern zu Ende des Aprils, wenn er angekommen ist, brütet in den nördlichen Gegenden nur einmal, allein in den südlichen, wo er nicht oder spät wandert, zweymal, so daß man noch im October seine zwey bis drey runde, aschgraue, mit olivenfarbigen Flecken bezeichnete Eyer findet. Herr Naumann, in dessen Vaterlande, im Anhaltischen, dieser Vogel nistet, sagt, die Eyer seyen grüngrau mit schwarzbraunen und dunkelgrauen Flecken. In Malta legt er regelmäßig zweymal, einmal im Frühjahr, und das anderemal im August seine Eyer. Sie werden 14 bis 16 Tage bebrütet, und die Jungen laufen mit ihren Haarfedern gleich mit den Eltern davon. Ich habe in Thüringen kein Nest gefunden. So viel weiß ich aber, daß die Jungen, die man im Herbste schießt, einen schmutzig aschgrauen Schnabel und dergleichen Füße haben, und am Oberleibe schmutzig rothgrau oder braun gefleckt und

am

am Unterleibe hellgrau mit unregelmäßigen ſchwärzlichen
Flecken bezeichnet ſind.

Man kann Junge und Alte lange Zeit mit Semmeln,
Fleiſch und Würmern lebendig erhalten. Sie werden gegen
ihre Fütterer ſehr zutraulich und zahm, aber auch bald durch
ihr kreiſchendes Geſchrey unerträglich.

Feinde.

Viele Raubvögel ſtellen jung und alt nach. Füchſe
und das Weidevieh zerſtöhren auch ihre Neſter.

Jagd und Fang.

Da es ſcheue Vögel ſind, ſo muß ſie der Jäger ver-
ſteckt, z. B. hinter Feldrainen zu hinterſchleichen ſuchen, wenn
er ſie ſchußrecht haben will. Sonſt fängt man ſie auf
dem Brachvogelherde (ſ. mittler Brachvögel).

Nach Angabe der deutſchen Ornithologie a. a. O.
ſollen ſie im Herbſt auch mit dem großen Brachvogel (Numenius Arquata) ziehen, und in deren Geſellſchaft geſchoſſen
werden.

Nutzen.

Die Jungen haben ein ſehr zartes wohlſchmeckendes
Wildpret, an den Alten aber iſt es trocken. Auf der
Inſel Malta war die Jagd derſelben vor der Mitte des vori-
gen Jahrhunderts, ehe man Rothhühner dahin brachte, ein
Vorrecht des Groß-Ordensmeiſters.

Auch durch Vertilgung vieler ſchädlichen Würmer,
Inſekten, und ſogar der Feldmäuſe, die ſie durch
Stöße mit dem Schnabel tödten, dann ganz verſchlucken
und den Balg wie die Raubvögel das Gewölle wieder von
ſich

sich speyen, werden diese Vögel nützlich. Schade, daß sie nicht häufiger sind.

Vorurtheile.

Das Fleisch hat man in der alten Heilkunde für ein Mittel gegen die Gelbsucht ausgegeben; ja sogar das Ansehn dieser Vögel sollte den Kranken schon heilen *). Doch kahn dieß auch auf den buntschnäbligen Regenpfeifer gehen **).

(234) 2. Der Goldregenpfeifer ***).
Charadrius auratus ****).
(Taf. XXII. Fig. 2.)

Namen, Schriften und Abbildungen.

Haidenpfeifer, grüner, goldgrüner und gemeiner Regenpfeifer, großer, mittler, kleiner und gemeiner Brachvogel, Saatvogel, Saathuhn, Pardel, Pulros, Pardervogel, Grillvogel, grüner Kiebitz, Braakvogel, Fastenschleyer, Dittchen, Dürten, Thütvogel, Brachhennel, Strandpfeifer, Feldläufer, Sumpfläufer, Ackervogel, schwarzgelber Ackervogel, Seetaube.

Charadrius Apricarius. *Gmelin Linn.* Syst. I. 2. p. 687. N. 6. (alt).

Cha-

*) Goeze Europäische Fauna. VI. 177.

**) Gesners Vögel. S. 246.

***) Alte Ausg. III. S. 203 und 206. Nr. (142) 3. u. (143) 4.

****) Ich gebe ihm diesen neuen Namen Charadrius auratus. weil er im System unter zweyen vorkommt, welche Verwirrung verursachen.

Charadrius pluvialis. *Gmelin Linné* Syst. I. 2.
p. 688. N. 7. (jung, und nach der Mauſer.)

Pluvier doré à gorge noire. *Buffon* des Ois. VIII. 85.
Ed. de Deuxp. XV. 108. Ueberſ. von Otto.
XVIII. 90.

Spotted Plover. *Edwards* Gl. t. 140. **Selig-**
manns Vögel. V. Taf. 35. Männchen.

Pluvier doré. *Buffon* l. c. VIII. 81. t. 5. Ed. de
Deuxp. XV. p. 102. t. 2. f. 2. Ueberſ. von Otto
XXVIII. 75. mit einer Fig.

Alwargrim Plover. *Latham* Syn. III, 1. 198. n. 5.
Meine Ueberſ. V. 172. Nr. 5.

Golden Plover. *Latham* Syn. III. 1. p. 193. n. 1.
Meine Ueberſ. V. 167. No. 1.

Friſch Vögel. Taf. 216. Junger Vogel oder Alter nach
der Mauſer.

Naumanns Vögel. II. S. 75. Taf. 14. junges
Männchen.

Mein ornithol. Taſchenbuch. S. 320. N. 2. Getreue
Abbild. I. Taf. 8. Fig. 1. Männchen in der Mauſer. Fig. 2. junger Vogel.

Donndorff a. a. O. S. 1093. Nr. 6. S. 1094.
Nr. 7.

Kennzeichen der Art.

Der Schnabel iſt ſchwärzlich; die Füße ſind dunkelaſchgrau; der Oberleib ſchwärzlich und ſchön goldgelb oder
gelbgrün gefleckt.

Geſtalt

Gestalt und Farbe des männlichen und weiblichen Geschlechts.

Er hat ohngefähr die Größe einer Feldtaube, ist 13 bis 14 Zoll lang, und 2 Fuß breit *). Der Schwanz ist $3\frac{1}{4}$ Zoll lang, und die zusammengelegten Flügel berühren die Spitzen desselben.

Der Schnabel ist 1 Zoll 2 Linien lang, gerade, rundlich, oben mit zwey Riefen versehen, in welchen die schmalen Nasenlöcher liegen, vor deren kurzgespitztem Ende etwas kolbig, und von Farbe schwarz; die Augen sind groß und ihr Stern orangeroth, die Füße netzförmig, etwas über und an den Zehen geschildert, dunkelaschgrau von Farbe, über den Knieen 10 Linien hoch nackt, die Fußwurzel 1 Zoll 8 Linien hoch, die mittlere Zehe 1 Zoll 5 Linien lang mit der äußern bis zum ersten Gelenke mit einer Spannhaut verbunden, die Nägel klein, spitzig und schwärzlich.

Die Halfter ist schwarz; die hohe Stirn weiß; aus jedem Winkel desselben geht eine weiße Binde über die Augen weg, bis zu den Ohren, fällt an den Seiten des Halses etwas bauchig herab, und beyde laufen oben an der Brust zusammen; der ganze von ihnen eingeschlossene Raum, also Wangen, Kehle und Gurgel, so wie die Brust, der Bauch, die Seiten, die Schenkel und der After sind schwarz, nur letzterer hat einige rundliche weiße Flecken; der Scheitel, Hintertheil des Halses, die Schultern, der Rücken, wie auch die Deckfedern der Flügel und die mittelmäßigen Deckfedern des Schwanzes sind schwärzlich oder dunkelbraun, sehr schön oran-

---

*) Par. Ms.: Länge 11 Zoll; Breite 1 Fuß 10 Zoll.

orangengelb gefleckt, (jede Feder ist schwärzlich mit einigen rundlichen und länglichen orangengelben Flecken an der Seite und eben solchen hellern Flecken an der Spitze); die vordern Schwungfedern spitzig, schwärzlich, mit weißen Schäften, in der Mitte an der innern Fahne weiß, aschgrau eingefaßt, die hintern stumpfer, schwarz und dunkelbraun quergestreift mit weißen Spitzen; die Deckfedern der Unterflügel weißlich, ihre Schwungfedern schwarzgrau; die Spitzen der großen Deckfedern weißlich; die Afterschwingen schwarz mit weißer Einfassung; die zwölf Schwanzfedern zugerundet, schwärzlich mit acht abgebrochenen graulichweißen Querbinden, die an den Rändern zu beyden Seiten (fast immer) mit acht gelben Flecken geziert sind.

Das Weibchen ist dem Männchen ähnlich, etwas kleiner, auf dem Oberleibe mehr dunkelbraun als schwarz, auch mit gelblichweißen Flecken vermischt, auch auf dem schwarzen Unterleibe mit weißen Flecken etwas gewölkt.

Dieß ist die Beschreibung, welche man von dem sogenannten Haidenpfeifer (Charadrius apricarius) giebt.

Nur dann erst, da ich, wie ich in meinen getreuen Abbildungen a. a. O. angegeben habe, einen sogenannten Goldregenpfeifer (Charadrius pluvialis) in der Mauser antraf, bemerkte ich, daß diese als besondere Arten beschriebene Vögel eigentlich zu einer Species gehörten; und daß sie also wie mehrere Vögel entweder erst nach etlichen Jahren, oder auch als junge und alte Vögel erst im Frühjahr ihre vollkommene Farbe erhalten, oder sich wohl gar zweymal, wenigstens die Jungen, einmal im Sommer,

und

das anderemal im Herbst mausern, und dann erst bey der
Frühjahrs-Mauser ihre schöne schwarze und goldgelbe Farbe
erhalten. Ich habe wenigstens im Frühjahr einen solchen
Vogel in der Mauser gefunden. Diese Erfahrung finde ich
auch von Herrn Latham in seinen Supplementen bestätigt,
ohngeachtet er noch beyde Vögel besonders aufführt. Er sagt
nämlich bey seinem Goldregenpfeifer, daß er variire, daß
er zuweilen einen schwarzen, zuweilen einen schwarz und weißen
Bauch habe, und daß man dieß, wie er belehrt worden sey,
auf Rechnung der Jahrszeit zu schreiben habe. Zu Anfang
des Märzes sähe man zuerst das Schwarze an der Brust
hervorkommen, das stufenweise zunehme, bis dieser Theil
vollkommen schwarz sey; nach der Brütezeit verschwinde aber
diese Farbe wieder.

Auch Gunner (Schr. der Drontheimer Gesellschaft III. 413.) sagt: Der Haidenpfeifer (Ackerloen),
welche an der Brust schwarz sind, sahen wir nicht mehr als
im Frühjahr und Herbst auf den Aeckern, und der Goldregenpfeifer (Fieldloen) war nur im Herbst mit jenem zu
finden. Viele sind daher auch der Meynung, daß dieser von
jenem erzeuget werde, und daß man bisweilen beyden wech-
selsweise beyde Namen gebe.

Auch Herrn Naumanns Beobachtung (a. a. O.
S. 80.), wornach er im Anfang des Aprils Goldregenpfeifer
habe schreyen hören, und darauf 12. theils ganz schwarz-
brüstige theils an dem Unterleibe schwarz überlaufne Haidenpfeifer gefunden habe, und an denen, welche er geschossen, sey
man deutlich gewahr geworden, daß sie sich noch nicht lange
vorher

vorher gemausert hatten, zeigt, daß hier nicht zwey besondere Vögel, ob er es gleich selbst annimmt, gemeynt seyen.

Am wahrscheinlichsten ist es, daß der Vogel, welchen man als Goldregenpfeifer (Charadrius pluvialis) beschreibt, sowohl der Charadrius apricarius im Herbst nach der Mäuser, als der junge Vogel bis zum kommenden Frühjahr ist, daher man diese Art so häufig im Herbst beysammen antrifft, ohne oder doch nur selten einen Vogel in seiner vollkommenen Kleidung darunter zu finden.

Hier ist seine (Charadrius pluvialis) Beschreibung:

Die hohe Stirn und die Gegend vom Schnabel bis zu den Augen sind schmutzig weiß und dunkelbraun gefleckt; der Scheitel ist schwarz, gelblich gefleckt; der Augentreis weiß; die Wangen und Seiten des Halses sind dunkelbraun und röthlich gefleckt; der Oberhals ist grau, gelblich überlaufen; der Ober- und Unterrücken, und die Deckfedern der Flügel schwärzlich, schön gelblichgrün gefleckt; der Unterhals und die Brust aschgrau mit grünlichen Strichen; der Bauch und die Schenkel weiß; die Seiten weiß und dunkelgrau gefleckt; die vordern Schwungfedern dunkelbraun mit weißen Schäften nach der Spitze zu, die mittlern dunkelbraun an den Spitzen weiß gerändet, die langen hintersten, wie der Rücken; die Deckfedern der ersten Ordnung und die größen der zweyten sind schwarzgrau mit weißer Einfassung; die zwölf Schwanzfedern schwärzlich, die äußern mit weißlichen, die mittelsten aber mit gelbgrünen Querbinden; ihre ziemlich langen obern Deckfedern schwärzlich und gelblichgrün schön gestreift; die Unterflügel und die langen Achselfedern

schön

schön weiß; die mittelmäßigen untern Deckfedern des Schwanzes weiß, an den Seiten einzeln abgebrochen dunkelbraun in die Quere gestreift.

Aber auch unter diesen giebt es Varietäten, und es scheint, daß diejenigen, welche auf dem Oberleibe schwärzlich und höher grüngelb, und an der Brust grau mit schwarz oder dunkelbraun gewölkt sind, die alten Vögel sind, dahingegen diejenigen, welche auf dem Oberleibe nur dunkelgrau und gelblich und weißlich gefleckt, und an der Brust weißgrau und schwärzlich und grünlich gestrichelt sind, die jungen Vögel sind. Ueberhaupt je schmutziger und weniger gelb und schwarz die Hauptfarben sind, desto jünger sind die Vögel.

Merkwürdige Eigenschaften.

Der Goldregenpfeifer ist ein äußerst scheuer Vogel, dem der Jäger bloß mit List beyzukommen vermag. Er läuft und fliegt ziemlich schnell, und pfeift im Fluge und sitzend des Abends hell: Tlüih! Wenn sie aufgejagt werden, so fliegen sie dicht neben und unter einander, im freyen Zug aber spitzwinklig in zwey Reihen. So bald sie im Sitzen den Jäger gewahr werden, so machen sie alle Front gegen ihn und kehren ihm die Köpfe zu, und er muß sie alsdann durch Umgehen im Kreise verwirrt zu machen, und sich an sie zu schleichen suchen.

Verbreitung und Aufenthalt.

Dieser Vogel ist nicht allein in Europa, Asien und Amerika bis in den höchsten Norden verbreitet, sondern man sieht ihn auch gegen Süden in Syrien, Sina, auf den Inseln Java, Tongatabu, Oweihi, York und St. Domingo.

Der Norden von England an bis zum arktischen Kreis und so gleichmäßig in allen Welttheilen scheint sein Sommeraufenthalt zu seyn, wo er brütet, und zwar in solcher Menge wie die Wachholderdrosseln, denn so häufig sieht man ihn zuweilen im Herbst ziehen. Er scheint nicht einmal im nördlichen Deutschland zu brüten, sondern auch hier nur im Frühjahr und vorzüglich im Herbst, so wie im mittlern und südlichen durchzuziehen.

Sein Aufenthalt sind feuchte Wiesen, Sümpfe, Teichufer, und Brach- und Saat-Aecker. Auf seinem Zuge, der im Herbst vom September an bis in die Mitte des Decembers, wenn es nicht zuschneyet, dauert *), und im Frühjahr im März und April fällt, läßt er sich gern auf grünen Saatfeldern nieder, daher er auch von den Jägern Saatvogel genannt wird. Er zieht in großen Schaaren aus den nördlichen nach den südlichen Gegenden, und macht allenthalben Halt. Man trifft ihn oft zu mehrern Tausenden beysammen auf Saatäckern und feuchten Wiesen im Herbste an. So sahe ich z. B. in der Gegend um Meiningen den 6. Nov. 1805. eine Heerde auf einer nassen Wiese, deren Anzahl 8 bis 10000 seyn mußte. Im Winter ist er in Gesellschaft der Kiebitze in Italien. Im Frühjahr geht er gewöhnlich in kleinen Heerden wieder in den Norden; denn ich habe ihn im Februar

und

---

*) Jn dem abwechselnden Winter 1792. habe ich ihn auch im Januar erhalten, wo er sich auf einen Sumpf gesetzt hatte, des Nachts angefroren war, und des Morgens, da er sich nicht losreißen konnte, mit den Händen ergriffen wurde.

und März nur zu 10, 20, 40, oder höchstens 60 Stück beysammen auf den Brach- und Saatäckern angetroffen. Die
Witterung muß Ursach seyn, daß man zuweilen in einem
Jahre weder im Herbst noch Frühling eine Heerde auf dem
Strich gewahr wird, und wenn man auch in einer Gegend
wohnt, wie z. B. in einer Ebene vor einem großen Gebirge,
wo sie sonst gewöhnlich einfallen.

Nahrung.

Der Goldregenpfeifer nährt sich von Regenwürmern,
Schnecken, verschiedenen Insecten, als Heuschrecken, und von
ihren Larven, und man findet auch keine weiße Kieseln in
seinem Magen. Des Abends fliegt er nach dem Wasser, um
zu trinken und zu baden.

Fortpflanzung.

Er lebt im Sommer, wie gesagt, im einsamen Norden,
in Schottland, Island, Schweden, Norwegen, Lappland,
Grönland, Hudsonsbay, sowohl auf dem festen Lande als auf
den Inseln, und legt in sumpfige Gegenden seine 4 Eyer, die
spitzig, schmutzig hell olivenfarbig sind, mit schwärzlichen
Flecken, auf einen trocknen Hügel in ein kleines gescharrtes
und mit etlichen Halmen umlegtes Loch, oder auf den Inseln
auf die unbesuchten Berge, und brütet sie in 20 Tagen aus.

An den jungen Vögeln sind die Flecken nicht völlig gelb,
sondern ziehen sich mehr ins Graue.

Feinde.

Die Wanderfalken, Hühnerhabichte und
andere Raubvögel verfolgen diese Vögel. Sie suchen ihnen
zwar durch Niederdrücken auf die Erde und durch ihren

Cc 2   schnellen

schnellen Flug zu entgehen, allein sie verfehlen doch oft ihren Zweck.

Auch eine Laus oder Milbe, die Haldepfeiferlaus wohnt in ihren Federn.

Jagd und Fang.

Er gehört zur mittlern oder niedern Jagd, und wird durch Umgehen und auf dem Anstand geschossen. Der Jäger lockt ihn nämlich in letzterer Hinsicht durch eine messingene Pfeife, die seinen zweystimmigen Laut von sich giebt, schußrecht. Eine solche Pfeife ist Daumens dick und $1\frac{1}{2}$ Zoll lang. An das obere Ende derselben wird ein Röhrchen gelöthet von der Dicke eines thönernen Pfeifenstiels, welches an dem Ende, das in der Pfeife steckt, spitziger seyn, und oben ein kleines Loch, daß man darein pfeifen kann, haben muß. An der Seite ist noch ein Loch, auf welches man einen Finger hält, um dadurch einen zweystimmigen Laut hervorzubringen.

Wenn die Vögel ziehen, so nähern sie sich so gleich dem Orte, wo dieser Ruf herkömmt, in Hoffnung, daselbst einen von ihren Kammeraden zu finden. Man schießt alsdann unter sie, und es geschieht oft, daß sie nach dem geschossenen fliegen, um ihn nicht zurück zu lassen; wenn man daher zwey geladene Flinten oder Döppelflinten bey sich hat, so kann man noch einmal nach ihnen schießen.

Man fängt sie auch in flachen Feldern auf eignen Herden (Brachvogelherden), die mit etwas Gras bewachsen sind und um sich herum gepflügte Aecker haben, wenn man einige ausgestopfte oder angelauferte Lockvögel hat, und sie durch

Nach-

Nachahmung ihrer Locktöne herbey ruft. (s. oben Fang des
mittlern Brachvogels) (Numenius Phaeopus).

In Italien, namentlich in Sardinien, hat man folgende für deutsche Jäger nachahmungswürdige Art, diese
Vögel zu fangen. Cetti giebt sie in seiner Naturgeschichte
von Sardinien (Uebers. 2. Bd. S. 264.) an.

Er sagt, um den Goldregenpfeifer aufzusuchen, darf man
nur auf die nämlichen Orte gehen, wo sich der Kiebitz aufhält.
Er findet sich, so wie dieser, auf frischgeackerten Feldern, und
sucht seinen Unterhalt gern in Sümpfen, in die er geht und in
denselben herum watet, welches der Kiebitz nicht thut, indem
er sich nicht wie dieser gern in Morästen besudelt. Auch wird
ihn der Jäger in den Weinbergen antreffen. Dieser muß
aber nicht der Lebensart des faullenzenden Feldarbeiters nachahmen, welcher sich erst, wenn die Sonne schon lange aufge-
gangen ist, aus seiner Hütte heraus bewegt. Der Goldregenpfeifer erfordert einen hurtigen und wachsamen Jäger. Der
erste beste Baum ist beym Fange der bequemste Posten, wenn
2 oder 3 Jäger mit einander sich damit beschäftigen wollen.
Es werden Stöcke in die Erde gesteckt, und auf die Spitze von
jedem ein ausgestopfter Goldregenpfeifer gebunden; auch bindet man bloß Kiebitze zum Locken an die Ruthen. Sobald
der Jäger, welcher sich versteckt haben muß, etwas von Brachvögeln in der Nähe merket, fängt er an zu pfeifen, wie der
Vogel pfeift (welches mit der eben beschriebenen Pfeife geschehen kann) und macht die Lockvögel flattern. Die Goldregenpfeifer unterlassen nicht herbey zu fliegen, und wenn eine hinlängliche Anzahl auf der Erde beysammen sitzt, schießt der eine
los

los und der andere schießt auf die, so beym ersten Schuß die
Flucht ergreifen, hinterdrein.

Nutzen.

Das Fleisch (Wildpret) derselben ist so schmackhaft,
daß man sie in einigen Gegenden, wie die Schnepfen, mit
den Eingeweiden ißt.

Sie vermindern auch das schädliche Gewürm.

(235) 3. Der dumme Regenpfeifer *).

Namen, Schriften und Abbildungen.

Mornell, kleiner Brachvogel, Dütchen, keine Schwarz-
brust, Morinell, Morinelle, Mornellchen, Mornell-Regen-
pfeifer, Lappländischer, Tatarischer, und Sibirischer Regenpfeifer, Mornellkybitz, hauptdummer Gybytz, Possenreißer,
Pommeranzen- und Citronenvogel, Brachvogel.

Charadrius Morinellus. *Gmelin Linn.* Syst. I. 2.
p. 686. n. 5.

— — tataricus. Pallas Reisen II. S. 715.
Nr. 32.

— — sibiricus. Lepechin Russische Reisen von
Haase. II. S. 185. Taf. 6. *Gmelin Linn.* l. c.
p. 690. n. 22.

Le petit Pluvier. *Buffon des Ois.* VIII. 87. Pl. enl.
832. Ed. de Deuxp. XV. 110. Uebers. von Otto.
XXVIII. 101. mit 2 Figuren.

Dotterell.

*) Der Mornell. Alte Ausg. III. S. 211. Nr. (144) 5.

1 Dotterell. Latham Syn. III. 1. p. 208. n. 14.

Meine Ueberf. V. S. 182.

Naumanns Vögel. II. S. 82. Taf. 12. Fig. 16.

Männchen. Fig. 17. Weibchen.

Mein ornith. Taschenbuch. S. 322. Nr. 3.

Donndorff a. a. O. S. 1089. Nr. 2.

Kennzeichen der Art.

Der Oberleib ist braungrau mit rostfarbener Federeinfassung; über den Augen ein weißer Streifen, der im Nacken
zusammenläuft; der Schwanz aschgrau mit weißer Spitze;
am Männchen die Brust rostroth mit einer weißen Querbinde; am Weibchen die Brust gelblich, aschgrau überlaufen.

Gestalt und Farbe des männlichen und weib-
lichen Geschlechts.

Er gleicht an Größe einer Turteltaube. Seine Länge
ist $10\frac{3}{4}$ Zoll und die Breite $18\frac{1}{2}$ Zoll *). Der Schwanz ist
$2\frac{1}{2}$ Zoll lang, und die gefalteten Flügel reichen fast an die
Spitze desselben. Das Gewicht ist 4 Unzen.

Der Schnabel ist 10 Linien lang, rundlich, oben mit
Rinnen, in welchen die schmalen Nasenlöcher liegen, am Ende
kurz zugespitzt und von Farbe schwärzlich; die Augen liegen
weit hinten und hoch, sind groß und haben einen braunen
Stern: die netzförmigen Füße dunkelgrau, nach Hrn. Naumann graugelb, und nach andern schwärzlich; der nackte
Theil der Schenkel 6 Linien, die Fußwurzel $1\frac{1}{2}$ Zoll hoch, die

mittlere

*) Par. Ms.: Länge $9\frac{1}{4}$ Zoll; Breite $16\frac{1}{4}$ Zoll.

mittlere Zehe 11 Linien lang und die äußere mit der mittlern durch ein Häutchen bis zum ersten Gelenke verbunden, die kleinen dünnen Nägel hornbraun.

Die hohe Stirn ist dunkelgrau und weiß gemischt; der Scheitel schwärzlich, zuweilen mit kleinen weißlichen oder röthlichweißen Fleckchen oder Käntchen; vom Schnabel läuft über jedes Auge eine breite weiße Linie, welche sich am Hinterkopf vereinigt; der Nacken, Rücken, die Schultern und Deckfedern der Flügel und die ziemlich langen Deckfedern des Schwanzes braungrau, mit rostfarbenen und bleichgelben, auch auf den Flügeln rothgrauen Federeinfassungen, die dergleichen strichförmige und geschuppte Flecken verursachen; die Kehle und Wangen weiß mit feinen dunkelbraunen Fleckchen oder Strichelchen; die Schläfe aschgrau mit dunkelbraunen Fleckchen; die Gurgel aschgrau, röthlich oder etwas olivenfarben überlaufen; unter derselben ein schmaler schwarzer Querstreifen, und unter diesem ein breiterer weißer; die Brust und Seiten des Bauchs rostroth oder dunkel orangefarben; der Bauch und die Oberschenkel schwarz; der After, die langen untern Deckfedern des Schwanzes und die untern Schenkelfedern röthlichweiß; die vordern Schwungfedern dunkelbraun, die erste mit einem weißen Schafte, die mittlern dunkelgrau, inwendig weiß gerändert, die langen hintersten graubraun mit weißlicher Einfassung; die Unterflügel weiß; der Schwanz zugerundet und aschgrau, in der Mitte röthlich oder olivenfarben überlaufen, nach der Spitze zu dunkelbraun, und am Ende mit einem weißen Rändchen, das an den Seitenfedern immer breiter wird und an den beyden äußersten gar in einen auswendigen weißen Saum ausläuft, versehen.

Das

Das Weibchen ist etwas größer, heller, oder (matter von Farbe, auf dem Scheitel dunkelbraun und weißlich ge= fleckt, an der Brust aschgrau und der schwarze Fleck am Bauche fehlt, oder ist mit weiß gemischt.

Voriges Jahr erhielt ich aber ein Pärchen, das zusam= men im April in der Nähe von Meiningen geschossen war, und wovon das Weibchen gerade die Farben aufzuweisen hatte, wie der von Naumann als Weibchen beschriebene Vogel. Der Scheitel ist schwarzbraun, weiß gefleckt; der Augenstreifen nicht so rein weiß; die Wangen weiß rothgelb= lich überlaufen; der Unterhals schmutzig gelblichweiß, dunkel= grau gefleckt; die Brust rostgelblich, aschgrau überlaufen, über dieselbe in die Quere laufend ein röthlichweißer Streifen; Bauch und After weiß, ersterer in der Mitte und an der Seite rostbräunlich angelaufen; der Oberleib schwarzbraun mit breiten rostgrauen, rostfarbenen und weißlichen Känten; Flügel und Schwanz etwas heller als am Männchen.

Auf diese Art, und noch etwas heller sehen auch die meisten Vögel aus, welche man im Herbst fängt und schießt. Daher auch dieß die Farbe der Jungen bis zum nächsten Frühjahr zu seyn scheint, und auch die alten Männchen ver= lieren nach Hrn. Naumanns Bemerkung im Herbst die schwarze Farbe des Unterleibes, und bringen sie erst im künfti= gen Frühjahr wieder mit von der Winterreise zurück.

a) Der sogenannte Englische Mornell. (Chara= drius Morinellus *Gmelin Linn.* 1. c. n. 5. β.) welcher auf dem Scheitel graubraun, weiß und hellgelb melirt; am Vorderhals, Brust und Bauch hellgelb und weißlich gemischt ist, und grünliche Füße hat, ist also nichts als ein junger Vogel.

b) Daß

b) Daß der Tatariſche und Sibiriſche Regenpfeifer hierher gehören, giebt die Beſchreibung klar:

Der Tatariſche Regenpfeifer (Charadrius
tataricus) iſt ſo groß als eine Miſteldroſſel; der Scheitel
ſchwarz, hin und wieder ein weißer Federrand; die Augenbraunen ſind weiß, über den Schläfen bis zum Nacken in
eine weiße Binde auslaufend; die Seiten des Kopfs ſind
weiß mit braunſchwärzlichen Puncten; der Hals bis zur Gurgel bräunlichgrau; das Genick und der Rücken etwas dunkler; die Gurgel mit einer ſchwarzen und unter derſelben mit
einer weißen Querbinde; von da iſt die Bruſt roſtbraun und
geht in einen ſchwarzen Fleck über; Bauch und After weiß;
die Flügel braunſchwarz; die Afterflügel mit gelblichen Federſäumen; der Schwanz rundlich, braunſchwarz, am Rande
weißlich und an der Spitze ſchwärzer. Es iſt, wie man ſieht,
ein recht altes Männchen.

c) Der Sibiriſche Regenpfeifer (Charadrius
ſibiricus) iſt 8¾ Zoll lang; der Schnabel ſchwarz, die Füße
bläulich; die Stirn weiß, ſchwärzlich gefleckt; Scheitel und
Oberhals ſchwärzlich; eben ſo der Rücken; über den Augen
ein weißer Streifen bis an den Hinterhals; die Augen groß;
der Stern gelb; die Kehle und der Vordertheil des Halſes
weiß mit kleinen dunklen Puncten unter den Augen; der
untere Theil des Halſes nach der Bruſt zu grau; der Bauch
gelb, ins Rothe fallend; durch einen weißen Streifen von der
Bruſt getrennt; mitten auf dem Bauche fängt ein ſchwarzer
Streif an, der ſich hinterwärts bis zu dem After verlängert;
der After und die Deckfedern des Schwanzes weiß; der
Schwanz dunkelfarbig; die zwey erſten Federn auf der äußern

Fahne

Fahne etwas weiß; die Schwungfedern und Flügeldecken fallen ins Schwarze und haben rothbraune Ränder.

Aus dieser Beschreibung wird abermals das Männchen leicht kenntlich; denn es fehlt nichts als die feine schwarze Brustbinde.

d) Wahrscheinlich gehört auch Hrn. Pallas Asiatischer Regenpfeifer hierher. Charadrius asiaticus. Pallas Rußische Reis. II. 715. n. 32. Gmelin Linn. l. c. p. 684. n. 13.

Er ist größer als der folgende Vogel. Scheitel, Rücken und auswärts die Flügel sind graubraun, ins Aschgraue fallend; Stirn, Augenbrauen, Seiten des Kopfs und Kinn weiß; die Gurgel von der Mitte des Halses an rostbraun mit einer braunschwärzlichen Querbinde vor der Brust; der Schwanz abgerundet braunschwärzlich, an den Seiten weißlich und an der Spitze schwärzer. Daß dieser Vogel hierher gehört, sieht man leicht ein, es scheint ein in der Mauser begriffenes, aber nicht völlig ausgefärbtes Männchen zu seyn.

Merkwürdige Eigenschaften.

Dieß sind die Vögel, welche von dem Jäger kleine Brachvögel und Dütchen genennt werden; das letztere wegen ihres Rufs, der fein Düt, Düt! und Drü! und beym Schrecken und Auffliegen Drü düt düt! klingt. Die Lateinische, Französische und Englische Benennung bezeichnet aber ihre Dummheit; denn sie lassen den Jäger leicht an sich kommen, unter sich schießen, und fliegen nicht weiter weg; ja man muß erst mehrere Schüsse unter sie gethan haben, ehe sie ihre Gefahr kennen lernen und den Jäger fliehen.

hen. Allein nicht nur wegen ihrer Furchtlosigkeit, die wahrscheinlich daher kommt, weil sie in ihrer nördlichen Heymath keine Menschen zu scheuen haben, sondern auch und vorzüglich wegen ihres Nachahmungstriebes, vermittelst welchen sie, wie die Affen, auf eine lächerliche Weise, alle Bewegungen der Menschen und Thiere nachahmen sollen, sind sie in den naturhistorischen Schriften merkwürdig geworden. Sie heißen auch deßhalb Possetreißer. Reckt nämlich, so sagt man, der Jäger den Arm aus, so thut es der Vogel mit seinen Flügeln, und geht er fort, so ahmt er ihm auch hierin nach und thut einige Schritte. Seine Dummheit mit Neugierde vereinigt bringt ihn aber auch gewöhnlich in die Hände des Vogelstellers und Jägers. Wenn daher diese Personen ihren Herd zum Vogelfange zurecht machen, so kömmt er nahe herzugeflogen, sieht ihnen bey ihrer Arbeit zu, macht allerhand lächerliche Bewegungen und geht ohne Scheu in das aufgestellte Netz. Schießt man einen von diesen Vögeln, so kömmt die ganze Schaar herbeygeflogen, betrachtet ihren todten Kammeraden, und man kann ihrer mit einem zweyten Schusse mehrere erlegen. In England fängt man sie bey Licht und treibt sie schaarenweise in die Netze.

Verbreitung und Aufenthalt.

Er bewohnt das mitternächtliche Europa und Asien, und kömmt auf seinen Zügen nur in die südlichern Gegenden, und nach Deutschland, und zwar in manche Gegenden, z. B. ins Anhaltische und Sächsische, in Menge.

Zu Ende des Augusts verläßt er nämlich die sumpfigen und bergigen Gegenden des höchsten Nordens von Europa und

Asien.

Aſien, ſammlet ſich in großen Schaaren, und beſucht die ſüdlichern. Er hält ſich alsdann auf den gepflügten Aeckern, in
Weinbergen, auf Rieden, Triften und Wieſen bis zu Anfang
des Novembers auf. Zu Ende des Aprils geht er wieder in
ſeine nördliche Heymath, und man ſieht ihn dann ſelten
in Deutſchland Halt machen.

Nahrung.

Seine Nahrung ſind Regenwürmer, Käfer, und
andere Inſecten und Erdſchnecken. Auf ſeinem Zuge, der zu
Ende Septembers und Anfang Octobers am ſtärkſten iſt, beſucht er des Abends auch die Flüſſe und Bäche, um zu trinken
und zu baden.

Feinde.

Die Habichte und Sperber verfolgen dieſen
Vogel, und es werden denſelben aus einem Fluge oft mehrere
zu Theil.

Jagd und Fang.

Man erlegt ſie mit der Flinte und fängt ſie auf dem
Brachvogelherde durch Lockvögel und mit der Lockpfeife.
Erſtere unterhält man mit Semmeln in Milch geweicht.

Nutzen.

Aus ihrem Fleiſche bereitet man ein wohlſchmeckendes Gericht, welches dem vom Goldregenpfeifer weit vorgezogen wird.

(236) 4. Der buntschnäblige Regenpfeifer *).
Charadrius Hiaticula, *Linné.*

[handwritten annotation] (Taf. XI.)

Namen, Schriften und Abbildungen.

Strandpfeifer, großer Strandpfeifer, Halsbandregen=
pfeifer, Strandpfeifer mit dem Halsbande, Uferlerche, See=
lerche, Griesläufer, Grieshennel, Sandregerlein, Koppen=
riegerlein, Kobelregerlein, Tullfiß, Seemornell, Oostvogel,
Brachhuhn, Brachvogel, sprenkliger Grillvogel, kleiner Kie=
biß, Krägte.

Charadrius Hiaticula. · *Linné* Faun. suec. ed. 2.
n. 178. *Gmelin Linné* Syst. I. 2. p. 683. n. 1.

Pluvier à collier. *Buffon* des Ois. VIII. P. 60. t. 6.
Pl. enl. No. 920. Ed. de Deuxp. XV. 114.
t. 2. f. 3. Uebers. von Otto. XVIII. S. 117
und 129. mit einer Figur.

Ringed Plover. *Latham* Syn. III. 1. P. 201. n. 8.
Meine Uebers. V. 176.

Wolfs und Meyers Vögel Deutschlands. I. Heft.
15. Männchen und Weibchen.

? Naumanns Vögel. II. S. 100. Taf. 15. Fig. 19.
Männchen.

Frisch Vögel. Taf. 214. Männchen und Weibchen.

Mein ornithol. Taschenbuch. S. 323. Nr. 4. Nicht
gehörig gesondert.

Donndorff a. a. O. S. 1083. Nr. 1.

Kenn=

*) Der Strandpfeifer. Alte Ausgabe. III. 214. Nr. (145) 6.

Kennzeichen der Art.

Der Schnabel ist gelb, an der Spitze schwarz; die Füße sind gelb; quer über den Vorkopf, durch die Augen und unten um die Gurgel gehen schwarze Binden; der Oberleib ist graubraun (mit feinen weißlichen Federsäumen); mehrere Schwungfedern in der Mitte mit weißlichen länglichen Flecken besetzt.

Gestalt und Farbe des männlichen und weiblichen Geschlechts.

Dieser und die beyden folgenden Vögel sehen einander so ähnlich; daß sie von den mehrsten Naturforschern und ehedem von mir selbst, als zu einer Art gehörig, sind aufgeführt und beschrieben worden. Durch Herrn Hofrath Dr. Meyer zu Offenbach aufmerksam gemacht, finde ich nun (denn ich sehe diese Vögel im Sommer fast alle Tage, wenigstens diesen und den folgenden), daß sie nicht bloß nach Alter und Geschlecht, sondern wirklich der Art nach verschieden sind. Nur selten findet man im Thierreich, daß die Natur bey der Bildung verwandter Arten eine gewählte Form so fest hält, daß sie dieselbe gleichsam nur mit Mühe und ungern fahren lassen will, wie hier; denn selbst die so ähnlichen Lerchen-, Pieper- und die Schnepfenarten, welche man Becassinen nennt, sind nicht so ähnlich gestaltet, und lassen schärfere Unterscheidungsmerkmale auffinden, als diese Regenpfeifer. Ich habe ihre Kennzeichen so bestimmt, als nur möglich war, angegeben, und ihnen auch neue Namen beygelegt, um hinführo die Verwechselung derselben zu verhüten, und die weitläuftigen und nähern Beschreibungen, die ich hier liefere, werden hoffentlich für die Zukunft diese Vögel richtig unterscheiden lehren.

Der

Der buntschnäblige Regenpfeifer ist der größte unter
diesen 3 ähnlichen Arten, denn er gleicht an Größe fast der
Rothdrossel, ist 8¼ Zoll lang, und 17 Zoll breit *). Der
Schwanz ist 3 Zoll lang und die gefalteten Flügel reichen fast
an die Spitze desselben.

Der Schnabel ist 8 Linien lang, gerade, rundlich, an
dem Ende oben und unten, ehe die Spitze kömmt, etwas
dick, der obere Kiefer kaum etwas länger als der untere, die
Farbe von der Wurzel bis in die Mitte orangegelb, nach der
Spitze zu schwarz; die Nasenlöcher als Ritzen in einer kurzen Rinne liegend; der Augenstern nußbraun; die geschuppten Füße orangegelb (auch blaßgelb), der nackte Theil der
Schenkel 6½ Linie, die Fußwurzel 1 Zoll 2 Linien hoch, die
Mittelzehe 10 Linien lang und mit der äußern durch eine
kleine Haut bis zum ersten Gelenke verbunden.

Die hohe Stirn ist vorn dicht über dem Schnabel als
einem Theil der Halfter mit schwarzen sammetartigen Haarfedern bekleidet, und dieß verbindet sich mit einem schwarzen
Streifen, der unter den Augen wegläuft, bey den Ohren
breiter wird und im Genicke fast vereinigt zusammenstößt;
über diesem Streifen befindet sich ein weißer, der auf der
Stirn am breitesten ist, und über den Augen hin, wo er am
schmälsten wird, bis zum Genicke geht; der Scheitel ist vorne
schwarz, und diese Farbe zeigt sich in einem schwarzen breiten
Querbande; das übrige des Scheitels und Hinterkopfs ist
braungrau; die Kehle weiß und verbindet sich mit einem breiten weißen Ring, der den Hals umgiebt; unter demselben

steht

*) Par. Ms.: Länge 7½ Zoll; Breite 15 Zoll.

steht ein schwarzer, der auf dem Hinterhalse schmal und
schwächer, am Vorderhalse aber und an der Oberbrust breit
und dunkler ist, und also vor der Brust eigentlich ein breites
schwarzes Schild bildet; der Rücken so wie die Schulterfedern
und Deckfedern der Flügel sind graubraun, das einige lichtbraun nennen, und von den mittelmäßigen obern Deckfedern
des Schwanzes sind die mittlern graubraun und die zur Seite
weiß, auch bemerkt man gewöhnlich an den graubraunen
Federn des Oberleibes ein feines weißes Käntchen, wodurch
derselbe ein gewisses gewelltes oder schuppenförmiges Ansehen
erhält; der übrige Unterleib sammt den Seiten- und Deckfedern
der Unterflügel schön weiß, die Schwungfedern unten grau;
die untern Deckfedern des Schwanzes weiß und lang; die
vordern Schwungfedern dunkelbraun mit schwärzlichen Spitzen,
die 4 ersten mit weißen Schäften in der Mitte, die 4 folgenden mit weißlichen Flecken in der Mitte an der äußern Fahne;
von den graubraunen kurzen Schwungfedern sind zwey weiß
und zwey weißlich, alle mit weißlichen Spitzen; die langen hintersten aber dunkelbraun; von den länglichen Achselfedern sind
einige graubraun mit weißen Spitzenden; die Deckfedern der
erstern Ordnung schwärzlich mit weißen Kanten; die unterste
Reihe der großen Deckfedern mit weißen Spitzen; der zugerundete, aus 12 Federn bestehende Schwanz dunkelbraun,
nach der Spitze zu schwärzlich, die Spitze selbst ist röthlichweiß, die äußerste Feder weiß, die folgende vor dem Ende
mit einem dunkelbraunen Fleck und die dritte noch mit einem
größern versehen.

Das Weibchen ist etwas größer und hat im Ganzen
eben die Farbe, nur sind die schwarzen Binden an Kopf und

Hals nicht so breit und haben einige bräunliche Spitzen, scheinen also ins Grauliche zu fallen, auch die Stirn ist nicht so breit und rein weiß; Flügel und Schwanz sind nicht so dunkel und haben nicht so viel weißes als am Männchen.

Ich kenne keine besondern Farbenverschiedenheiten von diesem Vogel; denn die man gewöhnlich dafür ausgiebt, sind besondere Vögelarten und werden unter den folgenden Nummern beschrieben werden. Doch sagt Pennant in seiner arktischen Zoologie (Uebers. II. S. 451.), der diesen Vogel ganz richtig beschreibt, daß bey allen, welche er aus den nördlichen Theilen von Nordamerika gesehen habe, die schwarzen Zeichnungen sehr schwach und verloschen gewesen wären. Das Klima hatte die specifischen Unterscheidungszeichen fast zerstöhrt, aber man konnte doch die Art an dem gelben und schwarzen Schnabel und an der ganzen Gestalt sehr leicht erkennen. Die herrschenden Farben waren weiß und ein sehr lichtes Aschgrau. Das Gewicht an zwey Unzen und die Länge bis zur Schwanzspitze 7½ Zoll Englisch Maas.

Merkwürdige Eigenschaften.

Diese Vögel zeichnen sich durch Scheuheit und Vorsicht aus. Sie durchlaufen und durchfliegen die Ufer der Flüsse, der Seen, Teiche und des Meeres schnell und absatzweis, und bewegen dabey den Leib, der horizontal auf den dünnen Füßen steht, besonders den Hinterleib stark und beständig, ohne auszuruhen. Ihr Ruf ist hell und rein: Kü! Kü! und in der Angst, wenn man sich dem Neste nähert, oder nach den Jungen schießt, hoch und schwirrend: Thüll! thüll!

thült! tull! Wenn sie auf ihrem Stande sind, so erheben
sie sich nie hoch in die Luft, sondern fliegen immer niedrig
neben und über dem Wasser hin, sind aber in einer beständi-
gen Unruhe, besonders bey Veränderungen des Wetters, und
des Abends hört man sie bis tief in die Nacht hinein einander
rufen, obgleich keiner in des andern Stand oder Quartier,
das er bewohnt, kommen darf, ohne weggejagt zu werden.
Die Männchen treten oft wie die Haushähne vor einander
und beschauen sich, wenn etwa einer so stark wie der andere
ist, ehe sie auf einander stoßen, allein endlich muß doch der
schwächste Theil mit seinem Weibchen weichen und eine Strecke
davon seine Wohnung oder Nest aufschlagen.

Verbreitung und Aufenthalt.

Diese Art ist in Deutschland an den Flüssen, Teichen und Seen nicht so häufig, als die folgende, man trifft sie
also außer dem Strich nur einzeln an. Hingegen soll sie an
den nördlichen Deutschen Küsten, in England, in allen
Theilen von Rußland und Sibirien desto häufiger
seyn. Sie ist überhaupt (wenn man nicht etwa die ähnlichen Arten mit einander verwechselt hat) sehr weit verbreitet,
denn man findet sie in dem höchsten Norden von Europa, in
Schweden und Lappland und am Vorgebirge der
guten Hoffnung, in Grönland und Hudsons-
bay, so wie in Brasilien; ja die Seefahrer haben sie auf
Oweihi, einer der Sandwichinseln, angetroffen. Büf-
son sagt daher, daß man diesen Vogel als eine von den pri-
vilegirten Arten ansehen könne, die sich auf der ganzen Erde
verbreiten, und nach allen Gegenden bequemen, weil ihr Leben

von einem Elemente abhängt, welches in allen Himmels=
strichen mehr gleich ist, und allenthalben den nämlichen Grund
zur Nahrung legt, so daß sich diese Vögel unter den Wende=
kreisen eben so wie unter den kalten Zonen wohl befinden.

Die sandigen Stellen der Ufer und Strande ziehen sie
den rasigen vor; doch findet man sie auch zur Wanderzeit,
welche im August anfängt, auf rasigen Teich= und Flußufern.
Ja zu Anfang dieser Zeit sieht man sie einzeln an den hohen
Ufern kleiner Bäche und Flüsse herum schwärmen. Ich habe
von dieser Art auf dem Strich, welcher bis zu Ende des
Septembers dauert, die meisten nur einzeln, höchstens eine
Familie von 6 Stück bey einander an den Flußufern angetrof=
fen. Sie sind auf ihrer Wanderung in beständiger Unruhe
und Bewegung, und man sieht daher keinen Flug einen gan=
zen Tag an einer Stelle verweilen. Zu Ende des März und
Anfang des Aprils sind sie wieder in ihrer Heymath, und ver=
rathen sich dann gleich durch ihr häufiges Geschrey in der stil=
len Nacht.

Nahrung.

In dem Magen dieser Vögel habe ich immer bloß Ue=
berbleibsel von Wasserinsecten, und von Lauf=, Mist= und
andern Käfern gefunden, nebst kleinen weißen Kieselchen.
Doch wird auch angegeben, daß sie Regenwürmer, Schneck=
chen und anderes Gewürme verzehrten. Wo die Gegend flach
ist und auch auf dem Zuge findet man sie oft auf den Brach=
äckern, und dahin gehen sie auch im Frühjahr, wenn es kalt
ist, und sich an den Ufern die Insecten verbergen.

Fort=

Fortpflanzung.

Das Nest dieses Regenpfeifers findet man auf dem bloßen Boden in einer kleinen Vertiefung im Sand, auch wohl in einer Uferhöhle, oder auf einem Felsen, seltener auf dem rasigen Ufer in einer Vertiefung, aber auch auf Sand- lehden etliche 100 Schritte vom Wasser entfernt. Das Weibchen legt des Jahrs nur einmal 4 bis 5 große birnför- mige röthlichgelbe, fein und grob graubraun und schwärzlich gefleckte Eyer. Die Jungen bleiben wenig Tage im Neste, werden dann ausgeführt und von der Mutter wie junge Küchelchen gehudert. Sie sind anfangs mit rothgrauer und weißer Wolle bedeckt, und werden dann am Oberleibe grau- braun und röthlichweiß geschuppt, am Unterleibe weiß, und die schwarzen Binden sind dunkelbraun und rothgrau gewölkt.

Feinde.

Die Eyer und Jungen haben an Iltissen, Wasser- ratten, Dohlen, Raben und Krähen ihre Feinde; die Alten aber entgehen den Raubthieren und Raubvögeln gewöhnlich durch die Geschwindigkeit ihrer Füße und Flügel.

Jagd und Fang.

Hinter einem Gebüsch, oder sonst versteckten Orte sind sie mit der Flinte, die mit Dunst geladen ist, zu erschlei- chen. Sonst kann man auch in ihre engen Gänge Leimruthen stecken, und sie darauf hintreiben.

Nutzen.

Das Fleisch schmeckt gut, und auch durch Vertil- gung der Mücken und Mückenlarven werden sie nützlich.

(237) 5. Der schwarzbindige Regenpfeifer.

Charadrius fluviatilis, *mihi.*

Namen, Schriften und Abbildungen.

Kleiner Regen- und Strandpfeifer, Baltischer Regenpfeifer, Sandläufer, Sandhühnchen, Seelerche, Grießläu-
fer, Grießhennel, Flußschwalbe.

Charadrius curonicus. Beseke N. G. der Vögel
　　Curlands. S. 66. Nr. 134. *Gmelin Linn.* Syst. I.
　　2. p. 692. n. 29.

Charadrius minor. Wolfs und Meyers Vögel
　　Deutschl. I. Heft. 15. Männchen und Weibchen.

Le petit Pluvier à collier. *Buffon* l. c. p. 60. Pl.
　　enl. No. 921. Uebers. von Otto a. a. O. S. 117.
　　mit einer Abbildung (Im Nachtrag aber fälschlich
　　für Charadrius Alexandrinus, welches der folgende
　　ist, ausgegeben.).

Le Pluvier à collier. *Brisson* Ornith. V. 60. pl. 5.
　　fig. 1.?

Kennzeichen der Art.

Der Schnabel ist schwarz; die Füße sind gelblich fleischfarben; quer über den Vorderkopf, durch die Augen und unten
um die Brust gehen schwarze Binden; der Oberleib ist rothgrau; die Schwungfedern sind dunkel- oder graubraun, die
mittlern mit weißlichen Spitzenrändern.

Gestalt und Farbe des männlichen und weiblichen Geschlechts.

Ohngeachtet dieser Vogel weit häufiger ist als der vorhergehende, so kennt man ihn doch in den naturhistorischen Wer-

ken

ken nicht so genau, und wo man ihn beschrieben findet, so ist
er entweder mit dem buntschnäbligen oder dem folgenden dunkelbrüstigen Regenpfeifer verwechselt worden. An allen Flüssen Deutschlands, sie mögen groß oder
klein seyn, in ebenen oder gebirgigen Gegenden fließen,
wenn sie nur breite flache Kiesflächen haben, findet man denselben. Er ist weit kleiner als der vorhergehende, ohngefähr
von der Größe des Goldammers, 7 Zoll lang, und 15 Zoll
breit *). Der Schwanz mißt 2½ Zoll und die gefalteten Flügel legen sich kurz vor der Spitze derselben zusammen.

Der Schnabel ist dünn, 6 Linien lang, gerade, an der
Seite etwas gedrückt, an der Spitze oben und unten etwas
erhaben, der Oberkiefer kaum etwas länger als der untere,
von Farbe schwarz, nur an der Wurzel der untern Kinnlade
etwas gelblich; die Nasenlöcher sind länglich eyrund und liegen
in einer langen riefenartigen dreyeckigen Haut; der Augenstern nußbraun; die Augenlieder mit einer breiten orangegel-
ben gekerbten Haut gerändert; die geschuppten Füße gelblich-
fleischfarben, in den Gelenken aschgrau, der nackte Theil der
Schenkel 5½ Linie hoch und aschgrau, die Fußwurzel 1 Zoll
hoch, die mittlere Zehe 10 Linien lang und mit der äußern
durch eine kleine Winkelhaut verbunden; wenn die Vögel eine
Zeitlang todt gelegen haben, so werden die Füße trübgelb und
unscheinlich.

Der Kopf ist etwas platt, fast viereckig; die Stirn
weiß; hinter derselben ein schwarzes Querband, das nach dem
Scheitel zu weiß eingefaßt ist, und wovon aus ein weißer

Streifen

*) Par. Ms.: Länge: 6¾ Zoll; Breite: 13½ Zoll.

Streifen über die Augen weg bis zu den Ohren hinläuft; die obere Schnabelwurzel mit einem feinen Streifen schwarzer Haarfedern bekleidet; von der Schnabelwurzel geht bis hinter die Augen ein schwärzlicher Streifen, der sich in der Ohrgegend erweitert; der Scheitel ist dunkel rothgrau; die Kehle weiß, und verläuft sich in einen Ring, der den Hals umgiebt; die Gurgel und Oberbrust sind schwarz, und die schwarze Farbe der erstern geht in einem schmalen Ring um den Hals hinten herum; der Rücken, so wie Schulterfedern und Deckfedern der Flügel sind wie der Scheitel rothgrau; die obern Deckfedern des Schwanzes sind eben so; der übrige Unterleib ist weiß; die vordern Schwungfedern sind dunkelbraun mit schwärzlichen Spitzen, die erste mit einem weißen Schafte, die mittlern kurzen sind graubraun mit weißlichen Spitzenrändern, die hintern längern und zugespitzten aber wieder dunkelbraun und nur einige der ersten hellgrau mit großen weißen Spitzen; von den Unterdeckfedern der Flügel sind die kleinen weiß, die großen silberfarben, und die am Rande graugefleckt, und ihre Schwungfedern grau; der keilförmig zugespitzte zwölffederige Schwanz ist graubraun, nach dem Ende schwärzlich, die Spitzen, außer an den beyden mittlern spitzigen Federn, weiß, die äußersten Federn entweder ganz weiß, oder mit einem schwachen dunkelbraunen Fleck, die folgende vor dem Ende mit einem dunkelbraunen Fleck, die dritte mit noch einem größern schwärzlichen versehen u. s. f.

Das Weibchen ist etwas größer; die Zügel und Ohren sind mit der Rückenfarbe überlaufen, also schwarz und braungrau gemischt; der Ring am Unterhals und der Oberbrust ist mehr dunkelbraun als schwarz, welches die rothgrau

kantir

kantirten schwarzen Federn verursachen; die vordern Schwungfedern sind dunkler; der Schwanz ist nach der Wurzel zu
heller; übrigens ist es dem Männchen gleich.

Ich habe die Beschreibung beyder Geschlechter von einem
gepaarten Pärchen genommen, das ich im May auf einem
Schuß bey dem Neste mit Vorsatz erlegte, damit ich mit Gewißheit eine ächte Beschreibung von dieser noch so verwirrten
Vogelart zu geben im Stande war. Wenn man diese Art
mit der vorhergehenden, der sie auffallend ähnlich ist, vergleicht, so sieht man, daß sie viel kleiner, an Schnabel
und Füßen schlanker ist, einen schwarzen Schnabel zu allen
Jahrszeiten hat, und die dunkeln Zeichnungen nicht so breit
und dunkelschwarz sind.

Daß dieser Vogel der Curländische Regenpfeifer ist, ergiebt si,z aus Hrn. Besekes Beschreibung, ob
er sie gleich nur von einer Abbildung genommen hat. Er
sagt: Kopf, Brust, Bauch und After sind schön weiß; die
Stirn an der Wurzel des Schnabels ist weiß; in der Mitte
der Stirn ein schwarzer halbmondförmiger Fleck; auf dem
Kopf eine graue Platte wie ein Kalotchen; vom Schnabel an
durch die Mitte des Auges, an den Backen, unter den Ohren
weg fast ans Genick geht ein schwärzlicher wellenförmig schattirter
Streifen; der Rücken, die Flügel und der Schwanz sind grau
mit schwachen dunklern Schattirungen; die drey großen
Schwungfedern sind schwärzlich und die erste hat einen weißen
Schaft; die obern Schwanzfedern sind an der Spitze schwarz;
die Augenringe (Ränder der Augenlieder?) sind citrongelb;
der Schnabel ist schwarz; die Füße sind röthlich.

Merk-

Merkwürdige Eigenschaften.

Wenn man im April des Abends an einer sandigen, von einem ausgetretenen Fluß entstandenen Stelle vorbey geht, so wird man gewiß den hellen flötenden Ton dieses Regenpfeifers, der fliegend wie Biä, Biä, und sitzend wie Püt, Püt! klingt, hören. Obgleich jedes Paar seinen eigenen Platz behauptet, so trifft man doch an einem sandigen Flußufer, das sich auf eine Viertelstunde in die Länge erstreckt, 2 oft 3 Paare, die ihre Sommerwohnung da aufgeschlagen haben, und zu Ende des Märzes und Anfangs des Aprils, so wie im August und September hört man des Nachts oft ein Getöne, wie wenn eine Pfütze voll Laubfrösche schrieen, so häufig sind sie anzutreffen. Wenn die Sonne warm scheint, so baden sie sich immer abwechselnd im Sande und Wasser. Das Wasserbad ist ihnen überhaupt ein nothwendiges Bedürfniß, denn wenn man einen solchen Vogel in die Stube setzt, so sieht man, daß er von beständigem Baden fast immer naß wird, und sein Hauptgeschäfte besteht darin, sich zu baden und abzutrocknen. Früh und Abends sind diese Vögel außerordentlich munter und fliegen und laufen auf dem Kiese beständig ruckweise herum. Beym hellen Mittage aber stehen sie stille am Wasser, ziehen Kopf und Hals ein, und sitzen so ganz getuckt mit horizontal gestelltem Leibe, der sich hinten beständig, wie in einer Angel bewegt. Sie lassen dann oft so nahe an sich kommen, daß man auf sie tritt, ehe sie wegfliegen, und man sieht sie wegen des vielfarbigen Kieses und ihrer grauen Rückenfarbe nicht leicht sitzen. Männchen und Weibchen sind beständig beysammen, und fliegen immer zusammen auf, wenn letzteres nicht brütet. Zur Brütezeit hört man sie auch wenig

am

am Tage rufen, wahrscheinlich um das Nest nicht zu verra=
then; allein des Abends und Nachts geben sich die benachbar=
ten Paare beständig durch wechselseitige Pfiffe ihr Daseyn
und Wohlbefinden zu erkennen. Sie sind nicht so scheu, wie
die vorhergehenden Vögel, und man kann ihnen mit der
Flinte sehr leicht schußrecht kommen. Sie haben mit noch
einigen Sumpfvögeln den besondern Flug, daß die Flügel=
spitzen nicht gerade ausgestreckt, sondern winklig nach den Leib
herab gebogen sind. Sie legen sich auch im Fliegen wie die
Kiebitze bald auf die rechte bald auf die linke Seite.

Verbreitung und Aufenthalt.

Ob dieser Vogel so weit gegen Norden und Süden ver=
breitet ist, wie der vorhergehende, darüber hat man keine
sichere Nachricht in den Schriften, da er mit demselben so
wie mit dem nachfolgenden verwechselt worden ist. So viel
ist aber sicher, daß er an den Ufern der Ostsee sich vorfindet,
und an den Ufern der Flüsse in Deutschland, die sandige Ufer=
plätze haben, allenthalben angetroffen wird. Vorzüglich gern
ist er da, wo diese Plätze an Flüssen, die eigentlich sonst ein
buschiges und grasiges Ufer haben, einzeln vorkommen. Wenn
man einen solchen Platz mit dem Hunde im Frühjahr und
Sommer durchsucht, so wird man gewiß ein Pärchen antref=
fen. Sie sind im April da, und man trifft das gepaarte
Männchen und Weibchen mit seinen Jungen bis zur Mitte
des Julius auf einem solchen Brüteplatze an, wenn er nur
einen Umfang von etlichen Äckern hat, damit sie immer die
nöthige Nahrung finden können. Vom August bis ans Ende

solchen Plätzen oft des Abends Züge von 6 bis 12 Stück, die ihre Reise nach den südlichen Gegenden gemeinschaftlich machen, pfeifen. Sie gehen dann auch an die Teichufer, die flache sandige oder kahle Uferflecken haben. Wenn man sie hier durch Schüsse verfolgt, so lassen sie sich auf den flach= schwimmenden Wassergräsern mitten in den Teichen nieder, und gehen nicht eher wieder an das kahle Ufer, bis die Gefahr vorüber ist. Im October habe ich in Sachsen und Franken keine mehr bemerkt.

Nahrung.

Diese besteht aus kleinen Wasserinsecten aller Art, die sie im Sommer in Menge an den Ufern finden. Sie fressen sehr viel, welches man an dem häufigen weißen Unrath an ihrem Aufenthaltsorte, dem Wasser entlang, sieht. Eben so viel trinken sie, und baden sich, wie schon erwähnt, beständig im Sande und Wasser.

Fortpflanzung.

Sie vermehren sich nur einmal des Jahrs.

Das Weibchen legt im May 3 bis 4 weiße, mit vielen kleinen schwarzbraunen Puncten besetzte Eyer auf den bloßen Sand an die freyen Meeres= und Flußufer in eine flache Ver= tiefung, und brütet sie in 14 Tagen aus.

Wenn die Jungen aus dem Ey kommen und noch keine Federn haben, so sind sie auf dem Kopf und Rücken mit röth= licher und grauer Wolle, auf dem Unterleibe mit weißer, auf den Flügeln mit aschgrauer, und um den Kopf herum mit einem Kranze von schwarzer Wolle bedeckt; die Füße sind bleyfarben und der Schnabel schwarz. Sie können dann noch

sehr

sehr unbehülflich gehen, und werden von dem Weibchen ge=
hudert. Haben sie aber ihre vollkommnen Federn, so sehen
sie bis zur ersten Mauser folgendergestalt aus: Der Schnabel
ist schwarz; die Füße sind graugelblich, auch wohl graulich;
die Stirn röthlichweiß; die Zügel schwarz und weißbunt; die
Backen dunkelbraun, röthlich überlaufen; der Scheitel und
Hinterkopf graubraun, alle Federn weißröthlichgelb eingefaßt;
Kehle und Ring um den Hals weiß; die obere Brust in der
Mitte rostfarben und dunkelbraun gefleckt, an den Seiten
schwarzbraun, nach hinten einen schwärzlichen schmalen Ring
bildend; Rücken und Deckfedern der Flügel graubraun, alle
Federn weiß röthlichgelb eingefaßt; die obern Deckfedern des
Schwanzes theils weiß, theils graubraun; der Bauch weiß;
die Schwungfedern schwärzlich, die mittlern stark weiß einge=
faßt, die letztern hell rostfarben kantirt; der Schwanz an
der Wurzel braungrau, nach der Spitze zu schwärzlich, die
einzeln Federn, wie oben angegeben, gefleckt, nur die beyden
mittelsten mit rostfarbenen Spitzen.

F e i n d e.

Da man auf diese Vögel keine besondere Jagd macht, so
müßten sie sich bald sehr stark vermehren, wenn nicht die
Ueberschwemmungen und Wieseln, Iltisse und Was=
serratten ihre Brut so oft verheerten. Ich habe auch
eine graue Milbe in den Federn gefunden.

J a g d u n d F a n g.

Wie gesagt: Man kann sie leicht mit der Flinte er=
schleichen.

Bey

Bey Meiningen, wo sie gleich vor der Stadt neben der Werra-Brücke nisten, machen es die Vogelsteller auf folgende Art, um sie zu fangen. Sie belegen eine Stelle auf dem Sande, wo sie sich immer aufhalten, so mit einem Distel- oder Nesseldamm, daß nur ein einziger Ausgang offen bleibt: Diesen bestecken sie mit Leimruthen oder mit ein Paar Sprenkeln, deren Stellhölzchen mit der Schleife auf der Erde liegen. Diese Regenpfeifer gehen nie über die Disteln oder Nesseln, sondern suchen den freyen Ausgang, wo die Leimruthen oder Sprenkel stehen, und fangen sich.

Nutzen.

Das Fleisch ist ein sehr delikates Gericht, und auf dem Strich verlohnt es sich der Mühe einen Schuß an diesen Vogel zu wenden.

Er vertilgt auch viele beschwerliche Wasserinsecten.

6. Der dunkelbrüstige Regenpfeifer.

Charadrius littoralis, *mihi.*

(Taf. XXIII. Männchen und Weibchen.)

Namen, Schriften und Abbildungen.

Alexandrinischer Regen- oder Strandpfeifer, weißstirniger Regenpfeifer.

Charadrius Alexandrinus. Haßelquist Reise nach Palästina. S. 310. Nr. 30. *Gmelin Linn.* Syst. I. 2. p. 683. N. 2. (Männchen). *Brünnich* ornith. bor. app. p. 77. (Weibchen.)

Cha-

Charadrius albifrons. Wolfs und Meyers Vögel
Deutschlands I. Heft 15. Männchen und Weibchen.

Alexandrine Plover. *Latham* Syn. III. 1. p. 205.
N. 9. Meine Uebers. V. 178. Nr. 9.
Dönndorff a. a. O. S. 1086. Nr. 2.

Kennzeichen der Art.

Der Schnabel ist schwarz; die Füße sind schwärzlich;
der Oberleib ist braungrau; die vordern Schwungfedern sind
grauschwarz, einige derselben an dem äußern Rande mit
einem weißen länglichen Fleck versehen; die 2 äußersten
Schwanzfedern weiß; an den Seiten der Gurgel steht beym
Männchen ein schwärzlicher, beym Weibchen ein grauer
Querfleck.

Gestalt und Farbe des männlichen und weib-
lichen Geschlechts.

Diesen Regenpfeifer habe ich sonst für eine Abänderung
oder jungen Vogel des buntschnäbligen gehalten, bis
mich Herr von Minckwitz, dem ich auch die Abbildung
des Männchens zu verdanken habe, vom Gegentheil über-
zeugt hat. Dieser hat mehrere Exemplare vom männlichen
und weiblichen Geschlechte in seinem Cabinette, und weiß
daher zuversichtlich, ß er eine von jenem wirklich verschiedene Art ausmacht. Die Autoren scheinen eigentlich nur
das Weibchen zu kennen. An Größe gleicht er einer Feldlerche, steht also in dieser Hinsicht zwischen den beyden vorhergehenden in der Mitte.

Er

Er ist 7¾ Zoll lang, wovon der Schnabel 7 Linien und der Schwanz 2¼ Zoll wegnimmt *). Die Flügel reichen bis fast an die Schwanzspitze.

Der Schnabel ist nach vorne etwas erhaben, dann spitzig zulaufend und schwarz; die Nasenlöcher sind länglich, dreyeckig und liegen in einer rinnenförmigen Vertiefung; der Augenstern ist dunkelbraun; die Augenlieder gelblich eingefaßt; die Füße schwarzbläulich, im Tode schwärzlich oder schwarz; die Schenkel 4 Linien hoch nackt, die Fußwurzel 14 Linien hoch, die mittlere Zehe mit dem schwarzen kurzen feinen Nagel 9 Linien lang, und mit der äußern Zehe an der Wurzel durch eine kleine Spannhaut verbunden.

Brust und Kopf ist an diesem Vogel ausgezeichnet stark. Die Stirn ist 3 Linien breit rein weiß, welches Weiß in gleicher Breite bis an die Augen geht, sich jedoch nur in einem sehr schmalen Streifchen über die Augen hinzieht, hinter denselben wieder mehr ausbreitet und 3 Linien hinter den Augen sich verliert; über dem Weißen an der Stirn ist auf dem Scheitel ein drey Linien breiter Querstreifen von rußschwarzer Farbe, doch schneidet diese Farbe nach hinten zu nicht scharf ab, und ist auch, aber fast unmerklich, mit Grau vermischt; von da an ist der Kopf grau, mit starkem hell braunrothen Anfluge, besonders zu Ende am Genick, wo die röthliche Farbe rein wird; von der Schnabelwurzel an geht ein schwarzer, über 1 Linie breiter Streifen bis zu den Augen, und zieht sich hinter den Augen bis zu den Ohren und bis zur weißen Halsumgebung hinab; der ganze Unterleib von

der

*) Par. Ms.: Länge 7 Zoll.

der Kehle an bis zu den langen untern Deckfedern des Schwanzes nebst den Backen und Seiten des Halses ist schön weiß, und dieß Weiße zieht ganz um den Hals herum und ist im Genick gegen 5 Linien breit; oben an dem Flügelbug herein zieht sich ein schwarzer, fast Zoll langer und über ¼ Zoll breiter Querfleck nach der Oberbrust herein, vereinigt sich aber weder vorn noch hinten, sondern hat vorn über der Brust noch 1 Zoll breiten Zwischenraum; der ganze Rücken und die Deckfedern der Flügel sind braungrau, bald etwas heller, bald etwas dunkler; die Schwungfedern sind grauschwärzlich, inwendig weißlich, der Schaft der ersten ganz weiß, an den übrigen die Hälfte schwärzlich, die fünfte bis achte Schwungfeder hat an der äußern Fahne einen länglichen weißen Fleck, und die kürzern sind an der Spitze schwach weiß gesäumt, die hintersten langen wie der Rücken gefärbt; die Deckfedern der ersten Ordnung schwärzlich mit weißen Spitzen; die Unterflügel sind weiß, die Schwungfedern selbst grau; der Schwanz ist keilförmig zugespitzt und sieht oben schwarzbraun und unten lichtbraun aus, und so sind denn eigentlich die beyden mittelsten Federn gefärbt; bey den folgenden entfernt sich die schwarzbraune Farbe von der Wurzel nach und nach immer mehr, nimmt aber bey der vierten noch die ganze Spitze ½ Zoll hinauf ein, bey der dritten ist bloß auf der innern Fahne nahe am Ende noch ein länglicher schwarzbräunlicher Fleck, das übrige ist schon ganz weiß und die zwey äußersten sind ganz rein weiß ohne alles Braun.

Das Weibchen ist etwas größer und weicht von dem Männchen darin ab, daß der Scheitel und Hinterkopf von der weißen Stirn an, so wie der Streifen vom Schnabel biß an die Ohren einfarbig grau sind, und daß statt des schwarzen Fleckens von den Schultern nach der Brust zu, den das Männchen hat, sich bloß die graue Rückenfarbe hier etwas nach dem Vorderleibe herauszieht.

Es ist nach dieser Beschreibung höchst wahrscheinlich, daß Haßelquists Vogel ein Männchen, und Brünnichs Alexandrinischer Regenpfeifer ein Weibchen oder vielleicht auch ein junger Vogel dieser Art ist.

a) **Haßelquists Alexandrinischer Regenpfeifer.**

Die Größe ist wie eine Lerche. Schnabel und Füße sind schwarz; der Kopf ist über dem Schnabel weiß, darauf kommt ein grauschwarzer breiter Querflecken; Scheitel, Rücken und Schultern sind braun; der Hals ist oben mit einem weißen Ringe umgeben, an dessen Seite zwey grauschwärzliche Flecken sind; die Schwungfedern sind grauschwärzlich, an der ersten ist der ganze, an den übrigen der halbe Schaft weiß, die vier mittelsten haben an den äußern Theilen einen länglich weißen Fleck, die innern sind an der Spitze weiß, die Flügeldeckfedern sind an der Spitze weiß; von den Schwanzfedern sind an jeder Seite die drey äußersten weiß, die mittelsten grauschwärzlich; der Hals und unten der ganze Bauch sind weiß; Schnabel und Füße schwarz.

Merkwürdigkeiten.

Hier an diesem Vogel sieht man gleichsam wie die Natur angefangen hat, die so geliebte Form und Farbe der vorhergehenden Strandläuferarten wieder zu verlassen. Es sind noch alle Zeichnungen da, aber unvollendet oder unvollkommen.

Man

Man findet diesen Vögel in Oesterreich an der Donau und andern Flüssen, an der Weser, am Mayn und an der Fulda. In Ungarn ist er ebenfalls zu finden. Nach der Arktischen Zoologie und Brünnich's Ornithologie bewohnt er im Sommer auch den Norden, und geht in Norwegen bis Drontheim hinauf. An den Salzseen zwischen dem Argun und Onon ist er häufig. Da er nach Haßelquist sich auch an dem Canal, welcher das Wasser aus dem Nil nach Alexandrien führt, findet, so mag er wohl als Zugvögel nach Egypten und in jene Gegenden wandern. In der andern Hälfte des Augusts zieht er gewöhnlich durch Deutschland.

In der Lebensart ist er den vorhergehenden beyden ähnlich; doch weiß man von seiner Fortpflanzung noch nichts bestimmtes. Das Fleisch soll an Wohlgeschmack, das von andern Regenpfeifern übertreffen *).

Ee 2 b) Brün-

*) Der schreyende Regenpfeifer. Charadrius vociferus, Linn.

Schreyer, langgeschwänzter Kiebitz und Mornell, Schwanzkiebitz, Kildihr.

(Charadrius vociferus. Gmelin Linn. Syst. I. 2. p. 685. No: 3. Le Kildir. Buffon des Ois. VIII. 96. No. 5. Ed. de Deuxp. XV. 121. Uebers. von Otto. XXVIII. 145. mit einer Abbildung. Mein ornithol. Taschenbuch. S. 324. N. 5. Noisy Plover. Latham Syn. III. 199. N. 6. Meine Uebers. V. 174. Catesby Carolina. I. t. 71. Seligmanns Vögel. III. Taf. 42. Donndorff a. a. O. S. 1087. Nr. 3.)

Der Schwanz ist lang; die Kehle und den Hals umgiebt ein weißer Ring, dann folgt ein schwarzer, und unter diesem an der Brust ein weißer und schwarzer Halbkreis; der Oberleib ist braun; der Schnabel ist schwarz und die Füße sind gelb.

An

b). Brünnichs Alexandrinischer Regenpfeifer.

Der Vogel hält an Größe das Mittel zwischen einer
Lerche und dem Staar. Der schwarze Schnabel ist gerade,
                                                        nach

An Größe gleicht dieser Vogel der Mittelschnepfe, und
ist eilf Zoll lang, nach dem Par. Ms.: 9¾ Zoll.

Der Schnabel ist schwarz, über einen Zoll lang; die
Augen schwarz, die Augenlieder roth; die Beine blaßgelb.

Die Stirn und der Raum vor und hinter den Augen
sind schwarz; ein breiter schwarzer Streifen geht vom Schnabel unter jedem Auge durch bis zum Hintertheile des Kopfs;
der Vordertheil des Scheitels schwarz; der Hintertheil nebst
Genick, Nacken, Rücken und Deckfedern der Flügel sind
dunkelbraun; die Steisfedern so lang, daß sie über drey
Theile des Schwanzes bedecken, schmutzig orangengelb, die
letztern schwarz mit weißen Schäften und Säumen; die
Schwungfedern dunkelbraun; der Schwanz zugerundet,
schmutzig orangengelb, nahe am Ende mit einem schwarzen
Bande, und an der Spitze weiß.

Männchen und Weibchen sehen sich einander gleich.

Man nennt diesen Regenpfeifer auch Kildihr, weil
sein Geschrey fast wie dieß Wort klingt.

Sonst glaubte man, daß sein Daseyn bloß auf Amerika
eingeschränkt sey, in neuern Zeiten will man ihn aber auch
am Rhein entdeckt haben. Denn Herr Nau führt ihn
a. a. O. an, und beschreibt ihn so: Ueber die Stirn, über
den Hintertheil des Kopfs, über die Brust gehen schwarze
Bänder; das Genick ist grau, der Hals und Bauch weiß,
der übrige Theil des Rückens und der Flügel, die Endspitzen
von letztern ausgenommen, sind grau, diese und die mittlern
Schwanzfedern schwarz. Allein da diese unvollkommene Beschreibung auch eben so gut den buntschnäbligen oder
dunkelbrüstigen Regenpfeifer andeuten kann, so
habe ich diesen Vogel jetzt nur in einer Note angeführt.
Uebrigens bewohnt der schreyende Regenpfeifer in Amerika
Neuyork, Virginien und Carolina, und bleibt im letztern
das ganze Jahr hindurch.

                                                    Nach

nach der Spitze zu höckerig; Kopf und Rücken sind grau; die Stirn an der Schnabelwurzel weißlich, von welcher auf beyden Seiten über die Augen ein weißer Strich geht; ein weißer, $\frac{1}{2}$ Zoll breiter Halsring, die Kehle und Gurgel sind weiß;

Nach Neuyork kommt er im Frühjahr, legt drey bis vier Eyer, und bleibt lange daselbst.

Er ist eine Plage für die Jäger, denen er durch sein Geschrey, wenn sie ihm nahe kommen, das Wild aufjagt.

Man führt noch eine Varietät an, die sich in St. Domingo aufhalten soll, und die man den

Halskragen=Regenpfeifer

nennt.

(Charadrius torquatus. *Linné* Syst. ed. 12. I. 255. N. 18. *Gmelin Linn.* l. c. N. 3. ß. Le Pluvier à collier de St. Domingo. *Buffon* Pl. enl. No. 286.)

Er ist einen Zoll kleiner als der letztere. Der Schnabel ist blaugrau, an der Spitze schwarz, und die Füße sind ebenfalls blaugrau.

Die Stirn in Verbindung mit einem Streifen, der durch die Augen geht und sich in einiger Entfernung hinter derselben endigt, ist weiß; hinter der weißen Stirn zwischen dem Auge ist ein weißer Fleck; der übrige Kopf ist graubraun, gelbroth gerändet, das Kinn, die Kehle und der Vorderhals sind weiß, am letztern macht die weiße Farbe ein Halsband; zwischen diesem ist ein schwarzes Halsband, das vorn sehr breit ist; der übrige Unterleib ist weiß, ausgenommen ein schwarzes, rostgeflecktes Querband an der Brust; der Rücken und die Schultern sind graubraun, wie der Kopf; der Bürzel und die obern Deckfedern des Schwanzes gelbroth; die vier mittlern Schwanzfedern braun mit gelbrothen Spitzen, die andern gelbroth, ausgenommen die äußere, welche ganz weiß ist; alle, die zwey mittlern ausgenommen, haben nahe an der Spitze ein schwarzes Querband; einige von den Deckfedern der Flügel sind gelbroth, die andern aber weiß gerändert; die großen Schwungfedern sind auf der äußern Fahne schwarz, dem Schafte nahe am Ende weiß gefleckt.

Anmerkung.

weiß; die graue Farbe des Rückens erstreckt sich auf den untersten Theil des Halses und geht nach vorne, ist aber vorn
nicht vereinigt; Brust, Bauch und Schenkel sind weiß; an
den scheerenförmigen Flügeln sind 26 Schwungfedern grauschwärzlich, inwendig weißlich, die beyden äußersten gleich,
die folgenden vordersten allgemach kürzer, die drey innersten
an den zusammengeschlagenen Flügeln ohngefähr so lang als
die beyden äußersten, aber von gleicher Farbe mit dem Rücken,
der Schaft der ersten Schwungfeder ganz weiß, an den übrigen bis zur Hälfte schwarz, die 5 — 8te Schwungfeder mit
einem weißen Fleck an dem äußern Rande versehen, die der
folgenden Ordnung sind an den Spitzen weiß; die Deckfedern
der Flügel wie der Rücken; die Flügel unten weiß; von den
12 Steuerfedern im Schwanze sind die 4 mittelsten etwas
länger als die übrigen, und von braunschwärzlicher Farbe,
die erste und zweyte an jeder Seite weiß; die dritte und
vierte schmutzig weiß mit braunschwärzlicher Spitze; die Füße
schwarzbläulich.

Drey und funfzigste Gattung.
Austernfischer. Haematopus.
Kennzeichen.

Der Schnabel ist mittelmäßig lang, an der Seite
zusammengedrückt, und vorne keilförmig zugespitzt.

Die
Anmerkung. Da das Manuscript schon in der Druckerey ist,
so erhalte ich vom Herrn D. Meyer die Nachricht, daß Hrn.
Naus Charadrius vociferus nichts anders als Charadrius
Hiaticula sey; wie er in Tossetis Sammlung selbst gesehen
habe, wodurch also meine Vermuthung bestätigt wird.

Die Naſenlöcher ſind ſchmal.

Die Zunge iſt kaum ein Drittheil ſo lang als der Schnabel.

Der Leib iſt ſtark und entenförmig.

Die Füße ſind nicht hoch, dreyzehig und alſo Lauffüße.

Eine Art.

(238) 1. Der geſchäckte Auſternfiſcher *).
(Taf. XII.

Namen, Schriften und Abbildungen.

Auſterfiſcher, Meerelſter, Auſterſammler, Auſtermann, Auſterbieb, Auſterfreſſer, Strand ·, Waſſer · und Seeelſter, Strandheiſter, Strandhäſter, ſchwarze und weiße Schnepfe, Seeſchnepfe, Heiſterſchnepfe.

Haematopus Oſtralegus. *Gmelin Linné* Syſt. I. 2. p. 649. No. 1.

Huitrier. *Buffon* des Ois. VIII. 119. t. 9. Pl. enl. N. 929. Ed. de Deuxp. XV. 150. t. 3. f. 2. Ueberſ. von Otto XXVIII. 214. mit einer Abbild.

Pied Oiſtercatcher. *Latham* Syn. III. 219. No. 1. t. 84. Meine Ueberſ. V. 193. t. 87.

Mein ornithol. Taſchenbuch. S. 324. *Catesby* Carolina. t. 85. Seligmanns Vögel. IV. Taf. 7. z Donndorſf a. a. O. S. 1109. Nr. 1.

Kenn·

*) Die Meerelſter. Alte Ausg. III. S. 226. Nr. (146) 1.

Kennzeichen der Art.

Der Oberleib ist schwarz, der Unterleib weiß; der Schwanz an der Wurzel weiß und an der Spitze schwarz.

Gestalt und Farbe des männlichen und weiblichen Geschlechts.

An Größe übertrifft dieser Vogel eine Rabenkrähe, seine Länge ist achtzehn Zoll und die Breite drey Fuß; neun Zoll und 9 Linien lang *). Der Schwanz ist fünf Zoll lang und die Flügel reichen zusammengelegt bis auf drey Viertheile des Schwanzes. Das Gewicht ist 17 Unzen.

– Der Schnabel ist drey und einen halben Zoll lang, gerade, am Grunde enge, am Ende keilförmig zulaufend, an der Wurzel voll Zähne, an der Spitze (die bey den alten abgestumpft ist) aber ungezähnt, orangenroth, zuweilen nach der Spitze zu schwarz; der Regenbogen hochroth; die Füße sind mit einer rauhen schuppigen Haut verwahrt, stark, dick und schmutzig fleischroth, die Nägel schwärzlich, der nackte Theil der Schenkel vier Linien, die Fußwurzel zwey Zoll hoch, und die Mittelzehe ein und zwey Drittel Zoll lang.

Der ganze Kopf, der Hals bis zum Anfang der Brust und der Rücken sind schwarz, ein weißer kleiner Fleck unter den Augen und ein dergleichen halbmondförmiger Querflecken an der Kehle ausgenommen; der Unterrücken, Steiß, die Unterflügel, die Brust und der übrige Unterleib weiß; die kleinen Deckfedern der Flügel schwarz, die mittlern mit weißen Spitzen und die großen weiß, daher ein weißer Quer-

*) Pariser Maas: 16 Zoll; Breite 2½ Fuß.

Querstreifen über die Flügel läuft; die vordern Schwungfedern schwarz, die beyden ersten am Schafte, die andern
auf der innern Fahne weißgefleckt, die hintern weiß; der
Schwanz gerade, die Wurzelhälfte weiß, die Endhälfte
schwarz.

Männchen und Weibchen sind von einerley Farbe,
nur daß bey letzterm der Rücken mehr dunkelbraun als
schwarz, und der Unterleib nicht so rein weiß ist.

Verschiedenheiten:

Man findet 1) ganz schwarze (Haematopus
Ostralegus niger); diese kommen vorzüglich in Südin-
dien vor.

2) Solche, die eine ganz weiße Kehle,

3) Oder unter der Kehle nur einen weißen
Streifen, wie einen halben Mond haben. Letztere sind
die gewöhnlichsten und alten. (s. oben.)

Merkwürdige Eigenschaften.

Der Gestalt nach ist dieser Vogel ein Mittelding zwischen einem Regenpfeifer und einer Ente. Die Füße sind
kurz und nur wenig über den Knien nackt; der Leib breit,
also im Durchschnitt von einer Seite zur andern größer, als
von oben nach unten; daher er auch gut schwimmen kann,
ohngeachtet er lieber am Ufer und im flachen kiesigen und
sandigen Wasser herum läuft.

Wenn Ebbe ist, so bezeigt er sich sehr fröhlich und
munter und ruft mit einem besondern, von Ferne angenehm
klingenden Ton Quii! Vorzüglich läßt er sich beym Anfange der Abend- und Morgenfluth hören.

Wenn

Wenn er einen Jäger, oder ſonſt einen Feind gewahr
wird, ſo erhebt er ein lautes Geſchrey und reizt dadurch
die Gänſe und anderes Waſſergeflügel zur Flucht.

Verbreitung und Aufenthalt.

Er iſt ſehr weit verbreitet; denn er bewohnt die Europäiſchen, Aſiatiſchen und Amerikaniſchen See-
küſten, Neuholland, Seeland, Feuerland, die
Ufer des Caſpiſchen Meeres und der Wolga. In
Deutſchland trifft man ihn an der Oſtſee, auch im Bran-
denburgiſchen an den Seen an. Nach Thüringen verfliegt
er ſich ſelten. Im Auguſt 1800 wurde der letzte bey Gotha
am Siebleber Teich geſchoſſen.

Im Herbſt rottet er ſich gewöhnlich in große Haufen
zuſammen, und zieht auch aus einigen nördlichen Gegenden
weg, kömmt aber im Frühjahr bald wieder zurück, und ſeine
frühere oder ſpätere Rückkehr wird in Norden für eine baldige
oder ſpäte Erſcheinung des guten Frühlingswetters gehalten.
Im März, ſpäteſtens im April iſt er wieder an ſeinem
Brütort.

In England iſt er das ganze Jahr und wird beſonders
an der weſtlichen Küſte häufig angetroffen.

Nahrung.

Seine vorzüglichſte Nahrung machen die Auſtern aus,
die er mit beſonderer Geſchicklichkeit, ohne ſich an dem ſcharfen Rande ihrer Schalen zu beſchädigen, erbricht und beſonders zur Zeit der Ebbe aufſucht. Er ſchlägt ſie, wenn ſie nicht
anders brechen wollen, gegen Steine und Felſen. Sonſt

frißt

frißt er auch Miesmuſcheln, Seeſchnecken, allerhand Aas, das an den Strand geworfen wird, und bey Island auch den Uferwurm (Lumbricus littoralis), den er mit ſeinem langen Schnabel aus dem Meerſchlamme geſchickt hervor zuſuchen weiß. Dieſer Nahrung halber trifft man ihn auch faſt immer nur an den Küſten und kleinen Seehäfen an, und er hat ſich aus ſeiner Heymath oder ſeinem Zuge verflogen, wenn man ihn mitten in Deutſchland an Teichen und Flüſſen findet. Nur das Gewürm des Salzwaſſers liebt er vorzüglich.

Fortpflanzung.

Unter allen Waſſervögeln legt das Weibchen am erſten ihre drey bis fünf (gewöhnlich drey) gelbgraue, überall, aber am meiſten in der Mitte mit braunen und ſchwarzbraunen Flecken von mancherley Geſtalt beſetzte Eyer, die die Größe und Geſtalt der Hühnereyer haben. Man findet ſie auf dem nackten Boden am Ufer. Sie werden drey Wochen bebrütet.

Den Raben, der die Eyer rauben will, jagt ſie weg, und einem Menſchen fliegt ſie ſchon, wie der Kiebitz, von ferne entgegen, und ſchwebt mit einem ſtarken Geſchrey um ihn herum.

Derjenige alſo, der ihr Neſt da ſuchte, wo ſie um ihn herum fliegt, würde ſich vergeblich bemühen; wenn er aber gerade auf den Ort zugeht, wo der Vogel her und auf ihn zugeflogen kam, ſo wird er alsdann dem Neſte nahe ſeyn, wenn er zu ſchreyen aufhört, den Kopf niederhängen läßt, und weit weg vor- und rückwärts fliegt. Sobald er bemerkt, daß man die Eyer gefunden hat und ſie wegnimmt,

ſo

so eilt er herbey, bewegt die Flügel langsam und schreyt jämmerlich.

Die Jungen können, ehe sie sich zum erstenmal mäusern, nicht nur schwimmen, sondern auch untertauchen, haben anfangs schwärzliche Wollfedern, erhalten aber sogleich die Farbe der Alten, außer daß das Schwarze ins Bräunliche fällt, und der weiße Fleck unter den Augen und der weiße Kehlstreifen fehlt. Wenn sie sich zum erstenmal mausern, so erscheint das Weiße an der Kehle schwarz gesprenkelt.

Sie lassen sich jung leicht zähmen, gehen mit den Enten aus, und kehren auch mit ihnen wieder zurück; alt aber kann man sie nicht leicht auf dem Hofe oder in Gärten erhalten, so wild sind sie. In der Gefangenschaft fressen sie Schnecken, Regenwürmer, rohes Fleisch und Brod.

Feinde.

Mehrere Raubvögel und Krähenarten streben ihrer Brut nach. Man findet eine Laus auf diesem Vogel, die Meerelsterlaus genannt wird.

Nutzen.

Sein Fleisch schmeckt gut, besonders wenn man die Haut vorher abgezogen hat. Er wird daher in Island gefangen und gespeist. Auch in Deutschland ißt man ihn, und für einige Gaumen hat er einen wildernden Wohlgeschmack. Die Jungen werden allgemein für delikat gehalten.

In Island werden auch die hart gekochten Eyer für einen Leckerbissen gehalten.

Vor=

Die Kamtschadalen halten es für die größte Sünde, ihn zu tödten, weil man dadurch die Witterung verderbe, und schlechtes Wetter verursache.

———

Vier und funfzigste Gattung.

Strandreuter. Himantopus.

Kennzeichen.

Der Schnabel ist lang, rundlich, spitzig, vor der Spitze dünner.

Die Nasenlöcher sind schmal.

Die Füße sind sehr hoch, und haben nur drey Zehen nach vorn, sind also Lauffüße.

Eine Art.

Anmerkung. Man trennt mit Recht den roth-füßigen Strandreuter von den Regenpfeifern als eine besondere Gattung, denn ob er gleich wie jene nur drey Zehen hat, so ist doch seine übrige Gestalt gar zu abweichend.

(239) 1. Der rothfüßige Strandreuter *).
Himantopus **) rufipes, mihi.
(Taf. XXV. Fig. 1.)

Namen, Schriften und Abbildungen.

Strandreuter, gemeiner Strandreuter, Strandläufer,
Riemenfuß, rothfüßiger Riemenfuß, Langfuß, Langbein,
Dünnbein, Riemenbein, Stelzenläufer, hochbeinige Schnepfe, hochbeiniger Kranich, langbeiniger Regenpfeifer, frem-
der Vögel.

Charadrius Himantopus. *Gmelin Linn.* Syst. I. 2.
    p. 690. N. 11.

L'Echasse. *Buffon des Ois.* VIII. 114. t. 8. Pl. enl.
    No. 878. Ed. de Deuxp. XV. 144. t. 3. f. 1.
    Ueberf. von Otto XVIII. 205. mit einer Figur.

The long-legged Plover. *Latham* Syn. III. 1. 195.
    N. 3. Meine Ueberf. V. 170.

Himantopus vulgaris. Mein ornithol. Taschenbuch.
    S. 325. Nr. 1. mit einer Figur.

Deutsche Ornithologie. Heft 4. Taf. 5. junges Männ-
    chen. Heft 13. Taf. 5. altes Männchen.

Naumanns Vögel. III. S. 52. Taf. 12. Fig. 12.
    Männchen.

Donndorff a. a. O. S. 1099. N. 11.

Kenn-

*) Der Strandreuter. Alte Ausg. III. 201. Nr. (141) 2.

**) Der Name Himantopus rührt vom Plinius her und be-
deutet, (loripes) daß die Beine eine lederartige Biegsamkeit
haben.

Kennzeichen der Art.

Der Schnabel ist schwarz; die Füße sind zusammengedrückt, elastisch biegsam (am frischen Vogel) und roth; der Unterleib weiß; die Flügel schwarz.

Gestalt und Farbe des männlichen und weiblichen Geschlechts.

Der Strandreuter ist schlank und größer als ein Kiebitz, achtzehn Zoll lang, und zwey Fuß, sechs und ein Viertel Zoll breit *) und wiegt 4 bis fünf Unzen. Der zugerundete Schwanz ist drey und ein Viertel Zoll lang, und die zusammengelegten Flügel reichen 2 Zoll über die Schwanzspitze hinaus.

Der Schnabel ist drey und ein Viertel Zoll lang, schwarz, dünn, von der Wurzel bis zur Spitze immer allmählig schmäler, die sehr schmale und dünne Spitze des Oberkiefers etwas weniger länger als der Unterkiefer und sanft niedergezogen, daß sie vor diesem vorsteht, und mit dessen Fläche in horizontaler Richtung ausgeht, oder nur unmerklich wenig unter dieser Linie sich endigt; die Nasenlöcher sind schmal; der Stern karmoisinroth; die hohen dünnen Füße blutroth, die Nägel schwärzlich, die Beine über den Knien vier Zoll weit nackt, und nur oben ein wenig befiedert, die geschilderte Fußwurzel fünf und einen halben Zoll hoch, die Mittelzehe zwey Zoll lang, und die äußere mit der mittlern durch eine kleine Haut am ersten Gliede verbundene Zehe 1½ Zoll und die innere 16 Linien lang.

Der

*) Par. Ms.: Länge 16 Zoll; Breite 2¾ Fuß.

Der Kopf ist klein und rund; der Hals dünn und lang; die Stirn weiß; Scheitel und Hinterkopf sind schwärzlich; die Wangen grau; der Obertheil des Halses weiß mit schwärzlichen Federn vermischt; nahe bey dem Rücken fast weiß; der Rücken, die Schwungfedern und deren Deckfedern glänzend schwarz mit schwachem grünen Glanze, und erstere auf der innern Fahne mit einem breiten weißen Saume; der Unterrücken und Steiß weiß; der Schwanz graulichweiß, die äußerste Feder fast ganz weiß; der ganze Unterleib rein weiß.

Das Weibchen ist an allen oben nach dem Maas angegebenen Theilen etwas kleiner; z. B. der Schnabel nur 3 Zoll lang; Kopf und Hals sind weiß; die Farbe des Rückens ist nicht so dunkel und glänzend wie am Männchen.

Bey einem gegen den Herbst geschossenen, erwachsenen, $1\frac{1}{2}$ Zoll hohen Jungen, ist der Schnabel $2\frac{1}{3}$ Zoll lang; der Leib von der Spitze des Schnabels bis zum Ende des Schwanzes $14\frac{1}{4}$ Zoll und die Beine $8\frac{1}{2}$ Zoll lang; die Füße schmutzig fleischfarben und die Fußwurzel gleich unter dem obern Gelenke oder das sogenannte Knie unförmlich breit und dick. Scheitel und Hinterkopf sind grau; der ganze Oberleib lichtgrau; Rücken und Deckfedern der Flügel lichtbraun mit schmutzig weißen Federsäumen; die längsten Schwungfedern einfarbig schwarz, die folgenden aber weiß gesäumt; die großen Deckfedern der Flügel nach vorne zu dunkelbraun, glänzend und die vordersten untersten breit weiß gesäumt; Unterseite und Schwanz wie bey den Alten.

Merk-

Merkwürdigkeiten.

Diesen Vogel, welcher sich durch seine unförmlich langen, breitgedrückten, biegsamen und schwachen Beine, die
dünnen, Streifchen Leder gleichen, vor allen Vögeln auszeichnet, findet man mehr im südlichen als nördlichen
Europa, z. B. in Ungarn, wo er in den großen Brüchen
nicht selten seyn soll; Er wird daher auch nur vorzüglich an
den südlichen Küsten von Deutschland und an der Donau angetroffen, und kömmt selten nach Thüringen *).
Uebrigens wohnt er in Amerika von Connecticut an bis
nach Jamaika, in Sina, Indien, in der Tatarey
und am Caspischen Meere — allenthalben an Sümpfen,
Flüssen und Meeresufern.

Er wandert aus den nördlichen in die südlichen Gegenden, und läuft und fliegt vermöge seiner langen Flügel
und Beine sehr schnell, hüpft aber gar nicht. In der Mitte
des Mays und zu Ende des Julius sieht man ihn durch
Deutschland ziehen, und er läßt sich dann an Seen, großen
Teichen, und Flüssen nieder. An der Ostsee soll er häufig
seyn; vielleicht brütet er auch da. Auch soll er in einigen
Gegenden Schlesiens an Sümpfen und bewachsenen Teichen
nisten. Im Fluge streckt er die langen Beine so hinten hinaus, (daß es aussieht, als habe er einen langen rothen
Schwanz. Seine Lockstimme soll nach Naumann ein hei-
seres Kaksen und helles Pfeifen seyn.

Seine

*) Ich habe ihn nur ein einziges Mal gesehen; ob mich gleich
aufmerksame Jäger haben versichern wollen, daß sie ihn
mehrmalen angetroffen hätten.

Seine Nahrung machen Fliegen, Mücken und an=
dere Waſſerinſekten, auch Froſchlarven aus.

Sein Fleiſch iſt wohlſchmeckend, daher man auch im
Herbſt auf dem Wiener Markt viele Junge zum Kauf findet.
Im Frühjahr ſind aber die Alten mager und zähe.

Man kann ſie im Zuge auf dem Waſſerherde
fangen. Sie laſſen ſich auch zum Schuß ziemlich gut an=
ſchleichen.

Fünf und funfzigſte Gattung.
Waſſerſäbler. Recurviroſtra.

Kennzeichen.

Der Schnabel iſt niedergedrückt, nach vorne zu in
die Höhe gekrümmt, zugeſpitzt und mit einer biegſamen
Spitze verſehen.

Die Naſenlöcher ſind enge und durchſichtig.

Die Zunge iſt kurz.

Die Füße ſind hoch, und haben vier Zehen, wovon
die vordern mit einer zur Hälfte ausgeſchnittenen Schwimm=
haut verbunden ſind, und die hintere kurz und hochſtehend iſt.

Eine Art.

1. Der blaufüßige Waſſerſäbler.*)
(Taf. XXV. Fig. 2.)

Namen, Schriften und Abbildungen.

Avozette, Säbelſchnäbler, Säbelſchnabel, gemeiner
und ſchwarzgefleckter Säbelſchnäbler, weißſchwarzer Krumm=
ſchna=

*) Der gemeine Waſſerſäbler. Alte Ausgabe III. S. 223. N. 1.

schnabel, Schabbelschnabel, Avozettchen, Avozetschnepfé, Verkehrtschnabel, Stachelschnabel, krummer Wassersäbel, Schüffelgreet, Lepelgreet.

Recurvirostra Avocetta. *Gmelin Linn.* Syst. I. 2. p. 693. N. 1.

Avocetta. *Buffon* des Ois. VIII. 466. t. 38. Pl. enl. No. 353. Ed. de Deuxp. XVI. 224. t. 6. f. 3. Uebers. von Otto. XXXII. 81. mit einer Abbildung.

Scooping Avocette. *Latham* Syn. III. 1. 293. N. 1. II Suppl. 263. Meine Uebers. V. 263.

Deutsche Ornithologie. Heft 5. Fig. 3.

Meth ornith. Taschenbuch. S. 329. N. 1. mit einer Figur.

Donndorff a. a. O. S. 1105. Nr. 1.

Kennzeichen der Art.

Der Körper ist schwarz und weiß gefleckt; die Füße sind blau.

Beschreibung.

Er hat ohngefähr die Größe des Kiebitzes, ist aber höher, und der Leib stärker, aufrechtstehend bis auf den Scheitel 18 Zoll hoch; ein Fuß, zehn bis zwölf Zoll lang, und zwey Fuß neun Zoll breit *). Das Gewicht vierzehn und eine halbe Unze.

Der Schnabel ist vier Zoll lang, dünn, biegsam, aufwärts gebogen und schwarz. Man hat diesen Schnabel fast immer zu krumm gezeichnet; so daß er fast den Bogen eines

Ff 2   Halb-

*) Var. Ms.: Länge: 19 Zoll; Breite 30 Zoll.

Halbzirkels- ausmachte. Er ist an der Wurzel 4 Linien breit,
dann allmählig abfallend, zuletzt sehr fein und schmal, und
dennoch beym Oberkiefer etwas weniges abgestumpft, beym
Unterkiefer aber wie eine Nadel spitzig, an der Wurzel sich
etwas senkend, dann in sanfter Krümmung aufwärts gebogen,
so daß wenn man von der Wurzel des Oberkiefers eine Linie
bis zur Schnabelspitze zieht, die größte Bogenabweichung,
welche 1¼ Zoll von der Spitze entfernt ist, nur 10 Linien
beträgt; der Oberkiefer hat gleich von der feinen, einige Linien
lang sanft wieder abwärts gebogenen Spitze an eine Höhlung,
die nach und nach immer breiter und tiefer wird, der Unterkiefer hingegen vorn einige scharfe Kanten; von der Mitte
desselben an bildet sich auch eine kleine Rinne, welche gegen
die Wurzel zu immer tiefer und breiter wird, und worin die
Zunge liegt. Diese Beschaffenheit des sehr sonderbaren und
schwachen Schnabels erleichtert wahrscheinlich das Fangen,
Festhalten und Verschlingen der Nahrungsmittel. Die Nasenlöcher sind enge, schmal, 3 — 4 Linien breit, und durch-
sichtig; der Stern im Auge rothbraun; die Füße lichtblau,
sehr hoch, die Vorderzehen mit einer etwas gezähnelten
Schwimmhaut verbunden, die aber nicht ganz die Zehe aus-
füllt, sondern von der äußern bis zur mittlern Zehe wenig,
von dieser aber bis zur innern tiefer ausgeschweift ist, und
sich bis an die Nägel zieht *); der nackte Theil der Schienbeine

*) Bey schlechter Behandlung eines ausgestopften Exemplars
schrumpft die Schwimmhaut leicht zusammen, und daher
entstehen Beschreibungen, die nicht mit der Natur überein-
stimmen.

beine ein und einen halben Zoll; die Fußwurzel drey und drey Viertel Zoll hoch, die mittlere Zehe mit dem 3 Linien langen, fast geraden schwarzen Nagel 1 Zoll 5 Linien, und die hintere drey Linien lang und steht so hoch, daß sie die Erde nicht erreicht.

Stirn und Scheitel bis zu den Augen und Mundwinkeln sind schwarz, und diese Farbe zieht sich über den Hintertheil des Halses fort bis nahe an den Rücken; der übrige Kopf und Hals, die mittlern Schwungfedern, die Schultern, Brust und Bauch und Schwanz sind weiß, bey einigen grau, oder bläulich angelaufen; der äußere Theil der Flügel und ein anderer langer und etwas breiter Streifen, von zwey oben zusammenhängenden und über die großen Deckfedern herunterlaufenden, unten aber offenen schwarzen Querbinden umgeben, sind auch weiß; die langen Schwungfedern, die die Spitze des Schwanzes fast ganz erreichen, sind bis zur Hälfte hinaus schwarz, so wie die kleinen letztern, welche an den Rumpf stoßen.

Wenn man den Vogel von oben ansieht, so macht nach diesen Farben der Obertheil der Flügel ein schwarzes Herz, das in der Mitte einen länglich weißen Fleck hat, und an den Seiten desselben läuft vorzüglich durch die weißen mittlern Schwungfedern gebildet ein breites weißes Längsband an den Seiten der Flügel herab.

Das Weibchen ist durch nichts verschieden, als daß es etwas kleiner ist.

Die Jungen sind im Herbst ebenfalls den Alten fast gleich, nur haben sie statt der schwarzen eine schwarzgraue, etwas ins Schmutzigbraune ziehende Farbe.

Ver-

Verbreitung und Aufenthalt.

Es ist ein Europäischer und Asiatischer Vogel, der sich in Europa mehr an den südlichen und gemäßigten, als an den nördlichen, in Asien aber an den gemäßigten Meeresufern aufhält. Doch findet man ihn auch an den Russischen, Dänischen, Schwedischen und Holländischen Seeküsten, auch an der Ostsee, weiter in Sibirien, und sehr häufig an den Salzseen der Tatarischen Wüsten und am Caspischen Meere. Im südlichen Frankreich, in Italien und in Ungarn ist er nicht einzeln, und auf seinem Zuge kömmt er auch an die Seen, Flüsse und Teiche in Schlesien, Franken, Schwaben u. s. w.

Sein Aufenthalt sind die Ufer und Sümpfe an großen Flüssen, Seen und an den Meeren. Aus dem nördlichen Europa zieht er im Herbst vom September bis November in das südliche. Im Winter ist er auch an den schneeleeren Ufern Englands häufig. Im April findet man ihn wieder in seiner nördlichen Heymath.

Nahrung.

Er nährt sich von Insecten, Mücken, Krebsen, Krabben, z. B. dem Floh- und Heuschreckenkrebs (Cancer pulex et locusta), Muscheln und von Würmern, die er mit seinem Schnabel aus dem Schlamme hervorzieht. Er geht dabey mit seinen langen Beinen bis an den Leib ins Wasser, und ist daher oft genöthigt, seine Schwimmfüße zum Schwimmen zu gebrauchen; doch geschieht letzteres nur immer am Ufer, tief ins Wasser hin wagt er sich mit seiner geringen Schwimmkraft nicht. Doch behauptet Linné (in seiner

Oelän-

Oeländischen Reise S. 190) daß er so gut, wie eine Ente
schwimme. Büffon meynt, er müsse nichts als Fischlaich
und Wasserwürmer und Insecten fressen; denn gewöhnlich
fände man in seinen Eingeweiden nur eine zähe Materie, die
fett anzufühlen sey, eine orangegelbe Farbe habe, und worin
man noch den Fischlaich und die Ueberbleibsel von Wasserinsecten erkenne. Zur Beförderung der Verdauung verschluckt
er weiße Kieselchen.

Fortpflanzung.

Das Weibchen legt zwey gelblichgraue, unregelmäßig
braun- und schwärzlich gefleckte Eyer, von der Größe der
Taubeneyer, an denen die rundlichen Flecken besonders
häufig am stumpfen Ende liegen; und da beyde Gatten, wenn
sich Menschen ihrem Neste nähern, denselben, wie der Kiebitz, über dem Kopfe herumfliegen und immer Twit,
Twit! schreyen, so können sie leicht geschossen werden.

Feinde.

Man findet eine Laus auf ihnen, die man die Wasser-
säblerlaus nennt.

Jagd.

Sie müssen als scheue Vögel zum Schuß hinterschlichen
werden.

Nutzen.

Ihr Fleisch und ihre Eyer sind eßbar und letztere werden in einigen Gegenden (in Bas Poitou) wie bey uns die
Kiebitzeyer in Menge gesammelt und gegessen.

Vorurtheile.

Die Alten brauchten ihr Fett in der Arzeney.

Sechs

Sechs und funfzigste Gattung.

Sandhuhn *). Glareola.

Kennzeichen.

Der Schnabel ist stark, kurz, vorne etwas zusammengedrückt, mit erhabenem Rücken, nach der Spitze zu gebogen, und wie ein Hühnerschnabel überschlagend.

Die Nasenlöcher liegen an der Wurzel des Schnabels, sind klein, länglich eyrund und krumm.

Der Rachen ist weit.

Die Füße sind breit gedruckt, vierzehig, die Zehen lang, dünne, und an der Wurzel mit einer kleinen Haut verbunden.

Der Schwanz ist mit zwölf Federn versehen und gabelförmig.

Die Gestalt dieser Vögel ähnelt den Schwalben, doch gehören sie ihrer Lebensart und anderer Kennzeichen halber noch mehr hierher zu den Sumpfvögeln. In der natürlichen Verkettung der Vögel machen sie ein Bindeglied zwischen den schwalbenartigen und Sumpfvögeln.

Eigentlich nur Eine Art,

1. Das

*) Man kennt die Naturgeschichte von dieser ganzen Gattung noch nicht genau genug.

1. Das rothfüßige Sandhuhn.
(Taf. XIII. Männchen.)

Namen, Schriften und Abbildungen.

Gemeines und Oesterreichisches Sandhuhn, Grieshuhn, Giarole, Giarolvogel, österreichischer Giarolvogel, Wiesenschwalbe, Koppenziegerle, Kobelregerlein, schwalbenschwänzige Steppenralle, Sandvogel, Sandvogel mit dem Halsbande.

Hirundo Pratincola. *Linné* Syst. ed. 12. I. p. 345. n. 12.

Glareola austriaca. *Gmelin Linné* Syst. I. 2. p. 695. n. 1.

La Perdrix de mer. *Buffon* des Ois. VII. p. 544. Pl. enl. No. 882. Ed. de Deuxp. XIV. p. 284. Ueberf. von Otto. XXVII. 85. mit 2 Fig.

The austrian Pratincole. *Latham* Syn. III. 1. p. 222. t. 85. Meine Ueberf. V. 195. Taf. 88. Männchen.

Kramer, Elench. austr. infer. p. 381. cum fig.

Mein ornith. Taschenbuch. S. 333. Nr. 1. mit einer Abbildung. Weibchen.

Donndorff a. a. O. S. 1111. Nr. 1.

Kennzeichen der Art.

Der Schnabel ist schwarz, an der Wurzel roth; die Kehle mit einem schmalen, unter der Mitte der Augen anfangenden schwarzen Bande eingefaßt; die Gurgel und Brust sind rothgrau; der Bauch weißlich; Schnabelenden, Augenlieder und Füße roth.

Gestalt

**Gestalt und Farbe des männlichen und weib-
lichen Geschlechts.**

Wenn man diesen Vogel genau zergliedert, so bemerkt
man an demselben eine zusammengesetzte Gestalt von mehrern
Vogelgattungen. Die ganze Gestalt gleicht wegen seiner
Schlankheit, der langen spitzigen Schwingen und der dünnen
Endfedern des gabelförmigen Schwanzes einer Schwalbe;
der Schnabel setzt ihn unter die hühnerartigen Vögel, allein
die Füße, besonders die nackten Schenkel, so wie seine ganze
Lebensart gesellen ihn mit Recht den Sumpfvögeln zu.

Er hat ohngefähr die Größe der Schwarzdrossel, ist
zehn und drey Viertel Zoll lang, und zwey Fuß einen Zoll
breit *). Der Schwanz ist vier und einen halben Zoll lang,
sehr gabelförmig, und die Flügel ragen ein wenig über sein
Ende hinaus.

Der Schnabel ist einen Zoll lang, oben erhaben, an der
Spitze zur Seite zusammengedrückt, an der Wurzel hochroth,
übrigens schwarz; Augenlieder und Augenstern hochroth; die
Füße mit den Nägeln sind blutroth, die Knie vier Linien
weit nackt, die Fußwurzel 1 Zoll 10 Linien hoch, die Mittelzehe ein Zoll drey Linien lang, und mit der äußern bis fast
zum ersten Gelenke mit einer Haut verbunden, und die hintere fünf Linien lang; der Nagel der Mittelzehe nach innen
breit auslaufend, an meinem Exemplar sogar wie am Fischreiher kammförmig ausgeschnitten.

Der Oberleib ist glänzend graubraun, oder vielmehr
dunkel olivenbraun; der Steiß weiß; das Kinn und die Kehle
röth-

*) Par. Ms.: Länge 9¾ Zoll; Breite 1 Fuß, 10¾ Zoll.

röthlichweiß oder schön fuchsgelb, mit einer schwarzen Linie
eingefaßt, die sich unter der Mitte der Augen anfängt; der
Unterhals und die Oberbrust rothgrau, welches nach dem
Hinterkopf, Genick und Nacken röthlicher oder heller ausläuft: der übrige Unterleib nach dem Bauche und Schwanze
zu immer heller oder weiß auslaufend; die Seiten roströthlich;
die Deckfedern der vordern Schwungfedern, so wie die
Schwungfedern selbst schwarz, die erste Schwungfeder mit
einem weißen Schafte, die folgenden graubraun, einige
inwendig hellbraun und unten weißlich eingefaßt; die
Federn unter den Flügeln rothgelb, am Flügelrande weißlich und dunkelgrau gefleckt; von den zwölf Schwanzfedern
sind die vier äußern an der Wurzel weiß, gegen die Spitze
zu dunkelbraun oder schwärzlich, die übrigen dunkelbraun und
graubraun gerändet, die äußerste auf der äußern Fahne bis
1 Zoll vor der Spitze ganz weiß.

Das Weibchen ist etwas kleiner und heller; der Oberleib olivengrau; die Kehle röthlichweiß, an dem schwarzen
Halscirkel inwendig rein weiß eingefaßt; die Gurgel und
Oberbrust aschgrau röthlich überlaufen; das Genick und der
Nacken hell rothgrau; Bauch und After weißlich, gelbröthlich überlaufen; die Endfedern des Schwanzes nicht so dünn
und überhaupt der Schwanz nicht so stark als am Männchen gespalten.

Da die Alten in Beschreibung der Vögel, so wie in
den Abbildungen nachläßiger waren als die Neuern, so ist es
höchst wahrscheinlich, daß das braunringige und gefleckte Sandhuhn, die nachher näher beschrieben werden
sollen, nur junge Vögel sind. Zur Vergleichung will ich hier
ein

ein junges rothfüßiges Sandhuhn beſchreiben,
wie mir es Herr von Minckwitz mitgetheilt hat.

Es iſt etwas ſchwächer als die alten Vögel. Kopf,
Hals und Oberleib ſind graubraun, auf Kopf, Rücken und
Deckfedern der Flügel gegen das Ende der Federn dunkler
gefleckt, und ſtark weiß gezeichnet, indem die meiſten Federn
ziemlich breit weiß geſäumt ſind, jedoch nicht ganz regelmäßig, und oft nur unten um den Schaft herum, ſo daß der
Mantel etwas weißbunt wird; die Kehle ſchmutzig weiß und
man kann ſchon an den häufigen dunkelbraunen Flecken die
künftige regelmäßige und ſchöne ſchwarze Umkränzung derſelben bemerken; Bruſt und Anfang des Bauchs aſchgrau
mit braunen Flecken, vorzüglich ſtark gegen die Achſeln hin;
der Bauch und die Seiten weiß, hier und da ſchmutzig; die
obern und untern Deckfedern des Schwanzes rein weiß; die
Schwungfedern dunkelbraun, die dritte bis neunte immer
merklicher und weiter hinauf weiß geſäumt, wie bey den
Alten; die Schwanzfedern von der Wurzel an weiß, wie bey
den Alten und gegen die durchgängig ziemlich breit geſäumte
Spitze braun, doch ſind die beyden äußerſten Federn des gabelförmigen Schwanzes einen halben Zoll kürzer als bey den
Alten.

Merkwürdigkeiten.

Dieſe Vögel bewohnen in Deutſchland Seſten,
Oeſterreich und die Gegenden der Donau, in
Bayern, auch in Tyrol, ſonſt Elſas, Lothringen, die
Nachbarſchaft des Caspiſchen Meers, und verſchiedene Oſtin-
diſche Länder.

Sie

Sie leben heerbenweise an den Ufern der Flüsse (z. B. an den Rheinufern, bey Straßburg) und Seen, auf Sümpfen und wäßrigen Wiesen.

In den großen trockenen Ebenen in der Gegend des Caspischen Meeres findet man sie in großen Heerden.

Ihre Nahrung besteht aus Wasserinsekten und Gewürmen, und sie laufen deshalb in seichten Wassern an den Ufern herum.

Anhang.

a. Das braunringige Sandhuhn.

Glareola torquata. *Gmelin Linn.* l. c. p. 696. n. 1. β.

Schwenckfeld Aviar. Siles. p. 282.

La Perdrix de mer à collier. *Buffon* l. c. p. 546.

The collared Pratinçole. *Latham* l. c. Var. A.

Gesners Vögelbuch. S. 250. mit einer Figur.

Kennzeichen der Art.

Oben ist es graubraun, unten weißlich und hat einen schwarzen Fleck auf dem Vorderkopfe; um den Hals geht ein brauner Ring.

Beschreibung.

Es ist kleiner als das vorhergehende Meerhuhn, und wird unter den Schlesischen Vögeln mit aufgezählt.

Der Schnabel ist schwarz, die Füße sind blaßgelb, nach andern schwärzlich.

Es ist oben graubraun; unten weißlich; auf dem Vorderkopfe steht ein schwarzer Fleck; ein Fleck um die Augen; Kehle und Unterhals sind weiß; ein dunkelbrauner Ring umgiebt

giebt den Hals; die vordern Schwungfedern sind schwärzlich, die hintern und die Schwanzfedern graubraun.

Sein Aufenthalt sind immer die Ufer des Meeres, der Flüsse und Seen, an welchen es schnell herum läuft.

Hier soll es in den Sand 7 längliche Eyer legen.

Es soll ein Geräusch machender unruhiger Vogel seyn, und in den Sommernächten: Tull, tull! rufen.

Er heißt auch noch das Riegerle, Sandregerlein, und Tulfis.

b. Das gefleckte Sandhuhn.

Glareola naevia. *Gmelin Linn.* l. c. p. 696. n. 3.
La Giarole. *Buffon* l. c. p. 545.
The spotted Pratincole. *Latham* l. c. p. 225. n. 3.
Willughby Ornith. p. 225. t. 56.
Gesners Vögelbuch. S. 245. mit einer schlechten Figur.

Kennzeichen der Art.

Schnabel und Füße sind schwarz; der Bauch und After röthlichweiß und schwarz gefleckt; der Oberleib braun mit dunklern undeutlichen Flecken; die Wurzel des Schwanzes weißlich.

Beschreibung.

Es wird als ein Deutscher und insbesondere als ein Schlesischer Vogel aufgeführt, und hat die Größe des rothfüßigen Sandhuhns.

Schnabel und Füße sind schwarz.

Der Oberleib ist braun mit dunklern undeutlichen Flecken, der Kopf, Hals, Brust und Oberbauch aber noch überdieß mit weißlichen Flecken bezeichnet; der Unterbauch, die

Seiten

Seiten und der After röthlichweiß und schwarz gefleckt; die vordern Schwungfedern schwarz; die hintern schwarz und aschgrau; der Schwanz weiß, an der Spitze schwarz.

Auch nach den unvollkommenen Beschreibungen und Abbildungen, die man von diesem Vogel hat, sieht man doch, daß er nichts anders als der junge Vogel unsers rothfüßigen Sandhuhns ist. Die schwarzen Füße machen den Hauptunterschied; allein ich habe so eben ein ausgestopftes Weibchen vor mir, an welchem an einigen Stellen die angemahlte rothe Farbe abgesprungen ist, und von dem die Füße drunter ganz schwarz sind.

Namen: Rothknussel, Rothknillis.

Sieben und funfzigste Gattung.

Ralle. Rallus.

Kennzeichen.

Der Schnabel ist mittelmäßig lang, gerade, an der Wurzel dick, an den Seiten etwas zusammengedrückt, verschmälert sich am Rücken gegen die Spitze zu, ist ohne Höcker und pfriemenförmig zugespitzt; an der Spitze kaum etwas abwärts gebogen.

Die Nasenlöcher sind klein und eyrund.

Die Zunge ist an der Spitze runzlich und rauh.

Die Füße haben mittelmäßig lange gespaltene Zehen.

Der Leib ist zusammengedrückt.

In

In der Lebensart sind die Vögel dieser Gattung mit
denen der beyden folgenden verwandt, unterscheiden sich aber
sehr durch die Schnabel- und Fußform.

Eine Art.

(240) 1. Der Waſſer-Ralle *).

(Taf. XIV.)

Namen, Schriften und Abbildungen.

Großer Waſſerralle, große Ralle, Sammethuhn,
Sammethühnlein, Miethuhn, schwarze Waſſerſtelze, schwarzer, Waſſertreter, Waſſerhuhn, langſchnäbliges Waſſerhuhn,
kleines Waſſerhühnchen, Thauſchnarre, schwarzer Casper,
grauer Wieſenknarrer, schwarze Ralle, Aſchhuhn, Rohrhühnlein, Rohrhennele.

Rallus aquaticus. *Gmelin Linn.* Syst. I. 2. p. 712.
n. 2.

Le Rale d'eau. *Buffon* des Oiſ. VIII. p. 154. pl. 13.
Pl. enl. No. 749. Ed. de Deuxp. XV. 190.
t. 4. f. 3. Ueberſ. von Otto XXIX. S. 20.
mit einer Abbildung.

The Water-Rail. *Latham* Syn. III. 1. p. 227. n. 1.
Meine Ueberſ. V. S. 198.

Deutsche Ornithologie. Heft 5. Taf. 4. Männchen.

Naumanns Vögel. III. S. 131. Taf. 30. Fig. 41.
Männchen.

Mein ornith. Taschenbuch. S. 335. Nr. 1.

Donndorff a. a. O. S. 1142. Nr. 2.

Kenn-

*) Der große Waſſerralle. Alte Ausg. III. S. 267. Nr. (151) 2.

Kennzeichen der Art.

Der Schnabel ist an der Wurzel roth; der Oberleib schwarz und olivenbraun gefleckt; der Unterleib aschgrau; die Weichen sind schwarz mit weißen Querstrichen.

Gestalt und Farbe des männlichen und weiblichen Geschlechts.

Er ist etwas keiner als der Wachtelkönig, dem er sonst in vielen Stücken gleichet. Seine Länge ist zehn, die Länge des Schwanzes anderthalb und die Flügelbreite dreyzehn und einen halben Zoll *). Die zusammengelegten Flügel reichen fast bis ans Ende des Schwanzes. Das Gewicht ist 7 bis 8 Unzen.

Der Schnabel ist einen und einen halben Zoll lang, spitzig, an der Wurzel roth, nach der Spitze zu schwarz, zuweilen ist die ganze untere Kinnlade roth, und die Wurzeln der obern nur roth und ihre Spitze braun; die Augen sind kein; die Augenlieder grau; der Augenstern gelbroth; die vorn beschilderten, hinten aber netzförmigen Füße zwey Zoll hoch, die Mittelzehe anderthalb Zoll, die zwey gelenkigen Hinterzehen sechs Linien lang; der nackte Theil der Schenkel, welcher größer als bey der vorigen Art ist, sieben Linien hoch; die Füße und Klauen schmutzig röthlich weiß, oder bleyfarben, auch wohl schmutzig fleischroth ins Grüne spielend.

Der ganze Oberleib, das heißt Kopf, Hals, Rücken, Schultern und Deckfedern der Flügel sind schwarz, stark oli-

ven-

*) Par. Ms.: Länge fast 9 Zoll; Breite 12 Zoll.
Sechst. gem. N.G. 4r B. 1. Abth.   G g

venbräunlich eingefaßt, wodurch er ein schwarz und olivenbraun geflecktes Ansehen erhält; die Kehle ist weißgrau;
der übrige Unterleib dunkelaschgrau, am Halse mit einigen
weißen und am Bauche mit röthlich gelben Spitzen; die
Backen auszeichnend dunkel aschgrau; vom Schnabel bis
zu den Augen ein brauner Streifen, und zwischen denselben
ein schmales rothes Häutchen; die Seiten am Bauche und
die Achselfedern schwarz mit weißen Querstreifen; die vordern
Schwungfedern schwärzlich oder schwarzbraun, die hintern
dunkelbraun und die vier letztern schwarz mit breiter olivenbrauner Einfassung; die Deckfedern der Flügel schwärzlich
oder dunkelbraun mit großen olivenbraunen Kanten; der
Flügelrand weiß; die Deckfedern der Unterflügel schwarz und
weiß gefleckt; die Schulterfedern vorn rothgrau, hinten aschgrau; die langen untern Deckfedern des kurzen zugespitzten
Schwanzes schwarz mit großen weißen zerschlissenen Spitzen,
die diese Gegend fast ganz weiß machen; die obern mittelmäßig und wie die Seitenfedern gefärbt; die Schwanzfedern
schwärzlich mit olivenbraunen Rändern.

Das Weibchen hat fast gänzlich die Farbe des Männchens, nur etwas matter, auch fehlt ihm das schmale rothe
Häutchen (Zügel), das sich vom Schnabel des letztern bis zu
den Augen hereinzieht, und der Oberschnabel ist gänzlich
hornbraun.

Merkwürdige Eigenschaften.

Dieser Vogel hat sehr weiche Federn und nähert sich
dadurch schon mehr den Wasservögeln, als der mit ihm so nahe
verwandt scheinende Wachtelkönig.

Er

Er fliegt noch weniger als dieſer, trägt ſich ſehr hoch und ſtolz, und läuft ſehr hurtig mit ausgebreiteten Flügeln über die niedergedruckten Blätter der Waſſerpflanzen weg, wippt immer mit dem Schwanze, nickt mit dem Kopfe, wenn er am Ufer herum ſchwimmt, wie das grünfüßige Meer= huhn, und ſetzt ſich zum Ausruhen gern auf die Zweige der Sträucher und niedern Bäume.

Sein Geſchrey iſt auch nicht ſo ſtark kreiſchend, und unangenehm, ſondern hellſchnarrend und ziſchend und klingt lieblich: Krrip, Krrip!

Verbreitung und Aufenthalt.

Der große Waſſerralle, der ſich in verſchiedener Rück= ſicht noch mehr den Meerhühnern nähert, als der Wieſen= knarrer, wird in ganz Europa, in Schweden, Ruß= land, dem weſtlichen Sibirien und in Norwegen bis Sandmör hinauf, und auf den Feroeinſeln ange= troffen. Er bewohnt ganz Deutſchland, wo es Sümpfe, ſchilfreiche Teiche und Seen giebt, gehört aber unter die ein= zelnen Vögel, und vermeidet alle offene Waſſer, die keine dunklen, buſchreichen, ſumpfigen, ſchilfigen und gräſigen Ufer haben. Am Bodenſee ſoll er gemein ſeyn.

Er kömmt als Zugvogel in der Mitte des Aprils zu uns, und verläßt uns zu Ende des Septembers und zu Anfang des Octobers wieder, bewohnt die Sümpfe und das Schilf in Seen und Teichen, wenn kleines Buſchwerk in der Nähe iſt. Sie ziehen einzeln und des Nachts, und verſpäten und verfliegen ſich zuweilen ſo, daß ich vor einigen Jahren einmal

in

in der Mitte des Novembers einen solchen Vogel in dem Gebüsche eines hohen Berges geschossen habe.

Nahrung.

Seine Nahrung findet er in allerhand Wasserinsecten
und Würmern und einigen Wasserkräutern. Vorzüglich sind
seine Nahrungsmittel die kleinen Wasserschnecken, die er an
den Wasserpflanzen und am Ufer aufliest; denn man findet
zuweilen nichts als einen Klumpen dergleichen Schnecken in
seinem Kropfe und Magen, und dieß gilt auch von dem punktirten und kleinen Meerhuhn. Er verschluckt sie mit sammt
den kleinen weichen grauen Gehäusen. Zur Verdauung
braucht er Kiesel- oder Quarzkörner.

Fortpflanzung.

Sein Nest, das aus trocknem Schilf, Binsen und
Grashalmen besteht, trifft man in buschigem Gesträuch, auf
einem niedern oder auch auf einem trockenen Hügel in Sümpfen und an feuchten Teich- und Seeufern an. Das Weibchen legt gewöhnlich sieben, nach Andern acht bis zwölf Eyer,
welche gelblich sind mit klaren braunen Flecken.

An den Jungen, welche sich noch nicht gemausert
haben, sind Bauch und Schenkel rostbraun, und der hintere
Theil der letztern schwarzgrau ohne weiße Querstreifen.

Feinde.

Er ist den Verfolgungen verschiedener Raubvögel
ausgesetzt; entweicht ihnen aber oft, indem er sich bey ihrem
Anblick ins Schilf verkriecht. Die Wanderratten und
Iltisse verfolgen die Brut.

Jagd

Jagd und Fang.

Wenn man im Schilfe ihre Gänge weiß, so stellt man Garnsäcke oder Stecknetze vor und jagt sie langsam und behutsam hinein; außerdem läßt man sie durch Hühner- oder Stöberhunde auftreiben und schießt sie im Fluge.

Nutzen.

Ihr Fleisch ist schmackhaft, doch nicht so gut als vom Wachtelkönig, weil es schon einen etwas sumpfigen Geschmack hat.

Acht und funfzigste Gattung.
Knarrer. Crex.

Kennzeichen.

Der Schnabel ist kurz, an den Seiten zusammengedrückt, fast bis an die Spitze gleich breit.

Die Nasenlöcher sind länglich und liegen in der Mitte des Schnabels.

Die Füße haben mittelmäßig lange getrennte Zehen.

Der Leib ist zusammengedrückt.

Diese Gattung hält das Mittel zwischen der vorhergehenden und nachfolgenden in Lebensart, Schnabel- und Fußform. Man könnte zwar meynen, daß das punktirte und kleine Meerhuhn in der folgenden Gattung auch hierher zu rechnen wären, allein die angegebenen Kennzeichen, besonders an den Füßen, unterscheiden sie hinlänglich, noch

mehr

mehr aber die Lebensart, welche dieſe beyden Vögel ganz mit
dem grünfüßigen Meerhuhn vereinigt. Verwandte
Gattungen bleiben es allezeit.

Eine Art.

(241) 1. Der Wieſen = Knarrer *).
Crex pratensis, mihi.
(Taf. XXV. Fig. 1.)

Namen, Schriften und Abbildungen.

Wachtelkönig, Ralle, gemeine Ralle, Schnarrwachtel,
Knarrer, Gras = und Wieſenſchnarcher, Arpſchnarp, Feld=
wachter, Gras = und Wieſenläufer, Schnarrichen, Schnat=
ker, Schnerker, Schnerper, Schars, Schrecke, Schryk,
alter Knecht, faule Magd, Eggenſchär, Grasrätſcher,
Schnarf, Kreßler, Heckſchnärr, Gröſſel, ſchwarzer Kaspar,
und in Thüringen Schnärz

Rallus Crex. *Gmelin Linné* Syst. I. 2. p. 711. N. 1.

Râle de genêt ou Roi de Cailles. *Buffon* des Ois.
VIII. 146. t. 12. Ed. de Deuxp. XV. 181.
t. 4. f. a. Ueberſ. von Otto. XXIX. 8. mit
einer Abbildung.

Crake-Gallinule. *Latham* Syn. III. 1. p. 250. N. 1.
Meine Ueberſ. V. S. 220. n. 1.

Friſch Vögel. Taf. 212. b. Weibchen.

Meyers und Wolfs Vögel Deutſchlands. I. Heft. 10.

Naumanns Vögel. II. S. 26. Taf. 5. Fig. 5.
Männchen.

Mein.

*) Alte Ausg. III. 262. N. (150). 1.

Mein ornithol. Taschenb. S. 337. Nr. 1.
Donndorff a. a. O. S. 1138. Nr. 1.

Kennzeichen der Art.

Rücken, Schultern und obere Deckfedern des Schwanzes sind schwäzlich und röthlichgrau gefleckt; die Flügel braunroth; die Weichen dunkelbraun, rostfarben und weiß in die Quere gestreift.

Gestalt und Farbe des männlichen und weiblichen Geschlechts.

Seine Länge beträgt eilf und einen halben Zoll, der Schwanz zwey Zoll, und die Flügelbreite achtzehn Zoll *). Die gefalteten Flügel reichen bis an das Ende des Schwanzes. Mager wiegt er sechs und fett acht Unzen.

Der Schnabel ist einen Zoll lang, an den Seiten gedruckt, die Schneiden scharf auf einander passend, vorn an beyden Kinnladen kurz zugespitzt, von Farbe bräunlich, oben graubraun, unten fleischfarben. Die Kehlhaut läuft fast bis zur Schnabelspitze, und wo sie aufhört, biegt sich der Unterkiefer etwas aufwärts. Die länglichen Nasenlöcher liegen in der Mitte des Schnabels in einer dünnen vertieften Haut, nahe am Kieferrande. Die Augen sind nußbraun. Die Füße geschildert, nur an den Seiten oben und unten etwas netzförmig; die Fußwurzel ein und drey Viertel Zoll hoch; die Schenkel etwas über dem Knie nackt und weiß gestreift; die Mittelzehe zwey Zoll, die hintere zweygelenkige

sechs

---

*) Par. Ms.: Länge 10 Zoll; Breite 16 Zoll.

sechs Linien lang, steht etwas höher und berührt kaum die Erde; die ganzen Füße sind hell bleyfarben.

Der Kopf ist klein, flach, länglich, bräunlich, gelb und schwarz gefleckt; über die Augen geht ein aschgrauer Streif bis in den Nacken, durch die Augen ein bräunlich-gelber, und vom untern Schnabelwinkel noch ein aschgrauer, der an den Seiten des Halses hinläuft; der Oberhals ist röthlichgrau und klärer schwarz gefleckt als der Scheitel; der Rücken, die Schultern und die obern langen Deckfedern des Schwanzes schwarz, breit röthlichgrau eingefaßt; die Kehle weißlich; der Hals und die Brust aschgrau, an den Seiten röthlich überlaufen; bey alten sogar olivenbraun gewässert; der übrige Unterleib in der Mitte weiß, an den Seiten und an den langen untern Deckfedern des Schwanzes mit dunkel-braunen, rostfarbenen und weißen schönen Querstreifen; die obern kleinen und untern größern Deckfedern der Flügel schön braunroth, erstere mit einigen weißlichen Fleckchen; die Schwungfedern braunroth, auf der innern Fahne etwas dunkler, die letztern wie der Rücken; der kurze Schwanz spitzig zulaufend, aus vierzehn Federn bestehend und ebenfalls wie der Rücken gefärbt.

Das Weibchen ist an der Brust blaß aschgrau, und die zwey Linien über und unter den Augen sind grauweiß.

Merkwürdige Eigenschaften.

Sie lassen des Abends und Nachts, seltener am Tage, ihren unangenehmen, scharfen und schnatrenden Gesäng: Krey! Krey! Arrp-Schnarrp! hören, und da sie sehr geschwind durchs Getraide und hohe Gras laufen können,

so

so hört man sie bald hie bald da. Sie haben aber auch noch eine ganz eigene Lockstimme, welches ein leises Schnalzen ist, wie man es mit der Zunge macht.

Wegen ihrer kurzen Flügel fliegen sie schlecht, doch findet man sie auf den Inseln, wie z. B. auf den Schettlandsinseln. Man sieht sie aber sehr selten fliegen, und wenn sie es thun, so müssen sie aufgejagt werden, und alsdann erstreckt sich ihr Flug doch nicht weiter, als höchstens ein oder zwey hundert Schritte.

Sie lassen sich sehr leicht zähmen und sind in der Stube wegen der Geschwindigkeit ihrer Füße und ihres artigen Betragens angenehme Vögel. Sie tragen sich, wie junge Hühner, und die Jungen piepen auch so wie diese.

Merkwürdig ist, daß nicht blos das Männchen zur Paarungszeit sein Arrp-Schnarrp! hören läßt, sondern daß auch dann Männchen und Weibchen sich zusammensetzen und schnurren, oder brummen, fast wie die Katzen. Auch wenn man sie in die Hand nimmt, lassen sie diesen Ton von sich hören, und er kömmt nicht unmittelbar aus der Gurgel, sondern man hört und fühlt ihn im Bauche entstehen.

Verbreitung und Aufenthalt.

Der Wachtelkönig wohnt in ganz Europa, in Syrien, in Sina und Jamaika. In Europa besucht er Schweden bis Drontheim hinauf, und ist in dem gemäßigten Theile von Rußland und Sibirien nicht

selten

selten. In manchen Jahren ist er in Thüringen außerordentlich häufig *).

Sie scheinen unter allen Zugvögeln die letzten zu seyn;
denn man hört sie nicht eher, als in der ersten Hälfte des
Junius schreyen. In der Mitte des September, wenn
der Hafer niedergehauen ist, ziehen sie weg, und man findet
sie in der Ernbte allezeit in Gesellschaft der Wachteln, mit
denen sie sich unter die Gelege (Schwaden) des Getraides verkriechen, daher ist die Behauptung nicht unwahrscheinlich,
daß sie bey ihren Wanderungen die Anführer der Wachteln
seyn, woher eben der Name Wachtelkönig seinen Ursprung
haben soll; wenigstens begleiten sie sie zuverlässig, da sie sich
den ganzen Herbst hindurch zu ihnen gesellen.

Die Tatarn, welche bemerken, daß sie mit den Kranichen zu einerley Zeit fortziehen, und sehr ungeschickt zu
einem langen Fluge sind, glauben, jeder Kranich nehme
einen Wachtelkönig auf seinen Rücken, und unterstütze so
ihre Wanderung **).

Sie halten sich im Grase und Getraide auf und lieben
vorzüglich etwas feuchte Gegenden; doch habe ich sie auch
in

---

*) So im Sommer 1788, wo ich ihrer in einem Distrikte von
einer halben Stunde mehr als zwanzig Paar gezählt habe.
Vielleicht hatten sich diejenigen, die weiter nach Norden gehörten, übler Witterung halber auf ihrer Durchreise hier
niedergelassen. Dieß widerlegt auch zugleich die Meynung,
daß sie so zänkisch wären, daß ein einziges Paar eine Fläche
von einer halben Stunde verlange, und keinen von seinen
Kameraden in der Nähe leide.

**) Gmelins Reise nach Sibirien. II. S. 115.

in gebirgigen Gegenden vor ;dem Thüringerwalde in den
Haferfeldern, und zwar in manchen Jahren sehr häufig angetroffen. Sie gehen sogar auf den Strich in niedrige Busch-
hölzer und laufen da in den Haiden herum, besonders wenn
im Herbst die Felder ganz leer sind, und sie sich vor den
Raubvögeln am Tage nicht sicher glauben.

Nahrung.

Sie nähren sich von Erdkäfern, Regenwürmern, Heuschrecken, fressen aber auch Kräuter, kleine Sämereyen, und
man findet daher zur Verdauung dieser letztern Speisen immer
Quarzkörner in ihrem Magen. Sie haben oft den Magen so voll
Regenwürmer, daß sie beym Schuß den Hals herausfahten.
In der Stube fressen sie Semmeln in Milch geweicht sehr
gern, lesen auch Waizen- und Gerstenkörner, so wie Mohn
auf, und befinden sich sehr wohl dabey. Sie baden sich oft.

Fortpflanzung.

Sie bauen ihr Nest auf die Erde, legen einige Halme
unter, und das Weibchen brütet allein acht bis zwölf Eyer,
welche schmutzig weiß oder grünlichgrau, und zimmtbraun
gefleckt und gesprenkelt sind, in drey Wochen aus.

Die Jungen sind anfangs mit einer schwarzen Wolle
bedeckt, welche sich nach drey Wochen in Federn verwandelt,
die an der Brust röthlichgrau sind, und haben hell aschgraue
Beine. Sie sehen überhaupt der Mutter ähnlich und mausern sich erst in den wärmern Gegenden, wohin sie wandern.

Feinde.

Feinde.

Die Raben, Wiesel und Iltisse vertilgen ihre
Brut sehr häufig, und viele Raubvögel stoßen auf Junge
und Alte.

Fang.

Im Junius kann man sie durch einen mit Papier
durchflochtenen Kamm herbey locken.

Sie sind schwer zu schießen, indem sie nicht leicht
auffliegen, und immer im hohen Grase und Getraide sehr
schnell fortlaufen; sie haben aber für die Hühnerhunde eine
gute Witterung, deshalb sie diese auch gern aufsuchen und
stehen. In einzelnen Getraidestücken, wo sie der Hund
herausstöbert, lassen sie sich am ersten im Flug schießen.
Am besten fängt man sie mit dem Tyras und Steck-
garn.

Im August werden die Jungen, wenn sie unter die
Gelege laufen, von den Schnittern mit den Händen gefangen.

Die brütenden Weibchen lassen sich zuweilen von den
Grasmähern die Köpfe abhauen, so eifrig sitzen sie auf
ihren Eyern.

Nutzen.

Ihr Fleisch, welches besonders vor ihrem Wegzuge
sehr fett ist, wird für eine große Delikatesse gehalten, und
schmeckt in der That vortrefflich.

Neun

Neun und funfzigste Gattung.
Meerhuhn. Gallinula.

Kennzeichen.

Der Schnabel ist kurz, an der Wurzel dick, an den Seiten gedrückt, die Wurzel der obern Kinnlade weit in die Stirn hinein gehend und deutlich oder undeutlich gehäutet, vor der Spitze des Unterkiefers etwas vorragend und vor der obern und untern abschüssig zugespitzt, beyde Kinnladen gleich lang.

Die Nasenlöcher sind länglich, eyrund, in einer Furche liegend.

Die Füße sind an den Seiten etwas platt gedrückt, mit langen getennten Zehen, die einen schmalhäutigen Rand haben.

Der Kopf ist klein, der Hals lang und der Leib an den Seiten zusammengedrückt, Flügel und Schwanz sind kurz und erstere ausgehöhlt.

Diese Vögel nähern sich in der Gestalt, auch einiger maßen in der Lebensart den Hausvögeln, und verbinden gleichsam die Sumpfvögel mit denselben; daher auch ihr Name.

Da wo Gewässer, besonders stehende, mit Gebüsch und Schilf umgeben sind, halten sie sich auf. Sie setzen sich auf die Büsche und ruhen aus, laufen über die Wasserpflanzen der Teiche und schwimmen auch sehr gut.

Sechs Arten.

a) Mit

a) Mit undeutlich gehäuteter Stirn.

(242) 1. Das punktirte Meerhuhn.

(Taf. XV. Weibchen.)

Namen, Schriften und Abbildungen.

Mittlere und kleinere Wasserralle, kleine Europäische Wasserralle, Winkernell, Wynkernnel, Grashuhn, gesprenkeltes, oder kleines gesprenkeltes Wasserhuhn, Wiesenschnarre, Makosch.

Gallinula Porzana. *Latham* Index ornith. II. p. 772. n. 9.

Rallus Porzana. *Gmelin Linn.* Syst. I. 2. p. 712. n. 3.

Le petit Râle d'eau ou la Marouette. *Buffon des Ois.* VIII. p. 157. Pl. enl. No. 751. Ed. de Deuxp. XV. 194. Uebers. von Otto XXIX. S. 31, mit einer Abbildung.

The spotted Gallinule. *Latham* Syn. III. 1. 264. n. 18. Meine Uebers. V. 233.

Naumann, a. a. O. III. S. 155. Taf. 31. Fig. 42. Männchen.

Frisch Vögel. Taf. 211.

Mein ornithol. Taschenbuch. S. 339. Nr. 1.

Donndorff a. a. O. S. 1144. Nr. 3.

Kennzeichen der Art.

Der Schnabel ist gelbgrün mit olivenbrauner Spitze; Ober- und Unterleib sind weiß gefleckt; die zwey mittlern Schwanzfedern weiß geründet; am Männchen die Kehle aschgrau und die Schnabelwurzel roth.

Gestalt

Gestalt und Farbe des männlichen und weiblichen Geschlechts.

Seine Länge ist neun und einen halben Zoll, der Schwanz mißt zwey Zoll und die Breite der Flügel einen Fuß drey Zoll *).

Der Schnabel ist neun Linien lang und gelbgrün, an der Spitze olivenbraun; im Frühling beym Männchen an der Wurzel hochroth; der Augenstern nußbraun; die Füße geschildert, an den Seiten netzförmig, fast anderthalb Zoll hoch, die Mittelzehe ein und einen halben Zoll und die hintere sechs Linien lang; der vier Linien hohe kahle Theil der Schenkel und die Füße gelbgrün, auch wohl olivengrün.

Im Ganzen ist der Oberleib schwarz, olivenfarben und weißbunt; der Unterleib olivenfarben und weiß gefleckt.

Einzeln betrachtet geht über den schmalen Kopf ein olivenbrauner schwärzlich gefleckter Streifen; über die Augen hin ein dunkelaschgrauer; die Kehle ist ebenfalls dunkelaschgrau; die Wangen und Schläfe sind aschgrau, schwärzlich gefleckt; Seiten- und Hinterhals, Gurgel, Brust und Seiten des Leibes olivengrün, der aschgraue Grund vorschimmernd mit feinen weißen Fleckchen, die an den Seiten und Schenkeln in Querstreifen mit breiter schwarzer Einfassung übergehen; der Bauch hellaschgrau, stärker weiß gefleckt; der Rücken, die Schultern und die Deckfedern der Flügel olivengrün (welche Farbe eigentlich die der breiten Federränder ist) mit großen schwärzlichen eyrunden Flecken, an den Seiten der Federn mit sehr schönen weißen Linien besetzt; die auf

den

*) Pariser Maas: Länge 8½ Zoll; Breite 12½ Zoll.

den Schultern hin spitzige Winkel bilden, auf den Deckfedern der Flügel aber, wo sie kürzer sind, eine schwarze Einfassung haben; die Schwungfedern sind dunkelgrau mit olivenfarbigen Rändern; die längern hintern Schwungfedern wie die Schulterfedern gefärbt; die Unterflügel oben an der Kante weiß, die großen Deckfedern aber hellgrau mit weißen Querstreifen; der Schwanz ist keilförmig und hohlwinklig, wie bey den Hühnern, die Federn sehr zugespitzt, um zusammengelegt einen sehr spitzigen Schwanz zu bilden, von Farbe olivengrün mit schwärzlichen Längsflecken, die 4 mittlern fein weiß eingefaßt; die langen Afterfedern gelblichweiß.

Das Weibchen ist auf dem Scheitel und am Halse aschgrau weißgrau gefleckt, übrigens mit olivenfarbigen Rändern und weißen Flecken, unten aschgrau und weiß gefleckt; die Kehle und der Unterhals sind weißlich grau; der After weiß, die Seiten verwaschen braun in die Quere gestreift; ohne rothe Schnabelschnippe; alles übrige, wie beym Männchen *).

Merk‐

*) Wahrscheinlich gehört auch hierher oder doch zum folgenden Vogel

Das fleckige Wasserhuhn.

Fulica naevia. *Gmelin Lin.* Syst. I. 2. p. 701. n. 16.
La Grinette. *Buffon des Ois.* VIII. p. 179.

Es wird kleiner als eine Ralle angegeben, und nach den verschiedenen Namen zu schließen, muß es in Mayland sehr bekannt seyn. Nach Geßners Bericht (Polyopus: Deunt: Av. p. 104. und p. 506.) soll es sich auch in Deutschland finden, graue Füße, einen rothen und schwarzen Schnabel, einen braunrothgelben Mantel und einen weißen Unterleib haben. Nach andern sind Schnabel und Füße grünlich; die Stirn safranroth; der Oberleib schwarz-rothgelb gerändert,

die

Merkwürdige Eigenschaften.

Dieser Vogel beträgt sich im Ganzen wie das grünfüßige Meerhuhn, doch schwimmt er nicht so oft, sondern
läuft immer im Geröhrig und Grase herum, und über die
Wasserpflanzen weg, wobey die langen Zehen das Einsinken
verhüten. Er nickt dabey mit dem Kopfe und wippt mit
dem Schwanze. Sein Ruf ist Girk! und er ist gar nicht
scheu. Im Fluge hängen die langen und schweren Füße
herab. Er fliegt aber nicht gern auf, sondern flattert lieber
auf dem Boden und Wasser weg.

Verbreitung und Aufenthalt.

Er wohnt in Sibirien, dem nördlichen Amerika und
in Europa, vorzüglich in den südlichen Theilen an offenen
Brüchen, an den Ufern der Flüsse, Teiche und Seen, im
Buschwerk, im Schilf und Riedgrase. In Deutschland überhaupt gehört er zu den seltenen Vögeln; doch habe ich ihn an
einem Teiche bey Gotha und auch an einigen im Werra-
Grunde ziemlich häufig gefunden, so daß oft in einem Herbste
8 bis 10 Vögel der Art geschossen werden. Er wandert im
September weg und kömmt im April wieder.

Doch trifft man ihn in Thüringen und Franken alle
Jahre an den mit nassen Wiesen umgebenen und mit Buschwerk und Schilf bewachsenen Ufern der Teiche an.

Nah-

die Rückenfedern auch an den Rändern weiß; der Unterhals
blaugrau; Schwung- und Schwanzfedern dunkelbraun; der
Augenkreis weißlich.

Nahrung.

Seine **Nahrung** sind Insecten, Schneckchen, Was-
ser- und Sumpfkräuter und ihre Sämereyen, und zur Verdauung Sandsteinchen.

Man kann ihn zähmen. Der ganze Habitus dieses
Vogels, schreibt mir Hr. von Schauroth, der einen gezähmten gehabt hat, ist wie beym Wachtelkönig. Er wurde außerordentlich zahm. Wenn ich nur eine Bewegung machte, so drückte
er sich unbeweglich an die Erde, daß man ihn fortstoßen konnte;
sonst lief er den ganzen Tag mit vorgestrecktem Kopfe sehr
schnell herum, und aus den Händen wand er sich wie eine
Schlange los. Er fraß der Nachtigallen Universalfutter,
sonst mochte er aber weder Gewürme noch Insecten; halb
verfaulte Rasen (aus Laubfroschgräsern) liebte er, wovon er
die weißbeschlagenen Wurzeln fraß. Er badete sich des Tages
gar oft, und legte sich dabey auf die Seite, wie die Hühner
in den Sand. Er gieng im Gefäße herum, wo das Wasser
über Querhand hoch stand. Er ließ seine Stimme wenig
hören, welches ein sehr langes Sit! war; sonst hatte er
noch einen murrenden, bellenden Laut, wie ganz junge
Hunde.

Dieser schöne Vogel war im Winter an einer warmen
Quelle in einer Schlinge gefangen worden, da ihn der Major
von Buttlar bekam. Dieser hatte ihn 5 Jahre, und
nach dessen Tode habe ich ihn noch 4 Jahre besessen, zuletzt
bekam er Beulen an den Füßen, und da er die Beine gar
nicht aufhob, so verwickelte er sich beständig, daß auch 3 Zehen
nach und nach fast ganz abfielen, zuletzt biß ihn des Nachts

ein

ein weißer Igel todt, der seinen Kasten durchbrochen hatte. Er flog fast gar nicht auf, und wenn er es that, so that er es stillschweigend. Des Nachts war er sehr unruhig, besonders beym Mondenschein. Gegen andere Vögel war er sehr verträglich, hatte eine besondere Freundschaft mit einem Staar geschlossen, vor diesem legte er sich nieder, und dieser strich ihm die Federn aus. Er fraß sehr wenig.

Herr Dr. Meyer hat diese Vögel auch mit Gerstenschrot in Milch geweicht lange lebendig in der Stube erhalten. Sie fraßen auch den Hirsen sehr gern.

Fortpflanzung.

Sein Nest legt er in Binsen und Schilf auf trockne Hügel an, und baut es auch aus diesen Pflanzen, ja zieht die nahestehenden Graspflanzen oft darüber her, daß sie eine Haube über dasselbe bilden. Das Weibchen legt 7 bis 10 bräunlichgelbe mit verschieden gestalteten roth- und graubraunen Flecken besetzte Eyer. Die Jungen sind vor der Befiederung mit einer schwarzen Wolle bedeckt, wie die jungen Wachtelkönige.

Feinde.

Die Rohrweyhen, Kornweyhen, Krähen, Füchse, Iltisse und Wasserratten stellen den Alten und ihrer Brut sehr nach.

Jagd und Fang.

Der Fang ist der nämliche, wie bey der Wasserralle. Wenn sie der Hund aufstöbert, so ist es leicht, sie in ihrem flat-

Nutzen.

Das Fleisch schmeckt vortrefflich, und nicht so thränig, wie bey den Wasserhühnern. Sie sind im Herbst wie mit Fett-übergossen.

(243) 2. Das kleine Meerhuhn.
Gallinula pusilla, *mihi.*
(Taf. XVI. Fig. 1. Männchen.)

Namen, Schriften und Abbildungen.

Kleiner Wasserralle, Taurischer Ralle, kleines Wasser-hühnchen, Sumpfschnerz.

Rallus pusillus. Pallas Reisen III. S. 700. 30.

Gmelin Linn. Syst. I. 2. p. 719. n. 30.

Rallus parvus. *Scopoli* Ann. übers. von Günther. S. 126. N. 157.

Naumanns Vögel. III. S. 159. Taf. 31. Fig. 43. Weibchen.

Mein ornithol. Taschenbuch. S. 340. Nr. 2.

Kennzeichen der Art.

Der Schnabel ist gelbgrün, an der Wurzel roth; der Unterleib aschblau; der Oberleib schwärzlich, mit olivenbrau-nen und einzelnen weißen Flecken.

Gestalt und Farbe des männlichen und weib-lichen Geschlechts.

Nur Pallas erwähnt dieses Vogels, und zwar nach der Beschreibung, die er davon giebt, des Weibchens. Er hat ihn im Asiatischen Rußland angetroffen. Bey uns in Thüringen ist er an den Busch- und schilfreichen Ufern der

Flüsse,

Flüsse, Teiche und Seen, besonders wenn sie weitläuftige und etwas sumpfige Wiesen in der Nähe haben, eben keine Seltenheit.

An Größe übertrifft er die Feldlerche nur ein wenig, ist 8 Zoll lang und klaftert mit ausgebreiteten Flügeln 12 Zoll [*]). Der Schwanz ist 2¼ Zoll lang und die Flügel schlagen sich am Ende desselben zusammen. Das Gewicht ist 4½ Loth.

Der Schnabel ist 8 Linien lang, an den Seiten sehr gedruckt, mit scharfem Rücken, und einer etwas übergekrümmten Spitze, von Farbe gelbgrün, an den Seiten der Wurzel blutroth; die Nasenlöcher liegen als längliche Ritzen fast an der Wurzel; die Augenlieder sind blutroth und oben warzig; der Augenstern ist gelbroth; die Füße sind blaßolivengrün, die kahlen Schenkel manchmal aschgraulich und 6 Linien hoch nackt, die Fußwurzel vorn geschildert und hinten fein geschuppt, so wie die Zehen schmal und schlank, 15 Linien hoch, die mittlere Zehe 1 Zoll 10 Linien, und die hintere 9 Linien lang; die Zehen sind also länger als bey dem vorhergehenden Vogel, ohngeachtet jener fast noch einmal so groß ist; die Nägel sehr schmal, wenig gekrümmt, sehr gespitzt und hell horngrau.

Nach dem Alter scheint dieser Vogel etwas zu variiren, so daß, vielleicht bey sehr alten Männchen, das Gesicht, d. h. der Vorderkopf, die Wangen, Schläfe und das Kinn, so wie der ganze Unterleib bis zum Hintertheil des Bauchs schön aschfarben blau ist; doch habe ich auch ein

im

[*]) Par. Ms.: Länge 7 Zoll; Breite 10½ Zoll.

im vorigen Frühjahr geschossenes Männchen vor mir, an welchem bloß ein Streifen über den Augen, die Backen schön aschgrau, die Kehle und Gurgel bloß silbergrau, die Brust desgleichen nur an den Seiten rostfarben überlaufen, und durch die Augen geht ein nicht viel merklicher olivengrauer Strich, der sich an den Schläfen erweitert; Oberkopf und Nacken sind olivenbraun; Hinter- und Seitenhals olivengrau, nach den Flügeln zu etwas rostfarben überlaufen; der Rücken ist schwärzlich mit olivenbraunen zerschlissenen Federspitzen, und einzelnen weißen Fleckchen; der Steiß olivenbraun; Bauch, Schenkel und After tief aschgrau oder aschblau mit undeutlichen weißen und schwärzlichen Querstreifen; die langen untern Deckfedern des Schwanzes schwarz und weiß in die Quere gestreift, die Federn, die an der Seite stehen, auf der äußern Fahne hell olivengrau; die Seitenfedern des Bauchs olivenbraun mit einzelnen weißen Fleckchen; die Schulterfedern schwärzlich und olivenbraun in die Länge gefleckt, weil die Mitte der Federn schwärzlich und die breiten Säume olivenbraun sind; die Deckfedern der Flügel olivenbraun; die vordern Schwungfedern so wie ihre schmalen Deckfedern dunkelbraun oder vielmehr schwarzgrau mit rostgrauen schmalen Rändern und großen Spitzen, die mittlern einfarbig schwarzgrau, und die hintersten zugespitzt und wie die Schulterfedern; die ganzen Unterflügel schwarzgrau; der Schwanz zugespitzt, die Federn braunschwarz, auf der äußern Fahne rostbraun gerändert, die beyden mittelsten aber auf beyden Fahnen.

Das Weibchen ist fast eben so gefärbt; nur sind Kehle, Gurgel und Oberbrust heller; nämlich die Kehle weiß,

und

und Gurgel und Brust rostfarben überlaufen, eben so sind die
weißen Querstreifen am Bauch rostfarben überlaufen, und
durch die Augen geht ein dunkelbrauner Streifen.

Es scheint überhaupt, als wenn dieser Vogel nach dem
Alter und der Mauser etwas variire, denn wie schon erwähnt, so scheinen die ältesten Vögel am Unterleibe schön aschblau zu seyn; auch findet man, daß der Oberleib statt olivenbraun, rostbraun gefleckt ist, und vielleicht sind dieß die jüngern Vögel. Die Jungen sehen überhaupt mehr dem
Weibchen in der Farbe ähnlich.

Merkwürdige Eigenschaften.

Dieser niedliche Vogel ist immer lustig und munter, aber
im Laufen durch das Geröhrig und im Fliegen noch lebhafter,
als seine Gattungsverwandten. Er schwimmt auch sehr geschickt in den kleinen wäßrigen Zwischenräumen des Geröhrigs,
in welchem er sich aufhält, herum, obgleich nicht so häufig,
wie die folgende Art. Abends und Morgens hört man ein
helles Geschrey: Kick, kick! von ihm.

Verbreitung und Aufenthalt.

Nach Pallas bewohnt dieses Meerhuhn die Salzseen
und das Geröhrig in Daurien. In Deutschland
scheint es sich allenthalben an Seen und großen Teichen, die
viel Schilf und Sumpf haben, zu finden. In den letzten
Tagen des Aprils kömmt es in Thüringen und Franken von
seinen Wanderungen zurück und verläßt uns zu Ende des

Nahrung.

Die Nahrung besteht theils in allerhand Insecten und Würmern, Schneckchen, Wasserkäfern u. s. w., theils in den Sämereyen der Sumpf- und Wassergräser. Man kann sie auch mit Semmeln in Milch geweicht lange Zeit in der Stube erhalten, wo sie einen durch ihre nickenden und wippenden Bewegungen, durch ihr muntres Laufen und ihr lustiges Wesen vergnügen. Sie wollen aber ein großes Badegeschirr zum Baden, und Kiessand zur Beförderung der Verdauung haben.

Fortpflanzung.

Ich habe ihr Nest mit den Eyern noch nicht entdecken können, ob sie gleich alle Jahre in Thüringen und Franken in denjenigen Gegenden, wo nasse Riede und große schilfreiche Teiche sind, im Sommer angetroffen werden, und gewiß da nisten. Herr Naumann aber hat im Anhaltischen ihre Fortpflanzung beobachtet. Sie bauen nach ihm ihr Nest auf ungeknickte Rohrstengel von trocknem Rohr und Grase, und das Weibchen legt 7 bis 8 gelbliche, braun gefleckte Eyer in dasselbe, brütet fast 3 Wochen, und erzieht die kleinen wolligen Jungen mit Wasserinsecten.

Jagd und Fang.

Man fängt sie mit Laufschlingen in im Rohr gehauenen Gängen, oder schießt sie wie die Wachteln im Fluge, indem sie von einem Hühnerhunde, der gut ins Wasser geht, welches die rauchen Wasserhunde am besten bewirken, vor sich aufjagen läßt. Eine darauf angelegte Suche glückt aber selten.

Nutzen.

Nutzen.

Das Fleisch ist von sehr delicatem Geschmack und soll nach einigen Zünglern alles Schnepfen=Wildpret übertreffen.

b) Mit deutlicher Stirnhaut (Bläſſe).

(244) 3. Das grünfüßige Meerhuhn *).
Gallinula Chloropus, Latham.

Namen, Schriften und Abbildungen.

Waſſerhühnchen, Rothbläßchen, Grünfuß, rothes Bläßhuhn, gemeines Meerhuhn, Waſſerhenne, Rothbläß= Rohrhühnlein, kleines Rohrhennel, kleines Waſſerhuhn, Waſſerhuhn mit grünen Füßen, grünfüßiges Waſſerhuhn, rothbläſſiges Waſſerhuhn, dunkelbraunes großes Waſſerhuhn mit rother Stirn und Knieen, schwarzes Waſſerhuhn mit grünen Beinen, schwarzer Waſſertreter, Waſſerläufer, schwarzer Ralle, Thauschnarre, große, oder gemeine Waſſer= henne, Rohrhenni mit rothem Bläſſel, kleines Rohrhennl und Waſſerhennl.

Fulica Chloropus. *Gmelin Linn.* Syst. I. 2. p. 698. n. 4.

Poule d'eau. *Buffon des Ois.* VIII. p. 171. t. 15. Ed. de Deuxp. XV. 213. Pl. enl. No. 877. Ueberſ. von Otto XXIX. S. 117. mit einer Figur.

Common Gallinule. *Latham* Synops. III. 1. p. 258. n. 12. Meine Ueberſ. V. S. 227.

Friſch Vögel. Taf. 209.

Wolfs

*) Alte Ausg. III. 237. Nr. (147) 1.

Wolfs und Meyers Vögel Deutſchlands. I. Heft. 13.
Männchen und Junges.

Naumanns Vögel. III. S. 137. Taf. 29. Fig. 38.
Männchen. Fig. 39. ein noch nicht gemauſertes,
junges grünfüßiges Meerhuhn.

Mein ornithol. Taſchenbuch. S. 341. N: 3.

Donndorff zool. Beytr. II. 2. p. 1117. n. 4.

Kennzeichen der Art.

Die Wurzel des Schnabels ſo wie die Stirnhaut iſt
orangenroth; der Oberleib glänzend olivenbraun; die Flügelränder und untern Deckfedern des Schwanzes ſind weiß; die
Füße olivengrün.

Geſtalt und Farbe des männlichen und weib-
lichen Geſchlechts.

Die Länge deſſelben beträgt 14½ Zoll, der Schwanz
mißt 3 Zoll, die ausgeſpannten Flügel kläftern 23 Zoll *),
und das Gewicht iſt 15 Unzen.

Der Schnabel iſt 1 Zoll 2 Linien lang, ſtark gedruckt,
oben ſchmal auslaufend, der Höcker an der untern Schnabelſpitze unmerklich, die Spitze grünlich gelb; das übrige mit
dem eyrunden Stirnlappen hoch orangenroth oder lackroth;
die Naſenlöcher längliche Ritzen, in der Mitte des Schnabels; die Zunge mittelmäßig breit, an der Spitze rauh, doch
ungeſpalten; der Augenſtern zinnoberroth; das untere Augenlied kahl; die Fußwurzel 2½ Zoll hoch, das Kahle der
Schenkel ½ Zoll lang, die mittlere Zehe 3 Zoll und die hintere

1 Zoll

---

*) Par. Ms.: Länge 12⅔ Zoll; Breite 21 Zoll.

1 Zoll 2 Linien und etwas hoch stehend, die ganzen Füße olivengrün, hinten und unten dunkler, vorn und oben heller;
da wo sich die Federn an den Schenkeln anfangen (die Kniebänder) orangenroth; die Nägel fast gerade, sehr spitzig und
hornfarbenschwarz. Die vorn geschilderten hinten aber und
an den Seiten netzförmigen Füße sind unförmlich groß und
stark, und geben dem sonst sehr gut gebildeten Vogel ein unangenehmes Ansehen. Die Zehen sind zwar unbelappt, aber
doch häutig gerändet, wodurch ihm das Schwimmen erleichtert wird.

Die sammetweichen Federn des Kopfs und der Kehle
sind schwarz; das Genick, der Nacken und die Gurgel sehr
dunkelaschgrau; der übrige Oberleib, die Schulterfedern und
die Deckfedern der Flügel sind schön glänzend olivenbraun;
Gurgel, Brust und Bauch dunkel aschgrau, die beyden letztern in der Mitte der Länge nach bis zum After weiß gewölkt;
die Seiten olivenbraun, aschgrau überlaufen, in der Mitte
derselben eine Reihe Federn der Länge nach halb weiß; welches einen breiten weißen Streifen bildet; die ziemlich langen
obern Deckfedern des Schwanzes wie der Rücken, und die
längern untern Deckfedern des Schwanzes zu beyden Seiten
weiß, in der Mitte sammtschwarz; die Schenkelfedern auswendig wie der Bauch, inwendig aber weißlich; den obern
Flügelrand faßt eine weiße Linie ein, die die erste Afterflügel-
feder und erste Schwungfeder zugleich mit weiß kantirt, und
an dem Daumengelenke oder der Ecke des Afterflügels liegt
ein beweglicher kleiner 3 bis 4 Linien langer hellgelber
Stachel; die Schwungfedern sind dunkelbraun, fein rostgrau
gerändet, die mittlern sind etwas heller, und an den Spitzen
weiß-

weißgrau eingefaßt und die langen hintern oder die der dritten Ordnung sind olivenbraun, wie der Rücken mit einem purpurfarbenen Widerschein; die spitzig und schmal sich zusammen legenden Schwanzfedern schwarz; die untern Deckfedern der Flügel dunkelaschgrau, einzeln weiß wellenförmig gefleckt und einige der langen olivenbraunen Achselfedern sind halb weiß.

Die Federn sitzen alle dicht, sind stark und fest.

Das Weibchen ist unmerklich kleiner mit weniger lebhaft rother Farbe des Schnabels und der Stirnhaut, aschgrauem und weißlich durchschimmerndem Bauche, rostgelb angeflogener Brust, und überhaupt mit nicht so schönen und deutlich ausgezeichneten Farben, wie das Männchen; doch muß man sie im Frühjahr neben einander sehen, um die Unterschiede genau zu bemerken.

Zergliederung *).

1) Die Luftröhre ist fast von gleicher Weite, und hat keine halben, sondern Viertel Ringe, so daß der Länge nach häutige Striche gehen, wo die Ringstücke nicht zusammenlaufen. In der Oeffnung der Stimmritze steht kein Blättchen, wie bey vielen andern Vögeln.

2) Der Schlund hat einen weiten drüsigen Kropf, der sich

3) in den sehr fleischigen Magen öffnet, welcher die Gestalt des Hühnermagens hat, und inwendig körnig ist.

4) Die

*) Otto a. a. O. S. 129.

lengang öffnet ſich ſehr weit von dem Magen, denn er geht 3 Zoll von demſelben in die Därme.

5) Die Där-me ſind 19 Zoll lang und haben zwey lange Blinddärme.

6) Im Frühling ſind die beyden gelblich weißen Hoden des Männchens ½ Zoll lang.

7) Das Gerippe zeigt die zuſammengedrückte Geſtalt dieſes Vogels ſehr deutlich. a) Das Kreuzbein iſt ſchmal und abhängig, b) das Steißbein aber in den Gelenken ſehr beweglich und durch ſtarke Muskeln aufzuheben. c) Die langen Rippen krümmen ſich faſt bis unter die Pfanne des Kreuzbeins nach hinten, und biegen ſich mit dem äußerſten Ende alle wieder nach vorne, woſelbſt alle 8 wahre Rippen zuſammenlaufen, und ſich vom Anfange des Bruſt-beins auf ½ Zoll vereinigen. d) Dieſes Bruſtbein iſt auch äußerſt ſchmal, kaum ¾ Zoll breit. e) Der Rumpf iſt ohngefähr 2¼ Zoll hoch, und ohngefähr 1 Zoll breit, näm-lich vorne kaum ¼ Zoll und hinter den Rippen etwas über 1 Zoll.

8) Alle Muskeln außer dem Halſe und Kreuze ſind ſehr ſchwach.

9) Der Hals biegt ſich leicht zwiſchen der Gabel her-unter, wie bey vielen Sumpfvögeln.

10) Nicht allein die Schulterblätter, Schlüſ-ſelbeine und Lenden enthalten Mark, ſondern auch der Oberarm, und dieſer hat keine Oeffnung an ſeinem obern Ende, um Luft aus der Bruſt zu erhalten.

Merk-

Merkwürdige Eigenschaften.

Es ist ein schneller Vogel, sowohl im Fliegen als Schwimmen. Er schwimmt ruckweise, schlägt dabey den Schwanz unaufhörlich in die Höhe, wie eine Nachtigall, daß die weißen Afterfedern hervorblicken und bewegt den Kopf und Hals vor- und rückwärts.

Der dickbefiederte Leib, die weit zurückstehenden Beine, und die langen, mit einer Seitenhaut berändeten Zehen kommen seiner Schwimmkraft gar sehr zu statten; aber auch eben diese langen gespaltenen und unbelappten Zehen machen, daß er sich auf die niedrigen Aeste der Bäume und Sträucher setzt, die am Wasser stehen und da, oder auf dem Ufer mit einem eingezogenen Beine schläft. Wenn er geht, welches schritt- weise und sehr bedächtlich geschieht, steht der Schwanz immer höher als der Kopf.

Er ist sehr zänkisch und leidet nicht leicht einen Kam- meraden in seiner Nachbarschaft; auch ist er sehr scheu, so daß wenn er einen Menschen von weiten erblickt, er sich immer sehr weit von ihm zu entfernen sucht, er müßte denn in einem Teiche wohnen, wo er alle Tage die gewöhnlichen Menschen sieht, und durch Erfahrung weiß, daß ihm dieselben nicht nachstellen. Alsdann geht er wohl gar an das Ufer und frißt mit den Enten und Gänsen.

Er taucht sehr schnell und lange unter, und kömmt eine große Strecke von dem Orte, wo er eintaucht, wieder zum Vorschein, steckt oft, wenn er Gefahr bemerkt, den Kopf aus dem Wasser, schlüpft schnell wieder unter dasselbe und sucht das Ufer auf, wo er sich hinter einen Busch versteckt und nur den Kopf hervorstreckt, um seinen vermeynten Feind zu

be-

beobachten. Wenn er mitten auf der Spiegelfläche des Waſ=
ſers aufgeſchreckt wird, ſo läuft er gleichſam mit aufgeſperrten
Flügeln auf dem Waſſer und den Waſſerkräutern hin bis zum
Ufer ins Schilf, wo er ſich verſtecken kann.

Er fliegt ſchnell und mit herabhängenden Beinen, die
ihm zum Anziehen zu ſchwer zu ſeyn ſcheinen. Er ſchreyt zu=
weilen, und zur Zeit der Begattung hell Gi, gi! mit noch
einigen quackelnden hellen und hohen Tönen, die eine Art
von Geſang bilden, beſonders wenn mehrere Paare auf einem
großen Schilfteich niſten und wie Girgiküh, girgiküh!
klingen.

Kaum ſollte man glauben, daß er, als ein ſo ſcheuer
Waſſervogel, ſich ſo leicht, wie ein anderer Stubenvogel zäh=
men laſſe; demohngeachtet wird er ſo kirre, wie ein Roth=
kehlchen, nimmt mit Semmeln und Milch vorlieb, und ſehnt
ſich gar nicht nach dem Waſſer. Ich beſitze einen, den der
Sturmwind vor einer Thüre nicht weit von meiner Wohnung
niederwarf; dieſer frißt nicht allein, alles, was man ihm vor=
wirft, ſondern läuft auch auf dem Hofe wie ein Küchlein
herum, fiſcht alle Mückenlarven aus der Miſtjauche, geht auf
einen benachbarten Teich und Bach, kehrt aber allemal wieder
allein zurück und ſchläft in dem Holzſchuppen. Etwas eignes
beweiſt er im Baden; er nimmt nämlich alle Morgen, Mit=
tag und Abend regelmäßig ſein Bad und zwar mit dem größ=
ten Eifer, und wenn er kein reines Waſſer findet, ſo iſt ihm
auch die dicke Miſtjauche gut genug. Da es ein Weibchen
iſt, ſo trägt er immer Strohhalmen zuſammen und will ein
Neſt machen. Es folgt hieraus, daß man dieſen Vogel in
eingeſchloſſenen Gärten, wo etwas Waſſer iſt, herum laufen

laſſen

laſſen könnte. Er würde eine unzählige Menge ſchädlicher
Inſecten verzehren, und noch überdieß durch ſein munteres
Betragen dem Beſitzer Vergnügen machen.

Verbreitung und Aufenthalt.

Dieſer muntere, kecke und artige Waſſervogel bewohnt
die nördlichen Theile der alten und neuen
Welt; England, Schweden, Dänemark, Rußland, das Caspiſche Meer, Neuyork, Carolina, Jamaika, Weſtindien, die Inſeln der
Südſee u. ſ. w. und iſt in Deutſchland, beſonders in Thüringen, unter dem Namen des Waſſerhühnchens den
Jägern bekannt genug.

Allenthalben, wo in Deutſchland Seen, ausgetretene
Flüſſe und Teiche ſind, die Schilf und Gebüſche umgiebt,
findet man auch dieſes Waſſerhuhn, beſonders trifft man es
in der Gegend des Thüringer Waldes auf jedem Teiche an.

Es iſt ein Zugvogel, der im October, wenn die Fröſte
kommen, unſere Gegend verläßt, und im März, wenn die
harten Fröſte nachlaſſen, wieder bey uns eintrifft. Er ſtreicht
entweder nur von einem Orte zum andern, um dem Eiſe und
Froſte auszuweichen, oder geht doch nur in diejenigen nahen
wärmern Gegenden von Europa, wo ein etwas gelinderer
Winter als in Deutſchland herrſcht; denn man trifft ihn auch
oft in weniger kalten Wintern in Thüringen in denjenigen
Teichen an, die mit warmen Quellwaſſer gefüllt werden und
nicht ganz zufrieren.

Nah-

Nahrung.

Die Natur hat diese Vögel bestimmt, die ungeheure Anzahl von Insectenlarven und Insecten mit vermindern zu helfen, die sich im Wasser befinden. Sie lesen sie daher unaufhörlich von den Wassergewächsen und der Oberfläche des Wassers ab. Außerdem aber fressen sie auch kleine Wasserschnecken, und vorzüglich allerhand Wasserpflanzen, als Meerlinsen, die Blüthen des Wasserhahnenfußes und anderer Wasserkräuter und ihr Gesäme, und verschlucken einzelne runde Quarzkörner zur Beförderung der Verdauung.

Fortpflanzung.

Im April schicken sie sich schon zur Brut an, und wo mehrere Paare auf einem kleinen Teiche wohnen, giebt es zu der Zeit hitzige Kämpfe, sie springen und stoßen gegen einander los und man sieht es augenscheinlich, daß ihnen der bewegliche Stachel an den Flügelecken dazu gegeben ist, sich einander damit zu verwunden, da weder Füße noch Flügel noch Schnabel dazu eingerichtet sind, sich durch den etwas dicken Federbalg zu verwunden. Sie bauen ihr Nest in niedrige Gebüsche an den Ufern, in die entblößten Wurzeln oder niedrigen Aeste oder ins Schilf, wenn ihnen die Büsche nicht bequem genug sind. Es besteht aus Rohr, Schilf und Wasserkräutern und ist groß, und wie ein Korb in einander geflochten.

Das Weibchen legt des Jahrs zweymal 6 bis 8 Eyer, die auf einer Seite stark zugespitzt, und hell olivengrünlich mit einzelnen keinen rothbraunen, auch zuweilen violetten Flecken besetzt sind. Es brütet sie allein in 3 Wochen aus.

Bechst. gem. N. G. 4r Bd. 1. Abth.   Ji   Wenn

Wenn es das Nest verläßt, um seiner Nahrung nachzugehen, so deckt es dieselben vorher sorgfältig mit Kräutern zu, die es aus dem Neste zupfet.

Die Jungen schwimmen sogleich, wenn sie ausgekrochen sind, mit der Mutter davon, und werden von beyden Eltern zum Insectenfang angewiesen. Sie sehen dann schwarzwollig aus, haben aber bis die Federn wachsen eine siegelwachsrothe Stirnhaut und Schnabelwurzel, und der Schnabel sieht eigentlich roth, gelb und weißbunt aus. Sind die Federn gewachsen, so haben beyde Geschlechter im ersten Jahre einen olivengrünen Schnabel und olivenbraune Stirnhaut, und sehen gerade aus wie das braune Meerhuhn, das ich unten im Anhang näher anführen werde, und das man gewöhnlich für eine eigene Art ausgiebt, welches aber weiter nichts als der junge Vogel bis im kommenden Frühjahr ist, wo er mit dem rothen Schnabel und den dunkeln und hellen mehr ausgebildeten Farben von seiner Wanderung zurückkömmt und sich nun begatten will.

Wenn die Jungen des ersten Geheckes 14 Tage bis 3 Wochen mit den Alten herum geschwommen haben, zum Nahrungfinden angewiesen sind, Federn haben und halbwüchsig sind, so machen die Alten (das junge Paar, das später nistet, macht auch nur ein Gehecke) zur zweyten Brut Anstalt; das Weibchen jagt die Jungen weg, und sie müssen dann entweder ganz allein oder nur mit dem Vater herum schwimmen. Wenn hierauf die zweyte Brut auskriecht, so gesellen sich beyde Gehecke wieder zusammen, und die alten Geschwister führen dann ihre jüngern mit zur Ernährung an, ja legen ihnen die Wasserinsecten und Vegetabilien selbst vor.

vor. Der Magen eines Jungen vor der erſten Mauſer war ganz mit klaren Waſſerkräutern und einer Menge kleiner ſchön hellbrauner harter und glatter Saamentörner vollgeſtopft. Nur wenige Spuren von Inſecten, hin und wieder einige kleine Kieſeln waren zu finden.

Bis zu der erſten Mauſerung bemerkt man ſogar die kahle Stirnhaut nicht, und dieſe Stelle wird mit olivenbraunen Federn umlegt, der Schnabel iſt grün, und manche Jungen haben auch hie und da am Halſe und Kopfe kleine weiße Sprenkeln.

F e i n d e.

Ihre Eyer werden zuweilen von den Rabenkrähen und Sumpfweyhen geholt, und ihnen ſelbſt ſtellen auch einige Raubvögel nach, doch müſſen ſie hurtig ſeyn, wenn ſie ſie vom Waſſer wegnehmen wollen, ſo ſchnell tauchen ſie unter; beſſer laſſen ſie ſich im Fluge fangen. In den Eingeweiden wohnen Splitterwürmer (Festucaria crenata).

J a g d.

Wenn man ſie ſchießen will, ſo muß man ſich hinter einem Gebüſche nahe an ſie ſchleichen, und wo möglich durch Vorhaltung eines Hutes oder Verbergung hinter den Blättern des Gebüſches zu verhindern ſuchen, daß ſie den Blitz von der Zündpfanne nicht ſehen, denn ſonſt tauchen ſie blitzſchnell, ehe das Bley zu ihnen kommt, unter, und werden gefehlt. Auch wenn man ſie nicht gänzlich tödtet, ſo ſchwimmen ſie nach dem Ufer, und verkriechen ſich unter demſelben, oder wenn ſie das Schilf eher erreichen, greifen ſie unter dem Waſſer mit dem Schnabel nach einem Halm, beißen ſich feſt

ein,

ein, und sterben so, ohne daß man sie bekommen kann. Bey
ihrer Jagd ist auch ohnehin ein guter Wasserhund, nothwen=
dig, der sie aus dem Wasser holt. Sie gehen auch in die
Garnsäcke und Steckgarne, die man in ihre gewöhn=
lichen Gänge stellt.

Nutzen.

Unter allen Wasserhühnern hat dieses noch das schmack=
hafteste Fleisch, obgleich seine Haut unangenehm schwarz=
blau aussieht. Es wird besonders im Herbste sehr fett, behält
aber immer etwas von dem wilden, aus den schlammigen
Kräutern entstehenden schlammerigen Geschmacke, wie
man ihn nennt, bey, der nicht allen Personen angenehm ist.
Die Federn gehen auch schwer aus, und man thut daher
wohl, wenn man die Vögel nach dem Schusse, wenn sie noch
warm sind, sogleich in kaltes Wasser etlichemal taucht; denn,
wenn man die Federn durch heißes Wasser locker machen will,
so betrügt man sich, indem sie sich dadurch noch fester ein=
setzen.

Es wird auch dadurch nützlich, daß es eine so ungeheure
Menge Mückenlarven und andere schädliche In=
secten vertilgt.

Schaden.

Man beschuldigt sie wohl mit Unrecht, daß sie in den
Fischteichen Schaden an den Fischen thäten. Denn ich
habe ihrer sehr viele geöffnet, und nie eine Spur von einem
kleinen Fisch bey ihnen gefunden, obgleich Büffon be=
hauptet, daß er, bey der Oeffnung des Magens von einem
jungen Vogel die Spuren von Fischfraß entdeckt habe. Auch

bey

bey Hrn. Professor Otto fraßen die zahmen Vögel dieser Art Fische.

Verschiedenheiten.

Man trifft außer den kleinen Abänderungen in der Farbe, vorzüglich zweyerley Abänderungen in Ansehung der Stirnhaut an: Einige haben eine mehr gelbe, andere eine rothe; doch sind die erstern mehrentheils einjährige Junge, die aus einem späten Gehecke stammen, und sich im Frühjahr noch nicht völlig ausgefärbt haben. Auch im Kabinet schließt die rothe Farbe in Gelb ab.

Anhang.
Das braune Meerhuhn *).

Fulica fusca. *Gmelin Linné* l. c. p. 697. n. 1.
La Poulette d'eau. *Buffon* l. c. p. 177.
The brown Gallinule. *Latham* l. c. p. 260. n. 14.

Beschreibung.

So liefert man sie von diesem Vogel, den man als Art trennt.

Seine Länge ist 1 Fuß 1¼ Zoll, und die Breite 1 Fuß 9¼ Zoll **). Der Schwanz ist 2¾ Zoll lang, und die Flügel reichen auf zwey Drittheile desselben.

Der Schnabel mißt 14 Linien und ist dunkelolivengrün; die länglichen Nasenlöcher liegen in der Mitte des Schnabels; der Augenstern ist roth; die Augenliedränder sind

*) Alte Ausgabe. III. S. 245. Nr. 2.

sind weiß; die Füße und gleich geründeten Zehen olivengrün, die Nägel etwas dunkler; der kahle Theil der Schenkel 8 Linien hoch und mehr oder weniger gelb, die Mittelzehe $2\frac{3}{4}$ Zoll, und die hintere 1 Zoll lang.

Der Oberleib ist olivenbraun; die Wangen aschgraubraun, zuweilen ins Rostfarbene spielend; der Unterleib aschgrau, die Federn weiß geründet; die Kehle weißlich; der Unterhals dunkelaschgrau olivengrün überlaufen; die Seiten dunkelaschgrau; die untern Schwanzfedern schwarz; die Flügelränder weiß; die Schwungfedern dunkelbraun, die erstern auswendig weiß geründet; die Schwanzfedern dunkelbraun, die äußerste weiß *).

Das

*) Herr Schrank beschreibt im 18. Stück des Naturforschers S. 70. diesen Vogel unter dem Namen Wasserhühnchen, welches in der Volks und Jägersprache das grünfüßige Meerhuhn ist, folgendergestalt: „Es ist durchaus schattenbraun, die Kehle, die Beugung der Schwingen und 8 bis 10 äußere Schwanzfedern sind weiß, von den bedeckten die mittlern allezeit schwarz; die äußern Schwanzfedern am äußern Rande der Fahne weiß; die Füße grün, unbesetzt; die Schenkel, wo sie aufhören bedeckt zu seyn, mehr oder weniger gelb; der Schnabel kurz, gegen die Spitze grünlich; die Gurgel und die Seiten des Kopfs blaß schattenbraun, manchmal etwas ins Rostfarbene sehend; die Seiten blaß schattenbraun; Brust und Bauch weiß; dieß Weiß nimmt bald eine größere bald eine kleinere Breite ein."

Ich müßte mich sehr irren, wenn dieser hier beschriebene Vogel nicht ein grünfüßiges Meerhuhn kurz vor dem ersten Mausern und kurz nach demselben seyn sollte. Ich habe eins, das ich im Herbst geschossen habe, vor mir, auf welches die Beschreibung wörtlich paßt, denn es hat auch noch keine merkliche kahle Stirnhaut; die auch hier nicht angegeben ist. Nur fehlen ihm die äußern weißen Schwanzfedern; allein vielleicht hat unser Verfasser den Vogel nicht

nahe

Das Weibchen hat eine hellere Farbe; der Kopf ist weiß gefleckt; der Bauch und Brust weiß; der Unterhals graubraun.

Sein Vaterland sind das südliche und gemäßigte Europa, Frankreich und besonders Italien. In Deutschland soll es nicht nördlicher als Bayern vorkommen.

Es ist ein einsamer Vogel.

Seine

nahe und genau genug betrachtet, denn die weißen langen untern Deckfedern des Schwanzes, die an den Seiten stehen, ziehen sich so um den Schwanz herum, daß nicht nur von ferne, sondern auch in der Nähe der Schwanz an den Seiten weiß zu seyn scheint.

§. 2. Ja ich glaube mich gar nicht zu irren, wenn ich das eben beschriebene braune Meerhuhn nur für ein Junges des grünfüßigen Meerhuhns erkläre. Wenigstens leiten mich die Beschreibung und die Vergleichung mit meinen Beobachtungen darauf. Wird es ohne merkliche Stirnhaut beschrieben, so ist es ein junger Vogel, der die ersten Federn nach der Wolle bekommen hat, dann ist der Oberleib olivenbraun, die Kehle weiß, der Unterleib aschgrau, an dem Bauch und Seiten rostgrau, die Beine gelbgrün mit gelbern Kniebändern; ist die Stirnhaut deutlich da, aber entweder olivenbraun, oder gelblich, so ist es ein junger Vogel nach dem ersten Mausern, und wie man auch wohl noch Weibchen vom letzten Gehecke im Frühjahr antrifft, die sich noch nicht ganz ausgefärbt haben; alsdann sind die Backen schmutzig rostfarben, die Brust ist etwas rostgelb angeflogen, am ganzen Unterleibe schimmert aus dem Aschgrauen ein weißes Gewölk hervor, und die Seitenfedern haben hell rostfarbene Spitzen. Das einzige, was dieser Behauptung im Wege steht, sind die äußern weißen Schwanzfedern. Allein vielleicht ist dieses Versehen von einem einzigen Naturforscher in alle andere Beschreibungen dieses Vogels übergetragen worden.

Hieher gehört auch Frisch's Oliven-Wasserhuhn. Taf. 210.

Seine Nahrung besteht in Wassergräsern und kleinen Fischen.

Wegen seines wohlschmeckenden Fleisches wird er bey Venedig mit Falken gestoßen, die die Jäger auf ihn zu laßen, wenn er vom Treiber aus dem morastigen Gebüsche herausgejagt und zum Fluge gereizt ist.

Er heißt noch: Welsches Wasserhuhn.

Als eine Varietät führt man hier noch auf:

Das große braune Meerhuhn.

Gallinula major. *Brisson* Ornith. VI. p. 9. n. 3.

Grande Poule d'eau ou Porzane. *Buffon* l. c. p. 178.

Es ist weit größer als das vorhergehende Meerhuhn, über 20 Zoll lang.

Der Schnabel ist $2\frac{1}{4}$ Zoll lang; die Wurzel und der größte Theil der untern Kinnlade gelb und das übrige schwarz; die Füße grünlich.

Die kahle Stirnhaut ist gelb; der Kopf und Hals schwärzlich; der Oberleib und die Flügel nußbraun; Brust, Bauch und Seiten dunkelaschgrau, weiß gerändet; der Unterbauch und After weiß; die Schenkel aschgrau, mit unbeutlichen weißen Linien durchzogen; der zugerundete Schwanz ist nußbraun, ausgenommen die zwey äußern Federn, welche weiß sind.

Stünde die Größe nicht im Wege, so würde ich es für eine Varietät, oder vielmehr für ein junges Männchen des grünfüßigen Meerhuhns halten. Vielleicht hat man aber die erste Beschreibung von einem im Ausstopfen ausgedehnten Exemplare genommen.

?4. Das

? 4. Das gefleckte Meerhuhn *).

Gallinula maculata, *Latham*.

Namen, Schriften und Abbildungen.

Geflecktes, getüpfeltes und gesprenkeltes Meer, oder Wasserhuhn, Rheinvogel, Matkern, Matknelzel, kleiner Brachvogel, rothes Wasserhuhn, Rohrhennel.

Porphyrio punctulatus. *Brisson* A. V. p. 536. n. 7.

Fulica maculata. *Gmelin Linn.* Syst. I. 2. p. 701. n. 17.

Speckled Gallinule. *Latham* Syn. III. 1. 266. n. 19. Meine Ueberf. V. 235.

Willugby Ornith. p. 304. pl. 56.

Erythra. Gesners Vögelbuch. S. 247. mit einer Figur.

Donndorff a. a. O. S. 1123. Nr. 17.

Das gesprenkelte Meerhuhn. Otto in der Uebers. von Büffons Vögeln XXIX. S. 165. Nr. 4. mit einer Abbildung.

Kennzeichen der Art.

Die Stirn und der Schnabel sind gelb; der Oberleib rothbraun mit weißen und schwarzen Flecken bezeichnet.

Beschreibung.

Es bewohnt die sumpfigen Gegenden Deutschlands.

Es hat die Größe des Wiesenknarrers oder Wachtelkönigs.

Seine

*) Alte Ausgabe. III. S. 248. Nr. 3.

Seine Länge ift ein Fuß, fünf Linien *).

Der Schnabel ift mattgelb; die Füße find grau.

Der Oberleib ift rothbraun mit weißen und fchwarzen Flecken bezeichnet; die kahle Stirnplatte mattgelb; die Federn, die die Wurzeln des Schnabels umgeben, die Wangen, die Kehle und der Unterhals weiß; der übrige Unterleib grau= braun; die vordern Schwungfedern fchwarz, die hintern dunkelbraun; von den zwölf Schwanzfedern die beyden mitt= lern fchwarz, mit weißen Spitzen, die übrigen dunkelbraun. Dieß ift **Briſſons** Beſchreibung.

Willugby und **Gesner** aber ſind eigentlich die Au= toren, auf welche ſich die Exiſtenz dieſes Vogels ſtützet. **Gesner** ſagt, obgleich der ganze Leib beynahe röthlich ſey, ausgenommen den weißlichen ins Röthliche fallenden Bauch und die weißgrauen Schenkel, ſo ſey dieſe Röthe doch auf dem Rücken dunkler und von ſchwarzen Flecken unterbrochen, heller auf einigen Federn der Flügel, in welchen die längſten dem Röthelſtein nahe kämen; der ſchwärzliche Schnabel ſey etwas röthlich; unten am Halſe ſeyen einige weiße Punkte. (Wieſenknarrer). Er werde im Rohr mit Schlingen gefan= gen. Sein Geſchrey ſey dem Tone ähnlich, den die Tuch= macher beym Schlagen der Wolle machen.

Kein neuer Schriftſteller erwähnt dieſes Vogels als ſelbſt ge= kannt, außer Hr. D. **Karg.** Dieſer, durch deſſen Güte ich ein Ver= zeichniß der Vögel, die ſich am Bodenſee aufhalten, beſitze, giebt an, daß er häufiger als das punktirte Meerhuhm daſelbſt an= getroffen werde, und Röhrhennel heiße. Nach den verſchie=

denen

*) Par. Mſ.: 11 Zoll lang.

denen sehr unvollkommenen Angaben scheint mir aber bald
ein junges grünfüßiges Meerhuhn, bald, wie schon bemerkt,
ein junger Wiesenknarrer, bald ein punktirtes Meerhuhn
durch denselben bezeichnet zu werden. Man könnte ihn also
als Art aus dem Verzeichnisse der Vögel ausstreichen.

? 5. Das gelbfüßige Meerhuhn *).

Gallinula flavipes, *Latham.*

Namen, Litteratur und Abbildungen.

Gelbfüßiges Wasserhuhn; Gelbfuß, Gelbbeinlein,
Schmirring, Schmiering, Seelfüßel, Seelbeinlein, rothes
Wasserhuhn mit schwefelgelben Beinen und Augenliedern.

Fulica flavipes. *Gmelin Linn.* Syst. I. 2. p. 702.
n. 18.

Smirring. *Buffon* des Ois. VIII. 180. Ed. de
Deuxp. XV. 225. Ueberf. von Otto. XXIX.
S. 145.

Yellow legged Gallinule. *Latham Syn.* III. 1. 266.
n. 20. Meine Ueberf. V. 235.

Ochropus. *Willugby* Ornith. p. 316. Gesners
Vögelbuch. S. 242. mit einer Figur. Es scheint
aber die Hinterzehe zu fehlen.

Donndorff a. a. O. S. 1123. Nr. 18.

Kennzeichen der Art.

Die Stirn und die Füße sind hellgelb; der Oberleib ist
gelbroth und schwarz gefleckt; der Unterleib weiß.

Bes

*) Alte Ausgabe. III. 249. Nr. 4.

Beschreibung.

Es ist in Deutschland zu Hause.

An Größe gleicht es dem grünfüßigen Meerhuhn.

Der Schnabel ist von der Wurzel an zwey Drittheile gelb, übrigens schwarz; die Füße sind blaßgelb, die Nägel schwärzlich.

Der Kopf und ganze Oberleib ist gelbroth, schwarz gefleckt; die nackte Stirnhaut blaßgelb; die Ränder der Augenlieder sind saffrangelb; die Federn, die die Wurzel des Schnabels umgeben, die Schläfe und der ganze Unterleib weiß; die größern Deckfedern der Flügel, die dem Körper am nächsten sind, weiß, die übrigen und die kleinern mit dunklern Flecken und röthlichen Spitzen; die Schwungfedern schwarz; die zwölf Schwanzfedern gelbroth, schwarz gefleckt *).

?6. Das pfeifende Meerhuhn **).
Gallinula fistulans, *Latham.*

Namen, Schriften und Abbildungen.

Glutt-Meerhuhn, Glutthuhn, Glutt.

Fulica fistulans. *Gmelin Linn.* Syst. I. 2. p. 702. N. 19.

Glout.

---

*) Man weiß nicht recht, was man aus diesem Vogel machen soll. Da denselben kein neuer Schriftsteller selbst gesehen und beschrieben hat, so scheint er zu einem andern bekannten Vogel zu gehören.

**) Das Glutthuhn. Alte Ausgabe. III. 250. Nr. 5.

Glout. *Buffon* des Ois. VIII. 181. Ed. de Deuxp.
XV. 227. Ueberſ. von Otto. XXIX. S. 149,
mit einer Figur.

Piping Gallinule. *Latham* Syn. III. 1. p. 267.
N. 21. Meine Ueberſ. V. S. 236.

Gesners Vögelbuch. S. 240. mit einer Figur.

Donndorff a. a. O. S. 1124. Nr. 19.

Kennzeichen der Art.

Die Stirn iſt grüngelb; der Oberleib dunkelbraun;
die Schläfe und der Unterleib weiß.

Beſchreibung.

Beſchreibung und Abbildung ſtammen von Gesner.

Es bewohnt die Ufer der Seen und Teiche Deutſchlands und des Elſaſſes.

Es iſt ohngefähr dreyzehn Zoll lang *).

Der Schnabel iſt ſchwarz, und die Füße ſind grünlichgrau, die Nägel grau.

Der Oberleib iſt dunkelbraun, der Unterleib nebſt den
Schläfen weiß, auch die Flügeldecken ein wenig weiß ge-
miſcht; die kahle Stirnhaut gelbgrün; die Schwung- und
Schwanzfedern dunkelbraun.

Es hält ſich an den Ufern der Flüſſe und Seen auf,
und hat eine helle Stimme, die den Ton einer kleinen Flöte
oder Pfeife von ſich giebt. In der Gegend um Straßburg

will

*) Par. Mſ.: 11½ Zoll.

will man es am ersten und meisten bemerkt haben, wo es
auch den Namen Glutt führen soll *).

———

Sechszigste Gattung.

Wasserhuhn. Fulica.

Kennzeichen.

Der Schnabel ist kurz, etwas stark, oben ein scharfer Rücken, bis zur schnell und schief zulaufenden Spitze fast
gleich breit, beyde Kiefern gleich lang, der Oberkiefer gewölbt
und etwas über den untern herschlagend, der untere hinter
der Spitze mit einer kleinen Hervorragung versehen.

Die Nasenlöcher liegen in der Mitte des Schnabels
in einer Furche und sind länglich.

Die Stirn ist kahl und schwielig.

Die breitgedruckten Füße haben vier getrennte, aber
gefiedert belappte Zehen, d. h. die vorne zur Seite eine
Haut haben, welche in kleine abgerundete Lappen getheilt
ist, daher sie auch seltner ans Ufer gehen, sich nicht auf
die Sträuche setzen, wie die Vögel der vorhergehenden Gattung, und fast immer auf dem Wasser schwimmen.

Die

———

*) Dieser Vogel gehört wahrscheinlich auch zum grünfüßi-
gen Meerhuhn, denn darauf paßt die Beschreibung zuweilen und die Angabe der Lebensart ganz. Hr. D. Becker
zu Darmstadt schreibt mir, daß er ein junges grünfüßiges
Meerhuhn besitze, mit welchem die Beschreibung genau über-
einstimme.

Die inländischen Wasserhühner haben auch am Flügelbuge
einen kleinen scharfen Stachel (ob die ausländischen auch,
weiß ich nicht).

Der Leib ist nicht stark zusammengedrückt, der Kopf
aber klein und der Hals lang, daher sie dadurch und durch
die runden kurzen Flügel noch mehr die Gestalt der Haushühner bekommen, als die Vögel der vorhergehenden Gattung.

Sie leben in Menge auf Seen und Teichen, die Schilf
und Rohr haben, nisten daselbst und nähren sich von
Wasserinsecten, Kräutern und Sämereyen.

Eine Art.

(245) 1. Das schwarze Wasserhuhn *).
(Taf. XXVI. Fig. 2.)

Namen, Schriften und Abbildungen.

Bläßhuhn, Blaßhuhn, großes, schwarzes, kohlschwarzes, und rußfarbiges Blaßhuhn, Bläßchen, Bläßling,
Weißbläße, Blaßgieker, Bläßente, Pfaffe, Horbel, Hurbel, Rohrhuhn, schwarzes Rohrhuhn, Rohrhenne, Böll,
Belchen, Wasserhuhn, gemeines, kohlschwarzes und rußfarbiges Wasserhuhn, Wasser-, Meer- und Seeteufel, Flußteufelchen, glänzender Wasserrabe, Bläßennork, Mohrenhuhn, Mohrenwasserhuhn, Timphahn, Zapp, Zopp, Kritschäne, und Kritschele.

Fulica

*) Das gemeine Wasserhuhn. Alte Ausg. III. 251. N. (148) 1.

Fulica atra. *Gmelin Linn.* Syst. I. 2. p. 702. n. 2.

Foulque ou Morelle. *Buffon* des Ois. VIII. 211.

     t. 18. Ed. de Deuxp. XV. 265. t. 4. f. 4.

     Ueberſ. von Otto. XXIX. S. 246. mit 4 Abbil‐

     dungen.

Common Coot. *Latham* Syn. III. 1. p. 275. N. 1.

     Meine Ueberſ. V. 243. Nr. 1.

Friſch Vögel. Taf. 208.

Naumanns Vögel. III. 145. Taf. 30. Fig. 40.

     Männchen.

Mein ornithol. Taſchenbuch. S. 345. Nr. 1.

Donndorff a. a. O. S. 1124. Nr. 2.

Kennzeichen der Art.

Die Stirnhaut iſt weiß, der Kopf und Hals ſind ſchwarz; der übrige Oberleib ſchwärzlich; der Unterleib aſchblau; die Kniebänder grünlichgelb.

Geſtalt und Farbe des männlichen und weib‐ lichen Geſchlechts.

An Größe gleicht es einem mittelmäßigen Hühne, iſt einen Fuß, ſechs Zoll lang und drey Fuß breit *). Der zugerundete und aus vierzehn Federn beſtehende Schwanz mißt zwey Zoll zwey Linien und die zuſammengelegten Flü‐ gelſpitzen reichen bis auf die Mitte deſſelben. Die Schwere iſt 12 — 16 Unzen.

Der Schnabel iſt einen Zoll fünf Linien lang, zur Seite ſehr gedruckt, bis zur Mitte, wo die länglichen Naſenlöcher

                              ſtehen,

---

*) Par. Mſ.: Länge 1 Fuß 4½ Zoll; Breite über 2½ Fuß.

stehen, am Oberkiefer mit einem geraden schmalen Rücken, beyde Kiefern gleich lang, weiß, an der Spitze hornfarben-braun; der Augenstern rothbraun; die Füße vorn mit Schildern besetzt, an den Seiten und hinten netzförmig, von Farbe dunkel olivenbraun, auch zuweilen hellhornfarben; die Nägel sind hervorragend, halbrund, sehr spitzig und schwarzgrau; der nackte Theil der Schenkel neun Linien hoch, oben hinterwärts citrongelb, die Fußwurzel zwey und drey Viertel Zoll hoch, die Mittelzehe drey und einen halben Zoll, und die hintere sechszehn Linien lang, die mittlere in drey große ausgeschnittene Lappen getheilt, die innere in zwey, die äußere in vier undeutliche, und die hintere in einen ohne Einschnitt.

Der Kopf und Hals sind dunkelschwarz und haben weiche zarte Federchen; die eyförmige schwielige Stirnhaut ist weiß *), der übrige Oberleib mit den Schulterfedern und Deckfedern der Flügel ist schwarz, aschblau überlaufen, der Unterleib dunkelaschblau, an der Brust rostgrau und am Bauche röthlich weiß überlaufen; die langen obern und untern Deck-

federn

*) Wenn man sagt, sie sey fleischfarben, wie sogar in Linné das Kennzeichen heißt: fronte incarnata, so hat man die Beschreibung nicht von einem frischen Exemplar gemacht. Wenn nämlich die Stirnhaut gleich im Leben schneeweiß ist, so zieht sich im Tode doch das Blut in dieselbe, und in die Schnabelwurzel, und sie wird, wie dort und mehrentheils noch nach den Kabinetstücken beschrieben, fleischfarben. Auch zur Zeit der Begattung ist die Haut nicht fleischfarben, sondern schneeweiß und etwas aufgeschwollen. Sie sticht dann von weiten, wenn man ein Pärchen schwimmen und sich necken und liebkosen sieht, recht sehr deutlich von der schwarzen Hauptfarbe ab.

federn des Schwanzes sind schwarz; die vordern Schwungfedern schwärzlich oder dunkelbraun mit rostgrauen Spitzen,
die hintern dunkelaschgrau mit weißgrauen Spitzen, die
Flügelbeugung, so wie die Kniebänder rostgelb und die erste
Schwungfeder auf der äußern Seite sehr schmal und fein
weiß gesäumt; die Deckfedern der Unterflügel mit ihren
langen Achselfedern dunkelaschgrau; am Flügelbug sitzt auch
ein beweglicher kleiner vier Linien langer scharfer weißgrauer
Stachel; die zwölf Schwanzfedern sind schwarz, aschgrau
überlaufen, an den Spitzen ein klein wenig rostgelb eingefaßt.

Der ganze Körper ist dicht mit Federn besetzt, und die
an der Brust und dem Oberrücken sind alle so gerade, wie
mit der Scheere beschnitten.

Das Weibchen ist kleiner; an der Brust etwas mehr
schmutzig rostbraun überlaufen als das Männchen.

Um diese Art recht kennen zu lernen und sie nicht, wie
andere thun, zu vermischen, und zu verwechseln, füge ich noch
bey, was diese Vögel vor und nach der ersten Mauser für
eine Farbe haben; da sie in meiner Gegend häufig wohnen,
so kann ich sie um desto genauer beschreiben. Sobald sie
nämlich die Wollfedern verlohren haben, sehen sie fast wie
die jungen grünfüßigen Meerhühner aus, nämlich am Oberleibe olivenbraun, an Kehle und Unterleib schmutzig weißgrau,
die Bläße nicht viel merklich und so wie Schnabel und Füße
olivengrün. Nach der Mauser ist die Farbe am Kopfe bis
zur Hälfte des Halses kohlschwarz; der Oberleib ist dunkelaschblau glänzend und der Unterleib heller, oder röthlich überlaufen. Zuweilen sind gelbliche, zuweilen röthlichgelbe und
zuweilen

zuweilen gar keine merklich gefärbte Kniebänder da. Auch
der Flügelstachel ist noch nicht so merklich, wie an alten
Vögeln.

Abänderungen.

Man hat 1) eine weißliche Varietät (Fulica
atra candida) *). Sie ist aber höchst selten.

So wie dieß Wasserhuhn in der Farbe in Kleinigkeiten
immer etwas abweicht, so ist

2) das Mohrenwasserhuhn (Fulica Aethiops
Gmelin Linn. l. c. p. 704. n. 22. Museum Carls. I.
No. 13.) auch weiter nichts als eine solche unmerkliche Abänderung von diesem Vogel, an welcher die Flügelfedern
überall schwarz, und Brust und Bauch dunkelbraun, und
aschgrauröstfarben gewellt sind. Wer die Figur im Sparr-
manns Museum Carlsonianum ohne die Beschreibung
ansieht, dem wird, wenn er mehrere dieser Vögel in der
Natur beobachtet hat, nicht einfallen, daß es eine Varietät
seyn möchte, geschweige daß er eine besondere Art daraus
machen würde. Es scheint ein junger Vogel nach der Mauser zu seyn.

3. Das große Wasserhuhn. (Fulica aterrima,
Gmelin Linn. l. c. p. 703. n. 3. La grande Foulque
ou Macroule. *Buffon* l. c. p. 220. The greater Coot.
Latham l. c. p. 277. n. 2.) Dieß Wasserhuhn, welches

Kk 2

immer

*) *Sparmann* Mus. Carls. I. No. 12. Fulica leucoryx. Das
Wasserhuhn mit weißen Flügeln. Es hat sich in der Folge
gezeigt, daß der Jägermeister Ström diesen Vogel mit
weißen Flügeln zusammengesezt hat.

immer als Art verschieden angegeben wird, wohnt in Europa vorzüglich am Meere und in Sibirien. In Menge soll es um Sologne in Frankreich wohnen, wo es auch ein sehr schmackhaftes Gericht für die Eingebohrnen in der Fastenzeit abgiebt.

An Größe soll es das vorige um einen halben Zoll übertreffen.

Der Schnabel ist olivengelb, an der Spitze weiß; die Füße sind olivenbraun.

Der Kopf und Hals sind schwärzlich; die Stirnplatte weiß; der Oberleib schwarz, aschgrau und auch etwas olivenfarbig überlaufen; der Unterleib heller; die Flügelränder bey einigen röthlich, bey andern weiß; die Federn, die die Knie umgeben, röthlich; die vordern Schwungfedern aschgraubraun, die hintern aschgräulich, mit weißen Spitzen; die Schwanzfedern aschgrauschwärzlich.

Einige sagen auch, der Oberleib sey braunschwärzlich *).

Aus den Beschreibungen, die die Naturforscher von diesem Vogel geben, erhellet wohl zur Genüge, daß dieser Vogel vom oben beschriebenen nicht verschieden ist. Es ist

ein

---

*) *Scopoli* (Ann. I. n. 150. Uebers. von **Günther** I. S. 121. Nr. 150.) beschreibt es so, und nennt es Fulica fuliginosa. Er sagt: Es ist braunschwärzlich mit weißen Spitzen an den Schwungfedern und weißer Stirnplatte, und unterscheidet sich von dem vorhergehenden (Fulica atra) durch seine größere Statur, schmälern Körper, Mangel der Flecken, (Er hat nämlich gesagt Fulica atra sey an der Brust und am Anfang des Rückens weißlich gefleckt,) doppelt kleinerer Stirnplatte, längern Schnabel, und doppelt größere Lappen der Fußzehen.

ein altes Männchen. Die fleischfarbene Stirnplatte, die man an diesem Vogel gleich nach dem Tode gewahr wird, hat vielleicht die erste Veranlassung gegeben, zwey Vögel aus einem zu machen; alsdann trifft man freylich schwarze Wasserhühner an, die bald eine hohe, bald eine tiefe schwarze Farbe haben, bald mit einem röthlichen bald mit einem aschgrauen Anstrich versehen, bald mit einigen weißen Flecken, bald ohne dieselben, bald etwas größer, bald etwas kleiner sind. Allein dieß sind Verschiedenheiten, die man bey allen Vögeln vom Koltbrittchen an bis zum Strauß bemerkt *).

Zergliederung **).

1. Im Gaumen sind viele Reihen spitziger Warzen.

2. Der Magen scheint oben und unten eingekerbt und zweytheilig zu seyn: die Ursache sind die beyden muskulösen Ballen, woraus er besteht. Die innere bräune Haut läßt

sich

---

*) In *Latham* Ind. ornith. II. p. 777. n. 1, 8. wird auch *Scopoli* (Ann. I. p. 105. Uebers. von Günther. I. S. 122. Nr. 151.) weißbäuchiges Wasserhuhn als eine zu Fulica atra gehörige Varietät angesehen. Es ist graubraun; der Kopf weißgefleckt; die Kehle, der Bauch und die vordersten Schwungfedern sind weiß; unter der Kehle ein halb eyförmiger graubrauner Fleck; weiße Federn unter dem Schwanze; der Oberschnabel roth.

Es ist dieß allem Vermuthen nach eine bunte Varietät

sich leicht abziehen. Der Pförtner ist oben neben dem Schlunde. Die Drüsen vor dem Magen sind kleiner.

3. Die Gallenblase ist länglich, groß und frey, und die Leber besteht aus einem großen und kleinen Lappen, und ist schön roth.

4 Der Darmkanal ist länger als bey den Tauchern. Zwey Blinddärme, die ½ Zoll lang sind, erscheinen oben dick und am Ende zweymal umgebogen.

5. Der Eyergang liegt dicht auf den Nieren.

6. Die Luftröhre ist innerhalb der Brusthöhle durch zwey Muskeln angehängt.

7. Dieser Vogel gehört zu den wenigen, an welchen die Luft aus der Brusthöhle nicht in den Armknochen gehen kann, weil er mit Mark gefüllt ist.

Besondere Eigenschaften.

Dieser schwere und kurz geflügelte Wasservogel hält nicht viel vom Fliegen, und es wird ihm sehr sauer, wenn er aufgejagt und zum Fliegen gezwungen wird. Er schwebt alsdann niedrig über dem Boden hin, schwingt die Flügel außerordentlich schnell und läßt die Beine hängen. Er schwimmt gewöhnlich langsam, und bewegt den Kopf beständig nickend. Wenn er daher vor einem Menschen oder Thiere fliehen will, so läuft er schnell über das Wasser, bewegt die Flügel darzu, und verursacht dadurch ein großes Geräusch. Selten, und nur zur Zeit der Begattung, im Spiel, und vor einem Raubvogel taucht er unter, kömmt aber dann gleich wieder zum Vorschein. Wenn er aber angeschossen ist, habe ich ihn auch wohl minutenlang untertauchen

tauchen sehen. Wenn er für sich auf dem Lande ruhig hin-
geht, so geschieht es sehr unbehülflich, langsam und schritt-
weise, die Zehen durchkreuzen sich oft, und er steht dabey
aufgerichtet und dreht den ganzen Körper dazu. Er kann
aber auch im Nothfall ziemlich gut laufen, und es sieht recht
schön aus, wenn eine oft geängstigte ganze schwarze Gesellschaft durch die Jäger gezwungen wird, außerhalb des Wassers auf den Ufern hinzurennen.

Er schläft sitzend auf Grasklumpen, auf geknickten
Rohrstengeln und ruht am Ufer sitzend am Tage und des
Nachts aus.

Er lebt gesellschaftlich und man sieht daher immer einige
beysammen, auf großen Rohrteichen mehrere Dutzend Paare,
wovon aber jedes Paar zur Zeit der Fortpflanzung seinen eigenen Stand hat.

Er ruft zur Zeit der Begattung, und wenn er im
Herbst seine Winterreise antreten will, den hellen Ton:
Güh, güh! mit noch einigen andern hohen und hohlklin-
genden Tönen aus, und das Männchen giebt noch, wenn
es den Schnabel ins Wasser steckt, einen einzigen Ton von
sich, wie wenn ein Maurer mit dem Eisen auf einen Stein
schlägt: Död, död!

Es sind harmlose Vögel, die nur zur Zeit der Begattung, wenn sich die Männchen Weibchen suchen, in Zweykampf gerathen, sich auf dem Wasser hinflatternd einander
verjagen, mit den Schnäbeln beißen, sich gegen einander in die
Höhe lehnen, und heftig mit den Flügeln schlagen. Hier
dienen ihnen vermuthlich ihre Flügelsporne als Waffen;
denn sonst trifft man eigentlich nichts waffenähnliches an ihnen

an;

an; und der Schlag der kurzen schwachen Flügel würde auch
nicht stark genug seyn, wenn der Sporn nicht nachdrücklich
mitwirkte. Sie haben ein sehr zähes Leben, so daß die,
welchen der Kopf zerschoffen wird, oft noch lange Zeichen
des Lebens von sich geben. Gegen die Menschen wehren sie
sich durch Kratzen mit ihren spitzigen Krallen.

Verbreitung und Aufenthalt.

Dieser in Thüringen und ganz Deuschland sehr
gewöhnliche Vogel geht zwar in Europa bis zu den Schwedischen und Norwegischen Küsten hinauf, bewohnt
aber doch häufiger den südlichen Theil deffelben. In Asien
trifft man ihn in Sibirien, Persien und Sina an,
und auch in Jamaika und dem nördlichen Amerika
wird er gefunden.

Er besucht die Ufer des Meeres *), die wafferreichen
Brücher, die Seen und größen Teiche, und zwar nur solche,
die mit Schilf, Rohr und Seegras bewachsen sind. Im
Sommer sieht man ihn daher an einem solchen Orte, wo er
einmal seinen Wohnplatz aufgeschlagen hat, in einem Umfange
von tausend Schritten immer an dem Ufer hin und her
schwimmen, und sich in der größten Hitze und, wenn er ausruhen will in das Schilf begeben. Er fliegt in dieser Zeit,
wenn nicht Jäger mit Hunden ihn mit Gewalt auftreiben,
niemals in die Höhe, besucht aber auch den Ort niemals
wieder, den er einmal zu verlassen gezwungen worden ist.

Wenn

---

*) Doch sagt Herr Otto a. a. O. daß man sie nicht auf dem
salzigen Waffer finde.

Wenn die Brütezeit vorbey ist, so hält sich Alt und Jung gern in und nahe bey dem Rohr und Schilf auf. Wenn sie dann nur leise Tritte hören, so schwimmen sie sogleich langsam dem Wasserspiegel zu, und gewöhnlich befindet sich dann ein Wasserhuhn weit voraus, macht gleichsam für die übrigen die Wache, und giebt durch einige dumpfe Töne ein Warnungszeichen. So bald ihnen ein Mensch plötzlich zu nahe kömmt, erheben sie sich und laufen mit vorwärts gerichtetem Kopfe blitzschnell, aber geräuschvoll auf dem Wasser weg, das nur mit den Zehen berührt wird, indem die Beine ganz hervorragen. Sind sie so etwas über hundert Schritte vom Ufer weg, so schwimmen sie ganz langsam der Mitte des Teichs zu, begeben sich aber bald wieder, wenn ihnen keine Gefahr mehr zu drohen scheint, nach den Ufern zurück. Vorzüglich sind sie in der Abenddämmerung gern im Rohre und nahe am Lande.

Wenn im Sommer das brütende Weibchen von seinem Neste und von seinen Eyern gejagt wird, und vor sich die weit ausgedehnte Fläche des Wassers hat, so fliegt es nicht davon, sondern rettet sich auf eben die Art durch Laufen, verräth aber dadurch das Nest sehr leicht, besonders wenn die Eyer dem Auskriechen nahe oder schon zur Hälfte ausgekrochen sind, denn in dieser Periode sind sie immer beym Neste, und verlassen es nicht eher, als bis man demselben schon ziemlich nahe ist. Haben sie aber ihr Nest in Binsen angelegt, an einem Orte, wo zwar Sumpf und Morast, aber nicht genug Wasser da ist, um darauf wegzulaufen, das Gras aber ihren schnellen Lauf verhindern würde, dann nehmen sie ihre Zuflucht zum Fluge und verrathen dadurch das

Nest

Neſt weit weniger als durch das Weglaufen. Auch dadurch
wird man auf ihren Neſtplatz aufmerkſam gemacht, daß ſie
in der Nähe ihres beſtändigen Aufenthaltes durch das Waſſer-
gras lauter durch einander laufende Straßen bilden. Eben
dieß thut auch das grünfüßige Meerhuhn.

Zu Ende des Auguſt geht dieſer Vogel von den kleinen
Teichen auf größere von 3 — 600 Morgen, ja auch auf
Seen, die einen größern Flächenſpiegel und viel Schilf und
Gras haben. Zu Ende Septembers findet man auf ſolchen
Teichen, die ſie ſich vorzüglich zum Sammelplatz wählen,
ſie zu Tauſenden beyſammen. Hier bleiben ſie bis der erſte
ſtarke Froſt einfällt, gewöhnlich bis zu Ende des Novembers,
alsdann ziehen ſie oft alle in einer Nacht unter dem oben
angegebnen Geſchrey fort, und zwar von einem See zum
andern nach Süden, bis in ſolche Gegenden, wo ſie vor
dem Zufrieren des Waſſers ſicher ſind, in Deutſchland nach
Italien, der Türkey und Frankreich, und die weiter nördlichen bleiben auch bey gelinden Wintern ſogar in Deutſchland, daher man ſie dann häufig um Conſtanz und in jenen
Gegenden findet, wo ſie gefangen und geſchoſſen mit den
Fiſchen zum Markt gebracht und als eine Faſtenſpeiſe genoſſen
werden. In einigen Gegenden von Italien, ſo wie in Sardinien, ſieht man ſie im Spätherbſt in ſolcher Menge auf
den Teichen und Flüſſen ankommen, daß ſie wie die abfallen-
den Blätter umher flattern. Sie werden dort in Schaaren
von den Fiſchern durch eigene Kunſtgriffe in beſondern Netzen
gefangen und haufenweiſe in den Städten verkauft. So
bald im März die Gewäſſer vom Eis entblößt ſind, trifft
man dieſe Vögel wieder bey uns an.

Nah-

Nahrung.

Man findet in ihren dicken Magen nichts als klar gebissene Kräuter, Wurzeln, Sämereyen von Wasserkräutern, verschiedene Wasserinsecten, Würmer und eine große Menge kleiner weißer Quarz- und Kieselsteinchen. Es ist daher wohl ungegründet, daß sie auch kleine Fische fingen *). Im Frühjahr, ehe sie ihre Nahrung in Menge auf der Oberfläche des Wassers finden können, tauchen sie immer unter und holen sie auf dem Grunde oder von den im Wasser befindlichen Gewächsen herauf.

Cetti sagt in seiner Naturgeschichte von Sardinien **), daß sie auch außer dem Gewürme, welches sie auf dem Wasser fischten, aufs Land giengen, die Pflanzen zu zernagen; und wenn sie in der Nähe Getraide fänden, richteten sie nicht geringen Schaden an. Man säete daher in Sardinien aus Vorsicht nahe an den Teichen kein Getraide, sondern Lein.

Sie lassen sich leicht zähmen, wollen aber immer und viel Wasser in ihrem Behältniß haben; dann fressen sie Brod, Gerste, Fleisch; kleine Fische, gebratene Aepfel und fast alles, was auf den Tisch kommt.

Fortpflanzung.

Ein Männchen hält sich zu einem Weibchen, und beyde wechseln im Brüten ab. Letzteres macht im Rohr, Schilf

oder

*) Wenigstens habe ich nie eine Spur davon bey ihnen gefunden, so viel ich ihrer auch geöffnet habe.

**) Uebers. Bd. 2. S. 292.

oder Sumpfe auf Grashügel und Schilfstumpen ein Nest, das aus einem Haufen über der Oberfläche des Waffers erhabener Wafferkräuter und Gräser besteht, heftet es, wo es nöthig ist, an die Schilf- und Rohrstengel fest an, so daß es bey anschwellender Fluth zwar schwimmt, aber nicht fortschwimmen kann, und legt sechs bis acht, auch wohl zehn längliche schmutzig röthlichweiße mit roth- und blaubraunen Punkten und Spritzungen besetzte Eyer *).

Die Brütezeit dauert zwanzig Tage, und sobald die Jungen ausgekrochen und nestreif sind, schwimmen sie mit der Mutter auf das Waffer, fangen Mücken, freffen Meerlinsen und andere Wafferkräuter und Sämereyen **). Sie sehen dann ganz schwarzwollig aus, der halbe Schnabel nach der Wurzel zu ist roth, der vordere Theil und die kahle Stirnhaut aber weiß, an Kopf und Hals sind die langen Wellenspitzen brennend karminroth, welches dem Vogel ein eigenes Ansehen giebt, auch die Flügelstumpen haben solche rothe Wellfederspitzen, aber nur einzelner. Sobald die schiefer-schwarzen Federn hervorstechen, verliert sich diese rothe Farbe, und die natürliche tritt an ihre Stelle.

Die

---

*) Man giebt an, daß sie 14 bis 15 Eyer legten, allein ich habe alles Nachforschens ohnerachtet, nie erfahren, daß sie bey uns mehr als allerhöchstens 10 Eyer legten. Doch sagt Herr Naumann auch, daß er 15 Stück in einem Neste gefunden habe.

**) Bey Oeffnung eines noch ungemauserten Jungen fanden sich in dem Magen deffelben Spuren von Insekten, und eine große Menge linsenförmiger Saamen, auch Kieselchen.

Die Mutter hält sich so lange, bis ihnen die Flügelfedern gewachsen sind, welches nach sechs Wochen geschieht,
mit ihnen zwischen dem Schilfe und Rohre auf, um ihren
Feinden nicht zu Gesichte zu kommen.

Feinde.

Dieß sind Raben und Krähen, und verschiedene
Arten von Falken, besonders aber und der Erzfeind die
Milane und Rostweyhe. Letztere nährt ihre Jungen
fast mit nichts als diesen Wasserhühnern. Die Alten hat
aber die Natur gelehrt, ihr auf eine ganz besondere Art zu
entgehen. So bald diese nämlich die Rostweyhe in der Nähe
gewahr werden, so fliegen und schwimmen sie mit gräßlichem
Geschrey auf einen Haufen, und kriechen so dicht zusammen,
daß sie auf einander sitzen. Sobald sie so geschlossen sind,
so fürchtet sich die Rostweyhe und fliegt ab. Es gewährt
diese Beobachtung einen gar eignen Anblick, besonders wenn
die Seen oder Teiche so sehr mit großen Wasserhühnern
besetzt sind, wie der Schwanensee bey Erfurt, und die Teiche
im Werra-Grunde, wo sie zu Hunderten nisten. Haben sie
aber ihre Jungen bey sich und sehen ihren Feind von weiten
schon, so flattern sie mit denselben in die dichteste Gegend
und verstecken sich unter und hinter den Schilfhorsten. Auch
die Iltisse und Wasserratten gehen ihrer Brut nach
und tragen die Eyer fort.

Auf ihrer Haut findet man auch die sogenannte Waß-
serhuhnlaus.

Jagd

Jagd und Fang.

Sie gehören zur niedern Jagd.

Wenn der Jäger versteckt an das Ufer kommen kann, so kann er sie leicht mit der Flinte erlegen, denn sie schwimmen nicht geschwind; sonst sind sie aber sehr scheu, und entfernen sich sogleich, wenn sie nur einen Menschen gewahr werden, und es ist zu bewundern, daß sie, sobald sie zweyhundert Schritte entfernt sind, so ruhig, wie vorher herum schwimmen, gleichsam als wenn sie wüßten, daß sie nun schußfrey wären. Sind erst einige Schüsse gefallen, so tauchen sie auch beym Pfannenblitz schnell unter. Die karen Schroten prallen auch auf ihrem dichten Federbalg leicht ab. Zur Mauserzeit im August können sie die Wasserhunde fangen.

Am besten werden sie in Garnsäcken gefangen, die man ins Schiff in ihre bestimmten Gänge mit der Einkehle dem Wasser gleich stellet. In diese schwimmen sie ohne Bedenken hinein.

In einigen Gegenden, z. B. in Schlesien*), werden sie auf folgende Art in Menge gejagt. Wenn sich zu Ende des Septembers auf meist ganz blanken großen Teichen mehrere, 100, ja 1000 versammelt haben, so nimmt man 12 — 20 Kähne und theilt diese so ein, daß sie gleich weit von einander entfernt sind. In dieser Ordnung werden die Bläßen, welche nicht fliegen, sondern immer sachte fortschwimmen, auch wohl ein wenig fortschurren, ganz bedächtlich in eine Ecke des unbewachsenen Wasserspiegels getrieben. Setzen sie sich nun im Gedränge, so fängt sich die ganze Schaar

*) Mitgetheilt vom Herrn Grafen Reichenbach zu Bruftare.

Schaar an in Bewegung zu setzen, schurrt erst etwas auf dem
Waffer fort, welches ein einem entfernten Wasserfall ähnliches Getöse verursacht, fliegt alsdann fasanenähnlich in der
Ecke des Teiches herum, und kömmt alsdann einzeln über
die Kähne weggeflogen, wo man dann mit mehrern Geweh-
ren versehen seyn muß, wenn man allezeit bey jedem Ueber-
flug schießen will. 300 bis 400 Schritte hinter den Kähnen
fallen sie wieder ins Wasser ein, und werden nun in eine
andere Ecke getrieben, und dieß wird ohngefähr 3 bis 4 mal
wiederhohlt. Alsdann fangen sie an theils thurmhoch in die
Luft zu fliegen, theils sich ins Schilf und Gras zu verkriechen,
da man sie denn noch im Schwimmen und Sitzen und mit
dem Vorsteherhund schießen kann.

Einer ähnlichen Jagd erwähnt Herr Naumann
a. a. O. S. 150. Wenn diese Vögel zur Mauserzeit nicht
fliegen können, so halten sie sich entweder im Rohr oder dem
größten Wasserspiegel auf, dann fahren die Fischer z. B. auf
dem Eisleber Salz- und Süßsee bey stillem Wetter, wenn
das Wasser keine Wellen schlägt, mit Kähnen unter sie. Sie
lassen sich ganz nahe kommen und zusammen treiben. In
der Angst tauchen sie unter, wegen der Klarheit des Wassers
aber können sie die Fischer unter dem Wasser sehen, und schlagen sie, so bald sie den Kopf aus demselben erheben, mit
Prügeln oder dem Ruder todt. Es gehört aber zu dieser
Jagd, wie leicht zu erachten ist, Geschick, Uebung und Geschwindigkeit, denn der Jäger oder Fischer muß das Fahrzeug
ganz in seiner Gewalt haben, und vorzüglich den Zeitpunkt
in Acht nehmen, wenn das Bläßhuhn im Hervorkriechen begriffen ist; denn läßt man ihm, wenn es heraufkömmt, nur

einen Augenblick Zeit, ſo iſt es wie ein Blitz wieder unter
dem Waſſer, und geht, weil es nun ſeine Gefahr bemerkt,
eine lange Strecke unter dem Waſſer weg.

Nutzen.

Man ißt ihr Fleiſch, es hat aber einen unangenehmen
thranigen Fiſchgeſchmack, den man ihm mit Eſſig, oder dadurch benehmen muß, daß man den ganzen Balg mit den
Federn abzieht. In katholiſchen Ländern hat man ſie gern,
und ſie werden als Faſtenſpeiſe das Paar für 4 gr. gekauft.
Man richtet ſie ſo zu: Man nimmt eine gekochte Mohrrübe,
applicirt ſie der zu bratenden Bläſſe ins Waidloch und läßt
ſie ſo mit braten. So bald ſie aber vom Spieß genommen
iſt, muß die Mohrrübe gleich heraus genommen werden, weil
der ganze Thrangeſchmack ſich in ſelbige gezogen hat. Auf
dieſe Art zubereitet, kann man faſt allen Waſſervögeln, Tauchern ꝛc. den Thrangeſchmack benehmen. Die Jungen hingegen ſchmecken gut.

Die Eyer ſind im Geſchmack den Kiebitzeyern ähnlich
und werden da, wo dieſer Vogel häufig niſtet, aufgeſucht und
verſpeiſt.

Tab. I.

H. v. Studnitz pinx.   Capieux del. & sculp. 1792.

Der Fischreiher.

Lightning Source UK Ltd.
Milton Keynes UK
UKHW021153050119
334854UK00008B/1367/P